[美] 雷切尔·博巴·桑托斯 著

金 诚 郑滋椀 译

犯罪分析
与犯罪制图

CRIME ANALYSIS
With CRIME MAPPING

人民出版社

译者的话

犯罪分析是指对违法犯罪问题以及其他警务问题——包括社会人口统计、空间和时间等因素，进行系统的研究，为警察在抓捕、减少违法犯罪、预防犯罪和评估等方面提供帮助。犯罪制图则属于犯罪分析的一部分，其重点在于理解犯罪行为和其他行为的地理特征。最近几十年来，犯罪分析学科在西方警务实践中得到了迅速发展。目前，美国大多数大中规模以上的警察局均已建立了专门的犯罪分析部门，其主要职能是采用定性或定量的方法对违法犯罪进行分析研判，对警务干预措施进行评价，为犯罪预防、发案控制、嫌犯抓捕、效能评估、警务决策等警务工作提供科学依据。

犯罪分析方法的广泛运用，有效地提高了警务效能，实现了降低犯罪率的目的。在 20 世纪 90 年代，纽约警察局率先实施了基于数据和制图驱动的警务管理战略（Compstat）之后，纽约犯罪率下降趋势明显，该战略成功的核心就是犯罪分析技术的运用。大量警务实践和研究还表明，犯罪分析在社区警务、热点警务、问题导向警务、预测警务、智慧警务等警务战略中都起到了关键作用。随着犯罪分析技术的普及和推广应用，掌握通过数据分析获取情报和线索的人员从以往少数象牙塔之中的警务研究人员转向各级警察部门的犯罪分析师和一般警务人员。为了应对这一技术的普及应用和相应的人才需求，目前国外不少大学已经设置了犯罪分析相关专业并开设了相关课程。

近年来，随着我国公安信息化建设不断推进，各级公安机关以及相关部门已经积累了形式多样、内容丰富的海量数据。面对如此庞大、复杂、多样的"大数据"，公安机关的警务人员应尽快掌握科学的犯罪分析方法，提升犯罪分析能力，有效地使用、分析和挖掘这些数据，为治安防范、刑事侦查、现场指挥、效能评估及警力资源配置等警务工作提供科学依据。与此同时，这一技术的广泛运用与快速发展，也对我国公安机关和政府相关部门在犯罪分析领域的人才培养和技术培训提出了较高的需求。目前，国内普通高校，包括公安本科院校，还尚未开设犯罪分析课程，更缺少犯罪分析方面的专业教材。基于这一趋势和需求，我们在人民出版社和英国 SAGE 出版社的大力支持下，由人民出版社引进了美国犯罪分析领域最具权威、最具影响力之一的犯罪分析著作《犯罪分析与犯罪制图》（第三版）的版权。引进和翻译该书，也得到了犯罪学斯德哥尔摩奖获得者、美国乔治·梅森大学犯罪学杰出教授、地点警务理论的奠基者大卫·威斯勃德（David Weisburd）的推荐。该书的作者是美国佛罗里达大西洋大学副教授雷切尔·波巴·桑托斯博士。她是当下国际犯罪分析领域著名的学者，同时兼任国际犯罪分析师协会的常务委员。该书不仅是该领域一本颇具影响力的学术著作，还因其在内容上通俗易懂，在体例上形式多样，成为当前美国大学的刑事司法专业采用的一部经典教材。该书的内容涵盖了犯罪分析的历史、现状、关键概念和技术，包括战术犯罪分析、战略犯罪分析和管理犯罪分析，对我们全面了解犯罪分析技术的基本理论和实务应用很有帮助。因此，本书既可以用作我国普通高等院校及公安政法院校相关专业开设犯罪分析课程的配套教材，也可作为公安实战部门开展犯罪分析人员培训的入门级教材。

本书由郑滋椀负责初稿的翻译，由金诚教授负责全书的策划、校译和定稿。2012 年，金诚教授在英国剑桥大学犯罪学研究所访学期间还与威斯勃德教授商讨了该书的翻译和出版事宜，得到了威斯勃德教授的大力支持和帮助，威斯勃德教授还特意为本书撰写了推荐词，在此深表谢意。原作者桑托斯博士得知该书将译成中文出版后，十分高兴，并在翻译及定稿过程中给予了非常专业的指导，在此表示感谢。同时，特别感谢英国 SAGE 出版社的孙素青女士和人民出版社张立编辑对本书的版权引进以及编辑出版工作所付出的努力。浙江警察学院党委书记、院长傅国良教授一直以来支持和鼓励我们开展国际警学理论的研究和成果推荐工作，让我们有信心全力以赴地完成该书的翻译工作，在此表示衷心的感谢。本书的专业性较强，加之译者水平有限，在翻译过程中难免出现错误和不当的地方，敬请各位专家学者及广大读者批评和指正。

译　者

2014 年 4 月于杭州

目　录

第二部分　犯罪分析过程、数据和目标

第4章　犯罪分析过程和应用

第三部分　战术犯罪分析

第四部分　战略犯罪分析

第五部分　管理犯罪分析和结论

前　言

　　犯罪分析是利用系统的研究方法和数据，为警务工作提供帮助，向不同读者提供信息的刑事司法研究和实践领域。犯罪制图属于犯罪分析的一部分，其重点在于理解犯罪行为和其他行为的地理特征。犯罪分析是刑事司法教育中一个相对较新的主题。本书是第一本向大学生读者介绍犯罪分析和犯罪制图的书籍。犯罪分析课程为学生提供了一个应用在其他课程中学到的理论、研究方法和统计知识的机会，并且为学生展示了一条刑事司法专业可行的职业道路。

　　本书将通过讨论与该研究领域相关的概念、理论、实践、数据和分析技术，介绍犯罪分析和犯罪制图。为了使本书能够体现当前的观点、实践和例子，在本书第三版中我已经更新和增加了部分内容。本书并没有打算实现正在日益发展的犯罪分析本科教育的所有目标，但是对于讲授该领域基本情况和技术的课程而言，本书已经足够了。虽然本书本身没有详细地介绍技术和数据系统，因为它们在飞速地变化，但是"http://www.sagepub.com/bobasantos3e"网站为学生提供了大量由在职犯罪分析师提供的实践例子，并且通过大量的练习题，为学生提供了亲自实践犯罪分析技术的机会。第三版的这种变化是为了更加方便地更新相关产品、练习题和数据库。

　　本书分为五个部分。第一部分是犯罪分析的基础，包括关键的概念、犯罪分析职业的概括、犯罪分析的理论基础和犯罪分析在各项警务战略中的作用。第二部分首先介绍了犯罪分析的数据和过程，然后介绍了地理数据和犯罪制图技术，最后介绍了犯罪分析产品的目标。第三部分介绍了战术犯罪分析的方法和技术。第四部分介绍了战略犯罪分析的方法和技术。第五部分介绍了管理犯罪分析的方法和技术以及犯罪分析的现状、挑战和未来。

第一部分为本书奠定了基础。其中第 1 章介绍了犯罪分析和犯罪制图的概念和历史以及提供了有关犯罪分析职业的信息。第 2 章简要介绍了指导犯罪分析实践的犯罪学理论。第 3 章阐述了实施犯罪分析的不同警务背景，并且讨论了犯罪分析在不同警务战略中的作用。

第二部分一共有 4 章，分别介绍了在犯罪分析中使用的数据和过程，地理数据和犯罪制图技术以及犯罪分析结果分类体系。其中第 4 章讨论了犯罪分析过程和不同的犯罪分析类型。第 5 章回顾了关键术语，并且介绍了在犯罪分析中使用的数据类型（如犯罪事件、抓捕、报警、交通事故和一手数据）、分析师在使用不同类型数据进行分析时需要考虑的事项和在犯罪分析中普遍使用的软件和硬件。第 6 章更加详细地介绍了地理数据、地理要素类型、地理编码、描述性犯罪制图方法和密度制图。第 7 章是本书第三版新增的内容，其根据问题的类型、分析的目的和分析结果所服务的读者类型，介绍了犯罪分析结果的分类体系。

第三部分介绍了战术犯罪分析的数据、方法、技术和结果。其中第 8 章详细介绍了重复事件的数据和分析方法以及专门为战术犯罪分析收集的数据。第 9 章介绍了分析师识别和完成模式的方法。第 10 章阐述了警察如何对模式作出响应，并且提供了常被识别的模式的近期例子。第 11 章重点介绍了分析师用于识别和理解犯罪模式的分析技术、时间分析技术和空间分析技术，并且提供了一些一般性的指导原则和一个模式简报的例子。

第四部分介绍了分析师用于分析长期违法犯罪问题的技术，并且提供了这些技术在警务实践中应用的案例。其中第 12 章介绍了问题解决过程和在战略犯罪分析中使用的关键统计量。第 13 章和第 14 章以回答关键问题的形式，介绍了对违法犯罪问题进行战略分析的不同技术。第 15 章讨论了战略犯罪分析产品的类型，并且对这些产品的格式提供了指导。

在第五部分中，第 16 章介绍了管理犯罪分析，并且讨论了分析师向不同读者展示犯罪分析信息时需要考虑的因素。这一章通过使用一个假设的情节，为管理犯罪分析提供了指导，并且最后重点介绍了一个流行的犯罪分析信息传播媒介——互联网。最后，作为本书的总结，第 17 章介绍了犯罪分析职业的现状、当前面临的挑战和犯罪分析的未来。

　　虽然本书没有涵盖犯罪分析的所有内容，但是它为学生理解犯罪分析的概念和实践打下了坚实的基础。根据研究、实践和最新的创新活动以及之前有效的、新的信息，本书深入介绍了这一新兴的领域，为犯罪分析实践提供了指导。另外，本书也为学生提供了探索那些未来能够支持和增强现代警务成效的职业的机会。

学生学习网站

　　该免费的学生学习网站为使用《犯罪分析与犯罪制图》（第三版）（Crime Analysis With Crime Mapping, 3rd Edition）的学生提供了额外的支持。该网站包含真实的犯罪分析产品、练习题、推荐的网络资源、SAGE 期刊文章和讨论的问题。这些内容不仅为学生提供了额外的信息和帮助，而且使他们能够进行原创性的研究。另外，该网站还提供作为例子的警察报告和 ATAC 软件的链接。ATAC 软件能够使学生对本书中的内容进行实践应用。学生学习网站为"http://www.sagepub.com/bobasantos3e"。

教师教学网站

　　对于刚开始讲授统计学或使用《犯罪分析与犯罪制图》（Crime Analysis With Crime Mapping, 3rd Edition）（第三版）的教师而言，该网站的教师资料为教学提供了有益的帮助。该网站包含 PPT、章节纲要、测试问题和答案、参考教学大纲和本书每部分推荐使用的网络资料。教师教学网站为"http://www.sagepub.com/bobasantos3e"。

感　谢

　　我要感谢所有帮助我对本书第三版进行修订的审稿者。感谢 SAGE 出版公司的审稿者弗吉尼亚州立大学尼科尔·帕森斯·波拉德（Nicolle Parsons-Pollard）、新泽西州理查德斯多克顿学院玛丽萨·利维（Marissa Levy）、加州大学萨克拉门托分校蒂姆·科罗斯戴尔（Tim Croisdale）、威斯康星大学奥斯哥斯校区唐纳德·法贾尼（Donald Faggiani）和伟谷州立大学布莱恩·金萨特（Brian Kingshott）。

我也要感谢下面为本书这一版和相关资料提供产品和案例的警察部门和它们的犯罪分析师，包括：

- 德克萨斯州阿林顿警察局：犯罪和情报分析师摩根·卡莱尔（Morgan Carlisle）；犯罪和情报分析师布兰迪·克里斯顿（Brandi Christon）；犯罪和情报分析师卡特里娜·希克曼（Katrina Hickman）；犯罪分析主管吉姆·马拉德（Jim Mallard）；犯罪和情报分析师夏扎德·帕克比（Shahrzad Pakbin）；犯罪和情报分析师亚历克斯·施耐德（Alex Schneider）
- 加利福尼亚州丘拉维斯塔警察局：高级公共安全分析师卡琳·斯卡默尔（Karin Schmerler）
- 俄亥俄州代顿警察局：犯罪分析师乔纳森·戴（Jonathan Day）；商业分析师乔·埃瑞特（Joe Errett）；警务人员肖恩·休伊（Shawn Huey）；警务人员威廉·帕森斯（William Parsons）；侦查警长莫·佩雷斯（Moe Perez）
- 佛罗里达州皮尔斯堡警察局：团伙情报犯罪分析师凯西·格蕾丝（Kathy Grace）；犯罪分析师艾普丽尔·李（April Lee）；犯罪分析师奥德尔·穆尔·威尔斯（Audria Moore-Wells）；原犯罪分析师杰西卡·斯齐尔特（Jessica Scheiter）
- 佛罗里达州朱庇特警察局：犯罪分析师金姆·温契利（Kim Vincelli）
- 加利福尼亚州洛杉矶县治安官办公室：犯罪分析师利百加·巴巴（Rifka Babay）；犯罪分析师安魅丽·卡斯塔尼达（Emely Castaneda）；犯罪分析师约翰·科斯塔（John Costa）；犯罪分析师布莱恩·霍尔（Brian Hale）；犯罪分析师罗密·哈斯（Romy Hass）；犯罪分析师卡洛斯·赫尔南德斯（Carlos Hernandez）；犯罪分析师柯蒂斯·金姆（Curtis Kim）；犯罪分析师安雪莉塔·科克（Ansheletta Kirk）；犯罪分析师威尔逊·科尔尼维查亚（Wilson Kurniawidjaja）；犯罪分析师

塔米·迈克逊（Tammy Michelson）；犯罪分析师丽莎·玛丽·莫莉塞特（Lisa Marie Morissette）；犯罪分析师泰瑞莎·奥拉斯（Therese Olaes）；犯罪分析师艾伦·皮奥拉托（Alan Piolatto）；犯罪分析项目主管伊丽莎白·罗德里格斯（Elizabeth Rodriguez）；犯罪分析师杰西卡·拉德娜（Jessica Rudner）

- 佛罗里达州圣卢西亚港警察局：犯罪和情报分析师米歇尔·奇托莱（Michelle Chitolie）；犯罪和情报分析师谢丽尔·戴维斯（Cheryl Davis）

- 亚利桑那州斯科茨代尔警察局：犯罪分析师迈克·温斯洛（Mike Winslow）

- 加利福尼亚州圣地亚哥地区检察官办公室：犯罪分析协调员朱莉·瓦泰尔（Julie Wartell）

- 堪萨斯州肖尼警察局：GIS 分析师道格·海姆萨斯（Doug Hemsath）；犯罪分析师苏珊·史密斯（Susan Smith）

最后，我还要感谢 SAGE 出版小组成员——杰里·韦斯特比（Jerry Westby）、埃利姆·萨尔布兰德（Erim Sarbuland）、凯特·于斯曼（Cate Huisman）和其他人的帮助和支持。

第一部分

犯罪分析基础

第一部分共 3 章，介绍了犯罪分析学科的实践和理论基础。其中第 1 章定义了犯罪分析、犯罪制图和地理信息系统（GIS）的概念，并介绍了犯罪分析的历史和作为职业的犯罪分析的具体情况。第 2 章通过重点理解直接犯罪环境中的犯罪机会，介绍了与犯罪分析最相关的理论。第 3 章通过综述有关有效预防和控制犯罪警务战略的研究以及讨论犯罪分析在每个战略中的作用，介绍了实施犯罪分析的警务环境。

第 1 章

犯罪分析和职业

本章作为犯罪分析学科的基础,介绍了犯罪分析和犯罪制图的定义以及美国犯罪分析职业的概况。概况包含犯罪分析的历史和现状、犯罪分析师潜在的职业发展道路以及建立和改进犯罪分析部门的方法。另外,本章也简要介绍了国际犯罪分析实践,并强调了它对美国犯罪分析的影响。

1.1 犯罪分析的定义

在过去 30 年,诸多学者已经提出了犯罪分析(crime analysis)的定义(Bruce, 2008a; Emig, Heck, & Kravitz, 1980; Gottlieb, Arenberg, & Singh, 1994; Vellani & Nahoun, 2001)。这些定义虽然在细节方面不同,但具有相同的组成内容:为警务工作提供帮助;使用系统的方法和不同的信息;为不同的读者提供信息。本书犯罪分析的定义如下:

> 犯罪分析是指对违法犯罪问题以及其他警务问题——包括社会人口统计、空间和时间等因素,进行系统的研究,为警察在抓捕、减少违法犯罪、预防犯罪和评估等方面提供帮助。

对该定义每部分内容进行解释能够帮助我们更好地理解犯罪分析不同的组成内容。通常而言,"研究"(study)是指询问、调查、分析和检查信息。因此,犯罪分析是对违法犯罪问题以及其他相关警务问题进行重点、系统的分析。它不是随意的或神秘的。它需要根据相关的理论，并且需要运用社会科学的数据收集流程、数据分析方法和统计技术。

具体而言，犯罪分析不仅使用定性的数据和分析方法（qualitative data and methods），而且还使用定量的数据和分析方法。当通过分析非数值型数据寻找深层的犯罪原因时，犯罪分析师使用定性的数据和分析方法。定性分析方法包括实地研究（如观察位置特征，或与具有特定犯罪知识的人交流）和内容分析（如分析警察报告）。当对数值型或分类型数据进行统计分析时，犯罪分析师则使用定量的数据和分析方法（quantitative data and methods）。虽然许多犯罪分析的工作是定量的，但是犯罪分析师主要使用一些基本的统计量，如频数、百分比、平均值和比率。

犯罪分析的重点是研究犯罪（如强奸、抢劫和盗窃）和违法（如噪声、入室盗窃警报和可疑行为）问题以及与这些问题的事件、犯罪者和受害者或目标（指无生命物体，如建筑物或财物）的特征相关的信息。另外，犯罪分析师也研究其他与警务相关的管理问题，如警力需求和警察服务区域。因此，虽然该学科被称为犯罪分析，但是在实践中它比对犯罪所进行的分析包含更多的内容。

虽然在犯罪分析中许多不同的违法犯罪特征是相关的，但是犯罪分析师使用的三类关键信息是社会人口统计信息（sociodemographic）、空间信息（spatial）和时间信息（temporal）。社会人口统计信息包括个体和群体的人员特征，如性别、种族、收入、年龄和教育程度。在个体层面，犯罪分析师可以使用社会人口统计信息寻找和识别犯罪嫌疑人和受害者。在更高的层面，他们可以使用这些信息确定群体的特征以及这些群体的特征与犯罪的关系。例如，分析师可能使用社会人口统计信息回答"是否存在一名白色人种、男、30至35岁、棕色头发、棕色眼睛、与一起抢劫案件相关的人？"或者"社会人口统计特征是否可以解释特定区域内一个群体的人为什么比另一个群体的人更频繁成为受害者？"等问题。

违法、犯罪和其他警务问题的空间特征对于理解问题的特征非常重要。计算机技术的发展和电子数据的可用性显著提高了空间分析在犯罪分析中的作用。违法犯罪发生位置的可视化和违法犯罪发生位置与其他事件或地理要素的关系的可视化都促进了对违法犯罪特征的理解（这类分析称为犯罪制图，将在第 6 章中深入讨论）。另外，来自"犯罪和地点"（crime and place）领域的犯罪研究结果（Weisburd, Bernasco, & Bruinsma, 2009; Weisburd & McEwen, 1997）鼓励犯罪分析师通过分析受害者和犯罪者在时空上聚集情况，重点关注犯罪地理模式（在第 2 章中将讨论地点在犯罪分析中的重要性）。显而易见地，犯罪地理模式的重要性已经体现在本书的书名《犯罪分析与犯罪制图》中。

最后，违法、犯罪和其他警务问题的时间特征也是犯罪分析的主要内容。犯罪分析师在不同的时间层面分析违法犯罪的长期趋势，如年、季度、星期或时层面。本书将详细介绍在这些每个层面中分析犯罪时间特征的技术。

犯罪分析定义的最后一部分内容——"为警察在抓捕、减少违法犯罪、预防犯罪和评估等方面提供帮助"，总结了犯罪分析的目标。犯罪分析的主要目标是为警察部门的警务工作提供帮助。从犯罪分析的定义可知，如果不存在警察，犯罪分析也将不复存在。

如果抓捕是警察的基本目标，那么犯罪分析的首要目标是为抓捕提供帮助。如果一名侦查人员正在侦查一起犯罪方法特殊的抢劫案件，那么犯罪分析师可以通过在数据库中查询以前相似的抢劫案件为这名侦查人员提供帮助。

警察的另一项基本目标是运用抓捕之外的方法预防犯罪。犯罪预防是指"通过干预违法犯罪案件产生的原因，减少它们发生的可能性或者降低违法犯罪结果的严重程度"（Ekblom, 2005, p.28）。因此，犯罪分析的第二个目标是识别和分析违法犯罪问题以及指导警察对这些问题作出犯罪预防响应。如果警察部门想要开展预防居住区盗窃行动，并且希望将它们的资源投入到盗窃问题最严重的区域，那么犯罪分析师可以通过分析盗窃如何发生、何时发生、在哪里发生以及什么物品被盗等情况，为警察部门的行动提供帮助。然后，分析师还可以运用这些信息制定响应建议，如提醒特定区域的市民将车库门关上或锁上。

犯罪减少是指减少违法犯罪的数量或者降低违法犯罪的严重程度（Ekblom, 2005）。警察处理的或者被要求解决的许多问题在性质上不都是犯罪，它们更多的是与违法和生活质量相关的问题，如错误盗窃警报、噪声投诉、交通管制和邻里纠纷。犯罪分析的第三个目标来源于警察减少违法犯罪的目标。犯罪分析师可以通过研究和分析相关问题，如可疑行为、噪声投诉、违反规定、非法侵入警告等，为警务人员提供在这些问题变成更严重的刑事问题之前解决这些问题的信息，从而为警务工作提供帮助。

犯罪分析的最后一个目标是通过确定违法犯罪控制、减少和预防项目和活动的成效以及通过确定衡量警察部门运行效率项目和活动的成效来评估警务工作。地方警察部门已经对评估它们控制和预防犯罪项目和活动的成效越来越感兴趣，如对为期两个月的盗窃监控项目的成效进行评估，或者对在几个公寓社区内运用通过环境设计预防犯罪（Crime Prevention Through Environmental Design, CPTED）原理进行犯罪预防的项目进行评估（Crowe, 2000）。犯罪分析师还可以帮助警察部门评估内部组织程序，如警力资源分配（指警力如何在各个巡逻区分配）、地理边界重新划定、警力需求预测和绩效指标设计。为了确保警察部门高效运转，警察部门应该持续监控这些程序。

图 1.1 所示的流程图展示了在本书中使用的犯罪分析定义的不同组成部分。为了在抓捕、预防犯罪、减少违法犯罪和评估等方面为警察提供帮助，犯罪分析应该分析正在发生的违法犯罪问题以及相关警务问题。

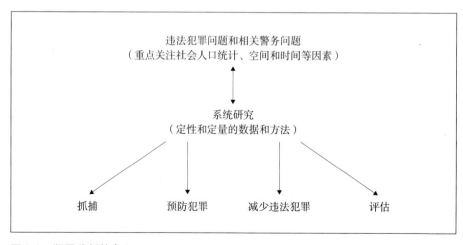

图 1.1　犯罪分析的定义

综上所述，犯罪分析的定义为本书余下内容奠定了基础。虽然该定义比较概括，但是它包含了犯罪分析师可以为警察提供的帮助。这些帮助包括解决犯罪问题、发现和抓捕犯罪者、制定有效的犯罪减少战略和战术、发现和解决社区问题、提高生活质量和安全感、优化内部运行、教育公众和规划未来资源需求（Bruce, 2008a）。

1.2 地理信息系统和犯罪制图的定义

自从地图能够有效描绘区域的地理要素（如街道、城市边界）以来，警察部门就开始使用地图确定巡逻区域和紧急路线，并帮助巡逻人员寻找特定的地点。如上面内容所反映的，警察和犯罪分析师把地图作为犯罪分析的关键工具，如历史上在手绘挂墙地图上人工放置大头针。自 90 年代以来，技术、软件、电子数据库和互联网的显著发展以及警务创新活动使犯罪制图在警察部门中变得非常普遍（Weisburd & Lum, 2005）。因为这点，作为犯罪分析的重要工具，犯罪制图在本书中具有重要的作用。因此在继续介绍之前，有必要对该重要的术语进行定义。

地理信息系统（geographic information system, GIS）是允许犯罪分析师采用多种不同的方法，从简单的点状地图到空间或时间数据的三维可视化，对犯罪进行制图的软件工具。GIS 的定义如下：

> 地理信息系统是指基于计算机的允许用户对地理和表格数据进行修改、可视化、查询和分析的工具。

与电子数据表格或文字处理程序相似，GIS 为数据收集、预处理和分析提供了框架和模板。它由用户决定使用系统的哪部分功能以及如何使用它们。GIS 不仅允许用户制作纸质地图，而且也允许用户观察地理要素中的数据，组合不同的要素，操作数据和地图，执行统计功能。

犯罪制图（crime mapping）是警务领域的术语，是指在犯罪分析中实施空间分析的过程。犯罪制图的定义如下：

> 犯罪制图是指利用地理信息系统对违法犯罪问题和其他相关警务问

题进行空间分析的过程。

描绘不同类型犯罪或其他类型事件的发生地是犯罪分析的重要功能之一。因为在犯罪制图过程中所使用软件的特殊性和地理数据的突出性，许多人经常认为这类分析不同于犯罪分析，但是实际上犯罪制图是犯罪分析的子学科。在犯罪分析中，犯罪制图主要有三个功能：

1. 促进犯罪和其他事件空间属性的可视化展示和统计分析；
2. 基于相同的地理变量整合不同的数据源（如整合同个区域内的人口普查信息、学校信息和犯罪数据）；
3. 提供促进分析结果交流的地图。

1.3 犯罪分析的历史

很久之前，人们已经开始对犯罪和犯罪行为进行分析。也就是，人们经常对犯罪或其他问题事件进行观察（即收集数据），然后在这些观察中识别联系（即分析）。例如，在旧美国西部，一位农场主发现每个星期他都会有1至2头奶牛从他的牧场丢失，并且奶牛都是在晚上在特定的区域失踪。通过这些观察以及对这些观察的分析，他作出响应，要么整夜坐在那块区域看守奶牛，要么把奶牛转移到另一块区域。农场主的这些思考和行为已经展示了一种简单的犯罪分析形式。类似地，在历史上警察通过记忆把重要的嫌疑人和财物与犯罪案件中特定的联系关联起来进行犯罪分析。

当今犯罪分析学科是上述例子所阐述的犯罪分析的进化。它是系统地长期收集和存储犯罪数据和其他相关因素数据的过程。早期的犯罪分析师主要依靠他们自己的观察和对犯罪案件的记忆，而现代犯罪分析师则是在复杂的计算机系统上应用不同的分析技术，从简单的模式分析到复杂的统计分析。

1.3.1 犯罪分析的起源

犯罪分析具有悠久的历史，但是作为一门学科，犯罪分析与19世纪初在伦敦建立的第一支现代警察力量一同产生。考虑到犯罪分析的主要目标是为警察提供帮助，这就好理解了。根据19世纪20年代通过的《大都市警察法案》，英国建立了大约 1000 人的伦敦警察力量。在 1842 年，这支力量建立了侦查局，其承担通过识别犯罪模式帮助解决犯罪的职责。根据伦敦大都市警察局（2011）的记录，到 1844 年侦查局的工作人员一直在收集、预处理和分析警务信息。例如：

> 1844：局长理查德·梅尼（Richard Mayne）被要求向狗特别委员会（the Select Committee On Dogs）提供证据。他陈述道在大都市里失踪的或被盗的狗的数量正在上升。去年，600 多只狗失踪，60 只狗被盗。他认为随着人们花钱赎回狗，人们对法律将越来越不满。"人们把钱交给偷走或拐走狗的犯罪者是因为他们相信这些犯罪者只是为了钱……"。梅尼相信这将成为有组织犯罪。

另外，大都市警察局（2011）发现早在 1847 年汇总的犯罪统计数据就为伦敦提供了帮助："年度统计数据：14,091 起抢劫；62,181 人被捕，其中 24,689 人被当场处理；5,920 人受审，其中 4,551 人被判有罪；31,572 人被地方法官释放。"

1.3.2　美国：1900—1970 年

虽然 19 世纪 50 年代中期美国许多大城市就开始组建警察部门，但是警察部门内部的腐败、组织和技术的缺乏阻碍了它们系统地开展犯罪分析。美国第一个正式的犯罪分析实践可以追溯到 20 世纪初期。著名的警务改革家奥古斯特·沃尔默（August Vollmer）在建立车辆巡逻、无线通讯和指纹采集等创新方法之外，还鼓励使用大头针制图、定期总结警察报告，根据犯罪量划分巡逻区域（Reiner, Greenlee, & Gibbens, 1976）。

1963 年，与沃尔默一起工作的并且建立了一套先进的警察培训项目的 O. W. 威尔逊（O. W. Wilson）在他的第二版《警察管理》（Police Administration）一书中首次提出并定义了犯罪分析（crime analysis）。在该书第四版中，威尔逊（Wilson）和麦克拉伦（McLaren）（1977）对"警务实践"分析和"犯罪"分析进行了区分，主张犯罪分析是"通过统计处理相关信息和分析侦查报告，识别犯罪趋势和模式的过程"（p.175）。

根据威尔逊的著作，犯罪分析大概于 20 世纪 50 年代和 60 年代在警察部门中开始推广，或者至少被推荐给警察部门。但是在那段时间没有有效的犯罪分析成果可以作为证据。在 1952 年首次出版的较少人知道的《警务规划》(Police Planning) 一书中，威尔逊讨论了犯罪制图和犯罪分析，但是当时他没有使用这些术语。在该书第二版中，他概括了警务规划的结构，包括制图单元和统计单元，制图单元包含"提供技术建议……描绘犯罪趋势或发生……寻找抓捕地点"，统计单元包含许多现在依然在使用的犯罪分析职能，如"通过解释和传播犯罪统计数据和其他相关材料，帮助警察部门更高效地运转；制作其他部门需要的统计表格、图表和插图；维护和操作犯罪方法文件"(Wilson, 1957, p.10)。

1.3.3 美国：1970 年至今

在整个 20 世纪 70 年代，1968 年的综合犯罪控制和安全街道法案增强了对警务活动进行分析和评估的意识。该法案允许分配联邦拨款来帮助州和地方警察部门实现与减少犯罪相关的目标。为了实现帮助警察部门的目标，根据该法案建立的美国司法管理局提供了大量帮助，通过提供培训、技术援助和相关信息以及帮助警察部门建立评估项目，为被拨款资助的工作提供帮助 (Omnibus Crime Control and Safe Streets Act of 1968; Pomrenke, 1969)。

作为结果，20 世纪 70 年代有关对犯罪分析技术和犯罪分析职能进行评估的出版物表明警察部门开始接受沃尔默 (Vollmer) 和威尔逊 (Wilson) 的建议对犯罪分析进行正规化。在为国家司法研究所准备的带有注释的书目中，艾米格等人 (Emig et al.) (1980) 提供了 20 世纪 70 年代犯罪分析出版物和成果的信息。该书目包含许多由不同非营利性组织编写的和美国政府资助的有关战术和战略犯罪分析技术的手册，如《警察犯罪分析部门手册》(Police Crime Analysis Unit Handbook) [Austin et al., 1973]、"犯罪分析部门的管理功能"(Management Function of a Crime Analysis Unit) [Booth, 1979]、《犯罪分析系统支持：人工和自动化犯罪分析功能的描述性报告》(Crime Analysis System Support: Descriptive Report of Manual and Automated Crime Analysis Functions) [Chang, Simms, Makres, & Bodnar, 1979]。

在 70 年代，美国政府举办了一些犯罪分析研讨会，把学者和从业者聚

集在一起研究意在增强警察部门犯罪分析能力的技术援助项目（Emig et al.,
1980）。流行媒体资源也提供了正式犯罪分析部门在这段时期存在的证据。
例如，一篇在 1972 年发表在纽约时报（New York Time）的文章提到了犯罪
分析："纽约警察局总部的犯罪分析师在 7 月 21 日表示在 7 月 20 日午夜之
前的 7 天时间里记录的 57 起谋杀案件部分是由于该区域天气炎热造成的"
（Pace, 1972）。

在 70 年代中后期，少部分学者开始强调犯罪特征、犯罪发生地和犯
罪地理分析的重要性（将在第 2 章中讨论）（Brantingham & Brantingham,
1981）。另外，在 70 年代后期，赫尔曼·戈德斯坦（Herman Goldstein）
(1979) 提出了另一个重点，其被他称为问题导向警务（problem-oriented
policing）（将在第 3 章中讨论）。该警务使警察从重点关注管理和制度问题
转向强调违法犯罪问题的解决。理想地，问题解决（problem solving），即问
题导向警务中一个系统的过程，包含正式犯罪分析的应用，而这些应用不仅
能够深入理解犯罪问题，而且能够提出评估警察对问题响应的基准指标和方
法（Scott, 2000）。戈德斯坦和其他与警察部门合作的学者开始展示对违法
犯罪问题的分析。

在 1979 年，执法机构认证委员会（Commission on Accreditation for Law
Enforcement Agencies, CALEA）[1] 的建立表明犯罪分析在这段时期在警察
部门中得到持续认可。为了获得 CALEA 的认证，警察部门被要求必须具备
犯罪分析能力。为满足 CALEA 的标准，警察部门开始指派人员从事犯罪分
析工作和建立新的岗位，因此 CALEA 的认证实际上增加了拥有正式犯罪分
析部门的可能性（Giblin, 2006）。

在 80 年代和 90 年代初期，犯罪分析从业者开始组织在一起。第一
个记录在案的州级协会——科罗拉多州犯罪分析协会，在 1982 年正式成
立。根据该协会创办人和第一任主席戴尔·哈里斯（Dale Harris）的介
绍，该协会是由一群从分享工具和技术中获益的活跃专家组成的（personal
communication, November 2, 2003）。1989 年，加利福尼亚州犯罪分析协会正
式成立，其是美国目前最大的州级犯罪分析组织，拥有 350 多名会员。在
1990 年，少部分来自科罗拉多、德克萨斯、俄克拉荷马、乔治亚、密苏里
和安大略的正式分析师建立了国际犯罪分析师协会（International Association

of Crime Analysts, IACA）（Dale Harris, personal communication, 2003）。

90 年代早中期，犯罪分析学科在美国缓慢发展。在 1990 年出版的《问题导向警务》（Problem-Oriented Policing）一书中，赫尔曼·戈德斯坦（Herman Goldstein）进一步阐述了在他 1979 年文章中已经阐述过的犯罪分析的作用，并且概述了警察部门使用数据和研究成果来识别问题、理解问题深层原因和评估犯罪预防项目的重要性。

在 90 年代中期发生的一些事情加速了犯罪分析的发展。被美国警察部门广泛采纳的社区警务理念（将在第 3 章中讨论）强调了问题解决（赫尔曼·戈德斯坦（Herman Goldstein）描述的过程）和警察部门与市民的合作关系。在许多情况中，这种合作关系包括犯罪分析信息和统计数据的分享。在 1968 年综合犯罪控制和安全街道法案的基础上修改的 1994 年暴力犯罪控制和安全街道法案为新警察（10 万名在街道上的新警察）提供了大量资助，并且建立了管理警察招录的社区导向警务服务办公室。

在 1997 年，社区导向警务服务办公室的工作重点包括犯罪分析和犯罪制图，其拨款主要是为犯罪分析和社区警务提供信息和技术支持。最后，在 1994 年，纽约警察局 Compstat（将在第 3 章中详细介绍）（之后被其他警察部门也采用的数据和制图驱动警务管理战略）的设想和实施增强了使用犯罪分析的意识并促进了犯罪分析融入到日常警务活动中（Weisburd, Mastrofski, McNally, Greenspan, & Willis, 2003）。

前后描述事件的一致性和方便性是计算机技术的重大发展。在 90 年代，计算机运行速度和存储量的显著提升以及桌面操作系统的出现对犯罪分析实践产生了巨大的影响。这些变化使警察部门能够更加方便地以电子数据形式存储警务信息，并使分析师能够使用桌面统计程序和犯罪制图软件分析海量数据、清洗数据和生成报告。

在 80 年代和 90 年代初期，从业者主要为警察部门提供有关长期趋势的统计信息和来自警务规划部门的组织程序建议（即战略犯罪分析）。虽然短期犯罪趋势和模式的识别（即战术犯罪分析）在该时期也在开展，但是它在 90 年代中期的中小规模警察部门中更加普及。这部分原因是：犯罪分析部门分散（指犯罪分析师在各个警察辖区内工作，而不是聚集在总部）；在当时犯罪分析培训中，讲授特定的技术；重新强调抓捕犯罪者的警察目标[2]。

1.4 犯罪制图的历史

虽然今天犯罪制图在犯罪分析中具有重要的作用，但是空间分析和犯罪分布地图制作在过去 15 年的警务活动和犯罪分析中已经普及，这得益于技术的进步。犯罪制图的历史稍微不同于犯罪分析的历史，这是本章单独介绍的原因。犯罪制图的历史不是开始于第一支警察力量的建立，而是开始于计算机发明前的研究人员工作。

1.4.1 犯罪制图的起源

在 19 世纪初期，属于犯罪学中制图学派的欧洲研究人员对不同区域的犯罪水平以及这些犯罪水平与社会因素（如社会经济状况）的关系进行了分析（Groff & La Vigne, 2002）。例如，在 1829 年，人种志学者和地图学者阿德里亚诺·巴尔比（Adriano Balbi）和律师安德烈·米歇尔·格雷（André Michel Guerry）使用 1825—1827 年的犯罪统计数据和来自人口普查的社会人口统计数据制作了第一张犯罪地图。他们对法国的侵财犯罪、人身犯罪和教育程度进行了分析，发现在侵财犯罪高发的区域人身犯罪发生率低，并且在受教育的人越多的居住区域侵财犯罪越多（Weisburd & McEwen, 1997）。另外，在该时期，天文学家比利时（Belgian）和统计学家跨特来（Quételet）使用地图对犯罪与交通路线、教育程度和人种文化差异的相关关系进行了分析（Weisburd & McEwen, 1997）。

1.4.2 美国：1900—1970 年

犯罪制图在美国开始应用的时间比欧洲稍晚，因为在 19 世纪初期美国还是一个相对较新的国家，不像当时的法国和英国拥有可靠的地图和定期收集的普查数据。美国第一次真正的犯罪空间分析是由 20 世纪 20 年代和 30 年代的芝加哥城市社会学家进行的（Shaw & McKay, 1969）。他们的犯罪研究和相关的犯罪地图将违法犯罪与社会解组、贫困等因素关联起来。实际上，这些学者对芝加哥青少年违法行为和社会状况所进行的空间分析被认为是 20 世纪前半个世纪最重要的犯罪制图例子之一（Groff & La Vigne, 2002）。

同心圆模型是犯罪制图的一个理论组成部分。该模型认为在城市环境中围绕中心商业区会形成不同类型的区域（即不同功能的区域），并且其中一些区域比其他区域更容易发生违法犯罪。根据同心圆的概念，研究芝加哥团伙位置和分布的研究人员发现团伙集中于城市中社会控制薄弱和社会高度解组的区域（Weisburd & McEwen, 1997）。大部分早期在欧洲和美国进行的犯罪制图以区域为单位对犯罪聚集程度进行分析。芝加哥学派研究人员在1929 年手绘的一张地图就是证据，在该地图上 9000 多名违法人员的家庭地址聚集于芝加哥的特定区域（Weisburd & McEwen, 1997）。

在 50 年代、60 年代和 70 年代，对犯罪和犯罪原因感兴趣的社会学家和其他人员继续研究与犯罪相关的社会因素。在该时期，他们的解释和使用的地理分析方法仍然非常简单，这可能是因为研究人员的研究侧重于社会因素，并且缺乏足够的技术（Groff & La Vigne, 2002）。在 60 年代后期，学者开始使用大型计算机系统和简单的可视化方法对犯罪进行空间分析（Weisburd & McEwen, 1997）。

1.4.3 美国：1970 年至今

从 60 年代后期到 80 年代初期，英国、加拿大和美国的一些研究人员将他们的犯罪研究重点从传统犯罪学所研究的内容（如犯罪者）转向犯罪事件和犯罪环境（包括创造犯罪机会的物理和社会环境）（Brantingham & Brantingham, 1981; Clarke, 1980, 1983; Cornish & Clarke, 1986）。这次转变也对犯罪制图产生了影响，使研究人员从对犯罪和社会因素进行聚类分析转向对离散的犯罪事件和它们的位置进行分析（将在第 2 章讨论）。研究人员开始将地理和环境信息纳入到他们对犯罪问题和相关问题的研究中，如强奸（LeBeau, 1987）、其他类型犯罪（Harries, 1980）和警力分布（Rengert & Wasilchick, 1985）。

80 年代初期，客户 / 服务器技术使得地理信息系统能够更加容易地获得，并且使得一些警察部门能够在日常工作中进行犯罪制图（Groff & La Vigne, 2002）。一个由国家司法研究所资助的称为"毒品市场分析项目"(Drug Market Analysis Program, DMAP) 的项目联合了美国 5 个城市（新泽西州泽西城、康涅狄格州哈特福特、加利福尼亚州圣迭哥、宾夕法尼亚州匹兹堡和密苏里州堪萨斯城）的研究人员和从业者，使用新的分析技术研究毒品市场并追踪它们随时间的转移（Groff & La Vigne, 2002）。这些项目为研究人员与从业者之间的犯罪制图合作提供了途径，并且展示了警察如何使用作为犯罪控制活动核心部分的 GIS 工具。虽然该项目主要使用地理警务数据，但是项目组成员发现分析其他地理基础数据能够提高他们制定问题解决战略的能力，能够将持不同观点的重要成员聚集在一起，并且能够促进对他们联合工作的评估（Taxman & McEwen, 1997）。

从 90 年代初期到中期，计算机技术和警务数据系统的显著发展使得电子犯罪制图成为警察和研究人员更具操作性的工具。随着计算机能够快速处理大量数据，GIS 软件开始能够在桌面计算机中运行。另外，犯罪、抓捕、交通事故、报警等警务数据开始能够在计算机辅助分配系统和电子档案管理系统中以电子形式存储（将在第 6 章讨论）。街道和普查数据等地理数据也开始能够以电子格式存储，并且许多政府机构或商业组织可以免费或低成本提供。所有这些发展都促进了犯罪制图的发展，人们不再需要使用人工制图方法和大型、昂贵的主机制图系统。

在 1993 年，伊利诺斯州刑事司法信息局和芝加哥罗耀拉大学社会学系在芝加哥联合建立了计算机犯罪制图工作室。在来自该工作室的题为《运用计算机制图进行犯罪分析》（Crime Analysis Through Computer Mapping）（Block, Dabdoub, & Fregly, 1995）的出版物中，工作室成员（其中许多是目前该领域的顶尖研究人员和分析师）介绍了空间分析技术，并且为对在自己部门进行计算机制图感兴趣的警务专业人员和学习空间分析的学生提供了实践建议。该工作室是把研究人员和从业者聚集在一起讨论犯罪制图的初步努力之一。

在 90 年代中期，在一项由副总统戈尔（Al Gore）牵头的运动中，联邦政府为犯罪制图技术和方法提供了持续的支持。警察部门收到了用于获取犯罪制图技术的联邦拨款，并且一些专门帮助警察部门开展犯罪制图的项目被提出。由美国司法部社区导向警务服务办公室通过的一项称为"有效重新部署警力"（Making Officer Redeployment Effective, MORE）的项目为犯罪制图软件和设备提供了大量资金。这笔资金的主要目的是"通过资助技术、设备和人员，增加当前执法人员实施社区警务的时间"（Office of Community

Oriented Policing Services, 2011b)。从 1995 年到 2002 年,超过 5300 万美元(90 笔拨款)的"MORE"项目资金直接被分配给犯罪制图技术和工作人员(M. Scheider, personal communication, November 10, 2003)。

犯罪制图研究中心,现称为公共安全制图和分析(the Mapping and Analysis for Public Safety, MAPS)项目,于 1997 年在美国司法部的国家司法研究所成立。其目标是通过分析如何"使用地图分析犯罪"、"分析空间数据"、"使用地图帮助研究人员评估项目和制度"和"开发制图、数据分享和空间分析的工具"(National Institute of Justice, 2009),为有关帮助刑事司法部门使用制图加强公共安全的研究提供支持。自该中心成立以来,MAPS 项目每年都会举办会议,在该会议中从业者和研究人员聚集在一起讨论相关的研究和空间分析技术。其他一些活动包括资助空间分析研究、设立奖金、对犯罪制图进行全国调查、制定培训课程、出版犯罪制图书籍以及将警务专业人员和研究人员聚集在一起组成技术工作小组讨论犯罪问题的空间分析。在该项目帮助下,美国已经对犯罪制图产生了兴趣,并且犯罪制图和犯罪分析技术已经在警察部门和研究人员中显著发展。从 1998 年到 2007 年,国家司法研究所也资助了犯罪制图和分析项目(Crime Mapping and Analysis Program, CMAP),其任务是"为地方和州警察部门在犯罪和情报分析和地理信息系统等领域提供技术支持和入门或高级培训"(Crime Mapping and Analysis Program, 2004)。CMAP 已经为该领域大量的犯罪分析师和工作人员提供了培训。

另一个相对较近的对在警务中使用犯罪制图的影响是 Compstat,即基于数据和制图驱动的警务管理战略,其由纽约警察局建立,并被全美国其他警察部门采用(Henry, 2002; Weisburd et al, 2003)(将在第 3 章讨论)。Compstat 的一项核心内容是在每周会议上使用犯罪制图和分析软件理解当地的违法犯罪模式。由于犯罪制图是 Compstat 项目的主要组成内容,因此在 2001 年电视季期间,哥伦比亚广播公司根据纽约警察局 Compstat 经验制作的节目《地区》(The District)在每一集中都强调了犯罪制图(Theodore, 2001)。

到目前为止,还没有学者对警察部门采用犯罪制图的历史进行研究,但是"犯罪和地点"领域的著名教授大卫·威斯勃德(David Weisburd)通过一系列他自己的调查和试点研究，对 90 年代犯罪制图的采用率进行了分析，发现"犯罪制图已经在警察部门中广泛传播，其传播过程开始于 80 年代后期至 90 年代初期之间，在 90 年代中期迅速发展，其采用率遵循标准的新方法传播"S"曲线"（Weisburd & Lum, 2005）。

1.5 作为职业的犯罪分析

对于怎样才是一名优秀的犯罪分析师，人们具有不同的观点，并且这些观点经常是他们对自己经历的反映。也就是说，身为警察的犯罪分析师可能认为所有的犯罪分析师应该都是警察，具有高学历的犯罪分析师可能认为所有的犯罪分析师应该具有与他相同的学历。虽然这是一个简单的比方，但是关于犯罪分析师从事他们工作需要怎样的经验和教育的争论依然在持续。犯罪分析师是一名警察更有价值，这样他或她能够知道警察内部的复杂细节，还是在统计方面具有高学历更具有价值？另外，因为现代许多犯罪分析依靠计算机和软件技术，所以一些人认为犯罪分析师应该也是一名计算机专家。

理想地，犯罪分析师应该具备警务知识、研究技能和技术能力。从事犯罪分析职业初期，一个人可能不符合所有的资格条件。但是他或她应该在这些方面的某方面具备特定的优势，然后随着时间培养其他方面的能力。犯罪分析师的能力应该在这三个方面保持平衡。一个人可能具有学术偏见，但是应该能够叙述日常警务工作和有效解释犯罪分析信息。一个人可能缺乏正规的教育，但是应该具有街面的犯罪知识和警务活动知识以及技术和统计分析方面的技能。

目前在警察部门中的趋势是雇用市民犯罪分析师。因为警察通常每隔几年都会调动岗位，并且警察部门不想承担当他们调动时失去大量犯罪分析培训投入的风险。另外，对警察部门而言，雇用市民的费用比警察低（在工资和退休福利方面）。虽然这使犯罪分析师岗位成为一个比较好的入门工作，但是该岗位缺少职业发展机会。在许多警察部门，尤其是中小型警察部门，犯罪分析师是为数不多的几个需要专业技术支持的岗位，其唯一的发展道路是调到更大的警察部门或者政府部门的其他岗位。

警察部门在如何选用市民和警察从事犯罪分析师岗位方面具有较大的差

异。一般而言，成功的犯罪分析师是数据收集、数据操作、统计、理论和研究方法的专家，是分析、研究和帮助其他警务人员更加有效率工作的权威，并且具有日常警务工作、警察文化、他们工作辖区情况等方面的知识。虽然犯罪分析师具有他们自己的与人相处的方式，但是作为一名成功的犯罪分析师还应该能够把复杂的观点以一种不屈尊的方式清晰地向不同读者(如警察、管理者、政府人员、市民）阐述。另外，犯罪分析师还应该能够与警察相处（即使他们不是警察），在警察文化中工作，在压力下清晰思考，在重要问题上为自己的观点辩护和保持幽默感。本章最后将展示一些目前在职犯罪分析师的简介，并描述这些不同的犯罪分析师所具备的不同的经验、技能、教育程度和职责。

1.5.1 犯罪分析师的资格条件和工作描述

警察部门具有许多不同类型的犯罪分析岗位。有些警察部门只有一名犯罪分析师。而有些警察部门则具有许多犯罪分析师，他们通常组成一个犯罪分析部门（crime analysis unit, CAU）。下面将介绍与犯罪分析相关的岗位以及它们在犯罪分析部门中的作用，并展示犯罪分析职业中不同级别的岗位和其行为的范围以及从事不同级别犯罪分析师岗位所应具备的资格条件。

实习生 / 志愿者

警察部门使用志愿者从事犯罪分析已经很多年了。在70年代和80年代，因为缺乏专业犯罪分析人员，或者因为缺少雇用专业人员的资金，许多警察部门雇用志愿者从事犯罪分析。目前，警察部门依然把志愿者和实习生作为支持和加强它们犯罪分析的资源和动力。志愿者（volunteers）是指义务为警察部门工作的人员，一般为学生或退休人员。实习生（interns）是指为了获得实践经验和大学学分而在警察部门工作的本科生或研究生。实习可以让实习生提前接触该领域，进而获得未来从事该职业的机会。

实习项目无论是对警察部门还是对实习生而言都是非常有益的。实习生可以帮助警察部门执行犯罪分析职责，而他们自己则可以学到成为犯罪分析师所需的技能以及获得实践经验。根据犯罪分析部门的需求和学生的类型，警察部门可以从许多专业中选择学生实习生，如刑事司法、社会学、政治学、地理学、英语、心理学和计算机科学。例如，拥有地理信息系统的警察部门可能选择地理学的学生，而实施战术犯罪分析的警察部门可能选择专业为刑事司法的学生。

个人学术项目通常也能为学生实习生提供实习项目。这些项目通常要求学生实习至少一个学期（课程学分根据每周的实习时间确定），在记录本上记录他们的实习经历以及完成一篇作为最终成绩的论文。根据财政情况，警察部门可以为实习生提供补贴，或者不提供。在犯罪分析部门中，志愿者和实习生可以从事许多工作，包括录入战术数据、分析数据、制作每月战略报告和撰写参与复杂分析项目的请求。

关于实习的一个注意事项是：虽然学生实习生不一定会成为警察，但是一些警察部门还是会对实习申请者进行一些用于警察培训申请者和其他警察部门工作人员的审查程序（如测谎、背景调查、吸毒检验）。这是因为实习生与警察一样拥有相同的接触警察部门内部一些区域和档案的机会。申请警察部门实习岗位的学生应该明白他们所从事的任何非法行为都会对他们未来成为警察和之后在警察部门中工作产生巨大的影响。

犯罪分析助理 / 技术员

犯罪分析助理（crime analysis assistant）或技术员（technician）是指在犯罪分析部门中接听电话、录入数据、复印、保管文件、制作简单标准报告和从事其他行政性工作的行政人员。该岗位通常需要高中学历和 1 至 2 年的秘书或数据录入经验。该岗位通常由曾经担任过秘书的或者刚刚从事犯罪分析的人员（如学生）担任。在一些情况中，当犯罪分析助理获得额外的教育和经验时，他们能够在犯罪分析部门中获得晋升。

初级犯罪分析师

当警察部门具有不同级别的犯罪分析岗位时，其中之一经常被称为初级犯罪分析师岗位（entry-level crime analyst）。在该岗位的分析师经常承担相对日常的犯罪分析任务，因为他们刚从事该领域的工作，缺乏足够的经验，并且需要在第 1 年工作中进行大量的培训。该岗位虽然不需要犯罪分析经验（硕士学历经常等同于 1 年的工作经验），但是通常需要刑事司法、政治学、社会学或包含统计学和研究方法课程的专业的本科学历和 1 年分析经验。另外有些警察部门要求申请初级犯罪分析师岗位的人员在被雇用时必须具有犯罪分析证书（在一些州有提供），或者要求他们在从事该岗位工作之后的一段时间内取得这类证书。

高级犯罪分析师

高级犯罪分析师（experienced crime analyst）可能是犯罪分析部门人员结构的一部分，也可能是警察部门唯一从事犯罪分析的人员。在拥有许多分析师的警察部门中，该级别的岗位为分析师提供了职位晋升的机会。与初级分析师相比，高级分析师承担更多的职责，并实施更多的高级分析。

在该岗位的分析师可能还要负责管理较低级别的人员，如犯罪分析助理、犯罪分析技术员、志愿者和实习生。通常而言，高级犯罪分析师岗位需要刑事司法、政治学、社会学或其他包含统计学和研究方法课程的专业的本科学历和至少 2 年犯罪分析经验。

专业犯罪分析师

专业犯罪分析师（specialty crime analyst）是指从事特定类型犯罪分析的分析师。拥有较大犯罪分析部门的警察部门可能喜欢雇用专业犯罪分析师（指具有某项专门技能和知识的人），而不是通才犯罪分析师（指经过交叉培训的人，交叉培训导致部门中所有的人具有相似的技能和知识）。在一些情况中，警察部门可能会收到要求犯罪分析师分析特定类型犯罪或其他行为的拨款资助。对于警察部门而言，拥有专业犯罪分析师的优点在于这些人在他们自己特定的犯罪分析领域具有大量的技能和知识，而缺点是他们的工作不容易与其他分析师分享，因此如果一名专业犯罪分析师辞职了，那么就可能导致无人能够继续他的工作直到另一名具有相同专业能力的分析师被雇用。

专业犯罪分析师的类型有很多，并且这些岗位所需的教育和经验因专业而异。通常而言，专业犯罪分析师岗位与高级犯罪分析师同级别，因为这两个岗位都需要精通特定的领域。下面是专业犯罪分析师的一些类型：

- 战术犯罪分析师。这类分析师仅进行战术犯罪分析，而不制作长期报告或统计数据。

- 问题分析师。这类分析师仅在问题解决环境中开展分析。
- 性犯罪分析师。这类分析师实施解决性犯罪问题的战术、战略和管理犯罪分析，并且需要与侦查人员密切合作。性犯罪分析师岗位经常存在于设有长期解决性犯罪工作小组的警察部门中。（在警察部门中也存在精通其他类型犯罪的分析师，如暴力犯罪分析师、侵财犯罪分析师和抢劫犯罪分析师）
- 校园安全分析师。这类分析师对学校内部及周边的安全进行分析，并且直接与学校管理者和驻校警察一起工作。
- 地理信息系统分析师。这类犯罪分析师具有地理信息系统的专业知识，需要对犯罪和不同的警务活动进行空间分析。地理信息系统分析师的薪水通常比其他犯罪分析师高，因为该岗位需要专业的技术和技能并且警察部门需要同其他提供高薪水的私人公司竞争优秀的分析师。与其他犯罪分析师岗位相比，地理信息系统分析师岗位明显较少，因为：(a) 开展犯罪分析的小型警察部门通常只有一个犯罪分析师岗位，并且这个岗位不是专业岗位；(b) 许多警察感觉由仅从事犯罪空间分析的人员担任该岗位是不保险的；(c) 能够申请地理信息系统分析师岗位的人（指具有地理学和刑事司法背景的人）相对较少。

犯罪分析主管

犯罪分析主管（crima analysis supervisor）是指具有大量犯罪分析知识和经验并且管理犯罪分析部门的人。该工作头衔不适用于把犯罪分析管理作为他们部分职责的警察管理者（宣誓警察）。犯罪分析主管岗位被认为是"工作"的岗位，因为它需要分析师亲自从事犯罪分析工作。其主要职责是在高层部门会议（如局长会议、巡逻会议、侦查会议）上展示犯罪分析部门的工作重点，制定犯罪分析部门的目标和了解地区、全国和国际犯罪分析学科的知识。通常而言，该岗位需要刑事司法、政治学、社会学或其他相关专业的硕士学历、至少 2 年的犯罪分析经验和至少 1 年的管理经验。

1.5.2 犯罪分析部门组织结构图

图 1.2 展示了一个模拟的犯罪分析部门组织结构图，其包含之前讨论的岗位和从事这些岗位的最低要求。图中箭头反映了可能的职业发展道路。

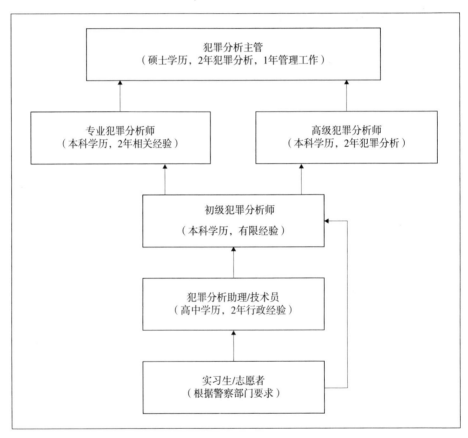

图 1.2　犯罪分析部门组织结构图

1.6 建立和改进犯罪分析部门[3]

任何组织、部门或单位的战略规划都概括了其战略和发展方向，提出了其期望，并对其如何开展工作和分配资源提供了指导。当建立新的犯罪分析部门（crime analysis unit, CAU）或改进已建立的犯罪分析部门时，制定战略规划是非常重要的，因为它是描述犯罪分析部门在警察部门中的功能和目标的正式制度。因此，本书这部分将简要讨论如何为新建立的或已建立的犯罪分析部门制定战略规划（strategic plan）。虽然这类信息与大学生不直接相关，但是它为理解如何建立犯罪分析部门和它们在警察部门中的作用奠定了基础。另外，对于从业者而言，这部分内容能够指导他们制定自己的战略规划。一般而言，犯罪分析部门的战略规划应该与警察部门的目标一致，应该包含犯罪分析部门自身的短期目标和长期目标，根据分配的资源（如资金、时间、人员能力）应该是切实可行的，应该考虑未来的需求，并且应该明确犯罪分析部门的工作领域。

犯罪分析部门制定战略规划的第一步是了解警察部门的现状和它的犯罪分析能力。对于没有犯罪分析部门的警察部门而言，应该考虑警察部门的战略目标、有效的数据源、这些数据的获取以及犯罪分析的硬件和软件。而对于已建立犯罪分析部门的警察部门而言，除了考虑上面的问题，还应该考虑目前犯罪分析师的数量、能力和时间分配以及他们制作的犯罪分析产品的类型和应用。

制定战略规划的第二步是确定警察部门对犯罪分析的需求。这可以通过三角方法完成。回顾犯罪分析著作（包括本书和其他著作）能够让我们了解该领域的标准是什么和什么标准是有效的。具体在每个警察部门中，可以通过与警务人员交谈、跟踪调查和参加部门会议等非正式的方法收集信息。正式的调查方法包括部门调查和建立讨论犯罪分析需求的委员会。在访谈和调查中，需要询问的问题包括：如何提高当前的产品的质量、需要哪些额外的信息和需要何种新产品。在跟踪调查或会议中所进行的观察重点确定警察部门中宣誓警察对犯罪分析的理解程度，以及重点关注警察部门采取了何种减少和预防犯罪的战略。

在汇总和分析相关信息后，制定战略规划的第三步是编写战略规划。总体而言，战略规划描述了犯罪分析部门或警察部门的现状（根据前两步收集的信息），排序了犯罪分析部门各项需求的优先次序，并且列出了短期（1年）和长期（5年）的目标。具体而言，战略规划包含如下内容：

- 结构：这部分内容详细列举了全职或兼职犯罪分析人员的数量和类型

(如市民、职员、志愿者、学生) 以及他们的岗位 (如犯罪分析技术员、初级犯罪分析师、专业犯罪分析师、犯罪分析主管)。另外, 它也包含每个岗位的工作职责、犯罪分析部门在组织结构中 (指在指挥链中) 的位置以及犯罪分析部门的工作方式 (集中工作或分散工作)。

- 功能和产品: 功能 (指分析的类型) 是通过与能够帮助排序分析类型优先次序的警察部门行政人员合作确定的。这部分内容也描述了各类标准化的产品 (如报告、简报), 并确定了每类产品的传播战略。
- 数据问题: 这部分内容从时效性、准确性和完整性等方面描述了当前数据的质量, 并且包含当前数据的限制。另外, 它也列举了提高分析的措施和警察部门可能需要的新数据源。
- 技术: 这部分内容描述了犯罪分析的硬件和软件、详细的替换和更新计划和其他额外的需求。
- 培训和晋升: 在培训方面, 这部分内容列举了全国和地方分析师培训的机会, 并根据当前的预算和人员需求, 制定方案。在晋升方面, 这部分内容明确了晋升结构 (如从犯罪分析技术员到犯罪分析师, 再到犯罪分析主管)。另外, 如果晋升还未发生, 将提供获得晋升的建议。
- 制度和程序: 因为制定犯罪分析师和犯罪分析用户都遵守的正式制度非常重要, 所以这部分内容将包含每个制度和程序 (指方法)。制度包括市民申请制度、内部人员申请制度和媒体申请制度等。程序包括产品格式标准化程序、数据输入和清洗程序、人员配置分析程序和犯罪分析产品传播程序等。重要的是, 这些制度应该与宣誓警察一起制定, 并且需经领导批准。
- 目标: 这部分内容指明了犯罪分析部门工作的目标, 并且总结了改进被短期 (如1年) 和长期 (如3至5年) 目标分类的之前每个部分内容的建议。另外, 它也包含重点针对犯罪分析部门大量工作的目标, 如提高犯罪分析服务犯罪减少、预防和评估的质量和效率。

显而易见地, 上面每个部分的详细内容应该由制定战略规划的警察部门确定。另外, 虽然制定书面战略规划的方法有很多, 但是通过将这些信息作为指导，战略规划不仅能够指导犯罪分析部门进行犯罪分析，而且能够提高犯罪分析能力、改善功能和优化人员配置。

1.7 犯罪分析师简介

来自全美各地的犯罪分析师为我们提供了他们自身的背景、技能、职责和把分析师作为职业的感想。这些信息使学生对什么是犯罪分析师和犯罪分析师是干什么的能有一个直观的了解。对于战术、战略和管理犯罪分析的定义，请参考第 4 章。

马克·C. 布里奇（Mark C. Bridge）
马里兰州弗雷德里克警察局
犯罪分析师

教育程度和犯罪分析经历：

- 政治学 / 刑事司法学士
- 刑事司法硕士
- 3 年犯罪分析师

之前相关工作经历：

- 2 年密歇根州最高法院研究分析师
- 1 年亚克朗大学刑事司法教授的研究助理

职责划分：

- 80% 为战术犯罪分析
- 10% 为战略犯罪分析
- 10% 为管理犯罪分析

作为犯罪分析师的感想：

"在执法部门中，犯罪分析是不断成长的并获得支持的具有前途的领域。

它应用社会科学的研究方法,为执法部门的犯罪减少战略提供帮助。基于数据驱动的、针对性的警务战略在警务工作中持续产生最有效的结果。在指导警察部门在它们辖区中减少违法犯罪问题方面,犯罪分析师发挥了重要的作用。"

米歇尔·凯特莱(Michelle Chitolie)
佛罗里达州圣卢西亚港警察局
犯罪和情报分析师

教育程度和犯罪分析经历:

- 刑事司法学士
- 计算机信息系统硕士
- 4 年佛罗里达州布劳沃德县治安官办公室犯罪分析师
- 5.5 年佛罗里达州圣卢西亚港警察局犯罪分析师
- 佛罗里达州执法局执法分析师证书
- 美国执法和矫正技术中心地理画像分析师证书
- 阿纳卡帕科学股份有限公司犯罪情报分析证书

之前相关工作经历:

- 1 年佛罗里达州圣卢西亚港地理信息系统地址技术员
- 6 年佛罗里达州税务局税务专家

职责划分:

- 10%为侦查分析(为刑事侦查提供帮助)
- 75%为战术犯罪分析
- 10%为战略犯罪分析
- 5%为管理犯罪分析

作为犯罪分析师的感想:

"9 年多的犯罪分析师经历使我看到了我的职业的重要性,并且使我知道犯罪分析师能够帮助执法部门保护人民群众。一名训练有素的犯罪分析师能够为警察部门的各项职责（如刑事侦查、巡逻、犯罪预防、国土安全和警察管理）提供帮助。一名分析师可能被要求从大量的、不同数据源的几年数据中识别趋势、关联或细微的信息，这通常被我称为寻找'草堆中的细针'。当犯罪关联或模式不容易通过肉眼发现时，如果发现它们，就会充满成就感。相信所有执法人员都具有的保护辖区安全的共同目标是我成为犯罪分析师的动力和激励。"

丹尼尔·迪吉尔索（Daniell DiGiosio）
科罗拉多州莱克伍德警察局
犯罪分析师

教育程度和犯罪分析经历：

- 工商管理学士，统计学专业
- 4 年犯罪分析师

之前相关工作经历：

- 5 年国家司法研究所犯罪制图和分析项目（Crime Mapping and Analysis Program, CMAP）项目协调员和认证讲师
- 1 年科罗拉多州犯罪分析协会（the Colorado Crime Analysis Association, CCAA）主席

职责划分：

- 80%为战术犯罪分析
- 10%为战略和管理犯罪分析
- 10%为其他管理任务

作为犯罪分析师的感想：

"犯罪分析找到了我。在我听说犯罪分析之前，我对该概念一无所知，更不用说该职业。在 1998 年，我首次接触到了犯罪分析。目前，我已经成

为一名正式的犯罪分析师。我感谢和钦佩那些已经从事该职业的人，因为在此之前该职业并没有像现在这样被真正地承认。相比于为我们铺路的人，现在的分析师拥有了更多复杂的工具、软件、数据和培训机会，并且获得了更多的承认和支持。我发现该工作具有挑战性、刺激性和收获性。我相信犯罪分析职业的未来是非常有前途的，因为分析师和该职业本身在不断地发展、进化和完善。"

埃里卡·杰克逊（Ericka Jackson）
佛罗里达州盖恩斯维尔警察局
警务犯罪分析师

教育程度和犯罪分析经历：

- 9 年犯罪分析师
- 佛罗里达州执法局执法分析师证书
- 圣达非大学网络技术支持证书

之前相关工作经历：

- 2 年戴恩公司分析师，与美国司法部毒品执法管理局合作，涉及财产没收。

职责划分：

- 20%为侦查分析（为刑事侦查提供帮助）
- 50%为战术犯罪分析
- 10%为战略犯罪分析
- 20%为管理犯罪分析

作为犯罪分析师的感想：

"我完全喜欢成为一名犯罪分析师。我所获得的并作为该工作一部分的分析艺术、职业变化和经验都使我感到兴奋。这是永远不会让人感到无聊的工作，并且它能够让你获得实现几乎任何其他生活目标的经验。从事该职业，我们能够不断地学习，因为它包含最现代计算机和其他技术的应用。我们能够不断地使用和提高自己的批判性思维、观察、总结、统计、书面交流、公共演讲和与其他专家交流等方面的技能。另外，犯罪分析能够使我们知道影响我们社区生活质量的因素，如贫穷、青少年犯罪、流浪、毒瘾，酒精、性等。没有方法比根据其他人经历进行安全地学习更好了。通过我们的工作使我们社区的生活变得不同并且每天都产生积极的变化，这多么令人充满成就感。"

吉姆·马拉德（Jim Mallard）
德克萨斯州阿林顿警察局
犯罪分析主管

教育程度和犯罪分析经历：

- 人类学学士

犯罪学和刑事司法硕士

- 5 年佛罗里达州盖恩斯维尔警察局犯罪分析师
- 4 年德克萨斯州阿林顿警察局犯罪分析主管
- 佛罗里达州执法局执法分析师证书

之前相关工作经历：

- 1.5 年佛罗里达州盖恩斯维尔警察局信息技术实习生

职责划分：

- 60%为战术犯罪分析
- 15%为战略犯罪分析
- 25%为管理犯罪分析

作为犯罪分析师的感想：

"我相信犯罪分析是我们可以选择的、最令人兴奋的刑事司法职业之一。

分析师与实战很近，但远离危险。分析师了解他们辖区犯罪模式和问题的详细情况，并且具有很少人所具有的大局观。分析师能够从案件报告、现场情报卡、访谈和其他警察部门简报中将有意义的信息拼接起来。他们能够使用知识阻止正在发生的系列抢劫案件，或者制定解决慢性犯罪问题的方案。犯罪分析最重要的内容是那些能够使分析师对他们所服务社区产生积极影响的知识。利用统计数据或地图上的点，我们可以方便地分析犯罪，但是现实情况是每个数字或点都代表了一名犯罪受害者。有效的犯罪分析能够直接减少受害和提高社区的生活质量。很少有职业能够使我们以如此玥显的、满意的方式看到工作成效。"

要点总结

本章定义了犯罪分析、犯罪制图和地理信息系统的概念，描述了犯罪分析和犯罪制图的历史，并讨论了作为职业的犯罪分析。下面是本章的要点：

1. 学者已经从多个方面定义了犯罪分析，但是所有的定义都包含如下内容：使用系统的方法和各类信息；为警务工作提供帮助；为不同的读者提供信息。

2. 犯罪分析是指对违法犯罪问题以及其他警务问题——包括社会人口统计、空间和时间等因素，进行系统的研究，为警察在抓捕、减少违法犯罪、预防犯罪和评估等方面提供帮助。

3. 犯罪分析不是随意的或神秘的，它包含数据收集、分析方法和统计技术的应用。

4. 犯罪分析不仅研究犯罪事件，而且还分析其他与警务相关的信息，如违法行为和警务行为的信息。

5. 时间、空间（犯罪制图）和社会人口统计因素是犯罪分析师分析违法犯罪和其他警务问题的三个关键因素。

6. 犯罪分析的目的是为警察在抓捕、减少违法犯罪、预防犯罪和评估等方面提供帮助。

7. 地理信息系统是指基于计算机的允许用户对地理和表格数据进行修改、可视化、查询和分析的工具。

8. 犯罪制图是指使用地理信息系统对违法犯罪问题和其他相关警务问题进行空间分析的过程。

9. 犯罪制图的三个主要功能：促进犯罪和其他事件空间属性的可视化展示和统计分析；基于相同的地理变量整合不同的数据源；提供促进分析结果交流的地图。

10. 在很久之前，人们和警察已经开展非正式的犯罪分析，但是正式的犯罪分析直到 19 世纪初期英国建立第一个正式的警察局才开始。

11. 在美国，犯罪分析直到 20 世纪才开始发展。

12. 在 19 世纪初期，最著名的警务改革家奥古斯特·沃尔默是美国第一个进行犯罪分析并对警察报告进行制图的警察从业者。

13. 在 50 年代和 60 年代，沃尔默的学生 O.W. 威尔逊建议在警察部门中建立分析和犯罪制图部门。

14. 1968 年的综合犯罪控制和安全街道法案为警察部门在整个 70 年代的犯罪分析实践提供了资助。

15. 许多出版物，如手册、媒体文章和会议事项，提供了警察部门在 70 年代开展犯罪分析的证据。

16. 在 70 年代和 80 年代，学者对犯罪地理分析和问题导向警务的关注增加了对犯罪分析的关注。

17. 在 80 年代第一个与犯罪分析相关的专业协会成立。在 1990 年，一个国际性协会成立。

18. 在 90 年代中期，美国政府对社区警务和问题解决的重视促进了联邦拨款对警察部门实施犯罪分析的支持。另外，计算机技术的发展也促进了犯罪分析和犯罪制图在日常警务工作中的应用。

19. 犯罪制图的起源与犯罪分析不同，犯罪制图起源于 19 世纪和 20 世纪初期研究人员的工作。

20. 美国第一次真正的犯罪空间分析是由 20 世纪 20 年代和 30 年代的芝加哥城市社会学家进行的。他们研究的重点是违法犯罪与社会解组、贫穷等因素的关系。

21. 在 70 年代和 80 年代，技术的提高和学术的发展促进了犯罪制图在警察部门中的应用，但是犯罪制图直到 90 年代才迅速发展。

22.（1）以拨款和成立犯罪制图中心为形式的联邦资金，（2）技术和数据收集的改进和（3）Compstat在全美警察部门的实施，都加速了90年代中后期犯罪制图被迅速地采纳。

23.目前，大部分大型警察部门使用犯罪制图技术是出于下面1个或多个目标：为警察和侦查人员提供犯罪事件位置信息；确定资源（警力）分配；评估干预；向市民提供他们社区的犯罪信息；识别重复报警和重复侵害位置。

24.理想地，犯罪分析师应该具备警务知识、研究技能和技术能力。从事犯罪分析职业初期，一个人可能不符合所有的资格条件。但是他或她应该在某方面具备特定的优势，然后随着时间培养其他方面的能力。

25.虽然许多警察部门只雇用1至2名犯罪分析师，但是犯罪分析职业具有许多不同类型的犯罪分析岗位，从助理岗位到专业或管理岗位。

26.有志于从事犯罪分析职业的学生可以通过实习生或志愿者岗位，获得未来从事该职业的机会。

27.在警察部门中，犯罪制图岗位经常与犯罪分析岗位相分离。在许多情况中，因为犯罪制图岗位需要更高要求的培训和专业知识，所以其具有更高的薪水。但是，犯罪制图岗位比一般犯罪分析岗位少。

28.一般而言，犯罪分析部门的战略规划应该与警察部门的目标一致，应该包含犯罪分析部门自身的短期目标和长期目标，应该根据分配的资源具有可操作性，应该考虑未来的需求，并且应该明确犯罪分析部门的工作领域。

29.犯罪分析部门制定战略规划的第一步是了解警察部门的现状和它的犯罪分析能力。第二步是确定警察部门对犯罪分析的需求。第三步是编写战略规划。

30.犯罪分析部门战略规划可能包括：部门结构，功能和产品，数据问题，技术，制度和程序，长期和短期目标。

讨论与练习*

练习1

根据本章的犯罪分析师简介，比较这些分析师的教育和经历、之前相关的工作经历、分析职责划分和作为一名犯罪分析师的总体感受。

练习 2

比较犯罪分析和犯罪制图的历史。思考它们的历史为什么不同？研究、技术和最近的警务创新对它们的发展具有怎样的作用？

　＊其他使用数据的练习题和其他资源可以在"http://www.sagepub.com/bobasantos3e"中找到。

注　释

　〔1〕CALEA 是独立的认证机构，其目标是"通过提供执法人员制定的标准和大量最新的执法主题，促进执法服务的传播"(CALEA, 2004)。在 CALEA 的执法机构标准手册(Standards for Law Enforcement Agencies) 中，第 15 章列举了对警察部门犯罪分析的要求。自从该手册在 1983 年 8 月首次发布以来，这类信息一直包含在该手册的每个版本中。

　〔2〕这些结论是作者根据自己的经验总结的，这是因为没有相关研究记录犯罪分析在 90 年代的演变。

　〔3〕这部分内容来源于 Boba (2000) 和 2008 年国际犯罪分析师协会年度会议中作者制作的题为"制定犯罪分析部门战略规划"(Developing a Strategy Plan for Your CAU) 的演示文稿的内容。

第 2 章

犯罪分析理论基础

在历史上，日常的犯罪分析实践只使用了少量的犯罪学和刑事司法理论。犯罪分析师倾向于花大量的时间收集和整理数据、统计案件和寻找短期模式，而花很少的时间使用理论指导分析。但是随着该学科的发展，分析师在他们工作中运用相关犯罪学理论正变得更加重要和普遍。

犯罪分析的主要目的是帮助警察处理每天的违法犯罪问题。解释犯罪行为深层原因和指向社会解组、人格障碍和不良家庭教育等因素的社会学和心理学理论与犯罪分析关系不大，因为警察对这些深层原因的影响甚微。为了找到解决这些眼前问题的措施，警察部门和犯罪分析师应该处理已经选择犯罪的人员，并且应该重点关注犯罪在特定情景中如何发生和为何发生。因此，犯罪分析师和警察所需的是假设犯罪者存在犯罪动机的理论，而不是解释人们第一次为什么犯罪的理论。前者是刑事司法理论（criminal justice theories），后者是犯罪学理论（criminology theories）。

在过去 30 年，学者对在日常生活中发生的犯罪事件的定义和理解已经显著提高了（Felson & Boba, 2010）。这些理论统称为环境犯罪学（environmental criminology）（虽然这里使用了"犯罪学"，但是这些理论被认为是刑事司法理论），其包含指导犯罪分析、犯罪预防和评估的重要概念。本章将简要介绍该理论的框架。虽然本章的讨论主要针对犯罪，但是这些概念也适用于犯罪分析师和警察关心的违法行为和其他类型行为。

2.1 环境犯罪学

环境犯罪学不同于传统的犯罪学理论，因为它没有试图解释深层的犯罪原因和人们为什么会成为犯罪者，而是重点关注犯罪发生的环境。环境是指"在已知的时间重复使用的并且具有特定行为的地点"（Felson, 2006, p.102）。每个城市、城镇，甚至农村都可以被分成具有特定行为的不同环境。想象一个具有野餐桌、篮球场的公园和一个具有停车场的大型零售商店。在这两个不同的环境中，存在不同类型的人和行为。在这些特定的环境中，日常行为以一种系统的方式创造了犯罪发生的机会。

重要的是，只有当存在犯罪机会时，犯罪才会发生（如在没有东西可偷的情况下偷窃就不可能发生，在只有一个人在房间里的情况下打架就不可能发生）。一些环境比其他环境包含更多的犯罪机会，而环境犯罪学理论可以帮助我们理解这些机会如何产生和随后如何聚集（Felson & Boba, 2010）。为了识别创造犯罪机会的行为模式和环境因素，环境犯罪学的目标不是解释犯罪者为什么会犯罪，而是理解犯罪事件的各个方面（Brantingham & Brantingham, 1990）。

例如，当简·多伊（Jane Doe）在体育馆锻炼的时候，她放在手提包里的钱包被偷了，而她的手提包放在停在体育馆停车场的汽车里。为了防止这类犯罪再次发生，通过分析与盗窃者背景相关的因素（如不良家庭教育、缺乏教育）解释盗窃者为什么会偷走简的钱包是没有帮助的。而重点分析简把钱包留在车内几小时的行为如何创造了犯罪机会(指没有钱包，就没有犯罪)以及在该环境中人们日常行为知识（如所有女性在锻炼时都会避免随身携带她们的手提包进入体育馆，并且包括潜在犯罪者在内的每个人都知道这点）如何促进了犯罪发生，是有帮助的。

犯罪分析师可以通过分析犯罪数据、体育馆保卫人员行为和停车场（指潜在犯罪环境），理解该环境中的犯罪机会，然后提出通过改变环境和受害者行为来减少或消除这类犯罪机会的建议对策。在该例子中，只要简单地从汽车中移走个人物品就可以消除这类犯罪了。在进一步讨论之前，我们需要先解释一些更重要的概念。

2.1.1 问题分析三角

在帮助犯罪分析和警务活动理解犯罪环境的理论中，其核心概念是问题分析三角（problem analysis triangle），也称为犯罪三角（crime triangle）（Center for Problem-Oriented Policing, 2011），如图 2.1 所示。图中央的小三角形表示特定类型的问题行为，可以是犯罪行为，也可以是如青少年不良行为、喧闹音乐等违法行为。其三边和上面的顶点是犯罪（虽然该三角形适用于任何类型的问题行为，但是为了简便，我们统一使用"犯罪"）的四个必要组成部分。也就是说，当犯罪者和受害者或目标（目标指无生命的物体，如财物、汽车、建筑物）在特定的地点和时间（三角形上面的顶点）相遇时，犯罪才会发生。虽然这些是犯罪的必要组成元素，但是这并不意味着每次当这些元素聚齐时，犯罪就会发生。

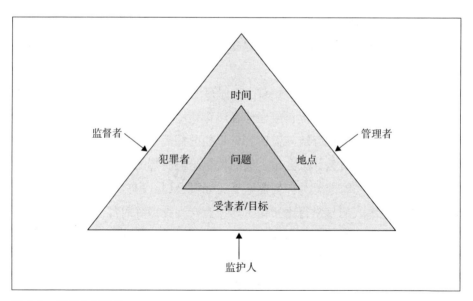

图 2.1　问题分析三角

因此，大三角形帮助我们理解在犯罪环境中犯罪机会如何被影响。也就是说，犯罪机会不是静止不变的，而是动态的。大三角形的三条边表示能够控制受害者／目标、地点或犯罪者的人员或机构。监护人（guardians）是指能够通过照管或从特定环境中移走受害者 / 目标而有能力保护它们的人员，如相互看守房屋的邻居，在商店、闹市区等半公共场所看管人员和财物的保安，将他们孩子带离特定环境（如频繁发生打架的公园）的父母以及把财物放在汽车后备箱或随身携带的人员。

管理者（managers）是指负责管理地点的人员，如旅馆或零售店的老板、公寓大楼的管理者和房主。他们制定规则和管理地点。实际实施的规则和地点的物理环境都能影响犯罪机会。当分析犯罪机会时，地点管理者（如学校或商场的管理者）非常重要，因为他们通常能够对非常多的人产生影响。例如，对未成年饮酒和过度服务管理松懈的酒吧老板增加了酒驾、打架和性攻击的机会。

最后，监督者（handlers）是指知道潜在犯罪者并且能够监控或控制潜在犯罪者行为的人员。父母和警察都是监督者，他们可以通过宵禁来阻止犯罪者犯罪。朋友也是监督者，其可以通过煽动潜在犯罪者在酒吧打架或在体育赛事中喝酒或吵闹来鼓励他们犯罪。

监护人、管理者和监督者对犯罪机会的重要影响是他们不仅能够阻止或减少犯罪机会，而且也能鼓励或增加犯罪机会。因此，他们不仅对理解在创造犯罪机会的特定犯罪环境中正在发生什么非常重要，而且对理解如何通过改变环境来减少犯罪机会非常重要。

回到简·多伊钱包被偷的例子，简作为她自己和她的财产的监护人，把手提包留在汽车内，从而使她的手提包处于未受保护状态。这里的地点是停车场，而地点管理者是能够决定停车场灯光亮度、保安数量和停车空间位置（如在体育馆前面，或者在没有人能够看见的体育馆后面）的体育馆所有人。最后，犯罪者是评估地点情况和决定是否偷取手提包的一个人或者团伙。这个例子阐述了一个核心的观点，即犯罪机会是高度特定的并且当犯罪机会存在时犯罪也不会经常发生。如果当犯罪者路过停车场时，简·多伊或者体育馆保安正好在那里，或者该停车场已经安装了监控摄像头，那么犯罪者可能就不会偷钱包，因为风险太高了。

这些观点对犯罪分析具有重要的意义。它们认为犯罪分析师可以使用特定的技术来识别和理解犯罪模式并且进而利用这些犯罪模式来帮助警察部门处理或预防违法犯罪。例如，通过分析盗窃车内物品犯罪的位置和时间，我们可能发现汽车是在晚上在商场停车场特定的区域受害。通过进一步分析，我们发现停车场内发生犯罪的区域靠近一个电影院，并且当人们去电影院时经常把刚在商场购买的物品留在汽车内。因此，通过提高对犯罪目标的保护（如把物品藏在后备箱）或者严格管理停车场（如在盗窃频发时间段派遣保安在停车场特定区域巡逻）等措施就能减少这类犯罪发生的机会。但是，只有对该环境中犯罪事件和行为进行详细的分析才能制定针对性的犯罪预防措施。

问题分析三角阐述了犯罪机会如何被影响的基本观点。下面将介绍三个相关的理论，它们能够帮助犯罪分析师理解和预测犯罪者如何对犯罪作出选择以及受害者与犯罪者如何通过他们的日常行为在特定的时间和地点相遇。这些理论能够使分析师在个体层面（理性选择理论）、社会交互层面（犯罪模式理论）和社会层面（日常行为理论）深入理解犯罪行为模式。

2.1.2 理性选择理论

根据理性选择理论（rational choice theory），犯罪者是基于预期风险和预期收益对是否犯罪作出选择的。该理论认为如果提供一个无风险的犯罪机会，任何人都会犯罪（Felson & Clarke, 1998）。对于一名缺钱毒品滥用者实施抢劫的动机可能是明显的，但是对于一名没有犯罪前科的人员在特定的环境中为什么会犯罪就难以理解了。而理性选择理论能够解释他们的动机。

通常不会盗窃的人在收益高于被抓风险的情况下可能也会盗窃。例如，一个人从家庭装饰商店往汽车上搬了 10 包花园土壤。当店员只统计了 8 包时，这个人可能不会说什么并且只付 8 包的钱就离开商店。严格来说，当店员数错时，这不算犯罪，而当这个人选择不告诉店员错误时，这就变成了犯罪。实际上，这个人对收益（免费获得 2 包土壤）和被抓风险（在把土壤搬进汽车之前，被店员或商店老板发现了）进行了衡量。

理性选择理论还认为当风险太高或者收益不够多时，一个人不会选择犯罪。该观点与认为犯罪行为不可避免的传统犯罪学理论不同。例如，一群年轻人想要出去喝酒。他们可以在周六的晚上从他们父母的酒柜里找酒，或者找一张假身份证去买酒。但是如果最后这些机会被锁起来了（父母把酒柜锁起来了），或者风险太高了（他们听说警察正在集中整治未成年人购买酒精行为），那么他们可能就不会在那个晚上喝酒了。理解个体在特定环境中如何选择是否犯罪可以帮助我们制定未来预防这些犯罪的战略。

因为系统地确定犯罪者为什么会选择实施特定的犯罪非常重要，所以理性选择理论对犯罪分析和警务活动非常有用。为了更加广泛地影响犯罪，对于犯罪分析和警察而言，理解犯罪行为模式比理解一两起单独的犯罪更重要。如果犯罪者基于他们行为的感知风险和预期收益选择犯罪，那么理解犯罪者的认知可以帮助警察部门和社区制定改变犯罪机会和阻止犯罪发生的措施。例如，再次回到体育馆停车场的例子，通过分析发现随着时间犯罪者将远离体育馆前门并且在停车场后排的汽车选择为犯罪目标。因为这些区域缺少管理，即当他们犯罪时被发现的风险相对较低，所有多数犯罪者似乎将这些汽车作为犯罪目标。根据这些发现，警察可以建议体育馆管理者采取适当的措施，如在该区域增强灯关亮度或者安装监控摄像头，从而增加潜在犯罪者感知的被抓风险。

2.1.3 犯罪模式理论

犯罪模式理论（crime pattern theory）试图理解在犯罪环境中人们如何在空间和时间上相遇。根据该理论，犯罪最可能发生在潜在犯罪者活动空间与潜在受害者 / 目标活动空间重合的区域（Brantingham & Brantingham，1990; Felson & Clarke, 1998）。一个人的活动空间是指通过日常活动变得熟悉的区域，如居住、工作、通勤和购物的区域。简单来说，一个地点的活动空间是它的地理位置。

图 2.2 展示了一名犯罪者活动空间的特定区域如何与一名受害者活动空间的特定区域（如工作场所、电影院和购物场所）相交的一个简单例子。犯罪模式理论认为涉及该犯罪者和该受害者的犯罪只可能发生在他们活动空间相交的区域。考虑到人们实际活动空间非常大，这是一个相对简单的例子。更广泛地说，犯罪模式理论认为具有零售商店、餐厅和电影院的闹市区值得分析，因为包括受害者和潜在犯罪者在内的许多人频繁地在这里出现，该区域可能发生大量的犯罪。

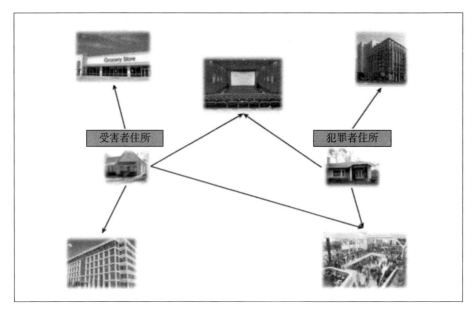

图 2.2　犯罪者和受害者活动空间相交的例子

　　分析这些区域的犯罪分析师可能按照频繁在这些区域出现的受害者 / 目标和犯罪者的类型细分数据，从而理解他们为什么在这里出现和如何相遇。因为汽车流量大，这些区域可能存在盗窃车内物品和从停车场盗窃汽车的问题。因为存在大量的、在购物时拿着手提包的潜在受害者，这些区域还可能存在抢夺手提包的问题。

　　另外，犯罪模式理论认为并且相关研究已经证明，犯罪者在他们熟悉的或者频繁出现的地方实施犯罪。伯纳斯科（Bernasco）（2010）的研究发现犯罪者在他们当前或之前居住的区域实施犯罪的可能性比在他们从未居住过的并且具有可比性的区域实施犯罪的可能性大 22 倍多，并且该现象也适用于盗窃、抢劫和盗窃车内物品。该研究表明，当犯罪分析师寻找系列犯罪的嫌疑人时，应该首先对居住在该区域的或者在日常活动中频繁在该区域出现的人进行分析。另外，该研究还表明对区域不熟的犯罪者可能需要花一些时间来熟悉在该区域存在的行为或人。电影《小鬼当家》就是这样的一个例子，电影中的一个小偷知道每户家庭圣诞灯打开的准确时间，因为他已经观察该区域几天了。根据该观点，犯罪分析师可以通过在盗窃模式区域寻找之前与可疑人员相关的联系，识别可能的嫌疑人。因此，犯罪模式理论为犯罪分析师观察和研究行为模式提供了一个结构化的方法。

2.1.4 日常行为理论

日常行为理论（routine activities theory）重点关注社会层面行为的变化如何影响犯罪机会。例如，费尔森（Felson）和波巴（Boba）（2010）认为在 19 世纪中后期美国日常行为的显著变化对美国犯罪率增长负有一定的责任。他们注意到在那段时期每天常规性地离家去工作场所的美国人的数量显著增加了。在家（环境）中这种行为的变化，因为减少了对家的看管，从而增加了居住区盗窃等犯罪的机会。另外，更多的人在外面工作增加了潜在受害者（人）和目标（车辆和其他私人财物）的数量，从而增加了抢劫、强奸和汽车犯罪等犯罪的机会。

再来分析简·多伊钱包被偷的例子。日常行为理论认为当在体育馆锻炼在简的社区变得普遍并且体育馆顾客养成了把钱包或手提包留在汽车内去锻炼几个小时的习惯时，新的犯罪机会就产生了。另一个关于体育馆环境的重要方面是犯罪者获得了有关受害者行为的知识，因为去体育馆也是犯罪者日常行为的一部分。

近些年，在社会层面的日常行为中最显著的变化是互联网的产生和发展。互联网的普及创造了许多新型犯罪的机会以及新的犯罪方法，如身份盗窃、传播计算机病毒、网络欺凌和以性为目的引诱儿童。另外，日常行为理论也认为社会层面行为的变化也可以减少犯罪的机会。例如，许多州为了减少骑摩托车造成的受伤，强制要求佩戴头盔。这种行为的变化也减少了盗窃摩托车的机会，因为小偷偷摩托车时必须携带自己的头盔，或者需要承担因为没有佩戴头盔而被警察拦住的风险。

犯罪分析师运用该理论可以回答有关一般行为模式和这些模式对犯罪机会影响的问题。局部行为模式，如在某个社区特定类型毒品的流行情况，或者在一块区域青少年把喝酒和开车作为他们周末娱乐主要形式的趋势，是非常重要的，因为犯罪分析经常重点关注整个社会的局部，如一座城市或特定的地区。

2.2 情景犯罪预防

情景犯罪预防（situational crime prevention）起源于 20 世纪 80 年代的英国，它以环境犯罪学为基础，分析犯罪为什么在特定的环境中发生并寻找影响这些环境特征的方法（Cornish & Clarke, 1986）。通过对当地环境中的犯罪问题进行犯罪分析，情景犯罪预防可以为警察提供解决这些问题的特定行动。在 1980 年发表的一篇文章中，克拉克（Clarke）根据问题分析三角和其他到目前为止所讨论的理论，首次提出了人们和社区减少犯罪机会的技术的分类体系。在 2003 年，科尼什（Cornish）和克拉克（Clarke）更新了该分类体系。表 2.1 展示了该分类体系。在后面的内容中，将提供每项技术的例子。

表 2.1　25 项情景预防技术

增加难度	增加风险	减少收益	减少诱因	消除借口
1. 加固目标	6. 扩大监护范围	11. 隐藏目标	16. 减少挫折和压力	21. 设定规则
2. 控制接触目标途径	7. 提高自然监控	12. 移走目标	17. 避免冲突	22. 张贴告示
3. 出口检查	8. 减少匿名	13. 识别目标	18. 减少情绪刺激	23. 唤起良知
4. 转移犯罪者	9. 利用地点管理者	14. 瓦解市场	19. 消除同伙压力	24. 为守法提供帮助
5. 控制作案工具	10. 使用正式监控	15. 消除利益	20. 防止模仿	25. 控制毒品和酒精

在该体系中，第一类技术是通过增加犯罪者实施犯罪的感知付出（perceived effort）来预防犯罪的技术。简单来说，这类技术增加了犯罪者实施犯罪的难度，因此抑制了犯罪者的犯罪动机和预期收益。这类预防技术可进一步分为五类：1. 加固目标，如安装门栓、在滑行玻璃门上安装特制锁；2. 控制接触目标途径，如减少出入口数量、安装带门的栅栏；3. 出口检查，如使用电子商品标签、凭票离开；4. 转移犯罪者，如关闭街道、警务巡逻；5. 控制作案工具，如禁止向成年人销售喷漆。

第二类是增加犯罪者感知风险（perceived risk）的技术。也就是说，这类技术使犯罪者"思考 2 次"，因为他们感觉到了被抓的可能性。这类预防技术可进一步分为五类：1. 扩大监护范围，如参加邻里守望组织、携带手机、不单独行走；2. 提高自然监控，如改善街道灯光亮度、维护景观；3. 减少匿名，如要求穿校服、要求出租车司机出示证件；4. 利用地点管理者，如要求便利店值班，每班有 2 名店员；5. 使用正式监控，如安装摄像头和盗窃报警器。

　　第三类是减少犯罪者预期收益（anticipated rewards）的技术。也就是说，这些技术减少了犯罪者犯罪的价值。这类预防技术可进一步分为五类：1. 隐藏目标，如把汽车停放在车库里而不是街上、把贵重物品放到后备箱而不是汽车里；2. 移走目标，如保持便利店收银机里的现金不超过 50 美元；3. 识别目标，如给自行车发牌照、在汽车零部件上刻上车辆识别码；4. 瓦解市场，如监控可能销售被盗财物的典当商店和街面小贩；5. 消除收益，如在汽车音响上安装可拆卸式防盗面板、将墨水标签黏贴在衣服上。

　　第四类是减少犯罪者实施犯罪的诱发因素（provocation）的技术。也就是说，这些技术主要通过消除犯罪压力、冲突和诱惑的方法来改变社会和环境状况。这类预防技术可进一步分为五类：1. 减少挫折和压力，如高效管理航线，为排队的人提供舒适的座位、音乐或者其他娱乐活动；2. 避免冲突，如减少酒吧拥挤程度、制定合适的出租车价格；3. 减少情绪刺激，如禁止在酒吧举行比基尼表演；4. 消除同伙压力，如分散学校和体育赛事中的团体；5. 防止模仿，如迅速修复破损财物、仔细审查向媒体提供的信息。

　　最后一类技术是通过重点消除犯罪借口（removing excuses）来消除犯罪动机的技术。也就是说，这些技术通过改变社会行为来鼓励人们遵守法律。这类预防技术可进一步分为五类：1. 设定规则，如要求书面租赁合同、要求在住宿前登记；2. 张贴告示，如张贴"禁止停车"或"私人财产"等标识；3. 唤起良知，如安装限速路标、在社交网站上发布禁止向儿童请求性行为的警告；4. 为守法提供帮助，如在公共场所提供可回收垃圾箱；5. 控制毒品和酒精，如在酒吧安装酒精测试仪、拒绝向醉酒人员提供酒精。

　　情景犯罪预防试图提供与直接犯罪环境直接相关的预防措施。就像促进犯罪发生的机会可能是独一无二的，预防这些机会产生的措施也可能是独一无二的。另外，一项特定的犯罪预防行为可能同时消除多个机会或问题行为，因此我们的目标是选择最有影响的措施。例如，学校校服不仅减少了学生在公众场所的匿名，而且也增强了学生对要求在学校穿合适衣服的规定的遵守，从而减少了不良行为的发生。另一个例子是对青少年实施宵禁，这不仅增加了青少年在宵禁后被抓的感知风险，而且也减少了该时间段潜在受害者（如攻击或强奸受害者）的数量。虽然犯罪分析师可能不亲自执行这些犯罪预防措施，但是犯罪分析的一项重要内容是提出犯罪预防建议和评估犯罪预防效果。

2.3 重复受害和二八定律

重复受害（repeat victimization）是指在相同的地方重复发生犯罪，或者相同的人员重复成为受害者。重复受害研究的一个重要发现是曾经受害过的人或地点再次受害的可能性比从未受害过的人或地点更高（Farrell & Pease, 1993）。实际上，最好的预测受害的方法是观察一个人或地点在过去是否受害过（Weisel, 2005）。

重复受害是犯罪分析的一个重要理论假设，这不仅是因为它非常普遍，而且还因为它能够帮助识别机会模式。当相同的人、地点或目标在不同的情景中重复受害时，犯罪分析师就有机会识别这些犯罪事件的共同特征并理解犯罪为什么在特定的环境中发生或者为什么只涉及相同的人、地点或目标。另外，重复受害现象也提供了犯罪预防的重点，因为这些曾经受害过的人、地点或目标是在犯罪预防对象名单的前面。这对警察而言非常重要，因为他们的资源是有限的，他们必须优化各项犯罪预防工作。第 3 章将更加详细地讨论当警察将他们的工作集中于特定的问题、地点或受害者时，如何最有效地影响犯罪。

重复受害可以分为如下四种类型（Weisel, 2005）：

1. **真正重复受害者**（true repeat victims）。真正重复受害者是指曾经受害过的同一个人或地方。例如，居住在同个房子的、被盗 2 次的同个居民。

2. **相近受害者**（near victims）。相近受害者是指物理距离相近并且具有相同特征的受害者或目标。例如，在同个社区不同单元发生的盗窃，因为它们物理距离相近并且具有同样的门锁和房屋结构。

3. **同事实重复受害者**（virtual repeats）。事实重复受害者是指事实上相同的并且具有一些相同特征的受害者或目标。例如，在不同城市或不同州受害的、具有相同名称的电子设备零售商店被认为是事实重复受害者，因为它们具有相似或相同的布局、制度和商品。另外，曾经在其他地点受害过的新居住者也被认为是事实重复受害者。

4. **习惯受害者**（chronic victims）。习惯受害者是指随着时间被不同犯罪者以不同类型犯罪（如攻击、抢劫、盗窃）侵害的人，也称为多重受害者。

根据其他的犯罪聚集方式，重复受害也可以分为如下四类：

1. **重复犯罪者**（repeat offenders）。重复犯罪者是指实施多起犯罪的某个犯罪者或某类犯罪者。重复犯罪者可能专门实施一类犯罪（如抢劫），也可能实施不同类型的犯罪（如盗窃、抢劫、攻击）。

2. **热点区域**（hot spots）。热点区域是指具有高比例犯罪数量的区域（Sherman, Gartin, & Buerger, 1989）。它可能是一种犯罪类型的热点区域，也可能是多种犯罪类型的热点区域。热点区域的大小取决于犯罪的数量和辖区的相对大小。

3. **高危场所**（risky facilities）。高危场所是指发生高比例犯罪的某个场所（Eck, Clarke, & Guerette, 2007），如大型零售广场、大型商场、低档汽车旅馆和高中。另外，高危场所也包括频繁受害但不在同一区域的某类场所，如画廊、便利店、托儿所、酒吧和快餐店。

4. **高危物品**（hot products）。高危物品是指重复受害的某类物品，或者如克拉克（Clarke）（1999）定义的，它是"最吸引小偷的消费物品"（p.23）。如果某类物品想要成为高危物品，必须满足下面的标准："隐藏性、可移动性、可获得性、价值性、实用性和自由支配性"（p.25）。高危物品包括贵重金属（如来自催化转化器的金、银、铂）、智能手机、平板电脑和手枪。

另一个与重复受害相关的重要理论是二八定律（80/20 rule），也称为帕累托定律。该定律来源于 80% 的结果来自 20% 的原因的观察结果。该观察结果在许多现象中存在。例如，全世界与地震相关的大部分破坏是由少部分地震造成的。同样地，该观察结果在犯罪分析所研究的许多现象中也存在：

大部分犯罪者重复地把少部分人或地点选为犯罪目标；少部分地点发生了大部分犯罪；少部分犯罪者实施了大部分犯罪（Clarke & Eck, 2005）。

二八分析可以让我们更加全面地观察重复受害以及分析重复侵害如何发生。但是，这里使用的数字"80"和"20"仅仅代表"大部分"和"少部分"。在每次犯罪分析中，实际比例因行为类型和社区特征而异。二八定律认为通过识别涉及大量犯罪的少部分区域、受害者或犯罪者，警察可以获得最佳的犯罪预防效果（指通过解决特定区域的犯罪，如20%社区的犯罪，警察就可以解决80%的犯罪问题）。（这些分析技术将在第14章中讨论）

2.4 犯罪转移和利益扩散

除了使用犯罪理论理解犯罪机会（问题分析三角）和选择、应用特定的技术预防犯罪（情景犯罪预防）之外，犯罪分析师还可以使用犯罪理论理解当实施犯罪预防响应时犯罪现象如何变化了和为什么会发生变化。当犯罪转移到另一个时间或地点，或者以另一种形式发生时，犯罪现象就发生变化了，这称为犯罪转移（displacement）。当消除部分或全部犯罪现象时，问题也会随之发生变化。在一些情况中，当一种犯罪行为被消除时，该消除行为也会影响其他类型的犯罪（如当一个区域的卖淫行为被清除时，该区域的交通问题和针对女性的攻击也将随之减少），这称为利益扩散（diffusion of benefits）。这两个理论对于犯罪分析师理解犯罪现象如何发生变化非常重要，因为他们被要求定期分析这些变化（如一个公寓的入室盗窃减少了）并评估特定犯罪预防项目（如限制进入公寓的项目）的成效。

2.4.1 犯罪转移

当犯罪没有被消除而是转变成其他形式或者转移到其他时间或地点时，犯罪转移就发生了。犯罪分析师需要考虑下面四种类型的转移（Clarke & Eck, 2005）：

1. **空间转移**（spatial displacement）。空间转移是指犯罪行为从一个地方转移到另一个地方。例如，当警察整治某一区域的卖淫行为时，卖淫行为可能会转移到城市的其他区域。

2. **时间转移**（temporal displacement）。时间转移是指犯罪行为从一个时间转移到另一个时间，包括时转移、星期转移和季度转移。如果警察在 20 至 22 时对特定区域进行例行巡逻并寻找街上闲逛的团伙成员，那么这些团伙成员可能会改变他们的行为，早于或迟于警察巡逻时间出来闲逛。

3. **目标转移**（target displacement）。目标转移是指从一个受害者 / 目标转移到另一个更易侵害的受害者 / 目标。也就是说，当地点管理者加强对某类目标的保护时，犯罪者可能转向其他类型的目标。例如，当政府部门改造了公共汽车站投币电话，使人们只能使用电话卡而不能使用硬币时，这类电话对犯罪者而言就没有价值了，公共汽车站的犯罪者则可能从破坏投币电话转向破坏硬币出售机。

4. **战术转移**（tactical displacement）。战术转移是指犯罪者犯罪方法发生改变。当犯罪者发现他们经常使用的方法不再有效时，或者对犯罪变得更加自信或不顾后果时，战术转移可能就发生了。犯罪者可能从和平进入房屋盗窃转变为暴力进入房屋盗窃，或者在公共汽车站从之前没有向女性暴露自己转变为触碰受害者。

两起对相关犯罪减少研究所进行的全面分析（Guerette & Bowers, 2009; Hesseling, 1994）发现，在少量确实发现犯罪空间转移的研究中，犯罪转移几乎不是一对一的。也就是说，如果某个地方有 100 起犯罪，那么只有 75 或 50 起犯罪转移到其他地方。因为这些研究发现犯罪行为转移是可能的，所以犯罪分析师在分析犯罪减少战略的成效时应该分析犯罪转移的可能性，从而帮助警察部门理解犯罪行为如何变化以及这些变化是否由它们的战略或其他因素造成的。

2.4.2 利益扩散

研究表明通过应用意在减少或转移犯罪机会的情景犯罪预防原理，犯罪问题是可以被解决的（Clarke, 1992）。另外，研究也已经表明当目标问题被成功解决后，其他一些问题也经常随之被解决，这称为利益扩散（Clarke & Weisburd, 1994）。例如，在警察打掉一个提供卖淫和毒品交易的旅馆之后，在该区域发生的其他一些犯罪行为，如抢劫、盗窃、攻击、故意破坏财物和交通问题，也将减少或者甚至消失。因为一旦通过打掉旅馆消除了犯罪机会，犯罪者就会离开该区域，从而也就消除了吸毒者为了获得购买旅馆里毒品的钱而抢劫附近的人的行为以及因为男性缓慢开车经过旅馆而引发的交通问题（Sampson, 2003）。

犯罪分析师可以使用犯罪制图技术确定犯罪的空间转移是否发生了，以及确定作为犯罪预防工作结果或犯罪机会变化结果的利益扩散是否发生了。例如，分析之前例子中关闭旅馆所产生的影响的犯罪分析师可以对该旅馆周围 500 至 1000 英尺内的区域进行分析，确定周围区域的犯罪行为是否减少了。

2.5 机会

机会是本章所讨论的犯罪分析师理解和解决犯罪模式的最重要概念。为了综合环境犯罪学、情景犯罪预防、重复受害、二八定律、犯罪转移和利益扩散等概念，该领域两位最初的思考者费尔森（Felson）和克拉克（Clarke）（1998, pp.v and vi）提出了 10 条与机会和犯罪相关的要点：

1. 机会对诱发各类犯罪都具有重要的作用。

2. 犯罪机会是高度特定的。

3. 犯罪机会在时间和空间上聚集。

4. 犯罪机会取决于日常行为活动。

5. 一起犯罪能够为另一起犯罪提供机会。

6. 一些物品能够比其他物品提供更具诱惑的犯罪机会。

7. 社会和技术的变革能够产生新的犯罪机会。

8. 通过减少机会，犯罪是可以预防的。

9. 减少机会不一定会导致犯罪转移。

10. 减少关键的机会可以更加显著地减少犯罪。

要点总结

本章介绍了环境犯罪学理论在指导犯罪分析中的作用。下面是本章的

要点:

1. 对于犯罪分析而言,解释直接情景原因的犯罪学理论比试图解释深层社会和心理原因或者人们为什么会成为犯罪者的犯罪学理论更有用。

2. 环境犯罪学重点关注犯罪者动机模式、犯罪机会和在犯罪事件中对受害者的保护程度以及犯罪发生的环境。环境犯罪学的目标不是解释犯罪者为什么会实施特定的犯罪,而是通过理解犯罪事件,识别行为模式和创造犯罪机会的环境因素。

3. 问题分析三角解释了创造犯罪机会的因素的相互关系:犯罪者动机、目标/受害者的易受害性、犯罪事件的时间、地点和保护的缺失。

4. 监护人是指能够通过照管或从特定环境中移走受害者/目标而有能力保护它们的人员。

5. 管理者是指负责管理地点的人员。他们制定规则和管理地点。

6. 监督者是指知道潜在犯罪者并且能够监控或控制潜在犯罪者行为的人员。

7. 三个理论能够帮助犯罪分析师理解和预测创造犯罪机会的行为模式:理性选择理论(犯罪者的选择)、犯罪模式理论(活动空间相交)和日常行为理论(行为模式)。

8. 理性选择理论认为犯罪者是基于机会和预期收益对是否犯罪作出选择。该理论认为如果提供一个无风险的机会,任何人都会犯罪。该理论还认为当风险太高或者收益不够多时,一个人不会选择犯罪,该观点与认为犯罪行为不可避免的传统犯罪学理论不同。

9. 犯罪模式理论能够解释犯罪发生的直接环境特征。根据该理论,犯罪最有可能发生在犯罪者活动空间与潜在受害者/目标活动空间相交的区域。

10. 日常行为理论重点关注社会层面的行为变化如何影响犯罪机会。互联网使用的普及是社会行为变化的一个例子,它已经创造了许多新的犯罪机会。

11. 情景犯罪预防是以犯罪三角各构成要素为基础的实践活动。克拉克提出的分类体系详细列举了五类犯罪预防技术:增加犯罪者感知付出、增加犯罪者感知风险、减少犯罪者预期收益、减少犯罪诱因和消除犯罪借口。其中每类技术又可以细分成五项技术。

12. 重复受害是指在相同的地方重复发生犯罪，或者相同的人员重复成为受害者。重复受害研究的一个重要发现是曾经受害过的人或地点再次受害的可能性比从未受害过的人或地点更高。

13. 重复受害可以分为四类：真正重复受害者、相近受害者、事实重复受害者和习惯受害者。

14. 根据其他的犯罪聚集方式，重复受害也可以分为如下四类：重复犯罪者、热点区域、高危场所和高危物品。

15. 一个与重复受害相关的重要理论是二八定律。该定律来源于80%的结果来自20%的原因的观察结果。该定律认为当把工作集中于犯罪频发区域、重复受害人群和实施大量犯罪的犯罪者时，警察可以使它们的犯罪预防战略发挥最大的功效。

16. 当犯罪没有被消除而是转变成其他形式或者转移到其他时间或地点时，犯罪转移就发生了。犯罪分析技术可以识别和描述行为的任何转移，从而帮助警察部门理解犯罪行为如何变化以及这些变化是否由它们的战略或其他因素造成的。

17. 一些研究已经表明通过使用意在减少或转移犯罪机会的情景犯罪预防原理，犯罪问题是可以被解决的。另外，成功消除目标问题也可能减少其他问题，该过程称为利益扩散。

讨论与练习*

练习1

思考在你自己、亲属、朋友或熟人生活中所发生的犯罪情景，回答下面与犯罪事件相关的问题：

1. 犯罪者实施犯罪的动机是什么？

2. 犯罪发生地点具有怎样的特征？

3. 在犯罪过程中，犯罪目标或受害者行为具有怎样的特征？

4. 监督者、监护人和管理者为什么增加了犯罪发生的机会？

5. 如何预防犯罪？（重点关注能够使犯罪发生的机会。对于犯罪者而言，什么事物增加了他们的感知付出和感知风险，或者减少了他们的预期收益?)

练习 2

与班级中一位同学合作, 一起前往停车场, 然后各自记录其中一辆汽车的各类信息。收集的信息包括:

- 合作同学的姓名
- 制造商、车型、年份、颜色
- 有效的犯罪预防设备
- 正在使用的犯罪预防设备 (如锁、警报器、棍棒)
- 汽车内可见的财物
- 关于汽车的其他观察情况

记录你合作同学所观察汽车的观察情况, 然后按照 1 至 10 的易受害性／机会对汽车进行分级——1 表示不易受害, 缺少机会, 10 表示非常易受害。

练习 3

从下面选择 1 个以上问题, 然后从五类基本情景犯罪预防技术 (如增加风险、增加难度、减少收益、减少诱因和消除借口) 中分别选择一项技术, 然后描述每项技术如何减少所选择问题行为的机会:

- 在高中发生的攻击
- 在杂货店发生的抢劫
- 在沿着主要道路居住区的围墙上发生的涂鸦
- 在大型零售店发生的盗窃店内物品
- 电影院的违法青年
- 盗窃停在公寓大楼汽车内的物品
- 在工业区发生的街面卖淫
- 在医院发生的偷窃钱包
- 在便利店发生的毒品交易

* 其他使用数据的练习题和其他资源可以在 "http://www.sagepub.com/bobasantos3e" 中找到。

第 3 章

警察减少犯罪的成效和犯罪分析的作用

第 2 章为理解违法犯罪如何发生提供了理论基础，也详细介绍了根据理论减少犯罪机会和预防问题行为的方法。本章将要把这些理论与警察犯罪预防实践联系在一起。正如第 1 章所讨论的，犯罪分析的主要目的是为警察提供帮助。本章的重点是介绍有效预防和控制犯罪的警务工作以及犯罪分析在这些警务工作中的作用。重要的是，研究和实践已经表明警察部门最有效地预防和控制犯罪的方法是那些犯罪分析在其中扮演了重要作用的方法。

3.1 警察预防和控制犯罪的成效

在过去 30 年，美国警务在理论和实践方面已经发生了显著变化（Weisburd & Braga, 2006a）。技术的进步、新的警务理念和对当前实践的评估都促进了这些变化。许多警务学者以及美国科学院警务制度和实践综述研究委员会已经通过分析现存的相关研究，确定什么警务工作能够有效预防和控制犯罪（Sherman et al., 1997; Skogan & Frydl, 2004; Weisburd & Eck, 2004）。下面将简要回顾最著名警务战略——标准模型警务（standard model of policing）、社区警务（community policing）、破窗警务（broken windows policing）、热点警务（hot spots policing）、Compstat 和问题导向警务的重要内容和研究成果。

3.1.1 标准模型警务

标准模型警务包含的是当人们思考警察应该干什么时所想到的战略。其核心思想是通过主要使用警察资源，以一种宽泛的、被动的方式执法（Weisburd & Eck, 2004）。具体而言，标准模型警务战略包括（Sherman et al., 1997; Weisburd & Eck, 2004）：

- 增加警务人员数量（提高侦查犯罪和抓捕犯罪者的能力）
- 实行随机机动化巡逻（通过在公共场所创造警察无处不在的感觉，阻止犯罪发生）
- 对报警快速响应（增加抓住犯罪者的可能性）
- 深挖案件（提高破案能力）
- 实行被动的抓捕制度（阻止和惩罚特定的犯罪者以及预防公众犯罪）

虽然对这些战略的评估有限，但是一些研究已经表明这些普遍应用的执法工作的成效是有限的（Sherman et al., 1997; Skogan & Frydl, 2004; Weisburd & Eck, 2004）。

3.1.2 社区警务

一些警务学者认为社区警务是过去几十年最广泛采用的警务战略之一（Weisburd & Eck, 2004）。但是，因为它的定义随着时间在不断地变化并且是模糊的，所以社区警务难以被定义。社区警务的核心思想是警察应该与社区合作并且应该利用警察之外的资源来预防和解决犯罪问题。根据美国司法部社区导向警务办公室（2011a）的定义：

> 社区警务是指推动能够支持系统地应用合作关系和问题解决技术，前瞻性地解决引起公共安全问题（如犯罪、社会失序和犯罪恐惧）的直接条件的组织战略的哲学。(para.1)

因为社区警务难以被定义并且已经从战略发展成为哲学，总的来说它难以被评估。但是，在评估中一些特定的战略已经被用于代表社区警务。一项战略是"邻里守望"，也称为街区守望，它是最广泛应用的社区警务项目之一，其目标是增强居民之间的相互监护能力。另一些战略包括通过社区会议、警务人员走访和店铺办公室增加社区向警察传递的信息量以及通过互联网、犯罪地图、信件和逆向 911 电话（"reverse 911" phone calls）向公众提供能使他们保护自己的犯罪信息（Sherman et al., 1997）。

社区警务评估研究的总体结果表明邻里守望、社区会议、店铺办公室和时事通讯等战略并没有减少犯罪（Weisburd & Eck, 2004）。虽然警察挨家挨户走访已经被发现能够减少犯罪，但是简单地向公众提供犯罪信息还没有被证明可以预防犯罪（Sherman et al., 1997; Weisburd & Eck, 2004）。因此，被这些特定战略衡量的社区警务似乎没有增加警察预防犯罪的效率，但是它已经被证明能够减少公众对犯罪的恐惧感（Weisburd & Eck, 2004）。虽然这样，但是警察与社区合作解决问题的哲学依然是美国大部分警察部门所坚持的哲学之一。

3.1.3 破窗警务

破窗警务，也称为零容忍警务（"zero tolerance" policing），是以 20 世纪 80 年代提出的实践理论为基础（Wilson & Kelling, 1982）。其重点是对违法行为和轻微犯罪（指"生活质量"犯罪），如卖淫、公共场所小便和强行乞讨等，实行严格执法（Sousa & Kelling, 2006）。其目标是为了预防更严重犯罪的发生。"破窗"是一个比喻，其表示如果破损的窗户没有得到及时修复，那么这表明没有人关心窗户并且允许产生更多的破窗和更严重的违法犯罪行为（Sousa & Kelling, 2006）。

破窗警务成效研究的结果不尽相同。在 7 个城市开展的研究（Skogan, 1990, 1992）没有发现严格执行治安管理条例能够减少违法行为或者更严重犯罪的证据。而另一项最近的研究（Kelling & Sousa, 2001）则发现在轻罪抓捕和严重犯罪减少之间存在直接关系，但是由于数据限制，还不能完全确定该研究结论的有效性。在 90 年代，纽约市深入开展这类警务，许多纽约官员认为这是那段时期犯罪率下降的原因。但是，研究人员还没有严格证明这些结论，并且许多人引用其他原因（如流行病爆发、犯罪和经济趋势的影响）解释纽约犯罪率的下降（Weisburd & Eck, 2004）。

3.1.4 热点警务

　　热点警务的核心观点是大部分犯罪发生在城市的特定区域（指第 2 章的二八定律）。实际上，相关研究已经证实了这点。例如，谢尔曼（Sherman）、加丁（Gartin）和伯格（Buerger）（1989）发现 3% 的地址发生了 50% 的犯罪报警。因此，热点警务是警察部门系统识别城市中发生大量犯罪的区域并对这些特定的区域采取响应的战略。在热点区域，警察经常采取传统的响应方法，如提高见警率和抓捕量（Weisburd & Braga, 2006b）。

　　目前严格的热点警务应用研究有很多，并且这些研究的结果都表明热点警务能够减少违法犯罪（Braga 2008; Braga & Bond, 2008; Ratcliffe, Taniguchi, Groff, & Wood, 2011; Weisburd & Eck, 2004）。警察集中整治（热点警务的临时应用）虽然是短期的，但已经被证明是有效的（Scott, 2004; Weisburd & Eck, 2004）。当确定热点警务的成效时，分析师需要考虑它是真正预防了犯罪还是仅仅使犯罪转移到了其他地方（指犯罪转移）。大量研究已经分析了这点，正如第 2 章所提到的，完全犯罪转移很少发生。这意味着当热点被消除时，犯罪已经减少了。

3.1.5 Compstat

　　Compstat 是纽约警察局在 1994 年实施的特定项目的名称（Silverman, 2006）。但是，该战略快速、广泛地被美国其他警察部门采用使其不再是纽约警察局单独的战略（Weisburd, Mastrofski, McNally, Greenspan, & Willis, 2003），并且它被描述为"20 世纪后半叶可能最重要的一项警务组织创新"（Silverman, 2006, p.267）。

　　Compstat 重要的两个原因是：1. 它对最新的计算机化违法、犯罪和抓捕数据进行分析，制作统计数据和地图；2. 它在定期的、交互的犯罪预防和减少战略会议上使用这些信息，并且在会议上管理者需要对在他们辖区实施的犯罪预防措施负责。Compstat 模式试图把职责结构与战略问题解决集成在一起（Weisburd et al., 2003）。因为 Compstat 在减少犯罪方面的先进性和成功性，许多警察部门已经实施该模式（Willis, Mastrofski, & Weisburd, 2007）。

到目前为止，还没有人正式评估纽约警察局的 Compstat 或者在全国开展的 Compstat 以及它对犯罪的影响，因此不存在有关 Compstat 减少违法犯罪成效的研究结论。但是，在纽约警察局实施 Compstat 的头三年，犯罪率显著地下降了（Silverman, 2006），并且被纽约警察和官员归功于 Compstat 的犯罪率下降在其他采用该战略并把该战略融入到它们机构中的警察部门中也出现了。我们可以把这些作为该战略有效的证据。但是，在一项对 Compstat 采用情况和构成元素所进行的全国性研究中，威斯勃德（Weiburd）和他的同事(2006) 认为虽然该战略在技术和犯罪分析应用上好像是全新的，但是警务管理和响应战略仍然停留于传统警务。在 17 年之后，Compstat 依然被警察部门以新的方式实施并且继续影响新的减少犯罪的警务方法，如预测警务（Beck & McCue, 2009; Uchida, 2010），问题解决、分析和职责的分层模型（Boba & Santos, 2010），基于犯罪分析的巡逻（Taylor & Boba, 2011）和基于任务的警务（Crank, Irlbeck, Murray, & Sundermeirer, 2011）。

3.1.6 问题导向警务

赫尔曼·戈德斯坦（Herman Goldstein）在他 1979 年开创性的文章《改善警务：一种问题导向的方法》(Improving Policing: A Problem-Oriented Approach) 中首次提出了问题导向警务，该警务认为警察应该对他们社区里的问题（problems）（不仅仅是事件）进行前瞻性地识别、理解和响应。戈德斯坦（Goldstein）认为警察太注重方法了，而对他们工作的对象没有足够地重视，如果警察能够更加重视问题导向的重点，那么能够更加有效地影响违法犯罪。同时，戈德斯坦（Goldstein）还认为为了实现问题导向，警察应该采取一种全新的、更系统的方法，该方法需要他们收集新的数据、开发新的分析方法、提出创新的解决方案和应用评估他们工作成效的指标。

当约翰·艾克（John Eck）和威廉·斯佩尔曼（William Spelman）(1987) 在纽波特纽斯州和弗吉尼亚州开展问题导向警务的时候，他们提出了一种方法，即 SARA 模型（SARA model）。SARA 模型（将在第 12 章详细讨论）包括扫描和定义问题，通过分析数据理解产生问题的机会，使用警察和非警察的方法对问题进行响应和评估响应是否有效（Center for Problem-Oriented Policing, 2011）。问题导向警务的理论基础是环境犯罪学和情景犯罪预防（第

2 章讨论的），其分析和战略主要是为了识别和减少特定环境中的违法犯罪机会。

　　问题导向警务工作的研究结果是研究人员工作与从业者工作的结合。国家研究委员会和其他一些人认为虽然需要对问题导向警务工作进行更加严格的研究，但是迄今为止的证据已经表明它是最有前途的警务战略（Skogan & Frydl, 2004; Weisburd, Telep, Hinkle, & Eck, 2010）。实际上，那些批评问题导向警务没有按照戈德斯坦（Goldstein）最初设想实施（根据被识别和分析的问题的深度）的人也认为即使简单地使用问题解决过程处理问题也能对违法犯罪产生足够的影响（Braga & Weisburd, 2006）。也就是说，"或许简单地把警察资源集中于问题导向警务项目关注的可识别的风险，如重复犯罪者、重复受害者和犯罪热点，可能就足以产生犯罪控制收益"（Braga & Weisburd, 2006, p.145）。

3.1.7 关于警务成效的总结

　　根据最近有关警务研究的综述，总体结论是具有充分的证据表明警务战略越集中、越特定以及与他们试图解决的问题越相符，警察控制违法犯罪就越有效（Skogan & Frydl, 2004, p.17）。当我们回顾第 2 章内容，理解机会和犯罪预防战略是局部的和特定的(指发生在特定环境中）时，这就好理解了。研究人员认为如果想要使警务工作具有预防功能，那么犯罪减少战略应该具有侧重点并且应该以一种系统地运用问题解决方法的方式实施（Sherman et al., 1997; Weisburd & Braga, 2006a; Weisburd & Eck, 2004; Weisburd et al., 2010）。另外，最近的实证研究（Boba, 2010; Santos, 2011）进一步提出了在 Compstat 中所强调的职责是警察部门对有效的犯罪减少工作进行制度化的重要组成部分（Boba & Crank, 2008; Boba & Santos, 2011; Taylor & Boba, 2011）。

3.2 犯罪分析的作用

　　对于犯罪分析师而言有必要理解他们在整个犯罪预防中的作用。在第 1 章中，我们讨论了犯罪分析师在警察部门中的职责。在这里我们将重点讨论犯罪分析在之前介绍的每类警务战略中和之后在犯罪预防中的作用。对于这些警务战略，犯罪分析的作用主要是识别和理解违法犯罪以及确定响应的优先次序。

标准模型警务通常使用各类战术，如巡逻、抓捕和侦查，因此除了确定特定区域的警察数量和提供警察执法的统计数据（如紧急响应时间、犯罪报告数量、正在侦查的案件的数量、已破案件的数量、抓捕数量等），犯罪分析很少使用。如果警察实行"随机"巡逻，那么确定什么地方最频繁发生犯罪的犯罪分析结果就没有意义了。因此，把犯罪分析引入到以标准模型警务为主的警察部门是困难的，因为根据犯罪分析的定义，它的作用和使用范围是有限的。

犯罪分析在社区警务中的作用主要是向市民提供信息。犯罪分析师向社区团体、邻里和街区守望组织、商业机构和其他能够将警务信息传播给公众的机构提供犯罪统计信息。媒体渠道包括互联网(详见第16章)、时事通讯、报纸、公告等。另外，犯罪分析还可以通过收集和分析来自重点关注受害、问题社区、警察满意度和生活质量问题的市民和社区调查的信息，为社区警务提供帮助。

当破窗警务被广泛应用时，犯罪分析的作用局限于评估执法绩效（如对违法抓捕和犯罪进行分析），因为该警务模式要求警察在整个空间和时间范围中处理犯罪。当破窗警务重点关注特定的时间和空间时，犯罪分析则是确定在什么空间和时间中对违法犯罪进行执法最有效的关键。

在热点警务中，犯罪分析，尤其是犯罪制图，具有重要的作用。该战略的重点是识别具有大量犯罪的区域，而犯罪分析可以通过运用地理信息系统对警务数据进行分析，确定这些区域。一些人认为警务人员已经知道热点的位置，因此不需要犯罪分析。但是，研究人员发现在任何情况中警察都不能准确地识别热点（McLaughlin, Johnson, Bowers, Birks, & Pease, 2007; Ratcliffe & McCullagh, 2001），这也就证明了在热点警务中使用犯罪分析的必要性。

如第1章所讨论的，在90年代Compstat对警察部门采用犯罪分析和犯罪制图产生了显著影响。如Compstat名称（"comp"=computer, 指电脑；"stat"=statistics, 指统计数据）本身所强调的，犯罪分析是Compstat过程的重要组成部分。除了由承担管理者职责的犯罪分析师实施的日常分析，犯罪制图已经成为 Compstat 会议重要的交流机制（Ratcliffe, 2004a）。实际上，目前许多警察部门已经具备了简单的犯罪分析和犯罪制图的技术，因为它们实施了一项类似 Compstat 的项目。

最后，犯罪分析在问题导向警务和问题解决过程（也在社区警务中使用）中最能体现其作用。在该环境中，犯罪分析能够识别和确定当前存在的问题，能够通过分析数据理解问题发生的原因，能够制定最佳响应的时间和地点，并且能够评估问题响应的成效（Boba, 2003）。在本质上，如果不存在犯罪分析，问题导向警务和问题解决也将不存在。

因此，犯罪分析在这里讨论的每类战略中都发挥了作用，只是作用大小不一。犯罪分析在警务中的重要性不能被夸大。不幸的是，由于犯罪分析直到最近才被融入到警察部门中，因此该学科依然在为获得承认和有效应用而努力。本书下面内容将讨论和解释在所有这些警务战略中犯罪分析能够为警察提供的帮助。重点关注运行功能（如警力分配、资源评估和绩效指标）的犯罪分析技术将不在这里讨论，因为这些技术更适合于高级的犯罪分析著作。

3.3 问题定义和著作

作为第一部分犯罪分析基础的最后一部分内容，在这里我们将定义犯罪分析的单位（行为层面），从而为本书下面内容建立框架。理解这些不同层面行为的特征的犯罪分析技术是不同的，而且警察处理这些不同层面行为的方法也是不同的。这部分内容最后讨论了帮助理解违法犯罪和对违法犯罪作出响应的书籍。

3.3.1 行为层面

犯罪分析的单位取决于"问题"的定义。犯罪分析的目标不是理解和分析在某个时间发生的一起犯罪或事件，而是分析在不同层面发生的问题行为。"问题"可以采用不同的方式定义。根据赫尔曼·戈德斯坦（Herman Goldstein）的定义，问题可以是：相似、相关或重复发生的事件群；或者大量社区关注的事件；或者警务行为的单位（1990, p.66）。类似地，克拉克（Clarke）和艾克（Eck）（2005）把问题定义为"在一个社区里公众希望警察处理的重复发生的相关有害事件的集合"（Step14）。

不幸的是，这些定义难以用于实践，并且警务研究人员发现警察难以清晰地定义问题，这就随后影响了他们解决问题和预防犯罪的能力（Braga & Weisburd, 2006; Scott, 2000）。为了阐明问题的定义，我们需要区分行为的层面，并且把行为层面作为本书讨论犯罪分析技术的基础。根据问题行为产生的复杂性和时间特征，问题行为的类别最容易被理解。也就是说，简单的问题，如几起事件的集合，通常在非常短的时间里产生，而越复杂的问题，如长期问题位置，在更长的时间里产生。虽然一个特定的问题可以被归为上述连续分类中的某一类别，但是问题通常被分为如下三类（Boba & Santos, 2011）：

1. **眼前问题**（immediate problems）：事件和严重事件（报警和犯罪报告）；
2. **短期问题**（short-term problems）：重复事件和模式；
3. **长期问题**（long-term problems）：问题位置、问题区域、问题犯罪者、问题受害者、问题物品和混合问题。

眼前问题

被认为"眼前"的问题是指在几分钟、几小时，或者在一些情况中几天之内发生的并被解决的孤立事件。它们由巡逻警察或侦查人员利用在基础警察培训或高级侦查培训中学到的侦查技能作出响应。在这里，眼前问题可以被分为两类（Boba & Santos, 2011）。

事件（incidents）是指警察在巡逻过程中对其作出响应的或发现的孤立事情。事件是由市民报警或警察发现所产生的，包括犯罪、违法和与服务相关的任务，如骚扰、正在进行的抢劫、轻微交通事故、违章停车和交通违章，所有这些事件经常在几分钟或几小时内（大部分在一个值班组的值班时间内）发生并被解决。警务人员通常进行初步的侦查并对事件作出响应，其目标是根据当地辖区和警察部门的法律和制度尽可能快速、高效地解决每起事件。

严重事件（serious incidents）是指来自报警的、根据警察部门制度和法律被认为严重的事情。因此，它们需要额外的侦查或者更强烈的直接响应。严重事件包括强奸、劫持人质、谋杀、严重交通事故和武装抢劫等。它们在几分钟或几小时内发生，但可能需要几天、几周或者在一些情况中几个月才能被解决。一般而言，由侦查人员或经过专业训练的人员（如谋杀案件侦查员、交通事故侦查员）对这些严重事件进行更复杂的分析并作出响应，其目标是根据当地辖区和警察部门的法律和制度解决事件，尤其是抓获犯罪者。

短期问题

重复事件（repeat incident）是指两起以上特征相似的并且发生在相同地方或由相同人员实施的事件。重复事件没有单起事件频繁，因为重复事件是事件的集合。这些普通的非犯罪事件或人际犯罪事件可能，但不经常，产生犯罪报告，如家庭暴力、邻里纠纷、狗乱叫、问题青少年、交通碰撞等。组成重复事件的单起事件在几小时、几天或者在一些情况中几周内发生。重复事件是一个重要的行为层面，因为它代表了可以应用犯罪分析和问题解决技术的短期机会模式。重复事件分析主要是识别重复报警地址，问题解决主要是解决眼前深层问题。例如，在一个特定的地点，两起骚扰报警和一起噪声报警可能是由邻居因狗乱叫而争吵所导致的。一旦警察识别和理解了导致重复事件发生的深层问题，他们就可以制定和实施解决上面邻居间所有问题的响应了（与仅仅解决单起报警相比较）。

模式（pattern）是指两起以上报告给警察的或被警察发现的作为一个分析单元的犯罪，因为：（1）犯罪共有一个或多个使它们显著和不同的关键共性；（2）在受害者和犯罪者之间没有已知的关系；（3）犯罪行为通常是有限持续的（IACA，2011b）。能够发现模式的犯罪类型包括陌生人强奸、有伤风化的暴露、公共场所性猥亵、抢劫和重大盗窃等。警察、市民、商业机构、媒体和社区认为犯罪模式是非常重要的，因为他们认为这些犯罪模式（指以陌生受害者为侵害对象的犯罪者）是对他们个人安全最直接的威胁。

模式和重复事件最主要的区别是被分析数据的类型。虽然它们都关注短期的行为，但是重复事件是由普通的有关生活质量的或人际之间的问题构成，而模式则是由陌生人实施的并且被报告的犯罪构成。在以前，警务人员和侦查人员通过非正式交流或查询警察报告等方式临时把模式联系在一起。最近，经过专业训练的分析师已经成为模式分析（指战术犯罪分析）的核心警务人员（O'Shea & Nicholls, 2003）。模式分析和模式响应将在第三部分战术犯罪分析中详细讨论。

长期问题

长期问题（long-term problem）是指在几个月、几个季度或几年内发生的、来源于由日常行为和环境所产生的系统机会的相关行为。问题可以由普通的违法行为（如喧闹聚会或居住区超速）构成，也可以由严重的刑事犯罪行为（如抢劫银行或约会强奸）构成。区分长期问题和模式非常重要，下面是三个重要的区别（IACA, 2011b）：

1. **范围和持续时间**：长期问题的数量是稳定的，持续时间是长期的，而犯罪模式的数量和持续时间是不稳定的。

2. **行为性质**：长期问题与涉及犯罪、安全、违法和生活质量问题的"有害事件"相关（Clarke & Eck, 2005），而犯罪模式则局限于特定的被报告的犯罪。

3. **响应**：长期问题要求专业的战略响应，经常涉及与多个机构或社区的合作，而针对犯罪模式的响应通常主要是由警察实施的日常警务活动。

不是每个重复事件或模式都是更大问题的一部分，但是重复事件和模式可能是一系列随着时间成为问题的相关行为的一部分。相反，问题包含许多模式或重复事件，通过识别这些短期问题以及评估针对这些问题的响应的成效，我们能够获得更多有关长期问题的信息（如通过采访犯罪者，我们能够了解他们为什么实施这些犯罪和确定哪些响应能够和不能够解决重复事件）。

长期问题具有不同的类型。我们需要区分它们，因为分析和警察响应的类型经常因长期问题类型而异。长期问题的类型比较容易区分，因为这些类型是根据问题分析三角的三条边（地点、犯罪者、受害者/目标）确定的。

第一类长期问题是问题地点(problem location)，也称为高危地点(Clarke

& Eck, 2005; Eck, Clarke, & Guerette, 2007)。问题地点是指违法犯罪行为聚集的某个地点（如一家便利店）或某类地点（如所有便利店）。在问题地点中，犯罪行为包含不同的受害者和犯罪者，从而使某个地点或某类地点成为重点。在这类情况中，分析的重点是识别所有的行为，理解机会如何产生和如何发挥作用以及理解问题地点与相似的非问题地点的区别。

第二类长期问题是问题犯罪者（problem offender）。问题犯罪者是指实施大量犯罪的某个人或者具有相似作案特征的某类犯罪者。对于问题犯罪者而言，关键内容是某个人或某类人在不同的环境中活动并侵害不同的受害者。例如，一座城市可能面临高中生逃课问题。这些学生的共同特征是他们不想上学并且不在学校的时候可能会盗窃房屋、在公共场所闲逛和买卖毒品。那么分析和响应的重点则是理解和解决造成大量问题行为的这些犯罪者和他们的逃课行为。

第三类长期问题是问题受害者（problem victim）。与问题地点和问题犯罪者相似，问题受害者是指某个人（如汽车被偷过 3 次的某个人）或具有相似特征的某类受害者（如成为抢劫受害者的西班牙籍移民工人）。对于问题受害者而言，关键内容是某个人或某类人在不同的环境中活动并成为不同犯罪者的受害者。分析和响应的重点是为什么这些人会受害以及他们的哪些行为使他们更容易受害。例如，在西班牙籍移民工人例子中，他们没有汽车而是从一个地方徒步到另一个地方的情况以及他们不使用银行卡而是以现金形式携带他们所有钱的情况，使他们更易成为抢劫受害者。

第四类长期问题是问题财物（problem property）。问题财物不是指重复被盗的某件财物，而是指在不同环境中容易受到不同犯罪者侵害的某类财物。例如，铜线是问题财物，因为不同的犯罪者可以从不同的地方（如建筑工地、蜂窝站、旧房屋等）盗窃铜线并把它们换成现金。分析和响应的重点是财物所处的环境和所存在的犯罪机会。在铜线案件中，废金属收购者不要求废金属卖家提供相关的证明并且不询问废金属来源的宽松交易程序促进了盗窃的发生（因为金属很容易换成现金）。

最后一类并且也是涉及面最广的长期问题是混合问题（compound problem）。它是指包含不同地点、犯罪者和受害者的并且在大部分情况下存在于整个辖区的问题。例如，一个问题最初被定义为盗窃车内物品问题，但是进一步分析发现犯罪主要发生在居住区并且没有哪类地点、小区域、受害者或者犯罪者能够单独引起这个问题。这就是一个混合问题。这类问题需要最复杂的分析和响应，因为诸多因素（如犯罪者、地点和受害者）都对犯罪产生影响。但幸运的是这类问题是最少发生的类型。

显而易见地，成功解决眼前问题能够帮助预防重复事件和模式（短期问题）发生，而成功解决重复事件和模式能够帮助预防长期问题成为一个重大的问题。长期问题包含大量的事件、重大事件、重复事件和模式。通过系统地识别这些较小的、不复杂的问题并对它们作出有效的响应，警察可以预防长期问题的发生（Boba & Santos, 2011）。通过使用火灾类比，这就比较容易理解了。也就是说，小火花可以很容易地被扑灭，但是如果没有及时被扑灭，它可能就会变成小火。而如果小火也没有被扑灭，那么将变成更复杂的、更难被扑灭的大火。因此，就像消防员同时关注火花、小火和大火，警察和犯罪分析师也应该同时关注不同层面的问题。

在这部分，我们一般地（如眼前、短期和长期问题）或具体地（如问题地点）使用术语"问题"。因为警察处理的各个层面的行为都是"问题"，所以理清该术语的含义非常重要。在本书中，根据复杂性和时间特征定义问题，我们可以方便地应用和理解各类犯罪分析方法和技术。

3.3.2 著作

如本章所讨论的，研究人员相信犯罪分析和科学方法的应用能够帮助警察理解犯罪和对犯罪作出响应。但是，警察传统的职责主要是在战术（短期问题）层面（McDonald, 2005）。近些年，通过出版有关犯罪预防的著作（阅读克拉克的犯罪预防研究系列，Clarke's Crime Prevention Studies series）、资助问题案例研究（Clarke & Goldstein, 2002; Sampson & Scott, 2000）和实施问题分析制度化（Institutionalizing Problem Analysis Project, North Carolina State University, 2009），已经出现了振兴问题导向警务思想和推广问题导向警务实践的运动（Clarke, 1998; Knutsson, 2003; Scott, 2000; Tilley & Bullock, 2003）。为问题解决提供指导的出版物的显著增加是因为环境犯罪学的发展（Eck, 2006）。

其中最引人注目的事件是问题导向警务中心（Center for Problem-

Oriented Policing, POP Center, www.popcenter.org）的建立。该中心主要是制作、存储和传播与问题导向警务和更普通地犯罪预防相关的研究和实践成果。该中心的核心内容是标题为"警察问题导向指导"（Problem-Orientied Guides for Police）的系列丛书，其总结了如何减少由特定违法犯罪问题所引起的伤害的知识。这些指导手册是为了帮助预防问题和提高对问题的整体响应，而不是侦查犯罪或处理具体的事件，并且它们还介绍了美国、英国、加拿大、澳大利亚、新西兰、荷兰和斯堪的纳维亚的研究发现和犯罪预防实践。虽然每个国家的法律、风俗和实践不完全相同，但是明显地每个地方都具有相同的问题。这些指导手册以一种便捷的适合于警察和本科生的方式带来了这些信息。

除了问题指导手册，问题导向警务中心还提供了响应指导手册，其总结了有关警察针对违法犯罪的普通响应如何和在什么情况下有效或无效的研究和实践的集体知识。也就是说，许多普通的警察响应，如集中整治、犯罪预防宣传和闭路电视应用等，在一些情况下比其他方法更有效。这些指导手册重点关注这些犯罪响应何时和怎样才能发挥最大的作用。

问题导向警务中心为犯罪分析师提供的最相关的指导手册是"问题解决工具指导手册"（Problem-Solving Tool Guides），其主要介绍各类分析方法和技术如何提高对违法犯罪问题的理解。该指导手册包括研究问题、分析重复受害、评估问题响应等主题。最重要的是，标题为《问题解决者的犯罪分析》（Crime Analysis for Problem Solvers）的指导手册直接为在职犯罪分析师和警务人员提供了在问题解决背景下进行分析的指导。最后，问题导向警务中心提供了大量 PDF 格式的、已经出版的有关犯罪预防、问题解决和问题分析的书籍以及学习模块和有关培训和会议的信息。

3.4 总结

本章主要通过讨论警务目标和成效，介绍了犯罪分析实践与第 2 章所讨论的犯罪预防理论之间的关系。另外，本章定义和区分了不同类型的"问题"，这些问题将在本书后面分别讨论。最后，本章提供了一个可以获取问题解决、分析和犯罪预防等信息的核心资源库。

要点总结

本章主要介绍了环境犯罪学理论在指导犯罪分析中的作用。下面是本章的要点：

1.标准模型警务的核心思想是通过主要使用警察资源，以一种宽泛的、被动的方式执法。该警务模式包括增加警务人员数量、实行随机机动化巡逻、对报警快速响应、深挖案件和实行被动的抓捕制度。虽然这些战略被评估的次数有限，但是这些研究已经表明这些普遍应用的执法工作的效果是有限的。

2.社区警务的核心思想是警察应该与社区合作并且应该利用警察之外的资源来预防和解决犯罪问题。因为社区警务难以被定义，所以它也难以被评估。被特定战略衡量的社区警务似乎没有增加警察预防犯罪的效率。但是警察与社区合作解决问题的哲学依然是美国大部分警察部门所坚持的哲学之一。

3.破窗警务以实践理论为基础，重点对违法行为和轻微犯罪（指"生活质量"犯罪），如卖淫、公共场所小便和强行乞讨等，实行严格执法，进而预防更严重犯罪的发生。破窗警务成效研究的结果不尽相同。。

4.热点警务是警察部门系统识别城市中发生大量犯罪的区域并对这些特定的区域采取响应的战略。目前严格的热点警务应用研究有很多，并且这些研究的结果都表明热点警务能够减少违法犯罪。

5.Compstat是纽约警察局在1994年首次实施的特定项目的名称，并且它被描述为20世纪后半叶可能最重要的一项警务组织创新。Compstat的其中一项重要内容是对最新的计算机化违法、犯罪和抓捕数据进行分析，制作统计数据和地图。另一项重要内容是在定期的、交互的犯罪预防和减少战略会议上使用这些信息，并且在会议上管理者需要对在他们辖区实施的犯罪预防措施负责。到目前为止，还没有人正式评估纽约警察局的Compstat或者在全国开展的Compstat，因此不存在有关Compstat减少违法犯罪成效的研究结论。

6.问题导向警务认为警察应该对他们社区的问题（不仅仅是事件）进行

前瞻性地识别、理解和响应。许多研究人员认为，虽然需要对问题导向警务工作进行更加严格的研究，但是迄今为止的证据已经表明它是最有前途的警务战略。

7. 问题解决过程包括：(1) 扫描和定义问题；(2) 通过分析数据理解产生问题的机会；(3) 使用警察和非警察的方法对问题进行响应；(4) 评估响应是否有效。

8. 有关警察成效的总体结论是警务战略越集中、越特定以及与他们试图解决的问题越相符，警察控制违法犯罪就越有效。

9. 标准模型警务通常使用各类战术，如巡逻、抓捕和侦查，因此除了确定特定区域的警察数量和提供警察执法的统计数据，犯罪分析很少使用。

10. 犯罪分析在社区警务中的作用主要是向市民提供信息。犯罪分析师向社区团体、邻里和街区守望组织、商业机构和其他能够将警务信息传播给公众的机构提供犯罪统计信息。犯罪分析师也通过收集和分析来自公众的信息，为社区警务提供帮助。

11. 当破窗警务重点关注特定的时间和空间时，犯罪分析是确定在什么空间和时间中对违法犯罪进行执法最有效的关键。

12. 在热点警务中，通过识别具有大量犯罪的区域，犯罪分析，特别是犯罪制图，发挥了重要的作用。

13. 犯罪分析是 Compstat 过程的重要组成部分，因为它在 Compstat 责任会议上为战略问题解决和犯罪制图提供了日常分析。

14. 犯罪分析在问题导向警务和问题解决过程中最能体现其作用。犯罪分析能够识别和确定当前存在的问题，能够通过分析数据理解问题发生的原因，能够制定最佳响应的时间和地点，并且能够评估问题响应的成效。

15. 在警察部门中，问题解决的范围是不同的，小到以事件为中心的行为，大到宽泛的日常行为模式。根据问题发展的复杂性和时间特征，问题可以分为三个层面，即眼前、短期和长期。

16. 被认为"眼前"的问题是指在几分钟、几小时，或者在一些情况中几天之内发生的并被解决的孤立事件。事件是指警察在巡逻过程中对其作出响应的或发现的孤立事情。事件是由市民报警或警察发现所产生的，其包括犯罪、违法和与服务相关的任务。严重事件是指来自报警的、根据警察部门制度和法律被认为严重的事情。因此，它们需要额外的侦查或者更强烈的直接响应。

17. 重复事件是指两起以上特征相似的并且发生在相同地方或由相同人员实施的事件。重复事件没有单起事件频繁，因为重复事件是事件的集合。这些普通的非犯罪事件或者人际犯罪事件可能但不经常产生犯罪报告。重复事件是一个重要的行为层面，因为它代表了可以应用犯罪分析和问题解决技术的短期机会模式。重复事件分析主要是识别重复报警地址，问题解决主要是解决眼前深层问题。

18. 模式是指两起以上报告给警察的或被警察发现的作为一个分析单元的犯罪，因为：(1) 犯罪共有一个或多个使它们显著和不同的关键共性；(2) 在受害者和犯罪者之间没有已知的关系；(3) 犯罪行为通常是有限持续的。有关模式的更完整的定义、分析和响应将在第三部分战术犯罪分析中详细介绍。

19. 长期问题是指在几个月、几个季度或者几年内发生的、来源于由日常行为和环境所产生的系统机会的相关行为。问题可以由普通的违法行为（如喧闹聚会或居住区超速）构成，也可以由严重的刑事犯罪行为（如抢劫银行或约会强奸）构成。

20. 问题地点是指违法犯罪行为聚集的某个地点（如一家便利店）或某类地点（如所有便利店）。在这类情况中，分析的重点是识别所有的行为，理解机会如何产生和如何发挥作用以及理解问题地点与相似的非问题地点的区别。

21. 第二类长期问题是问题犯罪者。问题犯罪者是指实施大量犯罪的某个人或具有相似作案特征的某类犯罪者。分析和响应的重点是理解和解决造成大量问题行为的这些犯罪者和他们的逃课行为。

22. 第三类长期问题是问题受害者。与问题地点和问题犯罪者相似，问题受害者是指某个人或具有相似特征的某类受害者。分析和响应的重点是为什么这些人会受害以及他们的哪些行为使他们更易受害。

23. 第四类长期问题是问题财物。问题财物经常不是指重复被盗的某件财物，而是指在不同环境中容易受到不同犯罪者侵害的某类财物。分析和响应的重点是财物所处的环境和所存在的犯罪机会。

24. 最后一类并且也是涉及面最广的长期问题是混合问题，其是指涉及不同地点、犯罪者和受害者的并且在大部分情况下存在于整个辖区的问题。这类问题需要最复杂的分析和响应，因为诸多因素（如犯罪者、地点和受害者）都对犯罪产生影响。

25. 问题导向警务中心（POP Center）是提供问题解决实践书籍和工具的网站（www.popcenter.org）。

讨论与练习 *

练习 1

比较犯罪分析在违法警务、社区警务、热点警务、Compstat 和问题导向警务中的研究成果和作用。如果你是一名犯罪分析师，你想在哪类警务环境中工作？为什么？

练习 2

提供下面问题行为在不同层面（如眼前、短期和长期）表现的具体例子：

- 在便利店发生的抢劫
- 电影院违法青年
- 节假日在商场发生的盗窃车内物品

＊其他使用数据的练习题和其他资源可以在 "http://www.sagepub.com/bobasantos3e" 中找到。

第二部分

犯罪分析过程、数据和目标

　　第二部分一共 4 章，分别介绍了犯罪分析的过程、数据和目标以及警察使用犯罪分析结果的例子。第 4 章主要介绍了犯罪分析的整个过程和类型。第 5 章重点介绍了在犯罪分析中常用的警务数据和技术以及有关数据质量和管理的注意事项。第 6 章分别介绍了地理数据、地图类型、专题地图制作和密度制图。最后，第 7 章是本书第三版的新内容，讨论了犯罪分析结果如何因问题、目标和读者的类型不同而不同。另外，这章也介绍了犯罪分析结果的分类体系，并且使用实践案例阐述了如何在不同背景下使用不同的犯罪分析结果。总而言之，所有这些章节为本书下面将要介绍的三类分析（战术、战略和管理犯罪分析）提供了技术信息和概览。

第 4 章

犯罪分析过程和应用

本章主要将介绍犯罪分析的过程和实践方式（即不同类型的犯罪分析）。前面章节已经简要介绍了问题解决过程，本章将介绍更加特定的犯罪分析过程。问题解决是警察部门全体人员共同解决和预防问题的过程。犯罪分析过程则只针对犯罪分析，并且它应用于犯罪分析师的所有工作，而不仅只应用于问题解决过程中的分析。犯罪分析过程的目标是为了高效制作和改善犯罪分析的数据和产品。另外，在美国，乃至世界，存在许多不同的犯罪分析分支。虽然不是所有的这些分支都将在本书中详细介绍，但是本章将简要定义和介绍它们，从而提供该领域的概况。

4.1 犯罪分析过程

图 4.1 展示了犯罪分析过程（crime analysis process），即犯罪分析通常随着时间推进和改进流程。犯罪分析过程包括数据收集、数据预处理、数据分析、结果传播和用户反馈信息汇总（Gottlieb et al.，1994）。该过程开始于观察（获取数据），并且数据来自许多数据源，但是在大部分情况下来自犯罪分析外部，如警察、报警调度员、社区工作人员、普查人员和地理学家等其他人观察和收集的数据。

4.1.1 收集

犯罪分析过程的第一步是收集数据，这一步与数据存储密切相关。如之

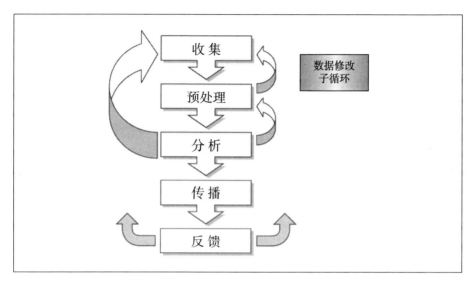

图 4.1 犯罪分析过程

前所讨论的，数据收集通常不是犯罪分析的一项职责。在大部分警察部门中，犯罪报告和其他数据是由警务人员或市民雇员输入到计算机系统中的。而在一些警察部门中，警务人员可能需要亲自撰写报告，或者通过电话系统反馈犯罪报告信息，然后由数据录入人员把相关信息输入到计算机系统中。目前普遍的趋势是警务人员直接把事件报告信息输入到计算机系统中。在几乎所有的警察部门中，警务调度员直接把报警的详细情况输入到计算机系统中。有关数据录入流程的制度以及执行这些流程的人员的注意事项对犯罪分析而言非常重要，因为它们能够影响数据的质量和数量以及后期的分析。

因为警察部门收集的数据不一定都与犯罪分析直接相关，所以只有部分数据可能被编辑用于犯罪分析。例如，因为保险索赔和其他法律问题，警察需要对每起交通事故绘制现场图。当为了理解每起交通事故的特征而存储这类信息时，犯罪分析师通常不会关注每起交通事故准确的现场情况。他们更关注的可能是根据交通事故数据编辑而成的日期、时间、地点和其他特征等数据。因此，只有相关的信息（不是每张现场图）才对犯罪分析有用，因为这些信息可以帮助他们更加全面地理解这类行为。

另外，数据存储的方式和被存储数据的数量在犯罪分析中也非常重要，它们可以影响犯罪分析结果的相关性和实用性。数据只有以电子格式存储，并且定期（如每天或每周）和长期收集，才能有效地用于犯罪分析。纸质的报告和其他信息对于犯罪分析师定期使用而言是没有效率的，因为这种形式的数据需要花费分析师大量的时间并且难以被分析。因此为了使数据能够有效地用于犯罪分析，数据必须被编辑并录入到电子数据库中。在有些警察部门中，犯罪分析师需要亲自把这些数据录入到计算机系统中。最近十年，警察部门把它们报告和其他重要信息转变成电子格式数据已经变得更加普遍，这不仅是为了犯罪分析，而也是为了实现其他各种目标。

如果想要使数据能够有效地用于犯罪分析，观察（数据收集）与数据使用之间的时间间隔应该尽可能的短，尤其是针对眼前问题和短期问题。如果警察写的报告在几周之后才被编辑为电子犯罪报告数据，那么这些信息就不能用于识别当前犯罪模式了。另外，被存储的数据还应该足够多（如几年的数据），这样犯罪分析师才能基于充分的信息进行令人信服的分析，尤其是针对长期问题。例如，两个月的数据不可能比 1 年或 2 年的数据提供更加全面的入室盗窃问题。

最后，能否获取未经加工的数据对犯罪分析师而言也非常重要。许多警务计算机系统只允许检索信息或制作统计报表。犯罪分析师应该能够下载电子数据，并且能够把选择的变量载入到各种软件中，然后使用本书介绍的各项技术对数据进行分析。

总而言之，数据收集过程应该遵循以下几点原则：

1. 准确、长期地收集数据。

2. 只需编辑与犯罪分析相关的数据。

3. 及时地收集数据。

4. 为了能够进行有效的分析，数据存储的时间应该足够长。

5. 应该能够查询和下载未经加工的电子数据。

这些要求适用于在犯罪分析中使用的任何数据，甚至包括从警察部门之外获取的数据（如缓刑和假释数据、地理数据和普查信息）。

4.1.2 预处理

在犯罪分析中使用的数据（如犯罪报告、报警数据）的主要来源是普通的警务数据收集系统。这类系统通常由软件和网络开发者开发和设计，主要用于收集和存储数据，而不是为了分析。因为这点，犯罪分析师经常发现在使用这类系统中的数据进行分析之前，需要对这些数据进行针对性地处理，包括选择数据集、修改变量、创建新变量和实行质量控制。数据预处理具有许多不同的方法，但通常采用下面3种方法：

1. **清理**：修改数据错误和不一致的过程。
2. **地理编码**：将犯罪分析数据与地理数据进行匹配，从而使分析师能够对数据进行空间分析的过程（将在第6章深入介绍）。
3. **创建新变量**：为了进行更加有效地分析，对现有变量（如报警响应时间、犯罪类型）重新编码或者根据现有变量创建新变量的过程。

4.1.3 分析

分析发生在数据收集和预处理之后，其包括许多不同统计和可视化技术的应用，这些技术将在本书第三、第四和第五部分深入介绍。不幸的是，犯罪分析师经常没有意识到数据的问题（如数据没有度量需要研究的内容，或者数据没有被正确收集）直到分析开始。当这类情况发生时，分析师必须回到数据收集和预处理阶段，改变或改进数据收集、存储或预处理的方法，该过程称为数据修改子循环。该循环在犯罪分析过程中是固有的，并且对改进警察部门整个犯罪分析过程非常重要。

4.1.4 数据修改子循环

图4.1中的箭头展示了数据修改子循环的过程。在该犯罪分析子过程中，数据收集和预处理根据犯罪分析过程发生变化。犯罪分析过程不是直线的，也就是说犯罪分析过程不是完全按照先收集，然后预处理，最后分析的过程。犯罪分析师通常会发现在该过程的每步中可以进入下一步，但有时需要退回到上一步。例如，通过预处理过程中的数据清理，分析师掌握了新的数据收集方法，或者分析需求促使分析师建议修改数据收集和预处理方法。下面是这种相互作用的一些例子：

- 在对特定区域喧闹聚会的特征进行分析的过程中，犯罪分析师发现在报警数据中只有"噪声"报警类型，因此分析师不可能把实际上为"喧闹聚会"的报警从"噪声"报警中区分出来。分析师必须退回到数据收集阶段，建议新增"喧闹聚会"报警类型，从而使警务人员和调度员能够记录这类报警。

- 警察领导要求分析师分析过去 10 年的犯罪数据，但是部门制度规定数据只需存储 5 年。因此，分析师只能分析现有的 5 年犯罪数据，并建议实行新的、允许数据存储 10 年的数据存储制度。

- 通过分析，犯罪分析师发现在犯罪位置变量中存在不一致的现象（如某个地址被分配不正确的警务巡逻区）。这促使分析师建立更加准确的数据清理过程。

虽然像这里讨论的这些问题不可能出现在每次分析中，但是不可否认的是犯罪分析过程、数据收集和数据预处理需要不断地改进。分析师应该从不假设数据是正确的并且能够直接满足他们的目标，因为不可预料的复杂情况经常会出现并且有关违法、犯罪和警务活动的新数据可能还未被收集（这些问题将在第 5 章详细讨论）。数据修改子循环是犯罪分析过程的重要组成部分。犯罪分析师需要投入大量的时间和资源来处理这些问题。

4.1.5 传播

在完成数据分析之后，犯罪分析师需要将分析结果与不同的人员进行交流。实际上，只有当信息和统计数据被有效交流时才算完成分析（Bruce, 2008a）。传播犯罪分析结果的方式包括报告和地图（纸质的或电子的）、演示文稿、邮件、互联网文件和电话等。犯罪分析结果的读者包括警察、警察管理者、市民、学生、其他分析师和新闻媒体等。

当交流犯罪分析结果时，分析师需要注意两个重要的事项。第一个注意事项是交流的内容应该与读者的知识相称。例如，对于市民而言，分析师应该在展示分析结果之前说明各类犯罪（如抢劫、入室盗窃）的定义。第二个注意事项是展示的结果应该只包含最相关的信息。犯罪分析的许多工作（如数据收集）是幕后的，因此在结果中不需要展示所有的工作。

当传播分析结果时，犯罪分析师应该只传播与主题或当前问题最相关的信息，而不需要传播他们所有工作的内容。当分析结果可以简单地通过一个或两个要点进行传播时，分析师不需要展示分析的每个细节。虽然分析师应该记录他们数据收集、预处理和分析方法等内容，以确保已经使用了合适的方法以及确保以后能够重复使用这些方法，但是传播的结果应该只关注与特定读者最相关的内容。

除了为警察部门提供帮助，犯罪分析师还可以通过向其他分析师、研究人员和警务从业者传播他们的分析结果，从而为有关犯罪、违法问题和警务活动等知识的创造作出贡献。这些知识不仅可以指导警务实践（如执法、犯罪预防）和犯罪分析实践（如传播成功的数据收集方法和分析技术），而且还可以增加有关犯罪和其他警务问题的常识（如农村地区卖淫特点）。但这并不是说犯罪分析师的一份报告就可以创造大量的有关主题的知识，而是说随着时间推进，大量警察部门之间的犯罪分析结果交流能够创造大量的知识并促进该学科的发展。

4.1.6 反馈

在传播分析结果之后，分析师需要从读者那里收集和接收反馈信息。在数据修改子循环中，分析产品使用情况的反馈信息能够指导和改进整个犯罪分析过程。分析师可能收到有关分析质量或报告质量的反馈信息，或者有关被分析数据特点的反馈信息，或者有关分析结果对决策有用性的反馈信息。

4.1.7 总结

犯罪分析过程不是直线型的过程，而是循环的过程，因为随着犯罪分析师理解的深入和接收反馈信息，该过程的每一步可以指导下一步。犯罪分析师在数据修改子循环中需要投入大量的时间和精力。但是，随着制度、技术、数据库、培训和有效分析例子的提高和改进，该过程一直在发展。在下面讨论的每类犯罪分析中，虽然它们分析的数据、方法和目标不尽相同，但是犯罪分析师都遵循基本的犯罪分析过程。

4.2 犯罪分析类型

术语"犯罪分析"（crime analysis）是一般性的概念，是在警务领域中实践的学科。有些人使用"刑事分析"（criminal analysis）指代整个学科（Petersen, 1994），但是该术语太特定，因为"刑事"只指向犯罪者，而"犯罪"可以泛指包含犯罪者、受害者和地点的事件，并且如第 1 章所提到的，犯罪分析不仅只是对犯罪进行分析，这也是为什么有些人也把犯罪分析称为公共安全分析。随着时间推移，犯罪分析已经成为整个学科的主导术语。更重要的是，该学科被进一步分为不同的子学科，并且这些子学科在目标、范围、数据和分析技术等方面不尽相同。这些不同类型的犯罪分析包括从数据丰富的、以侦查为主的分析类型到更一般的、以研究为主的分析类型。这些犯罪分析类型如下面所示。

4.2.1 情报分析

情报分析（intelligence analysis）的目标是识别犯罪者网络和犯罪行为以及帮助警察部门抓捕这些违法犯罪者（Petersen, 1994）。犯罪者网络通常与有组织犯罪（如黑手党）、团伙、毒贩、卖淫集团、金融诈骗集团或者这些犯罪企业联盟相关。情报分析是由警察部门实施的并且主要关注发生在特定辖区（如城市、县或州）的犯罪行为。警察部门经常与关心它们自己辖区内违法犯罪的邻近警察部门或国家工作人员一起开展情报分析。

在情报分析中分析的许多数据是由警察通过监控、窃听、特情或参与观察（指秘密工作）等方式获取的。被分析信息的类型不局限于犯罪信息，也包括电话交谈信息、轨迹信息、金融和税收信息和被侦查人员的家庭和商业关系等。通过分析这些数据，情报分析师可以关联信息，筛选信息，识别关系和寻找进一步侦查的方向。情报分析师与其他部门（如麻醉品部门、有组织犯罪部门）的警务人员密切合作，并且情报分析师经常也是警务人员。

4.2.2 刑事侦查分析

在 20 世纪 70 年代和 80 年代，我们目前所称的刑事侦查分析（criminal investigative analysis）通常是指刑事画像。但是，由于那时"画像"频繁地被流行媒体误用，因此导致从业者把刑事画像改为刑事侦查分析。这类分析是构建严重犯罪（如强奸、谋杀陌生人犯罪）犯罪者轮廓的过程。刑事侦查分析师使用犯罪者在犯罪时所留下的痕迹推断犯罪者的相关特征，如性格特征、社会习惯、工作等。例如，非常血腥和凌乱的犯罪现场与血迹被完全打扫干净的犯罪现场所指向的犯罪类型可能是不同的。

刑事侦查分析的主要目标是通过推断嫌疑人的个人特征，帮助刑事侦查人员识别和筛选嫌疑人。因为这类犯罪的模式与由陌生人在多个辖区频繁实施的严重犯罪相关，并且没有其他类型犯罪或犯罪模式频繁，所以这类特定的犯罪分析主要在全国层面开展。

刑事侦查分析的一个分支是地理画像（geographic profiling）。在地理画像中，分析师使用犯罪者犯罪的地理位置（如弃尸位置、相遇位置）识别和筛选犯罪者可能的居住位置（Paulsen, Bair, & Helms, 2009; Rossmo, 2000）。这类分析的目标是识别和抓获未知的犯罪者。

在实践中，情报分析和刑事侦查分析部分重叠，但是与它们相关的分析技术、产品和目标与下面所讨论的分析显著不同。在这里介绍的这两类犯罪分析的信息只作为背景知识。

4.2.3 战术犯罪分析

战术犯罪分析（tactical crime analysis）的定义如下：

> 战术犯罪分析是指通过分析近期发生的犯罪事件和犯罪行为的特征，如犯罪发生过程、时间和空间，为模式识别、侦查对象（investigative lead）和嫌疑人识别和串并案件提供帮助。

战术犯罪分析重点关注近期发生的犯罪(通常指之前 2 至 3 个月的犯罪)和有关犯罪方法、涉案人员和涉案车辆的特定信息。分析数据主要来自正式的警察报告，其中包括犯罪特征（如侵入方式、侵入点、嫌疑人行为、受害者类型和作案工具类型）、日期、时间、位置和位置类型等信息（Paulsen et al.，2009）。通常进行战术犯罪分析的犯罪类型是犯罪者与受害者不认识的犯罪，如商业区入室盗窃、居住区入室盗窃、盗窃车内物品、盗窃车辆、抢劫和陌生人性犯罪（如强奸、公共场所性猥亵和猥亵暴露）等。战术犯罪分析还包括对前科人员信息、由巡警收集的有关可疑行为和非法侵入警告的现场信息以及伤疤、纹身和其他与现场相关的标志等信息进行分析。

战术犯罪分析的三个主要目标是：1. 为了识别模式，对犯罪进行关联；2. 识别犯罪或犯罪模式的潜在嫌疑人；3. 为了串并案件或破获案件，对已破案件进行关联，寻找突破口。因为侦查人员和警务人员需要投入大量的时间侦查单起案件，所以他们没有时间回过头来运用系统的方法识别模式。战术犯罪分析是事后分析的过程。通过同时分析大量案件，战术犯罪分析师可以识别模式以及为模式与潜在罪犯者的关联提供帮助（他们的日常职责）。

4.2.4 战略犯罪分析

战略犯罪分析（strategic crime analysis）的定义如下：

战略犯罪分析是指通过对犯罪问题和相关警务问题进行研究，识别长期行为模式和评估警察响应和组织程序。

因为战略犯罪分析的范围包括长期行为模式（通常大于等于 6 个月），所以这类分析经常使用定量的数据和分析方法，而更深入的战略分析通常要求同时使用定性（qualitative）和定量（quantitative）的数据和分析方法。战略犯罪分析师使用各类统计方法分析具有上百、上千或上万条记录的电子数据库，并且主要分析日期、时间、位置、事件类型等变量，而不是简要案情等定性数据。

战略犯罪分析的两个主要目标是：1. 为分析和识别长期犯罪问题提供帮助；2. 评估警察对问题的响应和警察部门的组织程序。在问题解决过程中，问题分析包括对犯罪比率、重复受害、热点和影响机会和犯罪的环境因素进行分析。战略犯罪分析师的研究发现和对犯罪问题响应的评估能够帮助警察部门评估它们工作的成效。

4.2.5 运行分析

运行分析（operations analysis）的定义如下：

运行分析是指对警察部门的运行和制度，包括人员、资金、设施和其他资源在地理、组织和时间上的分配，以及这些运行和制度是否对辖区违法犯罪产生最有效影响进行研究（Bruce, 2008a, p.18）。

这类分析与其他类型的分析不同，因为它对警察部门的"运行"进行分析，而不是解决犯罪模式或预防违法犯罪问题。运行分析的例子包括：根据地理区域和值班情况，分析巡逻人员分配；比较交通罚单、接处警和加班的数量；划定巡逻区域的地理边界。有关运行分析的数据、分析技术和注意事项将不在本书详细讨论。

4.2.6 管理犯罪分析

管理犯罪分析（administrative crime analysis）的定义如下：

> 管理犯罪分析是指根据法律、政治和实践问题，向警察内部人员、政府部门／委员会、市民等读者展示犯罪研究分析的有趣发现。

管理犯罪分析不同于战术、战略和运行分析，因为它侧重于分析结果的展示而不是模式识别、统计分析或评估。它是从之前的分析结果中选择有趣的、重要的发现（无论何种类型）并对适合于特定读者的信息进行格式化的过程。展示的信息通常只是整个分析结果的"冰山一角"。展示目标和读者在很大程度上决定了展示的内容。另外，犯罪分析师还需要考虑法律（如隐私权、保密）、政治（如工会问题、选举）、实践（如信息的复杂度和长度）问题。

管理犯罪分析的主要目标是为读者提供信息。因为犯罪分析信息的读者因具体情况而异，所以被展示信息的类型和数量也不尽相同。不像战术和战略犯罪分析的读者主要是一线警察，管理犯罪分析的读者主要是警察管理者和指挥者、其他政府部门的工作人员、新闻媒体和市民。管理犯罪分析的一个例子是使用互联网传播犯罪分析信息。因为访问警察部门网站的读者包括市民、警务人员、企业、受害者、犯罪者、新闻媒体等几乎任何人，所以选择在网站上发布的信息和对信息进行格式化时，应该考虑各类读者的情况。

4.2.7 犯罪制图在各类分析中的应用

犯罪制图是各类犯罪分析的有效补充。虽然在每个犯罪分析产品中它不一定都能得到展示，但是它在每类分析中都具有重要的作用。犯罪制图没有成为犯罪分析的一个分支因为它是在重点关注地理属性的犯罪分析过程中所实施的方法。下面是犯罪制图在本章所讨论的各类犯罪分析中应用的例子：

- 在情报分析中，犯罪制图可以根据居住、工作和频繁出现的位置（指活动空间），展示犯罪与网络中人员的关系。地图可以是当地社区的地图，也可以是州或地区的地图。一个应用例子是利用地图同时展示与团伙相关的犯罪和团伙势力范围。

- 在刑事侦查分析中，犯罪制图具有一个非常特定的应用，即地理画像。地理画像是刑事侦查分析的分支，在其中犯罪制图可以对系列犯罪模式中的重要位置进行统计分析，预测犯罪者最可能的居住位置。

- 在战术犯罪分析中，犯罪制图可以根据事件的邻近性，识别模式，这尤其对侵财犯罪模式特别有效。例如，对汽车盗窃进行空间分析可能揭示盗窃行为在特定位置聚集。犯罪制图也可以用于展示任何犯罪模式中的犯罪位置。

- 在战略犯罪分析中，犯罪制图可以在长期应用中使用，包括：1. 分析犯罪行为与相关因素（如高房屋空置率、高违法行为报警数）之间的关系；2. 分析特定位置（如学校、酒吧、戒毒中心）及周围的犯罪模式；3. 计算犯罪比率信息，如每户家庭入室盗窃数；4. 将犯罪数据与定性的地理信息（如青少年闲逛区域、学生上学路径或毒品和卖淫市场等信息）进行整合。

- 在运行分析中，犯罪制图可以通过分析接处警数据，确定资源的空间分配（指巡逻方案）以及设计最佳的巡逻区域和巡逻区岗亭位置。例如，空间统计不仅可以确定使报警在各个巡逻区之间均匀分布的区域边界，而且也可以确定使巡逻距离最小的巡逻岗亭位置。

- 在管理犯罪分析中，犯罪制图是警察、研究人员和媒体向公众传播犯罪信息的重要工具。由警察部门或新闻媒体维护的网站可以定期发布描述犯罪区域的地图，并附上相应的表格和概念。例如，警察部门每周或每月将犯罪地图发布在公众可以在自己家中或当地图书

馆中的计算机上浏览的网站上。这可以减少市民对周围犯罪信息的
申请。

要点总结

本章主要介绍了犯罪分析过程和五类不同的犯罪分析类型。下面是本章
的要点：

1. 犯罪分析过程是指犯罪分析实施的一般流程，包括数据收集、数据预
处理、分析、结果传播和接收用户反馈信息。

2. 犯罪分析数据收集过程的要求如下：(1) 准确、长期地收集数据；(2)
只需编辑与犯罪分析相关的数据；(3) 及时地收集数据；(4) 为了能够进行
有效的分析，数据存储的时间应该足够长；(5) 应该能够查询和下载未经加
工的电子数据。

3. 数据预处理具有许多不同的方法，但通常采用下面三种方法：(1) 清
理，修改数据错误和不一致的过程；(2) 地理编码，将犯罪分析数据与地理
数据进行匹配，从而使分析师能够对数据进行空间分析的过程；(3) 创建新
变量，为了进行更加有效地分析，对现有变量进行重新编码或根据现有变量
创建新变量的过程。

4. 分析发生在数据收集和预处理之后，其包括许多不同统计和可视化技
术的应用，这些技术将在本书第三、第四和第五部分深入介绍。

5. 数据修改子循环是犯罪分析过程的子过程。在该子过程中，分析师根
据在分析中获得的知识对数据收集和预处理进行改进。

6. 传播包括与不同类型读者交流和发布犯罪分析结果。传播犯罪分析结
果的方式包括报告和地图（纸质的或电子的）、演示文稿、邮件、互联网文
件和电话等。犯罪分析结果的读者包括警察、警察管理者、市民、学生、其
他分析师和新闻媒体等。

7. 在分析结果传播之后，分析师需要从读者那里收集和接收反馈信息。

8. 情报分析是指识别犯罪者网络和犯罪行为以及帮助警察部门抓捕这些
违法犯罪者的分析。

9. 刑事侦查分析是构建严重犯罪（如强奸、谋杀陌生人犯罪）犯罪者轮

廓的过程。刑事侦查分析师使用犯罪者在犯罪时所留下的痕迹推断犯罪者的相关特征，如性格特征、社会习惯、工作等。

10. 刑事侦查分析的一个分支是地理画像。在地理画像中，分析师使用犯罪者犯罪的地理位置（如弃尸位置、相遇位置）识别和筛选犯罪者可能的居住位置。这类分析的目标是识别和抓获未知的犯罪者。

11. 战术犯罪分析是指通过分析近期发生的犯罪事件和犯罪行为的特征，如犯罪发生过程、时间和空间，为模式识别、侦查对象和嫌疑人识别和串并案件提供帮助。

12. 战略犯罪分析是指通过对犯罪问题和相关警务问题进行研究，识别长期行为模式和评估警察响应和组织程序。

13. 运行分析是指对警察部门的运行和制度，包括人员、资金、设施和其他资源在地理、组织和时间上的分配，进行研究。这类分析与其他类型的分析不同，因为它对警察部门的"运行"进行分析，而不是解决犯罪模式或预防违法犯罪问题。

14. 管理犯罪分析是指根据法律、政治和实践问题，为警察内部人员、政府部门/委员会、市民等读者展示犯罪研究和分析的有趣发现。

讨论与练习 *

练习1

犯罪分析过程（数据收集、数据预处理、分析、传播、反馈）与科学研究过程（理论、假设、观察、经验概况）和问题解决过程（扫描、分析、响应和评估）有什么区别？并解释这三类过程的区别。

练习2

比较这五类不同的犯罪分析类型（情报分析、刑事侦查分析、战术犯罪分析、战略犯罪分析和管理犯罪分析）如何帮助警察解决违法犯罪问题。

*其他使用数据的练习题和其他资源可以在"http://www.sagepub.com/bobasantos3e"中找到。

第 5 章

犯罪分析数据

数据收集和预处理是犯罪分析过程的重要组成部分。犯罪分析师需要投入大量的时间和精力来收集和准备犯罪分析数据。为了节约时间、实施必需的方法和制作必需的产品，对于分析师而言使用各类技术是必不可少的。因为警察部门使用许多不同的方法和硬件来收集和管理数据，所以分析师必须能够处理不同格式和质量的数据。幸运的是，分析师可以使用许多不同的软件来处理数据和制作产品。本章将介绍最常用的数据和技术以及它们在犯罪分析中的应用。

5.1 关键术语

为了能够理解本章以及后面各章节所讨论的一些基本概念，下面将依次介绍一些关键的术语。

5.1.1 数据矩阵

数据是指从经验、观察、或实验中获取的有组织的信息。它由表示变量（指变化的可测定的特征）值的数字、文字或图像等组成。犯罪数据变量包括犯罪类型、时间、日期和位置等。数据矩阵（data matrix）是变量的矩形表格，是数据收集的单元（如人、组织或犯罪）。在数据矩阵中，数据被组织为行和列，每列表示一个变量（也称为字段），每行表示一个单元（也称为记录）。在犯罪分析中，每条记录表示一份犯罪报告、一份交通事故报告

或一份抓捕报告。矩阵既可以是纸质的形式，也可以是电子的形式。表 5.1
是一个简单的犯罪数据矩阵，每行表示一起案件，每列表示一个变量，其中
变量包括案件的类型、报告时间和位置。

表 5.1　数据矩阵

案件编号	类　型	报告时间	位　置
2012-001	入室盗窃	01/01/12	15 Exchange Pl
2012-002	重大偷窃	01/01/12	169 York St
2012-003	抢劫	01/01/12	111 1st St
2012-004	入室盗窃	01/01/12	685 Grand St
2012-005	抢劫	01/05/12	344 Pacific Ave
2012-006	强奸	01/05/12	49 Fisk St
2012-007	盗窃汽车	01/05/12	26 Journal Sq
2012-008	盗窃汽车	01/11/12	920 Bergen Ave
2012-009	盗窃汽车	01/12/12	438 Summit Ave
2012-010	纵火	01/13/12	921 Bergen Ave
2012-011	抢劫	01/13/12	234 16th St

5.1.2 数据库

数据库（database）是利用计算机对数据进行检索、查询和分析的数
据矩阵。数据库可以存储几乎无穷多的记录。并且大部分现代数据库（如
Microsoft Access、SQL Server、Oracle）允许用户使用关系数据库（relation
databases）分析不同表之间的复杂关系。

5.1.3 地理数据

如同警察部门把犯罪报告录入到计算机系统中，犯罪分析师出于各种
分析的目的也把与犯罪和其他行为相关的地理要素数据输入到地理信息系
统中。第 6 章将介绍地理信息系统用来表示物或位置的三类地理数据或地理
要素（点、线和面）以及与它们对应的要素和数据（称为表格数据或属性
数据）。

5.1.4 表格数据

表格数据（tabular data）用来描述自身不具有地理属性但包含地理变量的事件。表格数据包括犯罪报告、交通事故和学生信息。

5.1.5 二手数据

二手数据（secondary data）是在正常情况下事先持续收集的数据，其通常存储在电子数据库中。在犯罪分析中，二手数据的应用非常普遍，因为警察部门、市政府和政府机构定期收集和存储与犯罪分析师所分析问题相关的数据。例如，警察部门在档案管理系统（records management system, RMS）中收集和存储犯罪报告数据、交通事故报告数据和抓捕报告数据以及在计算机辅助调度系统（computer-aided dispatch, CAD）中收集和存储报警（calls for service）数据。政府机构在地理数据系统中收集和存储街道网络数据，维护商业注册信息，编制设施利用信息，收集税收和执照数据。美国人口普查局收集社会人口统计数据，如收入、教育、年龄和种族等信息。二手数据既可能是定性的（主要指描述性数据），也可能是定量的（指数字型数据）。

5.1.6 原始数据

因为犯罪分析师所使用的二手数据不是基于各类犯罪分析的目的而收集的，所以二手数据经常不能完全满足分析师的分析要求。当发生这种情况时，犯罪分析师就需要收集原始数据（primary data），也就是基于当前特定的分析目的收集数据。原始数据收集方法包括调查、访谈、现场勘查和直接观察等。在数据收集之后，这些数据将被编辑和录入到数据库中，或者以描述形式保存。为了给分析提供准确、客观的原始数据，分析师必须清楚地了解数据收集过程。本章后面内容将介绍原始数据收集的详细情况和例子。

5.1.7 计算机辅助调度系统

计算机辅助调度（computer-aided dispatch, CAD）系统是通过使用无线电通信和地理展示为警务调度和响应（以及公共安全机构的职责，如消防和急救）提供支持的高度专业化的系统。警察部门使用该系统调度警务人员，记录警务人员位置和行为，追踪警务行为（如交通管制）。警务人员与调度员之间的大部分交流记录在该系统中。但是，该系统不是接收和记录市民紧急报警的 911 系统。警察部门通常将重要的市民报警信息从 911 系统中转移到该系统中。该系统存储了所有被调度的报警的信息。

5.1.8 档案管理系统

档案管理系统（records management system, RMS）是任何警察部门运行的信息中心（Dunworth, 2005）。它是专门为警务档案设计的数据输入和存储系统。有些警察部门直接把信息输入到档案管理系统中，有些警察部门则从其他软件（如计算机辅助调度系统、犯罪报告制作软件）中把信息转移到档案管理系统中。理想的是，档案管理系统应该包含警察部门所有相关的数据，包括独立的数据库，如犯罪报告、抓捕报告、人员信息、物品和证据信息、车辆信息、交通事故报告、现场信息、报警信息和侦查信息的数据库。虽然在不同警察部门中档案管理系统存储的内容不尽相同，但是建立该系统的目的是一样的，即存储犯罪事件数据和把犯罪事件数据与相关数据进行关联。

5.1.9 地理数据系统

地理数据系统（geographic data system）可以制作、维护和存储地理数据。一些城市或县的机构通常使用地理数据系统制作和维护宗地、建筑物、街道、高速公路等数据以及存储航拍影像、被不同部门和机构(如规划部门、公共设施管理部门）使用的地理信息。另外，这些机构也经常从其他数据源获取表格和地理数据，如普查信息、社会人口统计信息和类型学信息，然后把它们与当地地理数据存储在一起。一般而言，警察部门和犯罪分析师不会收集和维护存储在地理数据系统中的数据，而是从其他机构获取这些数据来进行分析。

5.2 在犯罪分析中使用的数据库

数据库对犯罪分析而言非常重要，因为它能够使犯罪分析师高效地分析大量数据。犯罪分析师可以使用的数据库有很多，但是出于篇幅考虑，这里只详细介绍最常用的数据库。犯罪分析师最常用的四类二手数据库是：犯罪事件数据库、抓捕数据库、报警数据库和交通事故数据库（也称为交通碰撞数据库）。

5.2.1 犯罪事件数据库

犯罪事件数据来源于警务人员记录的犯罪报告。在大部分情况下，犯罪报告存储在档案管理系统中，并且也为其他与犯罪事件数据库（crime incidents database）相连接的数据库（如嫌疑人、目击者、受害者、车辆和物品数据库）提供了信息。犯罪事件数据库主要存储犯罪报告中的犯罪事件特征信息，如犯罪类型、犯罪过程、犯罪时间和犯罪地点。在该数据库中，分析单位是犯罪报告，因此该数据库中一条记录表示一份犯罪报告。犯罪事件数据库具有许多变量，下面是犯罪分析常用的变量：

- 事件编号：识别犯罪事件和相关信息的唯一值。几乎所有的数据库都给每条记录分配了一个唯一值，使记录彼此区分。
- 报告时间：犯罪被报告给警察的时间。犯罪统计数据是根据犯罪被报告给警察的时间进行统计的，而不是根据实际发生时间[1]。
- 犯罪类型（州和联邦）：根据州法律或警察辖区法律分配给事件的犯罪类型。对应的联邦（统一犯罪报告项目）犯罪类型经常也需要被分配给事件。
- 犯罪位置：犯罪发生的地址和区域（如警察辖区、巡逻区、普查区）。一些数据库也包含位置类型，如空地、独户房屋和商业大楼。
- 犯罪日期和时间：犯罪发生的日期和时间。犯罪发生日期有时候不同于报告日期。如果不知道犯罪（如入室盗窃、盗窃汽车）的准确时间，犯罪时间可能是一个时间段。当记录时间数据时，大部分警察部门使用军用标准时间，在犯罪分析中也经常使用军用标准时间（如果需要的话，时间将被转换成军用标准时间）。另外，为了能够进行分析和统计，分析师需要赋予一天中的每个小时一个唯一值（对时间变量进行转换、取整和分析的例子，详见第 11 章）。

- 犯罪方法：描述犯罪如何发生，如侵入点、侵入方式、作案工具和嫌疑人行为。我们使用多个变量记录这些信息。(犯罪方法信息将在第 8 章详细讨论)。
- 处置结果：事件当前的处置结果 (如已抓获、处置中)。当制作初始报告时，处置变量被分配一个值。但是，如果侦破案件进入另一个状态，则更新该变量的值。

表 5.2 是犯罪事件数据库的部分数据，每行表示一份犯罪报告，每列表示一个特定的属性，如日期、地址和处置结果。

表 5.2　犯罪事件数据

事件编号	报告日期	犯罪类型	地　址	巡逻区	开始时间	结束时间	处置结果
2012013294	12/20/2012	入室盗窃	210 Anita Ct	11	12/11/2012	12/19/2012	处置中
2012141524	11/15/2012	入室盗窃	1350 Allesandro Rd	24	11/15/2012	11/15/2012	已抓获
2012142509	11/23/2012	非法侵入	1065 W Colton Ave	12	11/20/2012	11/21/2012	处置中
2012142640	11/18/2012	入室盗窃	1528 Calle Constancia	21	11/17/2012	11/18/2012	处置中
2012142676	11/18/2012	入室盗窃	953 Mendocino Way	16	11/17/2012	11/18/2012	处置中
2012142878	11/27/2012	非法侵入	857 W Lugonia Ave	13	11/23/2012	11/23/2012	处置中
2012143275	11/23/2012	入室盗窃	996 E Colton Ave	16	11/19/2012	11/23/2012	已抓获
2012143496	11/26/2012	入室盗窃	298 5th St	19	11/15/2012	11/15/2012	未发现
2012144169	11/26/2012	入室盗窃	32635 Greenspot Rd	11	11/23/2012	11/25/2012	处置中

5.2.2 抓捕数据库

在抓获嫌疑人之后，警察需要制作一份包含抓捕信息的抓捕报告。该报告与对应的犯罪报告相关联。在该数据库中，分析单位是抓捕报告，因此该数据库中每条记录表示一起抓捕。如果一个人在不同的时间多次被抓捕，那么这个人具有多份抓捕报告。如果三个人因一起犯罪被抓捕，警察需要制作三份抓捕报告，每个人一份抓捕报告。因此，犯罪事件数据库中的记录与抓捕数据库（arrest databases）中的记录不是一一对应的。在抓捕数据库中，犯罪分析师常用的变量如下：

- 抓捕编号：识别抓捕的唯一值。
- 抓捕日期和时间：这可能与报告日期和犯罪发生日期和时间不同。
- 罪名：被捕者被抓捕的罪名。
- 抓捕位置：被捕者被捕时的地址和区域。这可能与犯罪位置不同。
- 居住位置：被捕者居住的地址。
- 体貌特征：被捕者的体貌特征信息，如身高、体重、头发颜色和眼睛颜色。
- 出生日期：被捕者的出生日期。这里收集的信息是出生日期，而不是年龄，这是因为年龄可以根据该变量计算。

表 5.3 是抓捕数据库的部分数据，每行表示一条抓捕记录，每列表示抓捕的一个属性。

表 5.3 抓捕数据

抓捕编号	日期	时间	罪名	抓捕地址	姓	名	种族	性别	出生日期
20104615	7/20/2010	0235	14-269	West End Bv & W 1st St	约翰	帕特斯	黑人	男	02/11/62
20109395	12/11/2010	1400	14-269	W 1st St & N Sunset Dr	罗伯特	汉斯	白人	男	06/09/44
20115518	10/5/2011	2325	14-269	51 S Martin L King Jr Dr	凯文	怀特	黑人	男	01/02/65
20122213	1/12/2012	2130	14-269	1500 E 1st St	罗德尼	鲍尔斯	白人	男	07/18/82
20126639	3/4/2012	0800	14-269.2	12 S University Dr	卡里姆	威廉斯	黑人	男	11/15/78

5.2.3　报警数据库

许多警务行为是对非犯罪行为（如车辆交通事故、邻里纠纷、骚扰、喧闹聚会和入室盗窃警报等报警）的响应，这些响应存储在报警数据库（calls for service database）中。

市民可以通过拨打警察部门的紧急电话（911）或非紧急电话（311）要求警察服务。但是不是所有的报警都需要警察作出响应，有些报警可以通过其他途径解决。不管是否涉及犯罪，市民要求警察服务的所有报警都称为市民报警（citizen-generated calls for service），其类型主要有以下几种：

- 正在进行的抢劫
- 正在进行的入室盗窃
- 正在进行的强奸
- 偷窃
- 谋杀
- 盗窃商店物品
- 家庭纠纷
- 打架
- 可疑人员
- 可疑车辆
- 噪声
- 狗叫
- 交通事故
- 协助司机
- 911 挂断
- 入室盗窃警报
- 涉毒行为
- 社会救济
- 邻里纠纷
- 喧闹聚会
- 枪击事件
- 非法侵入
- 居住区超速

当警察在现场提前发现犯罪行为时，警察也可以产生报警数据。警察向调度员报告情况，调度员生成一条报警记录。虽然这类报警的类型因部门而异，但通常统称为警察报警（officer-generated calls for service）。

在犯罪分析中，市民报警数据比警察报警数据更常用，因为市民报警能够反映市民对警察的要求。另外，警察报警数量受市民报警数量的影响，因为市民报警数量能够影响调度员生成警察报警的时间。犯罪分析师使用警察报警数据分析警察行为，使用市民报警数据分析违法犯罪问题和市民对警察的要求。

在该数据库中，分析单位是报警，因此该数据库中一条记录表示一起报警。在犯罪分析中，分析的变量是基于所有报警的一个快照，并且它们在市民报警和警察报警中是相似的。变量包括：

- 报警编号：由计算机分配的用于跟踪报警的唯一值。在许多情况中，之后根据报警产生的所有报告（如犯罪报告、交通事故报告、信息报告）的编号与初始的报警编号相同。这样做是为了便于跟踪和关联报警和它的处置报告。
- 日期和时间：对报警而言重要的日期和时间，包括接警员接到报警的时间、报警被分配给警察的时间、第一个警察到达现场的时间、报警被成功处置的时间等。根据这些变量，我们可以计算其他变量，如响应时间（指报警人报警时间与警察到达现场时间的间隔）。
- 报警类型：它是表示犯罪类型的一个数字（如 459 表示入室盗窃）或描述性术语（如入室盗窃警报报警）。
- 优先等级：表示报警紧急程度的数值。为了确定报警响应次序，当接到报警时接警员会给报警分配一个优先等级。报警优先等级与它的紧急程度相关，并且是根据每个警察部门自己的规定确定的。优先等级为"紧急"的报警首先被处置。
- 处置结果：报警的处置结果，如"未采取行动"、"抓捕"、"犯罪报告"、"交通事故报告"、"无法定位"等。一起报警可以有多个处置结果。
- 报警位置：报警的地址和区域。需要注意的是，这不是指问题发生的位置，而是指报警发生的位置，因为报警者经常不能提供问题发生的地址（如来自旁边公寓大楼的噪声）。

表 5.4 是报警数据库的部分数据。每行表示一起报警，每列表示报警的一个属性。

表 5.4　报警数据

报警编号	日期	星期	报警类型	报警时间	调度时间	到达时间	解决时间	优先等级	地址
201210621	10/1/2012	星期一	正在进行的入室盗窃	0015	0016	0018	0129	1	16 Morton Pl
201203160	10/2/2012	星期二	可疑人员	0015	0020	0025	0045	2	238 Carbon St
201239616	10/2/2012	星期三	骚扰	0015	0030	0039	0052	3	253 Stegman St
201214600	10/2/2012	星期四	家庭纠纷	0100	0101	0105	0312	1	48 Lienau Pl
201264094	10/3/2012	星期五	入室盗窃警报	0130	0132	0137	0345	1	560 Bramhall Ave
201249640	10/3/2012	星期五	入室盗窃报告	0130	0139	0145	0201	3	608 Bramhall Ave
201231049	10/4/2012	星期六	交通碰撞	0130	0142	0159	0235	3	68 Milk Dr

5.2.4 交通事故数据库

交通事故，也称为交通碰撞，是指车辆与人、物品或其他车辆碰撞的事件。因为交通事故在大部分社区中是担忧的一个事项，并且交通事故响应需要花费警察大量的时间，所以交通事故数据在犯罪分析中非常重要。警察通常以州法律规定的形式收集和报告交通事故信息。在交通事故数据库中，分析单位是交通事故，因此每条记录表示一起交通事故。下面是犯罪分析师常用的变量：

- 交通事故编号：用于跟踪交通事故的唯一值。
- 报告日期：交通事故被报告给警察的日期。
- 发生日期和时间：交通事故发生的日期和时间。
- 交通事故位置：交通事故发生的地址（在许多情况中，是十字路口）。这类信息经常根据其他两个变量（如交通事故发生的街道和交通事故发生街道的具体地址）被记录在一个变量中。

- 违法情况：如果存在违法情况（如超速或违规左转），描述所违反的
  交通法律。在许多情况中，可能违反多项交通法律规定。

表5.5是交通事故数据库的部分数据，每行表示一起交通事故，每列表示一个属性。

表 5.5 交通事故数据

交通事故编号	日　期	时间	位　置	违法行为 1	违法行为 2
2012009877	1/5/2012	0730	E Main Ave & S Center St	违规左转	无
2012009882	1/12/2012	0845	E Elliot Dr & S Apple St	超速	未打信号灯
2012009878	1/7/2012	1544	W Main Ave & N Cherry Ave	未打信号灯	无
2012009883	1/15/2012	0921	E Main Ave & S Center St	违规左转	超速
2012009879	1/28/2012	1623	E Main Ave & S Center St	超速	无

5.2.5 其他数据库

除了到目前为止所讨论的数据库，在犯罪分析中常用的数据库还包括：

- 人员数据库（persons database）：该数据库存储所有涉案人员的信息，
  包括目击者、受害者、侦查对象、嫌疑人（一些警察部门单独建立
  嫌疑人数据库，该数据库与人员数据库和抓捕数据库相分离）和被
  捕者。在该数据库中，分析单位是人员。每条记录包含人员信息（如
  名字、出生日期、地址、体貌特征、别名）和人员类型（如嫌疑人、
  被捕者、目击者、受害者）信息。该数据库通常与档案管理系统中
  的犯罪事件数据库相连接。
- 物品数据库（property database）：该数据库存储被盗、被发现或在犯
  罪过程中被使用的物品的信息。分析单位是物品，一起犯罪事件可
  能产生多条物品记录。变量包括特征描述、物品类型（如珠宝、电
  子设备）和价值。该数据库通常与档案管理系统中的犯罪事件数据
  库相连接。

- 车辆数据库（vehicle database）：该数据库存储被盗、被追回或在犯罪过程中被使用的车辆的信息。分析单位是车辆，每条记录包含车辆信息（如车辆识别代码、品牌、型号、颜色和年份）和事件属性（如日期、时间和位置）。该数据库通常与档案管理系统中的犯罪事件数据库相连接。

- 现场信息数据库（field information database）：许多警察部门根据警察填写的现场访问卡，从现场收集信息（也称为现场情报）。当警察确定不需要制作犯罪报告但想要记录从报警记录中不能获取的信息时，警察会收集这类信息（现场信息数据将在第 8 章详细讨论）。该数据库通常是档案管理系统的子系统，但不与其他数据库相连接。

- 交通数据库（traffic database）：除了交通事故数据，警察部门还收集交通违章和车辆拦截（警察报警的一种类型）数据。近些年，因为对种族定性的担忧，研究人员和犯罪分析师为了更加全面地理解该问题已经更加频繁地分析车辆拦截数据。该数据库通常是档案管理系统的子系统，但不与其他数据库相连接。

- 前科人员数据库（known offender database）：该数据库存储因在当地辖区犯罪而被判刑的人员的信息。警察部门通常有它们自己的前科人员数据库，其中数据是从当地监狱释放记录数据库和法院起诉数据库中获取的。目前的趋势是开发横跨多个州的数据库，其中信息可以提供给犯罪分析师使用。在该数据库中，每条记录包含人员信息（如名字、出生日期、地址、体貌特征、别名）、被宣判罪名和矫正情况（如缓刑、假释）。该数据库通常是独立的数据库，没有直接与警察部门的犯罪数据库相连接。

- 已注册性犯罪者数据库（registered sex offender database）：该数据库存储居住在当地或周边辖区的并且已经注册的性犯罪者的信息。在该数据库中，每条记录包含人员信息（如名字、出生日期、地址、体貌特征、别名）、被宣判的性犯罪罪名、矫正情况和性犯罪者类别（各州不同）。该数据库通常是独立的数据库，没有直接与警察部门的犯罪数据库相连接。

5.3 原始数据收集

由于犯罪报告、报警信息、抓捕信息等二手数据经常没有回答重要的违法犯罪问题和其他问题，因此犯罪分析师经常必须收集原始数据，也就是说，根据特定的分析目的直接从人员或地点那里收集数据。

从人员那里收集原始数据通常采用访谈、集体座谈、问卷调查等方式。访谈能够更加深入地研究问题，因为它是一对一的并且允许分析师阐明问题和提出后续的问题。集体座谈是同时与一群人访谈。当从一类人群(如警察、社区人员）中收集数据时，分析师通常采用集体座谈。人们可能忘记某些信息或不知道事件的整个过程，集体座谈能够获取更加完整的数据。需要注意的是，在集体座谈中人们可能不会表达在单独访谈时会表达的所有内容。最后，当资源和时间不允许进行访谈时，分析师可以使用问卷调查的方式从大量人群中收集信息。显而易见地，数据收集方式取决于分析的特点和目的。

从地点那里收集原始数据通常采用环境调查和直接观察等方式。环境调查是指系统地观察地点的物理特征，如灯光、停车空间和窗户数量。直接观察是指在几天或几周中的特定时间段观察地点，确定地点的社会环境，如空间如何被利用、什么类型人员出现了、它们如何聚集等。研究人员建议在一系列具有代表性的时间段内（如在一周中问题发生的晚上对问题酒吧进行观察）按 20 分钟的增量进行直接观察（Schmerler, Wartell, & Weisel, 2004）。另外，当观察时犯罪分析师不能让人发现，并且应该制定一份简单的标准化的方案，从而对在同类地点所进行的观察进行标准化（Schmerler et al., 2004）。

下面是犯罪分析师已经使用的或可能使用的原始数据收集技术的实例：

- 在对当地汽车旅馆犯罪问题所进行的分析中，分析师通过访谈汽车旅馆服务员，确定住宿人员住宿习惯（如房间情况、遗留垃圾）（Schmerler & Velasco, 2002）。
- 犯罪分析师通过访谈入室盗窃受害者，确定在受害之前和之后应该采取的预防措施（Schmerler & Velasco, 2002）。
- 犯罪分析师与建筑工地主管进行集体座谈，收集建设施工、当前受害、犯罪预防和犯罪报告方法等方面的数据（Boba & Santos, 2007）。

- 犯罪分析师每年都对当地居民进行问卷调查，确定他们受害、对警察满意度、生活质量、犯罪恐惧感和犯罪预防行为等情况。参与调查的市民是随机选择的。分析师使用问卷调查结果可以帮助确定需要关注的问题和指导当前的犯罪预防工作。
- 在识别发生在学校周围的、沿着小学生来回学校路线的和在学生上学前或放学后闲逛区域的犯罪问题之后，分析师通过环境调查可以确定准确的学生闲逛区域和回来学校路线。然后，把这些路线和闲逛区域的地理位置输入到地理信息系统中。最后，分析它们与这些区域犯罪的关系（见图 5.1）。分析师也可以使用这些信息寻找其他问题，如识别学生过马路不安全的十字路口。
- 研究停车场盗窃问题的犯罪分析师可以通过环境调查，确定在特定停车场有多少辆汽车上锁了，有多少辆汽车安装了防盗装置以及在多少辆汽车内可以看到贵重物品。
- 犯罪分析师可以通过晚上直接观察一块市中心区域，确定该区域的拥挤程度、在特定角落的人群聚集情况以及人们在该区域行走的一般态度和行为。

虽然分析师可以直接从人员或地点那里收集原始数据，但是在使用这些数据进行分析之前，他们经常需要对收集的数据进行量化，包括建立编码标准、创建数据库和输入数据。下面的例子说明了该过程。

问题：你是一名犯罪分析师，被要求评估当地公寓社区盗窃车内物品和盗窃汽车的长期问题。

方法：为了理解受害者行为，你决定对将车停在受害社区的居民的安全习惯进行环境调查。你将使用下面问题指导观察停车场内的汽车。

1. 车门是否未锁？　　　　　　　　　　　　　　　　是　　否
2. 车窗是否开着？　　　　　　　　　　　　　　　　是　　否
3. 是否可以在汽车内看到贵重物品（如现金、电话、钱包）？　是　　否
4. 是否安装了防盗装置？　　　　　　　　　　　　　是　　否

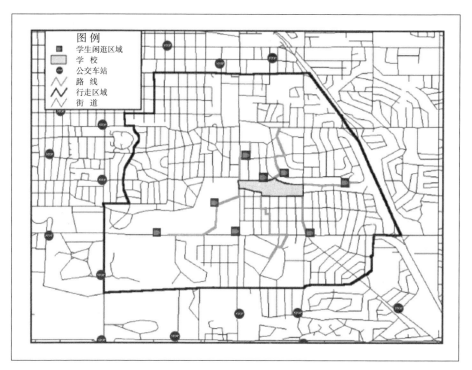

图 5.1　学生上学路线和闲逛区域地图

如果安装了，防盗装置是什么类型的（警报器、方向盘锁或其他）？

然后，你对 250 个观察结果进行编码并把它们输入到数据库中。表 5.6
展示了其中部分记录以及数据库中可能用于分析的变量。

表 5.6　观察数据

观察编号	门	窗	贵重物品	防盗装置	防盗装置类型
1	是	否	是	否	无
2	否	否	是	是	警报器
3	否	是	否	否	无
4	否	否	否	是	其他
5	是	是	否	是	警报器

分析：通过分析这些数据，你可以发现虽然大部分人在停车时会锁上车

门并且关好窗户，但是在 60% 的汽车中可以看见贵重物品，并且很少有车主使用警报器。这些结果表明应该建议社区居民不要把贵重物品放在车内可见的地方，并且最好使用汽车警报器。在此之后，你可以再次进行相同地调查，确定居民是否已经真正地改变了他们的行为。

5.4 数据注意事项

在犯罪分析中常用的数据具有一些重要的注意事项，这些注意事项与任何警察部门所收集的数据的内在特征相关，包括：1. 数据只表示被报告的行为；2. 地方数据标准与联邦数据标准的差异；3. 使用报警数据研究犯罪问题的可行性；4. 使用抓捕数据研究犯罪问题和犯罪者的可行性；5. 数据完整性。这些注意事项将在下面依次讨论。

5.4.1 被报告的行为

在犯罪分析中使用的数据库只是表示被报告给警察的或警察已经知道的行为（如犯罪事件、抓捕、交通事故、报警），而不是表示实际发生的所有犯罪或其他行为。有些类型犯罪比其他类型犯罪更容易被报告给警察或引起警察的注意。如强奸、打架、虐待儿童等事件很少被报告。如卖淫、酒驾和赌博等事件主要是警察自己发现的而不是受害者报告的。盗窃车辆和纵火等事件能够准确地被报告，因为为了向保险公司索赔，受害者需要相关文件材料。

当犯罪分析师分析和解释他们的发现时，他们应该知道被报告行为的局限。例如，大家都知道只有少部分强奸被报告给警察。因此，分析师应意识到强奸统计数据的变化可能不能表示实际强奸数量的变化，这种变化可能只是简单的因为这类犯罪被报告的数量变化了。这类问题不只存在于犯罪数据，报警数据、交通事故数据、抓捕数据和现场数据也只是表示警察已知的行为，这些数据不能提供问题的完整情况。

5.4.2 地方和联邦犯罪数据标准

虽然在历史上警察部门收集的数据是相似的，但是实际上在地区、州、甚至警察部门之间存在差异。每个警察部门有它们自己记录行为的制度和流程。这使得犯罪分析师难以比较犯罪的数量、水平和比率。由于该原因，美国政府在 1930 年制定了全国基本分类体系，即统一犯罪报告（Uniform Crime Reporting, UCR）项目，用于统一统计各州的犯罪数量。到目前为止，通过对犯罪进行度量，UCR 项目依然为犯罪和抓捕的统一分类提供了全国性的标准（详细情况请浏览 FBI 的网站 "www.fbi.gov/ucr"）。但是需要注意的是，UCR 项目中犯罪的定义是不同的，它没有与联邦法律或州法律对犯罪的定义一致。

因为警察部门根据它们自己所在辖区的法律对犯罪进行分类，所以 UCR 项目要求警察部门根据 UCR 项目的犯罪定义对犯罪进行重新分类，并且要求只需提供特定类型犯罪（指第一类犯罪：谋杀、强奸、抢劫、严重伤害、入室盗窃、偷窃、盗窃汽车和纵火）的汇总数据和所有类型犯罪的抓捕的汇总数据。另外，UCR 项目还要求警察部门使用分层编码系统（如一个人同时是强奸和抢劫受害者，但只有强奸被统计）。参与 UCR 项目是自愿行为，但是大部分警察部门都参与了该项目。目前，UCR 项目统计数据中的人口数量超过了 95％的美国人口数量。地方警察部门每月向州警察部门提交一次统计数据，州警察部门则每年向联邦调查局提交两次统计数据。

最近，为了改进 UCR 项目，联邦政府建立了全国事件报告系统（National Incident-Based Reporting System, NIBRS）。该系统也要求在不考虑各地差异的情况下对犯罪进行统一分类，但是它比 UCR 项目包含更多的犯罪类型，并且要求警察部门以电子数据库的形式向 FBI 提交每条记录，而不是汇总数据。参与该系统也是自愿行为，但是目前只有少数警察部门提交了 NIBRS 数据。因此，FBI 每年发布的全国犯罪统计数据依然以 UCR 项目数据为依据。

因为不同州的法律对犯罪定义不同，所以这里提供的定义来自 FBI 的 UCR 项目，即美国全国犯罪报告系统。如 FBI（2003）规定："UCR 项目把犯罪分为两类，第一类犯罪和第二类犯罪。警察部门每个月都需要提交执法部门掌握的第一类犯罪的数量、因抓捕或其他特殊情况而终结的第一类犯罪的数量和被捕人员的年龄、性别和种族等

信息。而对于第二类犯罪，警察部门只需提供抓捕数据。"（附录 2）

第一类犯罪的定义如下：

谋杀：1.谋杀和非过失杀人，一个人故意（非过失）杀死另外一个人，不包括过失致人死亡、杀人预备、伤害致死、自杀和交通事故死亡。该项目把正当杀人单独分类，并把它的定义限定为：（1）执法人员根据职务将重刑犯杀死；（2）重刑犯在实施重罪时被杀死。2.过失致人死亡：因重大过失导致另一个人死亡，不包括交通事故死亡。

强奸：违背女性意志，使用暴力，强行与女性发生性关系的行为，包括不考虑受害者年龄的暴力强奸、强奸未遂和突袭强奸，但不包括法定犯罪（虽然没有使用暴力，但女性在法定年龄之下）。

抢劫：通过暴力或威胁手段，使受害者产生恐惧，然后抢走或企图抢走受害者持有、保管或控制的财物的行为。

严重伤害：一个人非法伤害另外一个人并造成其身体严重受伤的行为。在这类伤害中，犯罪者经常使用武器或使用可能造成死亡或严重伤害的手段。其不包括轻微伤害。

入室盗窃（破坏和进入）：非法进入房屋实施盗窃的行为，包括暴力侵入未遂。

偷窃（除盗窃汽车之外）：非法窃取他人占有的或推定占有的财物的行为，如偷自行车、偷汽车配件、偷商店物品、扒窃或不通过暴力或欺骗等手段窃取财物。其包括偷窃未遂，但不包括非法挪用、诈骗、伪造和空头支票。

盗窃汽车：盗窃汽车或盗窃汽车未遂的行为。汽车是指行驶在道路上的机动车辆，但不包含任何在轨道上运行的车辆。摩托船、建筑设备、飞机和农业设备同样不包括在内。

纵火：无论是否具有欺骗意图，故意或企图烧毁住宅、公共建筑、汽车、飞机、私人财物等的行为。

对于第二类犯罪，只收集抓捕数据。第二类犯罪的定义如下：

其他伤害（轻微）：没有使用武器并且没有造成受害者重伤的伤害

或伤害未遂。

伪造或仿造：具有欺骗意图，制造、改变、发布或占有表面上真的但实际上假的物品的行为，包括未遂。

诈骗：通过虚构事实，兑换和骗取财物的行为，包括空头支票和获取信任后实施的诈骗。

非法挪用：侵吞或滥用委托给其他人照看、保管或控制的财物的行为。

买卖、接收、占有被盗财物：买卖、接收或占有被盗物品的行为，包括未遂。

故意破坏财物：未经所有人或负责保管或控制的人同意，故意破坏公私财物的行为，包括未遂。

运输、使用、持有、提供和生产武器：违反规定和法规，运输、使用、持有、提供和生产致死武器或消音器的行为，包括未遂。

卖淫或性交易：交易性质的性犯罪，如卖淫、经营妓院、介绍卖淫、因不道德目的运输女性，包括未遂。

性犯罪（除了暴力强奸、卖淫和性交易）：法定强奸和侵犯贞洁、基本礼仪、道德等行为，包括未遂。

违反毒品使用规定：违反州和地方规定，非法持有、销售、使用、种植和生产麻醉毒品的行为。毒品的类型包括：鸦片或可卡因和它们的衍生物（如吗啡、海洛因、可待因）；大麻；合成麻醉剂（指能够成瘾的麻醉剂，如杜冷丁、美沙酮）；危险的非麻醉剂毒品（如巴比土酸盐、苯丙胺）。

赌博：推销、准许或参与非法赌博的行为。

侵犯家庭和孩子的犯罪：不抚养、忽视、遗弃或虐待家庭和孩子的行为，包括未遂。

危险驾驶：在受酒精、麻醉剂的影响下，驾驶或操作任何汽车的行为。

违反酒法：除了醉酒和危险驾驶，违反州和地方规定的酒法的行为，不包括违法联邦法律的行为。

醉酒：与醉酒相关的犯罪，不包括危险驾驶。

违法行为：扰乱治安的行为。

流浪：乞讨、闲荡等，包括对可疑人员的起诉。

所有其他犯罪：除了上面列举的犯罪和交通犯罪，所有违反州和地方法律的犯罪。

可疑行为：没有特定的犯罪行为；没有被正式起诉的被释放的嫌疑人员。

违反宵禁和流浪法律（年龄小于 18 周岁的人）：违反宵禁和流浪法律的行为。

逃亡（年龄小于 18 周岁的人）：仅限于根据当地法律规定被采取保护性监禁的青少年。

来源：FBI（2011）

5.4.3 使用报警数据研究犯罪问题

犯罪分析师偶尔会使用报警数据而不是犯罪事件数据研究犯罪问题。在这些情况中，他们使用被标记为犯罪行为的并且产生警察报告的报警来表示犯罪事件。因为下面的原因，基于报警数据的犯罪分析可能会产生误导，并且这些原因也强调了两个数据源之间的差异。

- 犯罪类型：当接到报警电话时，接警员会给每个报警电话分配一个报警类型。在许多情况中，现场警察会发现报警类型与实际事件类型是不同的。例如，一个人报警称"我被抢劫了"，但是出警民警发现实际上是报警人的房屋被盗了。并且在许多报警数据库中，初始报警类型不会被接警员更新，因此这些数据库经常不能准确地反映所发生行为的真正类型。

- 日期和时间：报警数据库中的日期和时间变量反映了报警被接听、报警被分配给警察、警察到达现场和报警被处理完毕的日期和时间。但是，这些数据不能准确反映犯罪发生时间。例如，一名受害者在周一早上报警称她的汽车在周六晚上被偷了。

- 位置：报警数据库中的位置经常不是犯罪事件发生的位置，而是附近的位置或拨打报警电话的位置。在报警数据中，公寓楼号经常是随意记录的，并且取决于有效的信息量（如"在旁边公寓楼里发生了争吵"）和接警员的责任心（如确认事件发生的公寓楼号，而不是报警发生的位置）。

考虑到这些问题，报警数据库更适合于分析警察行为（如警察报警）和违法行为（如可疑行为、公共场所醉酒、噪声投诉和违反规定），而不是犯罪事件。

5.4.4 使用抓捕数据研究犯罪问题和犯罪者

当存在充分的证据（合理理由）证明一个人已经实施了犯罪，警察就会实施抓捕。犯罪分析师使用抓捕数据理解特定类型的犯罪以及犯罪者。在这些分析中，使用抓捕数据会产生三个问题。第一个问题是抓捕倾向于反映警察行为。警察部门只有在实施抓捕后才记录特定类型的犯罪（如卖淫、盗窃商店物品、赌博和酒驾）。如果警察都在周二对卖淫活动进行集中整治，那么通过分析针对卖淫的抓捕将会发现卖淫活动在周二显著增加。但实际上该变化是警察行为的结果，而不是卖淫活动的实际增加。由于这个原因，犯罪分析师需要知道警察行为可能会影响针对特定类型犯罪的抓捕。

第二个问题是被捕者在犯罪者中可能不具有代表性，因为被抓的犯罪者可能与那些未被抓的犯罪不同（如智力和经验）。

第三个问题是某些类型犯罪的抓捕率(如侵财犯罪）是非常低的。因此，分析师使用少部分犯罪者理解整个问题可能会产生误导。例如，对因盗窃汽车而被捕的犯罪者进行分析发现60%的犯罪者是青少年。这意味着存在青少年盗窃汽车问题吗？在对此作出结论之前，分析师需要知道盗窃汽车的整体抓捕率。而侵财犯罪的抓捕率通常较低，如在2009年所有侵财犯罪的抓捕率是18.6%（FBI, 2011）。因此，在该例子中，如果抓捕率只有20%，那么被捕青少年的人数是汽车盗窃犯罪者人数的12%（60% × 20% =12%）。因为在该例子中我们只分析了20%的犯罪，或者说我们没有分析其他80%的盗窃汽车犯罪者，所以该问题的答案是我们不知道大部分盗窃汽车案件是否由青少年实施的，我们只知道在因盗窃汽车而被捕的人员中大部分犯罪者是青少年。这是两个完全不同的结论。

5.4.5 数据完整性

犯罪分析结果受数据完整性影响，而数据完整性受下面的因素影响。

- 数据输入：犯罪分析主要依靠二手数据，而数据录入人员通常不能充分理解这些数据对犯罪分析的重要性。在警察部门中，数据输入人员包括警察、接警员、调度员和档案人员。数据准确性意识的缺乏导致粗心大意并产生不可靠的数据。通过运用相关技术（如提供变量值或地址清理软件）和提供合适的包含数据使用和数据重要性等信息的培训，数据输入质量可以得到提高。

- 时效性：犯罪分析的一个主要担忧是能否及时地获取当前的数据。缺失的或陈旧的数据会影响犯罪分析的质量。例如，分析师难以使用几个星期前的数据分析和识别眼前的犯罪模式。

- 有效性：有效的数据能够准确反映被分析的事物。有效性问题包括三个方面：1.（像之前所讨论的）犯罪数据没有反映所有发生的犯罪，仅仅反映了被报告给警察的犯罪；2.一起报警不代表一起犯罪事件；3.抓捕能够比犯罪事件更好地反映警察行为。

- 可靠性：可靠的数据是指在重复观察中都保持一致的数据。两个有关警务数据可靠性的问题是：1.制度和法律的改变（如对家庭暴力犯罪实施强制抓捕）；2.对相似行为（如盗窃建筑物内物品与居住区入室盗窃）采用相同的方式进行编码。

- 数据转换：在许多情况中，犯罪分析师在进行犯罪分析之前需要下载、清理和操作数据。由于可能不小心地或不可避免地丢失数据或修改数据格式，因此数据转换会影响数据的质量和完整性。与数据转换相关的一个问题是数据兼容性。因为警察部门的数据具有多种格式，所以转换和合并这些数据经常是耗时的和困难的。

- 数据保密性和隐私：犯罪分析师是警务数据的管理者，他们有责任保护信息和数据所代表的人员。一般而言，在犯罪分析中使用的或制作的数据要遵守辖区内有关隐私和保密的制度。近些年，新的汇总和传播信息的方法（如互联网和制图）已经要求额外的、更详细的制度。因此，警察部门需要把特定的犯罪分析问题纳入到它们的数据保护计划中。

- 数据管理：每个警察部门都有它们自己的一套说明如何收集和操作犯罪分析数据的流程。但是，许多有关这些流程的详细情况只存在于每个分析师的记忆中。而元数据是指关于数据的信息，它能够确保数据处理和清理过程的一致性，帮助与其他人分享工作，跟踪制作的产品和文件，并减少重复劳动。

5.5 硬件和软件注意事项

计算机辅助调度系统、档案管理系统和地理数据系统为犯罪分析提供了数据，但是它们不是分析系统，它们的主要目的是制作和存储数据而不是提供分析工具。因此，分析师需要使用其他软件进行犯罪分析。分析师用来组织和分析数据的基本的普通桌面应用程序有四个：数据库管理软件（database management (DBMS) software）、电子表格软件（spreadsheet software）、统计软件（statistical software）和地理信息系统软件（geographic information system (GIS) software）。另外，分析师单独或组合用来制作报告、出版物和演示文稿的基本应用程序有六个：文字处理软件（word processing software）、电子表格软件（spreadsheet software）、图形图像软件（graphics software）、出版软件（publication software）、演示软件（presentation software）以及与互联网和局域网（intranets）使用相关的软件。

这些类型的软件虽然都能在犯罪分析中使用，但是不是针对特定需求开发的。因此，一些专门用于犯罪分析的应用软件已经被开发，包括用于输入数据和制作标准犯罪分析报告的小型应用程序和更复杂的具有不同犯罪分析功能和技术的应用程序。大部分专门为犯罪分析开发的应用程序能够执行其他软件不能有效执行的功能。例如，与本书配套的自动战术犯罪分析（Automated Tactical Analysis of Crime, ATAC）软件为用户提供了战术犯罪分析技术，而这些功能是无法在之前介绍的普通软件中实现的。除了这些商业开发的或联邦资助的应用程序，许多警察部门已经开发了它们自己的犯罪分析软件。例如，一名分析师在 Microsoft Access 软件中建立了一个数据输入模块和一个数据库，因为他的部门还没有档案管理系统，但是他没有开发对电子数据进行分析的功能。另一名具有高级计算机编程技能的分析师开发了一个加快地址清理过程的应用程序（使清理时间从 4 小时降为 30 秒）。在许多情况中，分析师和警察部门发现非专门为犯罪分析开发的软件经常与他们的数据需求、分析需求和演示需求不相符。因此，他们通常雇用计算机专家对现有的软件进行修改或者开发新的软件，从而实现他们需要的功能。

最后，报告制作和信息传播的自动化对于犯罪分析师和软硬件使用而言是一个重要的考虑事项。每天、每周或每月制作的犯罪分析报告几乎是一样的，它们只需分析师稍微地修改，因此如果犯罪分析师能够使用软件自动生成犯罪分析报告，那么就能大大减少犯罪分析师制作初始报告的时间。实现该目标的软件正在普及，许多计算机辅助调度系统和档案管理系统已经能够查询数据和自动生成报告。另外，犯罪分析师使用相关技术把信息自动传播给不同的读者。根据具体的情况，分析师通过邮件、局域网、互联网等方式把自动生成的初始犯罪报告传播给警察和其他人。

要点总结

本章主要介绍了在犯罪分析中常用的二手数据，并且讨论了原始数据以及与这些数据使用相关的问题。下面是本章的要点：

1. 犯罪分析是高度依靠计算机技术（包括硬件和各类软件）的学科。

2. 计算机辅助调度系统是通过使用无线电通信和地理展示为警务调度和响应（以及公共安全机构的职责，如消防和急救）提供支持的高度专业化的系统。

3. 档案管理系统是输入和存储警察内部相关数据的专业系统。

4. 地理数据系统可以制作、维护和存储地理数据。这类系统通常由市级或县级相关机构维护，犯罪分析师可以从它们那里获取数据。

5. 数据是指从经验、观察或实验中获取的有组织的信息。

6. 数据由表示变量（指变化的可测定的特征）值的数字、文字或图像等组成。

7.数据矩阵是变量的矩形表格，是数据收集的单元，如人、组织或犯罪。在数据矩阵中，数据被组织为行和列。

8.数据库是利用计算机对数据进行检索、查询和分析的数据矩阵。

9.地理数据是主要在制图中使用的数据。在许多情况中，这些数据在GIS外是没有使用价值的。表达现实世界中的地物和位置的地理数据有三类：点、线和面。

10.表格数据用来描述自身不具有地理属性但包含地理变量的事件。

11.二手数据是根据其他目的而不是犯罪分析目的收集的数据，它存储在数据库中。

12.原始数据是通过问卷调查、访谈、现场勘查和直接观察等方式为特定分析目的而收集的数据。

13.犯罪分析师最常用的二手数据有四类：犯罪事件数据、抓捕数据、报警数据和交通事故数据。

14.犯罪事件数据来源于警务人员记录的犯罪报告，其描述了被报告犯罪的特征，如犯罪类型、犯罪过程、犯罪时间和犯罪地点。

15.抓捕数据来源于警察制作的抓捕报告，其包含每起抓捕的信息。

16.报警数据存储在警察部门的指挥中心，它可以由市民或警察生成。当警察被分配一起事件或警察自己发现一起事件时，产生一条报警数据。

17.交通事故（交通碰撞）数据通常按照州法律规定的标准方式记录。交通事故是指车辆与人、物或其他车辆碰撞的事件。

18.在犯罪分析中使用的数据库还包括人员数据库、物品数据库、车辆数据库、现场信息数据库和交通数据库。

19.犯罪分析师通常通过访谈、集体座谈和问卷调查等方式从人员那里收集原始数据。

20.访谈能够更加深入地研究问题，因为它是一对一的并且允许分析师阐明问题和提出后续的问题。

21.集体座谈是同时与一群人访谈。

22.当资源和时间不允许进行访谈时，分析师可以使用问卷调查的方式从大量人群中收集信息。

23.犯罪分析师通常通过环境调查和直接观察等方式从地点那里收集原

始数据。

24. 环境调查是指系统地观察地点的物理特征，如灯光、停车空间和窗户数量。

25. 直接观察是指在几天或几周中的特定时间段观察地点，确定地点的社会环境，如空间如何被利用、什么类型人员出现了、它们如何聚集等。

26. 与犯罪分析师使用的数据库相关的重要问题包括：（1）数据只表示被报告的行为；（2）地方数据标准与联邦数据标准的差异；（3）使用报警数据研究犯罪问题的可行性；（4）使用抓捕数据研究犯罪问题和犯罪者的可行性；（5）数据完整性。

27. 影响数据完整性的因素包括：数据输入、时效性、有效性、可靠性、数据转换、数据保密性/隐私和数据管理。

28. 分析师用来组织和分析数据的基本的普通桌面应用程序有四个：数据库管理软件、电子表格软件、统计软件和地理信息系统软件。

29. 分析师单独或组合用来制作报告、出版物和演示文稿的基本应用程序有六个：文字处理软件、电子表格软件、图形图像软件、出版软件、演示软件以及与互联网和局域网使用相关的软件。

30. 一些专门用于犯罪分析的应用软件已经被开发，包括用于输入数据和制作标准犯罪分析报告的小型应用程序和更复杂的具有不同犯罪分析功能和技术的应用程序。

31. 分析师和警察部门发现非专门为犯罪分析开发的软件经常与他们的数据需求、分析需求和演示需求不相符。因此，他们通常雇用计算机专家对现有的软件进行修改或者开发新的软件，从而实现他们需要的功能。

讨论与练习 *

练习1

你被要求收集有关盗窃车内物品问题或盗窃停车场汽车问题的原始数据（观察数据）。收集数据的目的是为二手数据补充数据，帮助理解问题为什么在特定的停车场发生以及比较城市中不同类型的停车场。为了准备收集原始数据，你可以观察学校的停车场，记录你想要在城市中所有停车场收集的信息，然后创建 5 个特定的将在每个停车场收集的变量。虽然在本练习中你可以只观察学校的停车场，但是你也可以通过观察其他停车场（商业区停车场或公寓停车场）收集数据，并思考适合于这些类型停车场的信息。

练习 2

确定哪些类型数据最有利于分析下面的问题。在每种情况中，解释你的选择。

1. 在居住区发生的街面抢劫
2. 在远离校园的房屋发生的大学生聚会
3. 在学校周围发生的交通事故
4. 在便利店和公寓周围发生的毒品买卖
5. 在夜店及周围发生的枪击案件

练习 3

为什么建立统一犯罪报告系统项目非常重要？在 UCR 项目数据和该项目建立的背景下，讨论有效性问题和可靠性问题。

* 其他使用数据的练习题和其他资源可以在 "http://www.sagepub.com/bobasantos3e" 中找到。

注　释

〔1〕犯罪统计数据不是根据犯罪发生时间进行统计的，因为犯罪可能在发生之后的几个小时、几天、几个星期、几个月，甚至几年之后才被报告给警察。使用报告时间统计犯罪是一种静态的、可靠的方法，但是它不能完全准确地反映犯罪发生时间的情况（如在 1 月份大量的盗窃被报告给警察，这是因为在 12 月度假的人直到 1 月份才向警察报告犯罪）。

第 6 章

地理数据和犯罪制图

地理数据和犯罪地图在犯罪分析中特别相关。因为它们独特的数据特征和分析技术，本章将专门介绍它们。本章将主要介绍：1. 地理数据和相关概念；2. 在犯罪分析中常用的描述性地图；3. 使用地图对数据进行分类和分析的统计分类方法；4. 制作密度地图的技术。由于本章讨论的数据和技术将在本书后面的例子中应用，因此本章重点关注定义和描述信息而不是实践例子。

6.1 地理数据

在犯罪制图中，许多特定的概念和术语被用于表示地图上的数据和描述信息。这部分内容将强调和介绍最重要的概念，但是这里没有包含所有的内容，因为有些内容更适合在特定的犯罪制图书籍或高级犯罪分析课程中介绍。

6.1.1 矢量数据

在犯罪分析中，地理信息系统（GIS）把现实世界中的地理元素（如道路、建筑物、河流和山）转换成可以与警务信息（如犯罪、抓捕和交通事故数据）一起展示、操作和分析的形式。GIS 使用三类要素表达现实世界中的地物和位置。这些要素统称为矢量数据（vector data），其空间信息（spatial information）的基本单位是点、线和多边形。在 GIS 中，不同要素被分别展示，并且每个要素具有对应的描述它们特征的属性数据（或表格数据）。

点要素（point feature）是指在由 GIS 生成的地图上用一个符号或标记表示的一个离散位置，其与放置在纸质挂墙地图上的大头针相似。GIS 可以使用不同的符号表示与分析相关的数据(如犯罪、汽车交通事故、交通标志、建筑物、警察巡逻岗亭和手机信号塔）的位置。在图 6.1 中，地图上的圆圈可以表示任何类型点要素的位置。表 6.1 展示了数据库中与图 6.1 中每个点相关联的属性数据。在该例子中，每个点表示一起抢劫案件。图 6.1 中每个点与表 6.1 中一条记录（一行）相关联。数据库中变量提供了其他有关位置的信息，如事件编号、地址、犯罪发生地类型等。这只是一个简单的例子，在地理属性数据中可以包含更多的描述点的属性。

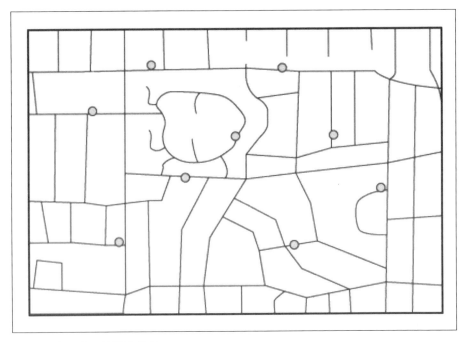

图 6.1　点要素和线要素地图

表 6.1　点要素属性数据

事件编号	地　　址	位置类型
2012-0025	15 Exchange Pl	商业区
2012-0026	169 York St	公寓

事件编号	地　址	位置类型
2012-0027	111 1st St	商业区
2012-0028	685 Grand St	街道
2012-0029	344 Pacific Ave	商业区
2012-0030	920 Bergen Ave	公园
2012-0031	438 Summit Ave	公寓
2012-0032	921 Bergen Ave	公园
2012-0033	234 16th St	街道

　　线要素（line feature）是指在地图上用线或一系列线表示的现实世界的要素。在图 6.1 中，线代表街段。其他类型的线要素还包括河流、小溪、电线和公交路线等。与点要素相似，每条街段与表 6.2 中一条属性数据记录相关联。其中变量描述街段的属性，并包含街段起点和终点的地址。变量"左起"和"左至"表示街道一边起始和终止的位置，变量"右起"和"右至"表示街道另一边的范围。方向、街道名称和街道类型也包含在属性数据中。

表 6.2　线要素属性数据

左起	左至	右起	右至	方向	街道名称	类型
2001	2249	2200	2248	东西	哥伦比亚	小巷
2301	2399	2300	2398	东西	哥伦比亚	小巷
2101	2199	2100	2198	东西	哥伦比亚	小巷
2251	2271	2250	2270	东西	哥伦比亚	小巷
2273	2299	2272	2298	东西	哥伦比亚	小巷
2167	2231	2166	2208	东西	达特茅斯	环路
2101	2165	2100	2164	东西	达特茅斯	环路
2233	2299	2210	2298	东西	达特茅斯	环路
2999	2901	3030	2900	南北	菲尔莫尔	道路
3099	3001	3098	3032	南北	菲尔莫尔	道路
3099	2901	3124	2900	南北	密尔沃基	环路

左起	左至	右起	右至	方向	街道名称	类型
2899	2701	2998	2700	南北	达拉斯	道路
2999	2901	3098	3000	南北	达拉斯	道路
2701	2899	2700	2898	东西	林文斯	小巷
3081	3139	3074	3098	东西	耶律	道路

多边形要素（polygon feature）是指在地图上用闭合曲线表示的地理区域。多边形可以表示大到像大陆，小到像建筑物的区域。在由 GIS 生成的地图中，多边形要素可以表示国家边界、城市边界、公园、学校或警察辖区。在图 6.2 中，每个多边形表示一个警察辖区，并且每个辖区与表 6.3 中一条记录相关联。对于多边形要素，分析的单元是区域，因此多边形的边线没有属性数据，只有该区域自身具有属性数据。在表 6.3 中，"要素"变量表示这些数据的要素类型，"辖区"变量表示多边形的名称或标记。

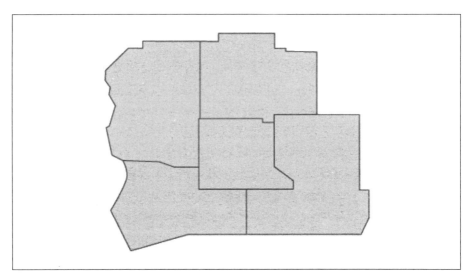

图 6.2 多边形要素地图

犯罪分析师使用许多不同类型的矢量数据，其中许多对人们而言是非常熟悉的，因为它们代表了现实世界中的地物，而不仅仅用于犯罪分析。在犯罪分析中常用的地理数据库包含如下地理要素：

- 点要素：派出所、学校、医院、商业机构、零售商店、餐馆、写字楼、礼拜场所、政府大楼、公共交通站点（如公交车站、火车站）。
- 线要素：街道、高速公路、河流、铁路、公共交通路线（如地铁）。
- 多边形要素：宗地、建筑物、普查街区、停车场、校园、飞机场、城市、县、州、警务区域（网格、巡逻区、管区、辖区）、毒品市场、帮派领土、特定警务活动区域。

6.1.2 栅格数据

除了矢量数据，犯罪分析师也使用栅格数据（raster data）表示地球表面的地物。栅格数据是覆盖地球表面的网格或像素的组合，每个网格被分配一个属性数据（通常是数值）。栅格文件常用于存储卫星图像或遥感图

表 6.3　多边形要素属性数据

要　素	辖　区
多边形	1
多边形	2
多边形	3
多边形	4
多边形	5

像，并且经常以彩色形式展示（Chainey & Ratcliffe, 2005; Hick, Bair, Fritz, & Helms, 2004）。这些图像通常由卫星（如图 6.3）或飞机拍摄，并且被放置在合适的坐标内。在犯罪分析中，卫星图像通常与矢量数据一起展示街道、建筑物、停车场、环境要素（景观）的详细信息。其他类型的栅格数据将在犯罪分析的密度制图中使用，密度制图将在本章后面介绍。

6.1.3 投影

为了使矢量或栅格数据能够在地理信息系统中使用，当把这些数据导入软件和用于分析时，我们需要对数据文件进行处理，这些处理称为投影（projections）。投影是不可缺少的，这是因为地球是球体，而地理信息系统是在二维平面上展示地理数据。不幸的是，球体表面的数据不能完美地投影到二维平面上，因此投影在一定程度上扭曲了球体表面。在进行空间分析之前，犯罪分析师根据研究区域的大小和位置，选择投影类型（如圆柱投影、

图 6.3 卫星图像

来源：加利福尼亚州丘拉维斯塔警察局

方位投影、圆锥投影）。（有关投影的详细信息，请参考 Chainey 和 Ratcliffe，2005 和 Harries，1999）

6.1.4 坐标系

坐标系（coordinate systems）是 GIS 的核心组成部分，分析师使用它对地图上的数据进行定位。经度和纬度（也称为 x-y 坐标）是通用的参考系。它是在将地球认为椭球体的球面上描述数据，并且用度、分和秒表示位置。国家平面坐标系是另一个为了方便更多用户而建立的坐标系。

格网被放置在地球表面，坐标单位可以是米、码或英尺（Harries，1999）。分析师使用何种坐标系取决于数据和分析目的。当分析师使用不同数据源时，各个数据源应该具有相同的坐标系和投影。（有关坐标系的详细信息，请参考 Chainey 和 Ratcliffe，2005 和 Harries，1999）

6.1.5 比例尺

地图是地球的缩小表示，而地图比例尺能够反映地球实际缩小的程度。比例尺具体是指地图上距离与相应地面距离之间的长度比例（如 1∶10000 英尺）。小比例尺地图表示的区域大，大比例尺地图表示的区域小（Harries, 1999）。

6.1.6 地理编码

在使用地理信息系统一起分析警务数据和地理数据之前，分析师需要对警务数据进行地理编码。地理编码（geocoding）是指将地址（如一起事件的地址或一名犯罪者住所的地址）与它的地图坐标建立关联，从而使地址可以在地图上展示并使 GIS 在未来可以识别地址的过程。在犯罪分析中，一条记录（如报警、犯罪事件或抓捕）的地址通常被地理编码为街段数据。另外，数据也可以按照不同程度的空间精度进行地理编码，如邮政编码、巡逻区或网格。但是，这里将主要讨论如何对地址进行地理编码，因为这是犯罪分析最常用的操作。

地理编码可以分为五步：1. 准备地理和表格文件；2. 设定地理编码优先级；3. 在 GIS 中进行匹配；4. 检查结果；5. 重新设定参数，再次进行地理编码（Boba, 2001）。下面将简要讨论每个步骤。

第一步是准备地理和警务数据文件（preparing the geographic and police data files）。数据准备在犯罪分析过程中具有重要的作用，地理编码就是其中一个原因。警务数据文件的准备通常在 GIS 外进行，因为这些数据来自非地理数据源（如警务档案）。分析师在这一步的任务包括确保位置变量中的地址是准确的和一致的。最常见的影响警务数据质量的问题是数据输入错误，包括拼写错误、不正确缩写、街道类型不一致和违反城市地址命名规则。例如，地址"中央大街（东西）136 号"可能采用许多不同的形式输入，如：

中央（东西）136 号（缺少"大街"信息）

中央大街（东西）136 号（错误拼写）

中街（东西）136 号（不适当缩写）

中央道路（东西）136 号（不正确街道类型）

中央道路（东西）136 号（不正确的方向和街道类型）

中央大街（东西）136 号（正确形式）

为了得到准确的、完整的地理编码结果，分析师必须确保地理数据（如街段文件）是最新的和准确的。在迅速发展和道路不断变化的城市中，这是一种挑战。

第二步是设定地理编码优先级（specifying geocoding preferences）。分析师需要设定参考数据与表格数据匹配的优先级。优先级包括拼写匹配敏感度（指警务数据中街道名称与地理街道名称的拼写是否一致）、地址类型（如是否仅匹配到地址，或匹配到地址和邮政编码）和局部匹配的接受度（指是否接受被认为"相似"的匹配）。地理编码为每条记录产生一个匹配值，该值表示警务数据文件中地址与地理文件中街段的匹配程度，完全匹配用 100 表示。

第三步是在 GIS 中进行匹配（matching within the GIS）。在设定优先级之后，下一步是简单地单击按钮。GIS 使用一个非常简单的方法沿着街段匹配地址。每条街段包含一段地址范围，GIS 沿着这段范围把点放置在相应比例的地方。例如，地址"中央大街 200 号"被放置在范围为中央大街 100 号至 300 号的街段的中间（见图 6.4）。

第四步是检查结果（reviewing results）。在完成匹配之后，GIS 会显示成功匹配、部分匹配（指匹配值小于 100 的匹配）和完全不匹配地址的数量和百分比。理想的地理编码匹配率（geocoding match rate）是 100%，这意味着所有来自警务数据文件的记录与地理文件相匹配。根据记录的数量和分析的目的，如果具有合理的理由（如未匹配的记录是在辖区之外）能够解释为什么没有完全匹配，并且缺失的记录不会影响分析结果，那么95%的匹配值可能也是可以接受的。当地理编码匹配率低于100%时，分析师应该重新检查和修正数据，并再次匹配。

第五步是重新设定参数（respecifying parameters and geocoding again），再次进行地理编码。地理编码是一个痛苦的并且不断探索的过程，在获得足

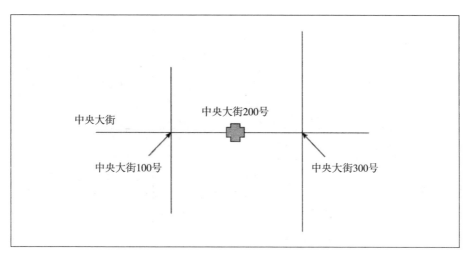

图 6.4　地理编码：街段匹配

够高的匹配率之前，通常需要大量的调整和重复。地理编码是犯罪分析过程
（指数据修改子循环）的重要部分，因为分析师在进行地理编码之后才能意
识到数据的问题。

　　在犯罪分析中，地理编码经常根据街段进行匹配，但是这种方法存在准
确性问题。该方法使用数学模型在一定地址范围内对每个地址进行定位（如
中央大街 100 号被定位于中央大街 0 号至 200 号街段的中间），但是在现实
中，地址并不都是按比例沿着街段分布。有些地址占据整个街区，而有些地
址共享一块街区的空间。两种在地图上定位记录的方法能够改进将地址匹配
到街段的地理编码方法：

　　1. 将记录匹配到宗地数据。在该方法中，宗地数据取代具有地址范围的
街段文件，它将地址匹配到相应地面宗地的中心。这对于宗地相对较小的并
且在每个宗地中只有一个地址或一幢建筑物的独立房屋特别有效。图 6.5 展
示了地址"中央大街 200 号"分别被匹配到街段和宗地的位置，该图清晰地
展示了在地图上实际位置的差异。但是，当诸如大型商业等宗地具有多幢建
筑物并且每幢建筑物具有多个地址时，这类匹配就会出现问题，因为在宗地
数据文件中每块宗地只有一个地址。在这种情况下，地址必须被匹配到建筑
物，但是这非常困难，因为准备地理数据文件(指城市中每幢建筑物的位置)
需要花费大量的时间和资金。

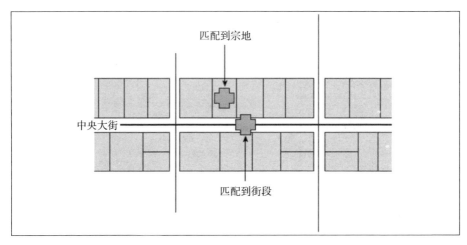

图 6.5　地理编码：宗地匹配

2. 将记录匹配到坐标。在地图上最准确、最可靠的定位记录的方法是使用准确的事件坐标，因为不是所有的事件都发生在具有准确地址的地方（如公园或空地）。为了把犯罪和其他警务数据匹配到坐标，警察必须随身携带全球定位系统（GPS）设备，并在每个现场记录经纬度。使用带有 GIS 的 GPS 使警察不再需要进行地理编码，警察可以实时进行犯罪分析，因为犯罪事件可以马上被制图（Harries, 1999）。许多警察部门已经开始为警察配备 GPS 设备，但这还不是很普及。

6.2 犯罪制图技术

犯罪制图在警务活动中具有许多不同的应用。查尔尼（Chainey）和拉特克利夫（Ratcliffe）（2005, p.4）概括了一些应用：

- 记录警察行为并对警察行为进行制图
- 通过识别最近发生的犯罪，为一线警察的警务活动提供支持
- 通过识别犯罪热点，实施犯罪预防响应
- 帮助有效理解犯罪和其他数据的分布
- 监控犯罪预防活动的影响

- 向公众传播犯罪统计数据

犯罪分析师采用两种不同的方法对违法犯罪问题进行空间分析。第一种方法是描述性制图（descriptive mapping）。在该方法中，分析师使用一定的地理分析单元展示警务数据和统计数据的分析结果。第二种方法是分析性制图（analytical mapping），其使用精确的事件位置确定热点和行为聚集。本章将介绍不同类型的描述性地图和在描述性地图上对数据进行分类的方法。最后，本章将介绍分析性制图——密度制图。

6.2.1 描述性犯罪地图类型

描述性犯罪地图的类型有很多。这里将介绍在犯罪分析中最常用的类型，包括单一符号地图、缓冲区地图、分级地图、图表地图和交互式犯罪地图。

单一符号地图

在单一符号地图（single-symbol maps）中，形状相同的符号表示一种地理要素，如商店、街道或州。图 6.6 是一张单一符号地图，其展示了街道和谋杀案件发生的位置[1]。在单一符号地图中，一个重要的问题是在这类地图上 GIS 直接相互叠加地址相同的所有点，因此地图不能显示在一个点上点的实际数量。例如，在图 6.6 的地图上，如果两起谋杀案件发生在相同的地方，那么 GIS 在同个位置放置两个灰色圆圈，因此我们无法通过分析这类地图来观察所有的谋杀案件。单一符号制图的这个缺点与犯罪和其他警务数据的特点相关，犯罪和其他事件经常在同个地点重复发生。因此，当分析师分析大量数据时，单一符号地图不是特别有效。如果 100 个犯罪位置被标记在图 6.6 的地图上，那么这些点将相互覆盖，地图也将变得难于阅读。

因为这个原因，当对没有相互覆盖的犯罪模式和地理信息进行制图时，犯罪分析师可以使用单一符号地图展示少量的数据。而对于发生在相同位置的多起案件，分析师则只能使用其他类型的地图。

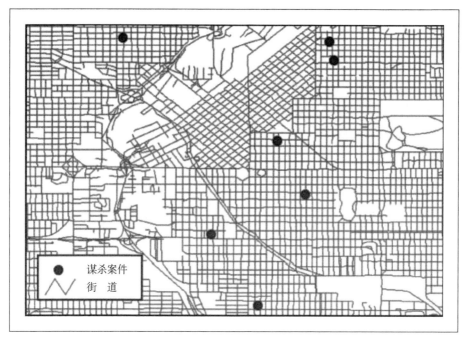

图 6.6　单一符号地图

缓冲区地图

缓冲区（buffer）是指地图上距要素一定距离的区域。缓冲区的距离可以设定为较小的值，如 50 英尺，也可以设定为较大的值，如 500 公里，这取决于分析的目的和地图的比例尺。在犯罪分析中，缓冲区能够展示地图上各要素之间的相对距离。图 6.7 展示了一个具有 500 英尺缓冲区的公园（多边形要素）和该区域的毒品抓捕位置。通过该地图可以确定在公园及 500 英尺缓冲区内抓捕的数量（7 起抓捕）。

分级地图

多边形缓冲区可以用于汇总和比较数据。例如，图 6.8 展示了夜店（点要素）的两个缓冲区（500 英尺和 1000 英尺）。在该地图上，分析师可以使用两个缓冲区对夜店周围的事件数量和远离夜店的事件数量进行比较，进而观察这类事件在夜店周围是否存在溢出现象。

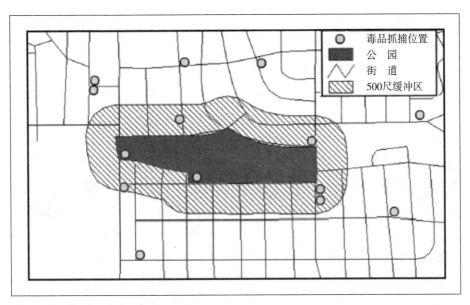

图 6.7　缓冲区地图：一个缓冲区

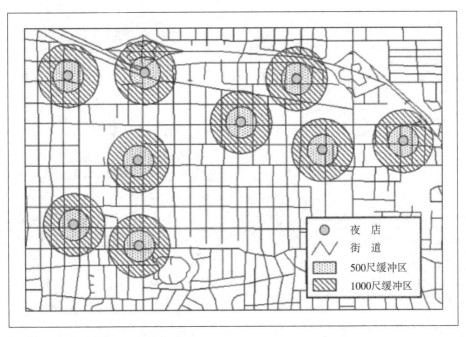

图 6.8　缓冲区地图：两个缓冲区

　　缓冲区也可以用于计算描述性统计数据。GIS 首先把缓冲区视为多边形，然后计算缓冲区内事件的数量。例如，犯罪分析师可以计算整个城市中所有公园 500 英尺缓冲区内毒品抓捕的数量。

　　犯罪分析师也经常使用分级地图（graduated maps），即使用不同尺寸或色彩的要素表示不同变量值的地图。图 6.9 和图 6.10 分别是分级尺寸地图和分级色彩地图。在分级尺寸地图中，表示点要素和线要素的符号的尺寸表示它们值的大小（如发生在某个地点或某条道路上的事件的数量）。如之前所介绍的，单一符号地图不适合于展示在相同位置重复发生的犯罪。为了解决该问题，分析师可以使用分级尺寸地图，这类地图可以有效展示在相同地点发生的多起事件。但是，与单一符号地图一样，如果一次分析的数据太多，分级尺寸地图也会出现重叠现象。图 6.9 是使用不同尺寸符号对点进行分级的地图，其尺寸根据犯罪数量确定。

　　在分级色彩地图上，符号颜色表示变量的值。这类地图可以用于展示点（仅在单一符号地图中）[2]、线和多边形要素。图 6.10 是使用色彩表示特定区域犯罪总数的地图。颜色越浅，犯罪量越少；颜色越深，犯罪量越多。

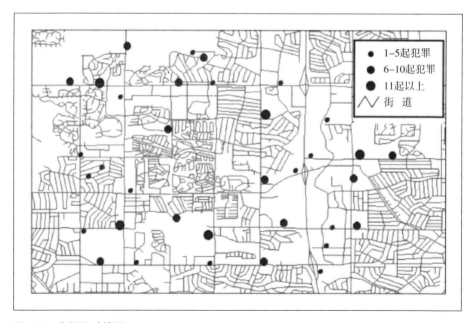

图 6.9　分级尺寸地图

图 6.10　分级色彩地图

图表地图

图表地图（chart mapping）允许犯罪分析师同时展示一个变量的多个值（如变量为"犯罪"，值为"抢劫"、"打架"和"强奸"）。图表地图具有两种类型：饼形图和条形图。在饼形图地图（pie chart mapping）中，各变量值的相对百分比（用圆形的扇区表示）被展示。图 6.11 是一张饼形图地图，其展示了在夜店发生的打架、吸毒、持有武器和扰乱治安事件。在制图区域中，在所有夜店的位置都放置了一张饼形图，饼形图的大小表示对应夜店所发生事件的总数，但是饼形图的大小只能用于相对比较。需要注意的是，一些夜店发生了所有类型的事件，而其他一些夜店只有四类事件中的二类或三类，并且百分比（饼形图扇区）只表示发生的事件类型（不是所有的事件类型）的数量。

在条形图地图（bar chart mapping）中，各变量值的频数（用条表示）被展示。在图 6.12 中，在所有夜店的位置都放置了一张条形图。该条形图

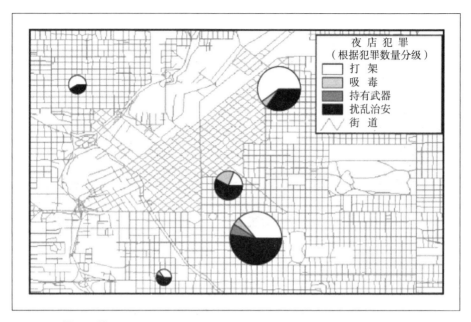

图 6.11　饼形图地图

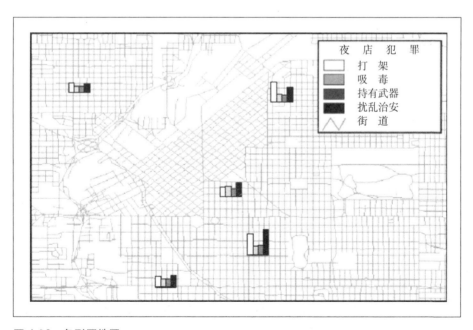

图 6.12　条形图地图

展示的数据与图 6.11 所展示的数据相同，只是用频数取代了百分比。条的高度表示事件的相对频数。

交互式犯罪地图

交互式犯罪地图不是地图的一种类型，而是指允许初级用户在互联网上使用的简化地理信息系统。目前，许多警察部门已经建立了允许市民和警察进行基本犯罪制图的交互式网站。另外，许多私人公司从警察部门获取犯罪数据并向市民提供这些服务。通过对互联网进行调查，我们可以发现在警察部门和私人的互联网网站中已经存在许多交互式网站。但是，这些应用程序通常对于犯罪分析师而言是不够灵活和高级的。

6.2.2 描述性犯罪制图方法

描述性制图的一种类型是专题制图，也称为等值域制图，它是以统计区域或行政区域为单位展示数据的常用技术，该技术对了解犯罪的整体空间分布非常有效（Eck, Chainey, Cameron, Leitner, & Wilson, 2005）。在这里，我们将介绍犯罪分析师用于制作分级符号地图或分级色彩地图的技术，包括类别制图、统计分级制图和自定义制图。在地图上展示数据的方法有很多，但是分析师应该选择最适合于他们展示数据和分析目的的方法。

类别制图

我们可以按类别对数据进行分类，然后使用不同形状的符号或不同颜色或灰度的符号在地图上展示数据。犯罪分析师主要对定类变量使用该方法，这是因为这类变量的值是定类的而不是数值的。定类变量有种族、性别、侵入方式、侵入点、作案工具、位置类型、商业机构类型和土地用途等。在该方法中，每个变量的值（如“性别”变量的值，男性和女性）采用不同的形式展示。

按类别值进行着色只能用于单一符号地图，并且主要用于单一符号地图中的多边形要素和点要素。类别制图不能用于分级尺寸地图，这是因为类别制图要求每个点只能根据一个类别值进行着色。例如，两起抢劫发生在同个位置，分级尺寸地图在该位置用比表示一起抢劫的点更大的点表示这两起抢劫，但之后我们就不能根据抢劫的作案工具对该点着色，因为不同类型的工具可能在用一个点表示的这两起抢劫中使用了(如一起抢劫的作案工具是刀，而另一起则是枪)。

图 6.13 是分析抢劫案件的地图。填充颜色的区域表示在该区域存在州际高速公路。州际高速公路为犯罪者提供了快速逃离犯罪现场的途径。这里制图的定类变量是：在该区域是否存在州际高速公路？不同颜色所代表的变量值是"是"(存在州际高速公路)和"否"(不存在州际高速公路)。分析师可以把该地图和抢劫分级符号地图一起使用，确定存在州际高速公路的区域是否发生更多的犯罪。图 6.14 所示的地图使用不同形状的符号(代替颜色)表示不同的商业场所。在对抢劫进行分析中，分析师还可以使用这类地图识别易受犯罪侵害的位置。

图 6.13 表示高速公路是否存在的分级色彩地图

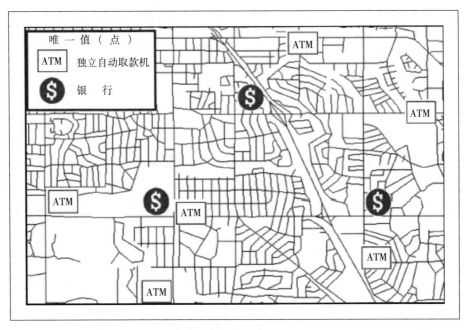

图 6.14　表示银行和独立 ATM 位置的单一符号地图

统计分级制图

　　在制图中使用的统计分级方法是确定断点的方法，断点决定了每个数据被展示的颜色或大小（断点信息在地图图例中展示）。在地图上区分各个要素的方法是判断它们的值落在哪个级别中。例如，对犯罪数量进行符号化的颜色可以按如下方式分级：

- 白色：无犯罪
- 浅灰色：1 至 10 起犯罪
- 深灰色：11 至 20 起犯罪
- 黑色：21 至 30 起犯罪

　　在使用这些级别的地图中，具有 15 起犯罪的区域要素，如警务巡逻区，将被填充暗灰色。在专题地图中，建议所使用的级别或颜色类型不要超过六类（Harries, 1999）。常在犯罪制图中使用的统计分级方法有四类：自然间断点、等间距、等分和标准差。分析师基于不同的目的，使用不同的统计分级方法。

使用自然间断点分级法（natural breaks classification）的分析师使用 GIS 软件识别数据分布中的自然间断点。这些间断点是图例中各级别的断点。在许多 GIS 软件中，这类分级方法是默认项，并且它是犯罪分析中最常用的方法。当对数据的某个快照（如某个问题的地图）进行探索性或描述性分析时，该方法最有效，但是该方法不能对不同时间的数据进行比较。

图 6.15、6.16 和 6.17 分别是解释自然间断点分级法的点地图、线地图和多边形地图。需要注意的是在地图图例中各个级别的值范围是不确定的，并且不是相等的。这是因为每个级别的值范围是由 GIS 根据被制图数据分布中的间断点确定的。

在图 6.15 中，分级尺寸点地图使用三个级别描述每个地点的抢劫数量。各个级别的值范围分别是 1—4 起抢劫、5—9 起抢劫和 10—13 起抢劫。表 6.4 是一些地点的地址和相应的抢劫数量，它们是制作地图的数据源。

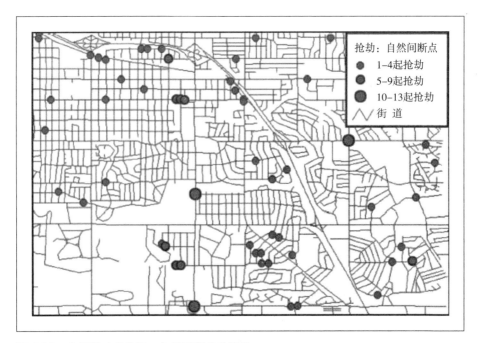

图 6.15　分级尺寸点地图：自然间断点分级法

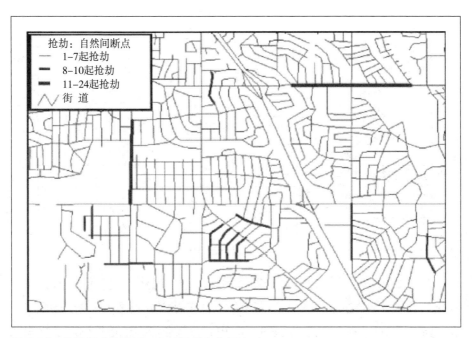

图 6.16　分级尺寸线地图：自然间断点分级法

图 6.17　分级色彩多边形地图：自然间断点分级法

表6.4　各个地点的抢劫数量

地　　　址	抢劫数量
4980 E Main St	3
3920 S Clover Rd	10
930 S Bridge St	9
4500 N River Rd	4
3952 S Thompson St	0
230 S Bridge St	5
4560 N River Rd	1
465 S Bridge St	8
1520 S Bridge St	12

在图6.16中，分级尺寸线地图使用三个级别描述特定区域内沿着街段的抢劫数量（数据在表6.4中）。各个级别的值范围分别是1—7起抢劫、8—10起抢劫和11—24起抢劫。在图6.17中，分级色彩多边形地图展示每块地理区域的抢劫数量。这三张地图的图例是不同的，这是因为这些数据是采用不同的方式（以地点、街段或区域为单位）进行汇总，从而造成数据分布中的断点是不同的。

在下面对其他统计分级方法进行介绍的过程中，我们只使用多边形地图解释它们，但是所有的这些分级方法同样可以用于制作分级尺寸或分级色彩的点地图和线地图。在下面例子中，我们使用在自然间断点分级方法中使用过的相同数据，这也是为了展示分析师如何根据所使用的分级方法以不同的方式展示相同的数据。

在等间距分级法（equal interval classification）中，分析师使用GIS把最高值与最低值之间的值范围分割成大小相同的值范围。在图6.18中，最低的抢劫数为0，最高的抢劫数为28；一共有4个级别，每个级别值范围的大小是7，即28除以4等于7；值范围分别为0—7、8—14、15—21和22—28。

根据数据的值，等间距分级法能够产生不同的结果（如果范围为0—80的值范围被分成四类，那么四个范围分别为0—20、21—40、41—60和61—80）。这类地图最适合于各个级别事件数量相近的数据。犯罪分析师通

图 6.18 分级色彩多边形地图：等间距分级法

常将这类分级方法与其他地图结合使用，这样能够使他们更加深入地理解他们正在研究的问题。但是，分析师不经常向警察传播这类地图，这是因为大部分犯罪分析数据的分布是偏态的（如观察图 6.18 中所有的白色区域），并且这类分级方法通常不能产生可以为警务活动提供帮助的结果。

等分地图（quantile classification）按照用户设定的级别数对数据库中的记录进行分割，使各个级别具有相同数量的记录。等分分级法首先考虑数据库中记录的数量，然后根据被选择变量的值进行制图，而其他统计分级方法则是直接根据被选择变量的值进行制图。

下面的例子展示了等分分级法中确定各级别的方法。表 6.5 一共有 20 条记录，每条记录表示一个区域（多边形）以及该区域的抢劫数量。在等分地图中，一共具有 4 个级别，每个级别的记录数为 5，这是因为一共有 20 条记录（20 除以 4 等于 5）。

为了确定断点，GIS 软件根据抢劫数量对所有的区域进行升序排序。表 6.6 是升序排序后的数据，前面 5 个区域属于第一个级别，后面依次。四个级别的值范围分别是 0、1—2 起盗窃、3—5 起盗窃和 6—28 起盗窃。不同级别的地理单元被填充不同的颜色，每种颜色的地理单元的数量是所有区域数的 25%。图 6.19 是具有四个级别的等分地图。断点分别是第一个、第二个、第三个和第四个四分位区域的抢劫数量。

　　犯罪分析师最经常使用等分地图对值差异较大的数据进行比较。例如，分析师使用两张等分地图对某些区域一年中所发生的抢劫案件和盗窃案件进行分析。因为抢劫案件明显少于盗窃案件，所以在地图图例中它们各级别的值范围是不同的。而使用等分地图能够使分析师在不管其实际发生数量的情况下识别和比较数量最多的 25% 的区域（在四个级别情况下），并且该方法

表 6.5　各个区域（多边形）的抢劫数量

区　　域	抢劫数量
1	6
2	0
3	0
4	2
5	0
6	0
7	5
8	15
9	2
10	3
11	4
12	3
13	22
14	23
15	5
16	1
17	2
18	0
19	1
20	28

表 6.6　升序排序后各个区域的抢劫数量

区　　域	抢劫数量
2	0
5	0
6	0
18	0
3	0
16	1
19	1
17	2
4	2
9	2
10	3
12	3
11	4
15	5
7	5
1	6
8	15
13	22
14	23
20	28

图 6.19　分级色彩多边形地图：等分分级法

允许分析师观察盗窃数量最多的区域是否与抢劫数量最多的区域一致。

　　当使用标准差分级法（standard deviation classification）时，分析师使用被选择变量的平均值和标准差确定各个级别的值范围，并且在图例中值范围不是以完整的数值展示，而是以标准差的形式（如偏离平均值 +1 或 −1 个标准差）展示。在图 6.20 所示的地图中，GIS 将所有多边形的抢劫数量相加，然后除以多边形的数量，得到平均值。然后，计算标准差。最后，在平均值的基础上加减标准差，从而确定各个级别的值范围。这类地图对于确定异常点、异常线或异常多边形（偏离平均值 +3 或 −3 个标准差的值）和比较不同数据库的异常值（与等分相似）最有效。也就是说，对于每个数据集，比平均值显著高或显著低的多边形被填充特定的颜色。因为标准差是标准化的度量，所以它为每个数据集提供了相同的度量，因此分析师可以比较不同地图上不同的分布。需要注意的是在这类地图上，经常没有区域被填充表示平均值的颜色，因为在数据分布中等于平均值的值不一定存在，如 4.57 起抢

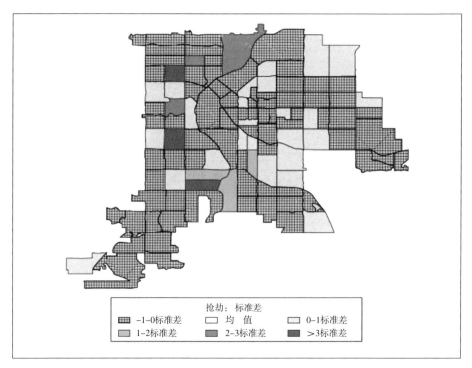

图 6.20 分级色彩多边形地图：标准差分级法

劫的平均值。

自定义制图

　　最后一类分级地图是自定义地图。在使用自定义分级法（manual method classification）制作的地图中，图例中各个级别的值范围不是由变量值或统计方法确定的，而是由地图制作者决定的。犯罪分析师经常使用自定义值范围对数据类型相同但时间不同的多张地图进行比较，如对每个月的抢劫地图（同种颜色表示相同的值范围）进行比较。到目前为止讨论的其他任何分级法都不能对制图变量的值进行比较，这是因为在这些分级方法中，当数据发生变化时同种颜色所表示的值范围也会发生变化。图 6.21 和图 6.22 是两张使用自定义图例的地图，这两张地图允许分析师对两个时间段（指同年的 1 月和 2 月）各个区域抢劫数量的差异进行比较。需要注意的是，在这些地图中，第四个级别的值范围没有上限值，而是用"以上"表示。当分析师想

图 6.21　分级色彩多边形地图：自定义分级法（1 月）

要在多张地图中使用相同的图例时，他们通常使用这类图例，这是因为不同的数据集具有不同的上限值。在大部分情况中，自定义图例中的断点是 5、10、25、50、100 等。

选择确定图例中断点的分级法是地图制作的一项重要内容。分析师不能随意地选择分级方法，而是要根据数据和地图预计的目标选择方法。在确定过程中，分析师还要考虑当地法律、部门制度和被研究问题的背景。例如，某个城市想要对特定时间段具有 5 起以上警报的位置的罚款进行评估，那么一名负责制作地图来展示城市中特定位置入室盗窃警报数的分析师将选择"5起以上"作为最高的值范围。

分级方法指导和总结

在本章到目前为止所展示的地图中，我们都使用抢劫数量作为例子，分析师也可以对其他许多统计量（如比率、平均值和百分比）进行制图（详见

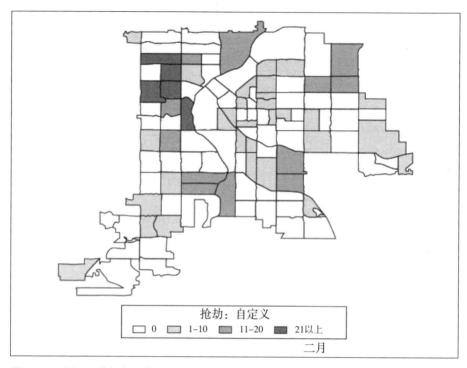

图 6.22　分级色彩多边形地图：自定义分级法（2 月）

第 12 章），并且这些统计量的地图可能与分析更相关。当通过制作地图来展示数据时，犯罪分析师应该注意如下事项：

- 当确定分级方法和级别数量时，分析师首先应该确定地图的目标和读者。
- 确定地图制作方法是分析过程的一部分，分析师不应该依赖地理信息系统的默认选项。
- 除了自定义分级法，其他所有的分级方法都依靠数据，也就是说，数据集中各级别的值范围因数据集而异，并且其由数据的值和分布决定。
- 当使用这些分级方法展示数据时，分析师应该对不同的分级方法和级别数进行试验，因为对不同的地图进行比较能够使我们更加深入地理解问题。

- 分析师应该意识到根据事件汇总数据对整个区域着色会使读者感觉事件均匀地分布在整个区域中，实际上它们可能不是均匀分布的。
- 当制作多边形地图时，分析师不应该根据整个区域的情况对该区域中某个或特定的位置作出结论（指生态谬误）。

表 6.7 总结了各类分级方法和它们的应用例子。

表 6.7　分级方法总结

	唯一值	自然间断点	等间距	等　分	标准差	自定义
变量类型	定类型	数值型	数值型	数值型	数值型	任何类型
要素类型（点、线、多边形）	全部	全部	全部	全部	全部（通常为多边形）	全部
确定值范围的依据	变量值	数据集	数据集	数据集	数据集	用户
在战略犯罪分析中使用的频率	经常	非常多	很少	很少	经常	非常多
实践例子	根据银行是否具有车载 ATM 给其着色	使用分级符号对上个月的抢劫进行制图	为了理解偏态分布，对每个区域的抢劫数量进行制图	对银行抢劫和便利店抢劫进行比较	识别不经常发生大量抢劫的区域	对每个月抢劫案件进行比较

6.2.3 分析性制图：密度制图

在分析性制图中，犯罪分析师使用精确的事件坐标识别违法犯罪的聚集区域。分析违法犯罪聚集区域的方法有很多，但是在犯罪分析中最常用的方法是密度制图。该技术将在这里介绍，但其实践应用将在第 14 章讨论。与到目前为止所讨论的制图技术不同，密度制图没有限定分析师只能对事先确定的区域（多边形）、线或点进行分析。它的密度结果能展示事件的空间聚集情况。犯罪分析师使用标准 GIS 软件或其他专业软件制作密度地图。这里只简要介绍密度地图制作的技术和应用。分析师也可以使用许多其他统计量和技术（如果想要了解详细情况，请参考 GIS 软件手册或分析性制图书籍）。

密度地图制作的过程如下：

1. 在研究区域放置一个格网。在格网地图制作过程中，地图制作者需要确定网格的大小。但是，在这类地图中，网格通常比较小，与事件位置区域的大小相近（指网格大小通常在 50 至 100 英尺之间）。

2. 计算每个网格的密度值：对每个网格预定半径（也称为搜索半径（search radius））内的区域进行搜索，统计该半径区域内的事件数量，然后除以搜索区域的面积，得到密度值。

3. 根据密度值，给每个网格填充颜色。一个网格的密度值不是表示发生在该网格中的事件数量而是表示该网格及周围区域事件数量除以该网格及周围区域面积而得到的值，该值度量行为的聚集程度。也就是说，一个网格可能不包含任何事件，但其密度值很高，这是因为该网格被发生许多事件的区域包围。这也是产生连续变化颜色的原理。

4. 制作地图图例。大部分 GIS 软件的默认选项是等间距分级法。图例没有显示事件的实际数量，而是提供了每个区域以该区域面积为分母的事件比率（如每平方公里事件数量）。

对于相同的数据，不同的网格大小和搜索半径会产生视觉效果不同的密度地图。例如，图 6.23 和 6.24 是两张数据相同、网格大小均为 50 英尺但搜索半径分别为 0.5 千米和 2 千米的密度地图。该方法不受地理特征限制，并且适合于对大量数据进行分析。当使用密度地图时，分析师应该了解如下注意事项：

- 因为密度地图以连续变化的表面表示犯罪位置，所以这使人感觉在实际上不存在犯罪的地方存在犯罪（Groff & La Vigne, 2002）。也就是说，密度地图上的颜色只是预测犯罪的聚集程度，而不是表明精确的犯罪数量和位置。

- 不同的网格大小和搜索半径会产生不同的地图。普遍的做法是将网格大小设定为 50 至 100 英尺（宗地的近似大小），并根据研究区域的比例尺调整搜索半径。

- 有些图例可能会使不太熟悉密度地图的人产生误解。在实践中，许多犯罪分析师使用级别为"低密度"、"中密度"和"高密度"的图例，而不是用数字范围表示级别。但是，这种图例不能对不同的数据集（如不同时间段相同类型的数据或相同时间段不同类型的数据）进行有效比较。例如，对 2012 年 500 起轻微伤害案件地图和 2012 年 50 起严重伤害案件地图进行比较，如果图例是定类型的，那么这两张地图展示的犯罪数量可能是相同的，因为颜色是一样的。而如果图例展示实际的值，那么这将非常清晰地表示每平方公里轻微伤害的比率更高。因此，为了比较相似的数据，我们可以使用自定义图例。

- 密度地图存在固有的边界偏差，这是因为研究区域边界周围的网格没有将周围全部事件计算在内（该问题与前面有关格网地图的问题相似）。

图 6.23　密度地图：0.5 千米搜索半径
来源：堪萨斯州肖恩警察局道格·海姆萨斯（Doug Hemsath）

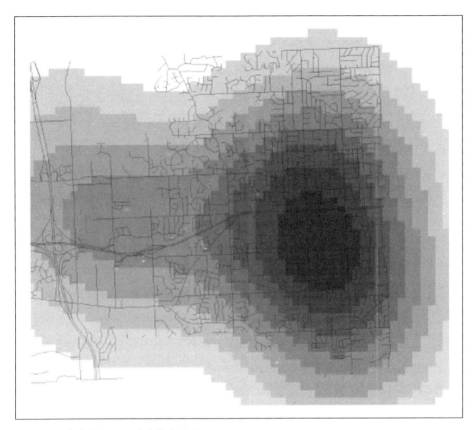

图 6.24　密度地图：2 千米搜索半径

来源：堪萨斯州肖恩警察局道格·海姆萨斯（Doug Hemsath）

要点总结

本章主要介绍了地理数据和描述性犯罪制图。下面是本章的要点：

1.GIS 使用三类要素表示现实世界中的地物和位置。作为空间信息基本单元的矢量数据有点、线和多边形。

2.点要素是指在由 GIS 生成的地图上用一个符号或标记表示的一个离散位置。

3.线要素是指在地图上用线或一系列线表示的现实世界的要素。

4.多边形要素是指在地图上用闭合曲线表示的地理区域。

5. 栅格数据是覆盖地球表面的网格或像素的组合，每个网格被分配一个属性数据（通常是数值）。栅格文件常用于存储卫星图像或遥感图像，并且经常以彩色形式展示。

6. 为了使矢量或栅格数据能够在地理信息系统中使用，当把这些数据导入软件和用于分析时，我们需要对数据文件进行处理，这些处理称为投影。投影是不可缺少的，这是因为地球是球体，而地理信息系统是在二维平面上展示地理数据。

7. 坐标系是 GIS 的核心组成部分，分析师使用它对地图上的数据进行定位。经度和纬度（也称为 x-y 坐标）是通用的参考系。国家平面坐标系是另一个为了方便更多用户而建立的坐标系。

8. 地图是地球的缩小表示，而地图比例尺能够反映地球实际缩小的程度。比例尺具体是指地图上距离与相应地面距离之间的长度比例。

9. 地理编码是指为了制图，将表格数据和地理数据关联起来的五步过程。该过程包括：（1）准备地理和警务数据文件；（2）设定地理编码优先级；（3）在 GIS 中进行匹配；（4）检查结果；（5）重新设定参数，再次进行地理编码。

10. 其他两种将表格数据匹配到地图上的方法是将记录匹配到宗地数据和使用经纬度。这两种方法都能提高地理编码效率，但更难以实施。

11. 在单一符号地图中，形状相同的符号表示一种地理要素。

12. 缓冲区是指距地图上要素一定距离的区域。

13. 在分级地图中，要素的尺寸和颜色表示变量的值。

14. 使用饼形图或条形图的图表地图能够同时展示一个变量的多个值。

15. 交互式犯罪地图不是地图的一种类型，而是指允许初级用户在互联网上使用的简化地理信息系统。

16. 犯罪分析师采用两种不同的方法对违法犯罪问题进行空间分析：描述性制图和分析性制图。

17. 犯罪分析师使用类别分级法、统计分级法和自定义分级法在分级尺寸地图或分级色彩地图上展示数据和统计数据。

18. 在类别制图方法中，分析师使用不同的颜色或符号表示要素（如点、线和多边形）分类变量的唯一值。

19. 在统计分级制图方法中，决定点、线或多边形的颜色或大小的方法有：自然间断点、等间距、等分和标准差。

20. 在自然间断点分级法中，分析师使用统计公式识别数据内部的自然间断点。分析师经常在问题初始分析中使用该分级方法。

21. 在等间距分级法中，分析师使用统计公式将最高值与最低值之间的值范围分割成相同的值范围。这类地图最适合于各个级别事件数量相近的数据。

22. 为了制作等分地图，GIS 按照用户设定的级别数对数据库中的记录进行分割，使各个级别具有相同数量的记录。等分分级法首先考虑数据库中记录的数量，然后根据被选择变量的值进行制图，而其他统计分级方法则是直接根据被选择变量的值进行制图。

23. 在标准差分级法中，分析师使用被选择变量的平均值和标准差确定各个级别的值范围，并且在图例中值范围不是以完整的数值展示，而是以标准差的形式展示。

24. 在自定义方法中，地图（也称为自定义地图）制作者决定图例的形式。犯罪分析师经常使用自定义分级法对数据类型相同但时间不同的地图进行比较，如分析每个月各个区域的抢劫。

25. 当使用本章介绍的描述性方法时，犯罪分析师需要注意如下事项：（1）对于类别分级法和统计分级法，断点是根据数据库中变量值确定的，并且它们不能用于比较；（2）在制图过程中，不同的分级数将产生不同的结果；（3）在分析中，应该试验不同的分级方法；（4）地图制作的设定不能只依靠 GIS 软件的默认项；（5）多边形地图可能会让人感觉事件是均匀分布的，实际上它们可能是局部聚集的或沿着街道分布的；（6）分析师不应该根据针对区域中所有事件的分析，对某个事件作出结论。

26. 在密度制图中，犯罪分析师使用精确的事件坐标确定事件聚集区域，而不是使用预先确定的区域展示聚集。

27. 密度地图的制作过程如下：（1）在研究区域放置一个格网；（2）计算每个网格的密度值；（3）根据计算获得的密度值，给每个网格填充颜色；（4）使用颜色表示区域内的事件比率（如每平方公里事件数），而不是表示实际的犯罪数量。

28. 当使用密度地图时，犯罪分析师需要注意如下事项：（1）密度地图使人感觉在实际上不存在犯罪的地方存在犯罪；(2) 不同的网格大小和搜索半径会产生不同的地图；(3) 有些图例可能会使不太熟悉密度地图的人产生误解；(4) 密度地图存在固有的边界偏差，这是因为研究区域边界周围的网格没有将周围全部事件计算在内。

讨论与练习 *

练习 1

警察部门领导要求你制作一张反映去年盗窃风险最高的区域的居住区入室盗窃地图。首先，你打算使用怎样的数据来制作地图？第二，你将制作什么类型的地图，并且使用什么类型的分级法，为什么？第三，是否存在第二类也适合的地图？

练习 2

作为评估商业区入室盗窃减少项目的成员，你被要求准备两张对项目实施前一段时间的商业区入室盗窃数量和项目完成后相同时间段的商业区入室盗窃数量进行比较的地图。对于这两张地图，你将使用何种地图和分级法来加强对这两个时间段的比较？为什么？

＊其他使用数据的练习题和其他资源可以在 "http://www.sagepub.com/bobasantos3e" 中找到。

注　释

〔1〕本章展示的地图不是最终的地图。也就是说，它们不是已经完成的并适合于向特定读者传播的地图。这些地图只是用于帮助解释特定类型的地图或技术。

〔2〕在地图上我们不可以同时采用分级色彩和分级尺寸展示一个点。例如，两起抢劫发生在同一个位置，分级尺寸地图在该位置用比表示一起抢劫的点更大的点表示这两起抢劫。但之后，我们就不能根据抢劫的作案工具对该点着色，因为不同类型的工具可能在用一个点表示的这两起抢劫中使用了（如一起抢劫的作案工具是刀，而另一起则是枪）。

第 7 章

犯罪分析目标和读者[1]

当在警察部门中实施犯罪分析时，区分犯罪分析结果的类型和厘清不同人员在不同背景下如何使用犯罪分析结果非常重要。这是因为面对大量的数据和信息，犯罪分析师只有抓住工作重点并优化工作流程，才能向警务人员提供与其手头工作、日常行为和工作职责相关的犯罪分析结果，才能指导他们开展警务工作。因此，在介绍各类犯罪分析（战术、战略和管理犯罪分析）的特定数据、方法和技术之前，本章将讨论犯罪分析结果如何因问题、目标和读者不同而不同并简要介绍犯罪分析在警察部门中的不同应用。另外，本章将介绍犯罪分析结果的分类体系。最后，本章将使用实践例子解释这些结果在不同的背景中如何使用。在本章之后的章节中，我们将介绍犯罪分析师用于制作不同类型战术、战略和管理犯罪分析产品的数据、方法和技术。

7.1 犯罪分析目标

回顾第 3 章内容，我们可以知道问题可以根据其时间特征和复杂性进行分类。也就是说，简单的问题（如孤立事件）通常在较短的时间内产生，而复杂的问题（如问题位置）在较长的时间内产生。在本书中，问题被分为眼前问题、短期问题和长期问题。在每类问题中，我们基于不同的目标为不同的读者提供犯罪分析结果。在这里，我们将讨论犯罪分析结果的两个不同目标，即加强情景意识（situational awareness）和指导犯罪减少战略。在此之后，我们将讨论不同类型的读者。

7.1.1 情景意识

在警务环境中，情景意识是指对警务工作环境的认知。为了加强情景意识，犯罪分析师通过制作有关违法犯罪的信息，为警察提供在何时何地执行日常警务活动的环境。信息是指有关事件或环境的知识，而犯罪分析信息是指某起事件（如犯罪事件、报警、抓捕和交通事故）的详细情况或不同时间段（如短期问题为 1 周至 1 个月，长期问题为 1 至 5 年）的事件总数。例如，犯罪分析信息可能是某个地点几天的报警列表，可能是居住在特定区域的所有释放人员的列表或地图，还可能是按地理区域划分的 1 年犯罪数量。

犯罪分析信息只是简单地陈述事情，而不是对事件的含义、事件与其他问题的关系或事件发生的原因等作出结论。因此，这些信息没有指向特定的警察响应，它们只是为警察提供了对警务活动进行决策的分析依据。例如，犯罪分析师通过为负责抢劫案件的侦查人员提供当前刑满释放人员地图或列表，帮助他们寻找与特定抢劫案件相关的犯罪嫌疑人。该列表包含所有刑满释放人员的信息，但是在了解刑满释放人员的犯罪、居住位置、体貌特征等信息之后，侦查人员必须自己分析这些信息并识别可能实施抢劫的人员。因此，刑满释放人员列表只是简单地列举了所有刑满释放人员的信息，在此之后侦查人员还必须亲自在其中寻找主要的侦查对象。

7.1.2 犯罪减少

犯罪分析结果的第二个目标是为犯罪减少工作提供帮助，即指导警察实施特定的犯罪减少战略。为了制作实现该目标的犯罪分析结果，犯罪分析师必须对事件的重要特征进行分析，并且对存在于事件之间的关系作出结论。在警务环境中，服务犯罪减少的分析结果区分和排序了被分析信息的要素，并确定了潜在的关系是否与指导警察犯罪减少战略的目标共存。因此，这些分析结果是"指导行动"的，它们不需要警察再次分析，它们本身能够引导警察实施一系列可行的战略。例如，六起最近发生的入室盗窃案件已经被分析师关联起来，其每起案件的侵入方式都是在白天通过两个街区后面的滑门进入。而这些结果就能直接指导警察巡逻、对模式区域进行的现场调查、向两个街区的居民传播犯罪预防传单和在模式发生时间向该区域调度秘密的犯罪控制部门。

7.1.3 犯罪分析结果目标比较

虽然服务情景意识和犯罪减少的犯罪分析结果好像是相似的，因为它们依据的数据是一样的，但是它们存在重要的区别，即制作过程。也就是说，服务情景意识的犯罪分析结果通常只需要进行简单的数据库检索并制作列表和地图，而指导犯罪减少的犯罪分析结果则需要分析师识别不同事件之间的关系。系统使用这两类结果对警察部门有效减少犯罪而言非常重要。普通警察、中队长、管理者和指挥者都需要信息来帮助他们理解他们的工作环境，并且需要分析结果来优化和指导特定的犯罪减少战略。下面是服务情景意识或犯罪减少的犯罪分析结果的一些例子，这些例子强调了这两类结果之间的区别。

服务情景意识的分析结果：

- 辖区内目前处于缓刑的所有青少年的列表或地图
- 某个特定地方几个月中发生的所有报警的列表
- 某个巡逻区一周中发生的所有入室盗窃的列表
- 过去 6 个月不同类型犯罪的数量
- 展示 2 年中第一类犯罪最多的区域的地图

服务犯罪减少的分析结果：

- 处于缓刑期的违法犯罪最严重的 10 名青少年的列表或地图
- 过去 3 个月发生 5 起以上错误入室盗窃警报报警的地址的列表
- 由相同嫌疑人实施的 6 起便利店抢劫案件
- 6 个月中喧闹聚会、打架和聚众吸毒数量最多的 10 个公寓
- 展示特定警务战略实施之前和之后特定类型犯罪增加或减少的区域的地图

犯罪分析师通常采用不同的方式制作和发布这两类分析结果。虽然这不是它们唯一的区别，但是服务情景意识的分析结果通常是自动生成的，并且这类分析结果展示了包含在数据库中的所有内容（如所有的释放人员、所有第一类犯罪的数量）。这也是为什么有时候这类分析结果可以由未配备犯罪分析师的警察部门或非犯罪分析师人员制作的原因。另一方面，服务犯罪减少的分析结果通常由犯罪分析师制作，他们通过运用系统的过程，筛掉无关的信息和不必需的详细信息，得出结论和制作符合特定格式的包含特定信息的产品。虽然服务犯罪减少的一些分析结果也可以自动生成，但是任何指导警务战略的分析性结果在自动生成之前必须确保其是经过筛选的，并且它们不是简单地提供一些或所有的有效数据。

7.2 犯罪分析读者

当区分犯罪分析结果的目标时，另一项重要的内容是区分预期的读者，因为不同类型的读者需要不同类型的分析结果。本章重点关注的是与使用战术或战略犯罪分析技术的内部警务人员相关的犯罪分析结果，在第 16 章我们将更加详细、具体地介绍警察部门外部的读者和管理犯罪分析的分析结果。

警察部门内部不同类型的读者需要不同类型的增强情景意识或指导犯罪减少的分析结果。最简单的分类方法是同时考虑读者的工作职责和他们正在解决的问题的时间特征（问题复杂性）。图 7.1 展示了职责和问题时间特征的一般关系。虽然警察部门内部人员之间的职责可能存在重叠，但是职务低的人员一般主要处理短期的、小范围内的问题，而职务高的人员（指具有更大职责的人员）则主要处理长期的、大范围内的问题。也就是说，一线警察和一线管理者需要的是能够帮助他们解决眼前和短期问题的犯罪分析结果，如指导对报警和近期犯罪模式进行响应的分析结果，而管理者和指挥者需要的是能够帮助他们解决短期和长期问题的信息。

例如，增强一线警察情景意识的信息重点关注几起事件，并且包含性犯罪者列表、最近释放人员列表和某个地点报警列表。而为管理者和指挥者准

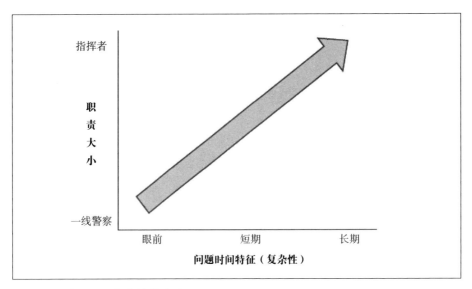

图 7.1 职责与问题复杂性的关系

来源：泰勒（Taylor）和波巴（Boba）（2011）

备的信息则重点关注汇总信息，如各类犯罪或各地理区域犯罪的总数。类似地，提高一线警察响应能力的服务犯罪减少的信息重点解决眼前问题，并且包含过去几天或几周在他们辖区发生的犯罪模式，而提供给管理者和指挥者的服务犯罪减少的信息则重点解决更长期的行为，如随着时间犯罪是否增加了或减少了的信息或者对发生大量犯罪的公园、酒吧或商店进行分析的结果，从而使他们提出长期解决方案。

在这一章，根据警察内部的工作职责，警察内部读者可以分为三类。不同规模的警察部门采用不同的方式分配职责。常用的称呼和每类读者所包含的职务如下：

1. **操作者**（operational personnel）：指一线警察（如警官、下士）和一线管理者（下士、中队长）。

2. **管理者**（management personnel）：指中层警察管理者，如中士和一些情况中的大队长。

3. **指挥者**（command personnel）：指警察部门的领导，如局长或司法官、副局长、主要领导和一些情况中的大队长。

7.3 犯罪分析结果分类体系

根据犯罪分析目标、问题类型和警察内部读者类型对犯罪分析结果
（crime analysis typology）进行分类，我们可以建立犯罪分析结果分类体系。
该分类体系能够帮助我们对犯罪分析结果进行分类，并帮助我们在实践环境
中使用犯罪分析。图 7.2 是该分类体系的图解。

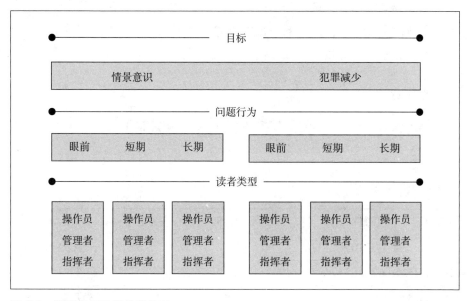

图 7.2　犯罪分析结果分类体系

根据该体系，本章下面两部分内容将分别介绍该体系每个类别简单的但
真实的例子。需要注意的是，对于该体系的每个类别，分析师可以使用许
多不同的分析方法来制作结果，并且也可以采用许多不同的样式和格式。
虽然每个类别的例子可能存在重叠（如相同的结果可能对不同类型的读
者都适用），但是这里的目标只是通过展示每个类别的一个例子，使学生
能够深入理解如何根据不同的问题、目标和读者制作不同类型的犯罪分析
结果。

7.4 情景意识例子

本章这部分内容将介绍服务警察内部不同类型读者（操作者、管理者和指挥者），解决眼前问题、短期问题或长期问题的情景意识例子。在每个例子中，我们将描述每张图表中的犯罪分析结果并讨论结果的潜在应用。

7.4.1 眼前

回顾第 3 章内容，被认为"眼前"的问题是指在几分钟、几小时，或者在一些情况中几天之内发生的并被解决的孤立事件。它们由巡逻警察或侦查人员利用在基础警务培训或高级侦查培训中学到的侦查技能作出响应。

操作者

描述信息：表 7.1 是在 2012 年 6 月 15 日制作的报警列表，其列举了过去 2 周发生在一个居住点的报警。

表 7.1　报警列表

报警编号	报警日期	星　期	时　间	报警类型	处　置
2012013294	6/1/2012	星期三	2102	噪声	未采取行动
2012141524	6/5/2012	星期日	2012	骚扰	前往途中
2012142509	6/6/2012	星期一	1954	家庭骚扰	无法定位
2012142640	6/6/2012	星期一	2325	家庭骚扰	抓捕
2012142676	6/9/2012	星期四	1406	狗叫	未采取行动
2012142878	6/10/2012	星期五	2205	非法侵入	报告
2012143275	6/11/2012	星期六	0321	家庭骚扰	抓捕
2012143496	6/13/2012	星期一	1604	入室盗窃	报告
2012144169	6/14/2012	星期二	1855	违章停车	未采取行动

潜在应用：巡逻警察可以在对该区域新报警作出响应之前查看这些信息，从而了解在此之前居民与警察的联系（如之前的犯罪报告、抓捕等）。

管理者

描述信息：表 7.2 展示了过去 2 天每个值班组（如白班、晚班和夜班）在每个辖区的抓捕数量。

表 7.2　每个值班组每个辖区的抓捕数

值班组	辖区 1	辖区 2	辖区 3	总　数
白班	2	6	7	15
晚班	0	10	7	17
夜班	6	14	2	22
总数	8	30	16	54

潜在应用：巡逻管理者或刑事侦查管理者可以通过查看这些信息来了解每个值班组的效率。

指挥者

描述信息：表 7.3 展示了过去 24 小时（从 2012 年 5 月 2 日 9 时到 2012 年 5 月 3 日 9 时）在商业区发生的所有抢劫，其包括嫌疑人描述信息和简要案情。

表 7.3　过去 24 小时商业区抢劫

案件编号	报告日期	报告时间	位　置	商业场所名称	嫌疑人信息	简要案情
20120132	5/2/2012	1800	470 Lake Rd	手机店	黑人，男性，22 岁，5 英尺 11 英寸，200 磅	嫌疑人进入商业场所，假扮成顾客，然后拿出蓝色钢制左轮手枪，索要财物。
20121425	5/2/2012	2200	2801 N Fithutt Ave	食品店	用衬衫蒙着脸的西班牙籍人或黑人，男性，20—30 岁，180 磅	嫌疑人进入商业场所，然后拿出手枪，索要财物。

案件编号	报告日期	报告时间	位　置	商业场所名称	嫌疑人信息	简要案情
20121426	5/2/2012	2315	772 Farra-gut Ln	地铁站	白人，男性，40岁，6英尺，220磅	嫌疑人进入、离开和返回。嫌疑人进入休息室，离开，试图喝饮料，排队，拿出黑色半自动手枪，索要财物。
20121426	5/3/2012	0015	12516 E North Ave	加油站	白人，男性，穿着连帽衫，18岁，5英尺6英寸，150磅	嫌疑人进入加油站，询问工作人员是否一个人，然后拿出手枪，索要财物。
20121441	5/3/2012	0130	1959 N State St	超市	亚洲籍男性，留着胡须，18—25岁，5英尺10英寸，160磅	嫌疑人进入超市，购物，拿取第二件物品，到柜台，拿出手枪，索要财物。

潜在应用：局长和指挥者通过查看这些信息来了解这些严重的涉枪案件，并为来自媒体或商业协会的有关这些案件的问题做准备。

7.4.2 短期

回顾第3章内容，短期问题包括重复事件和模式。重复事件是指两起以上特征相似的并且发生在相同地方或由相同人员实施的事件。重复事件比较普遍。非犯罪事件或人际犯罪事件可能，但不经常，产生犯罪报告。模式是指两起以上报告给警察的或被警察发现的作为一个分析单元的犯罪，因为：（1）犯罪共有一个或多个使它们显著和不同的关键共性；（2）在受害者和犯罪者之间没有已知的关系；（3）犯罪行为通常是有限持续（IACA，2011b）。

操作者

描述信息：图7.3是单一符号地图，其展示了康普顿市2009年1月份被盗最多的三类汽车。

潜在应用：向警察提供该区域在警察未采取措施时盗窃这三类品牌汽车案件的发生位置。但是它没有给出实施特定犯罪减少战略的建议，而是仅仅提供了汽车盗窃的位置情况。我们需要进行额外地分析来指导特定的犯罪减

图 7.3 2009 年 1 月康普顿市汽车盗窃地图

来源：加利福尼亚州洛杉矶县治安官艾伦·皮尔拉托（Alan Piolatto）

少战略。

管理者

描述信息：图 7.4 展示了某个辖区最近一个月和之前一个月各类报警的数量。

潜在应用：管理者可以使用该图表比较他们辖区中各类报警的数量，并确定报警数量的最近变化。但是这些结果没有提供实施特定犯罪减少战略的建议，而是仅仅提供了一般的汇总数据。

指挥者

描述信息：表 7.4 展示了两个辖区最近一个月和前一个月第一类犯罪的数量和百分比变化。

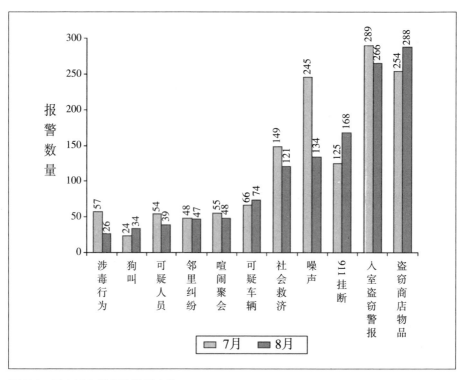

图 7.4　两个月各类报警数量比较

表 7.4　第一类犯罪的数量和百分比变化

	东部辖区				南部辖区			
	1 月	2 月	差	百分比变化	1 月	2 月	差	百分比变化
谋杀	0	0	0	无法计算	1	0	−1	−100%
强奸	3	5	2	67%	7	3	−4	−57%
抢劫	26	35	9	35%	56	50	−6	−11%
严重伤害	75	66	−9	−12%	125	174	49	39%
入室盗窃	154	190	36	23%	201	175	−26	−13%
偷窃	254	288	34	13%	341	325	−16	−5%
盗窃汽车	167	188	21	13%	154	122	−32	−21%
纵火	0	2	2	无法计算	0	0	0	无法计算
总数	**679**	**774**	**95**	**14%**	**885**	**849**	**−36**	**−4%**

潜在应用：指挥者可以使用该表确定两个月之间的变化，并对两个辖区进行比较。但是这些结果没有提供实施特定犯罪减少战略的建议，而是仅仅提供了一般的汇总数据。

7.4.3 长期

回顾第 3 章内容，长期问题是指在几个月、几个季度或几年内发生的、来源于由日常行为和环境所产生的系统机会的相关行为。问题可以由普通的违法行为（如喧闹聚会或居住区超速）构成，也可以由严重的刑事犯罪行为（如抢劫银行或约会强奸）构成。

操作者

描述信息：图 7.5 是 2011 年城市中各个巡逻区每 10 万人犯罪比率地图。在该地图中，各巡逻区的比率用分级色彩表示。

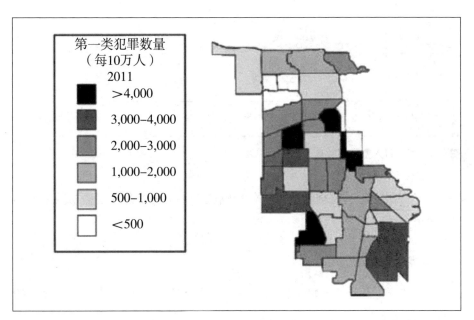

图 7.5　2011 年各巡逻区每 10 万人犯罪比率地图

潜在应用：该地图能够提醒警察注意在一段时间中犯罪最多的区域。但是它没有说明这些区域犯罪最多的原因。

管理者

描述信息：图 7.6 是展示城市中某个区域 2011 年每个月入室盗窃数量的折线图。

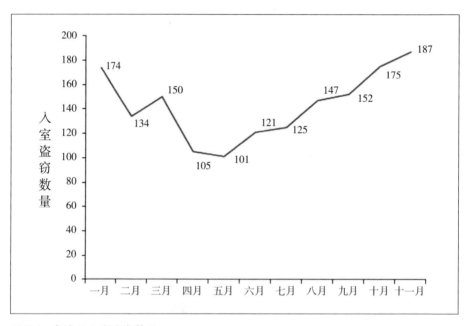

图 7.6　每个月入室盗窃数量

潜在应用：它为管理者提供了他们辖区 1 年中每个月入室盗窃数量增加或减少的信息。

指挥者

描述信息：图 7.7 比较了加利福尼亚州各个县过去 20 年未破谋杀案件的比率。

潜在应用：指挥者，特别是县级警察部门指挥者，可以通过观察该地图把自己辖区未破谋杀案件比率与州内其他辖区未破谋杀案件比率进行比较。

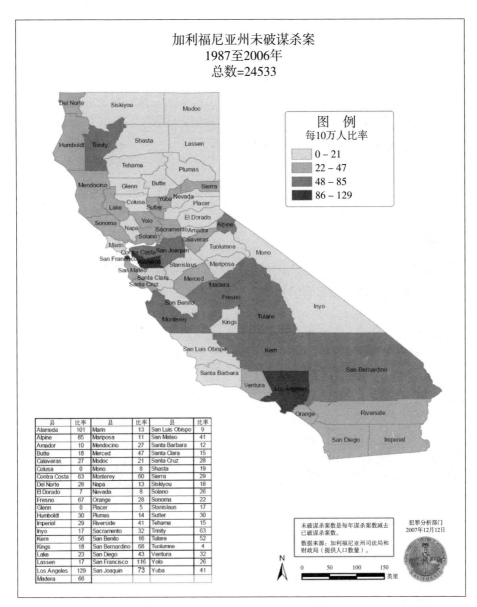

图 7.7　1987 至 2006 年加利福尼亚州未破谋杀案件比率地图
来源：加利福尼亚州圣地亚哥地区检察官办公室朱莉・沃太尔（Julie Wartell）

需要注意的是，该地图使用一定人口数量的比率，这可以对不同人口数量的县进行比较。

7.5 犯罪减少例子

本章这部分内容将介绍犯罪减少例子。每个例子包含犯罪分析结果的描述信息和潜在应用。需要注意的是，在本章之后的章节中，我们将详细介绍制作这些结果的分析方法和技术。

7.5.1 眼前

操作者

描述信息：表 7.5 展示了 4 名最近从监狱释放的并居住在近期入室盗窃模式区域的入室盗窃犯罪者的列表。

表 7.5　居住在模式区域的已释放入室盗窃犯罪者

姓　　名	出生日期	现居住地	种族 / 性别	罪　　名
琼斯·马克	4/21/1986	156 E Main St	白人 / 男性	入室盗窃、盗窃商店物品，重大偷窃
史密斯·约翰	7/17/1991	129 E Main St	黑人 / 男性	入室盗窃，偷窃
哈罗德·杰森	8/1/1984	403 S Grand Ave	西班牙籍 / 男性	入室盗窃，故意破坏财物，抢劫
萨姆尔斯·丹尼斯	2/15/1988	470 S Grand Ave	白人 / 男性	入室盗窃，盗窃汽车，重大偷窃

潜在应用：警务人员和侦查人员可以使用该表格调查这些入室盗窃前科人员，确定他们是否与目前发生的犯罪有关。

管理者

描述信息：表 7.6 是一张日常登记表，其包含分析结果和警察响应措施。

表 7.6　日常登记表

辖区 1：2012 年 5 月 12 日星期六		
犯罪模式	**分　析**	**响　应**
模式 #：2012-089（地图和更多信息请浏览简报）	14 号巡逻区在上周的白天一共发生了 7 起入室盗窃案件，其侵入方式都是通过后滑门进入。现金、珠宝和小物品被盗。没有嫌疑人。	在 14 号巡逻区增加事前巡逻；对嫌疑对象进行检查；持续详细地记录所有的案件侦查情况，并完成安全调查。
模式 #：2012-092B（地图和更多信息请浏览简报）	在过去几周中的上午中间时间，西木区一共发生了 4 起街面抢劫。在零售店或公寓停车场，2 名白人男性从后面徒步靠近受害者，用武器或仿真武器威胁她们交出财物。受害者主要是女性。	在西木区的零售店和公寓停车场增加事前巡逻。向商业场所拥有者和公寓管理者提供模式信息和犯罪预防建议（请浏览犯罪预防部门提供的有关该模式的传单）。
问题位置	**分　析**	**响　应**
杰伊的卡车停车站：176 号高速公路 1654 号	市民反映临时工在卡车停车站附近逗留引起了 176 号高速公路的违法和交通问题。另外，警察也已经发现了卖淫和吸毒行为。	几周前，史密斯队长（辖区 1）与卡车停车站管理者联系，向他们提出了长期解决该问题的方案。但因为最近几周行为增加了，所以警察将要在该区域进行巡逻，寻找可疑行为，并对那些在卡车停车站从事非法商业活动的人员不经警告直接开具违法罚单。

潜在应用：管理者可以在日常巡逻登记中使用该报告向警察通知在他们值班时间在他们责任区存在的行为以及要求他们实施的犯罪减少响应。

指挥者

描述信息：表 7.7 是过去 3 天在辖区内发生的经过筛选的犯罪。虽然该报告可以包含更多的犯罪，但是被选择的犯罪应该是被指挥者选择作为警察部门工作重点的犯罪。每周的周一至周五，该表作为早间指挥者简报被提供给指挥者。通常被选择作为工作重点的犯罪类型包括谋杀、谋杀未遂、入室抢劫、枪击、严重暴力团伙犯罪、仇恨犯罪、破坏城市财产、涉及城市官员的犯罪、陌生人间涉枪犯罪（如持枪抢劫）、暴力性犯罪、绑架和严重殴打。

表 7.7　指挥者简报

2012 年 4 月 16 日星期一			
案件编号	罪　名	位　置	简要案情
201214248	谋杀未遂	1204 S Stone-gate Dr	在 2012 年 4 月 15 日 21 时，嫌疑人（拉里·汤普森，黑人，男性，1991 年 12 月 14 日生）和受害者（托马斯·冈萨雷斯，西班牙籍，男性，1990 年 1 月 19 日生）在 PubNGrub 酒吧发生争吵。嫌疑人朝受害者开枪射击，造成受害者头部擦伤。受害者被送往医院，无生命危险。K-9 和航空部队对嫌疑人进行搜捕，嫌疑人在下一个街区的灌木中被发现并被逮捕。
201214166	严重伤害	2519 W Wake Rd	在 2012 年 4 月 14 日 20 时至 22 时，嫌疑人（克里斯多夫·艾伦，白人，男性，1986 年 7 月 1 日生）在俱乐部朝空中开枪射击。嫌疑人直接被安全人员和下班警察逮捕。据说这对当地违法青少年起到了不良示范作用。
201214288	入室盗窃，其他	2301 N Janey St	在 2012 年 4 月 13 日 19 时至 2012 年 4 月 15 日 9 时之间，三一教堂被人破坏，损失价值大约 5 万美元。另外，在整个教堂画满了有关种族主义者和反宗教的涂鸦。

　　潜在应用：指挥者对简报中的案件进行讨论，确保被警察部门认为最重要的犯罪能够被彻底侦查，并确保分配足够的资源破获这些犯罪。

7.5.2 短期

操作者

　　描述信息：表 7.8 列举了辖区内违法行为最多的位置。虽然该报告可以包含更多的位置，但是这里只展示 3 周内违法行为最多的三个位置，每个位置发生了 3 类以上违法行为报警（如骚扰、噪声、流浪等）。

表 7.8　违法行为最多的位置

2012 年 9 月 11 日至 2012 年 10 月 1 日					
124 E Main St（酒吧）					
日　期	时　间	星　期	报警类型	处置结果	案件编号
9/30/2012	2200	星期日	骚扰	无法定位	无

2012 年 9 月 11 日至 2012 年 10 月 1 日					
124 E Main St（酒吧）					
日　期	时　间	星　期	报警类型	处置结果	案件编号
9/28/2012	1954	星期五	噪声	传唤	201209789
9/25/2012	2103	星期二	噪声	警告	无
9/17/2012	2356	星期一	骚扰	和平解决	无
3519 SE Cedar Ave（加油站）					
日　期	时　间	星　期	报警类型	处置结果	案件编号
10/1/2012	0032	星期一	流浪	传唤	2012121023
9/30/2012	2100	星期日	骚扰	警告	无
9/15/2012	0120	星期六	非法侵入	无法定位	无
4428 N Grand Ave（公共图书馆）					
日　期	时　间	星　期	报警类型	处置结果	案件编号
9/30/2012	954	星期日	流浪	和平解决	无
9/29/2012	1034	星期六	流浪	警告	无
9/29/2012	1345	星期六	骚扰	抓捕	201209945
9/22/2012	1622	星期六	骚扰	和平解决	无
9/14/2012	1007	星期五	噪声	和平解决	无

潜在应用：一线警察可以使用这些结果对这些位置作出响应，从而预防报警发生和阻止问题行为。

管理者

描述信息：表 7.9 是犯罪模式的简要总结（不是完整的犯罪模式简报），其描述了分析师根据犯罪类型（商业区入室盗窃）、区域（42 号巡逻区）、犯罪方法和犯罪时间（午夜）进行关联的案件信息。

表 7.9　犯罪模式总结信息

42 号巡逻区商业区入室盗窃热点	
案件	5 起犯罪，2 起未遂
日期范围	2012 年 9 月 15 日至 2012 年 9 月 21 日

续表

42 号巡逻区商业区入室盗窃热点	
时间范围	所有案件都发生在午夜（20 时至次日 7 时）
目标	广场中屋顶连接空调管道的商业场所
涉案财物	电脑、打印机、现金和 2 起案件中的保险箱
大概位置	42 号巡逻区的东北部
犯罪方法	在 5 起案件中，犯罪者通过屋顶的空调管道进入商业场所。在 2 起案件中，犯罪者通过相邻商业场所进入（在一个晚上通过屋顶进入）。在所有案件中，只有最贵的设备被拿走，即使它非常庞大和笨重。盗窃警报器只有在 2 起未遂案件中被触发，并且警察发现了嫌疑人试图通过屋顶进入的证据，但是通过搜查该区域，没有发现嫌疑人。

潜在应用：管理者可以将这些结果与其他犯罪模式简报（完整的犯罪模式简报请参考第 11 章）中的信息一起使用，指导他们开展短期犯罪减少战略，如公开或秘密巡逻，向模式区域中的居民提供犯罪预防建议，调查居住在模式区域的前科人员等。

指挥者

描述信息：图 7.8 展示了 3 个月中辖区 2 所有盗窃车内物品案件的位置（用点表示）和犯罪分析师识别的犯罪模式（用大圆圈表示）。该地图也展示了模式被识别的月份和模式简报的编号。

潜在应用：在过去 3 个月，每月都制作的这类地图能够帮助指挥者评估模式响应战略是否有效，并确定模式是否持续地在相同位置发生以及是否正在演变成需要其他响应的长期问题。

7.5.3 长期

操作者

描述信息：表 7.10 列举了城市特定区域 5 名最严重的重复暴力犯罪者。该分析属于长期分析，这是因为识别这些犯罪者需要至少 6 个月的抓捕和犯罪数据。

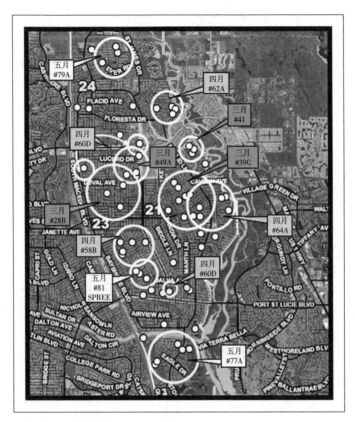

图 7.8　盗窃车内物品案件和模式

来源：佛罗里达州圣卢西亚港警察局米歇尔·奇托莱（Michelle Chitolie）

表 7.10　最严重的暴力 * 犯罪者

排名	姓　名	出生日期	现居住地	种族 / 性别	罪　名	矫正情况
1	马歇尔·詹姆斯	5/23/1956	1456 E Har-vard Ave	白人 / 男性	持械抢劫、盗窃汽车、严重伤害、家庭暴力、尾随、危险驾驶	假释，至 2015 年 5 月
2	霍顿·约翰	4/12/1967	1219 S Har-rison St	黑人 / 男性	性攻击、持械抢劫、袭警	假释，至 2012 年 1 月
3	威纳里拉·曼纽尔	8/24/1979	980 S Appen-ton Rd	西班牙籍 / 男性	家庭暴力、性攻击，危险驾驶	缓刑，至 2021 年 8 月

排名	姓　名	出生日期	现居住地	种族/性别	罪　名	矫正情况
4	格雷戈里·乔希	9/18/1983	1280 E Main St	黑人/男性	持械抢劫、入室盗窃、严重危险驾驶、严重持械伤害	监视居住，至2013年6月
5	亚当斯·迈克尔	1/12/1992	400 N Lexington St	白人/男性	性攻击、尾随、家庭暴力、持械抢劫	在2012年4月从监狱释放

＊任何类型的暴力犯罪、性犯罪或非性犯罪、家庭犯罪或非家庭犯罪

潜在应用：巡逻警察和刑事侦查人员可以使用这些信息调查这些犯罪者，并预防他们未来犯罪。

管理者

描述信息：图7.9展示了针对问题公寓所进行的比较分析。该分析不仅是一个分析例子，而且也是应用不同分析技术回答该位置为什么会成为问题位置的例子。

潜在应用：管理者可以使用这些结果确定合适的响应和在现有资源下在该位置首先实施的响应。如果利用最新的信息实时更新该报告，那么它也可以评估对该位置的持续响应。

指挥者

描述信息：图7.10展示了在警察对问题进行响应之后和之前每个月居住区入室盗窃的数量和线性趋势（Novermber, 2011）。该图也包含第一类犯罪中其他所有侵财犯罪（商业区入室盗窃、偷窃和盗窃汽车）的每个月数量和线性趋势。我们可以对它们进行比较。

潜在应用：指挥者可以使用这些结果确定警察部门针对居住区入室盗窃的犯罪减少工作是否有效，并确定响应是否已经深入落实或者是否需要调整或继续。与在同个辖区发生的其他侵财犯罪进行比较能够帮助我们理解是侵财犯罪整体上减少了，还是仅仅只是警察部门犯罪减少工作所针对的居住区入室盗窃减少了。另外，该图提供的响应实施之前和之后犯罪发生的线性趋势能够使指挥者更加容易地发现差异。

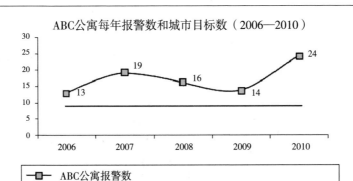

ABC公寓每年报警数和城市目标数（2006—2010）

- ■ ABC公寓报警数
- ── 2010年城市目标数：9起报警（0.36 × 24个单位）

2010年ABC公寓每个单元报警数（24起报警/24个单元）：	具有8个以上单元的公寓的每个单元报警数的中值：	2010年ABC公寓每个单元报警数是城市公寓每个单元报警数中值的
1.00	0.36	2.8倍

2010年每个单元报警总数（降序）

地　　址	单　　元	报警数
ABC街道1234号	5单元	9
ABC街道1234号	3单元	3
ABC街道1234号	22单元	3
ABC街道1234号	12单元	2
ABC街道1234号	7单元	1
ABC街道1234号	10单元	1
ABC街道1234号	11单元	1
ABC街道1234号	17单元	1
ABC街道1234号	其他单元	3

2010年报警类型（降序）

报警类型	报警数
家庭暴力	4
心理评估	4
故意破坏财物	3
骚扰-家庭	2
骚扰-人	2
检查人员健康	1
骚扰-噪声	1
事件评估	1
其他事件	1
公共关系联系	1
尾随	1
可疑情况	1
可疑人员	1
汽车盗窃	1

图 7.9　ABC 公寓问题分析结果

来源：加利福尼亚州丘拉维斯塔警察局卡琳·斯卡默尔（Karin Schmerler）

注释：许多报警类型没有被统计在该报告中，包括交通碰撞、丢失或发现财物、汽车扣押、取消调
　　　度优先级报警或者与案件报告无关的警察报警。

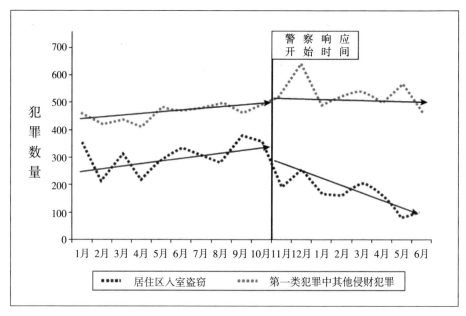

图 7.10 居住区入室盗窃响应评估

要点总结

本章主要介绍了根据行为类型、目标和读者对犯罪分析结果进行分类的体系。下面是本章的要点：

1. 犯罪分析结果分类体系是对犯罪分析结果进行分类的体系，三个分类依据是问题类型、犯罪分析结果目标和读者类型。

2. 根据行为的时间特征和问题的复杂性，问题可以被分为三类：眼前问题、短期问题和长期问题（详见第 3 章）。

3. 犯罪分析结果具有两个不同的目标：增强情景意识和指导犯罪减少战略。

4. 情景意识是指对警务工作环境的认知。犯罪分析师为警察提供有关违法犯罪的信息。但是犯罪分析信息只是简单地陈述事件，而没有对事件的含义、事件与其他问题的关系或者事件发生的原因等作出结论。

5. 服务犯罪减少的犯罪分析结果是为了指导警察实施犯罪减少战略。犯罪分析师必须对事件的重要特征进行分析，并且对存在于事件之间的关系作出结论。

6. 本章讨论的警察内部读者有三类：操作者、管理者和指挥者。

7. 操作者是指一线警察(如警官、下士) 和一线管理者(下士、中队长)。

8. 管理者是指中层警察管理者，如中士和一些情况中的大队长。

9. 指挥者是指警察部门的领导，如局长或司法官、副局长、主要领导和一些情况中的大队长。

讨论与练习 *

练习 1

列举下列每项数据的犯罪分析结果用于增强情景意识或指导犯罪减少的例子（任何类型问题和读者）：

- 交通事故数据
- 已注册性犯罪者数据
- 911 挂断报警数据

练习 2

对照警察部门中不同读者需要的、增强情景意识的信息。它们关键的区别是什么？各类信息怎样重合了？描述每类读者如何利用表7.4。

练习 3

对照警察部门中不同读者需要的、指导犯罪减少的信息。它们关键的区别是什么？他们的要求如何重合了？描述每类读者如何利用表7.9。

 * 其他使用数据的练习题和其他资源可以在 "http://www.sagepub.com/bobasantos3e" 中找到。

注 释

〔1〕本章内容进一步阐述了泰勒（Taylor）和波巴（Boba）（2011）的内容。并且本章已经专门为本书重新设计和收集了所有例子。

第三部分

战术犯罪分析

现在本书的重点将从犯罪分析的原理、理论、数据、概念和例子转向本书将要深入介绍的三类犯罪分析。在这部分，我们首先将介绍三类犯罪分析中的战术犯罪分析。如第 4 章所定义的，战术犯罪分析是指通过分析近期发生的犯罪事件和犯罪行为的特征，如犯罪发生过程、时间和空间，为模式识别、侦查对象和嫌疑人识别和串并案件提供帮助。

这部分一共有 4 章，分别介绍了战术犯罪分析的数据、分析技术和产品，并提供了相关犯罪模式的例子以及警察使用这些信息减少犯罪的方法。第 8 章将介绍重复事件（第一类短期问题）和战术犯罪数据。第 9 章将介绍识别初始模式（第二类短期问题）、完成模式、识别侦查对象和串并案件的方法。第 10 章将介绍如何识别有意义的模式以及如何使用这些模式指导警察部门的犯罪减少工作。第 11 章将介绍犯罪分析师用于理解犯罪模式的特定技术以及完整犯罪模式简报的内容和格式。

第8章

重复事件和战术数据收集

作为第三部分的第一章，本章将介绍重复事件数据收集和分析的技术以及用于战术犯罪分析的数据。因为识别重复事件位置的分析非常简单和直接，所以在这里把重复事件作为战术犯罪分析（短期分析）的一部分，而不单独成章介绍。

8.1 重复事件

回顾第3章内容，重复事件是指两起以上特征相似的并且发生在相同地方或由相同人员实施的事件。重复事件没有单起事件频繁。它们通常由普通的非犯罪事件或人际犯罪事件构成，并且它们可能，但不经常，产生犯罪报告，如家庭暴力、邻里纠纷、狗乱叫、问题青少年、交通碰撞等。组成重复事件的单起事件在几小时、几天或者在一些情况中几周内发生。识别重复事件发生位置是重点减少短期犯罪行为的一种方法。

在解决重复事件的犯罪减少工作中，第一步是识别发生多起报警的位置。对报警数据进行分析也是寻找持续发生违法犯罪问题的位置的第一步。但是，在大部分情况中，针对重复事件位置的行为的分析（即理解报警产生的原因）需要警察部门在实施问题解决响应之前收集定性数据(如观察资料、访谈资料)。

例如，重复报警报告显示枫树东路234号独户房屋居住区在过去两周一共发生了两次骚扰报警、1次纠纷报警和1次噪声报警。因为计算机辅助调度系统中的报警信息是有限的,该系统只记录报警的日期、时间、处置结果和简要情况等信息,所以无法确定在该地方正在发生的事件。因此,分析师需要向居民和出警民警了解具体的情况(由于轮班和出警时限,一个地方的多起报警可能是由不同的警察出警的)。通过了解,分析师发现这些报警与一名男性居民同一名临时与其住在一起的兄弟之间的争吵相关。在收集这些信息并找到问题产生的真实原因之后,分析师就可以提出解决这些问题和减少未来报警的措施。虽然报警数据在刚开始识别位置时非常重要,但是它们不能帮助理解该地点行为的特征。

在解决重复事件的过程中,犯罪分析的作用是根据被识别的重复事件位置制作报告。在报告制作过程中,需要考虑的因素包括数据类型、数据时间范围和报告格式。下面将依次介绍这些因素。

8.1.1 重复事件数据

在短期问题分析中,重复事件分析是模式分析的补充。犯罪分析师使用报警数据识别重复事件位置,也就是分析与违法、生活质量和人际纠纷相关的报警数据。因为在下一章的模式分析中将介绍犯罪数据,所以在这里不重复介绍。虽然如第 5 章所提到的,报警具有许多不同的类型,但是因为重复事件位置报告是为了识别具有相似行为的地点,所以分析师只需选择特定类型的报警制作报告。另外,分析师也可以制作关注不同类型违法行为的多重报告,这类报告识别不同类型的重复事件位置。下面是报告的一些例子以及其可能包含的报警类型:

- 普通违法和家庭问题报告:
- 家庭打架 / 家庭危机
- 邻里问题
- 青少年问题
- 噪声 / 喧闹聚会
- 骚扰
- 社会救济

可疑行为和吸毒行为报告：

- 可疑人员
- 可疑车辆
- 流浪
- 非法侵入
- 吸毒行为
- 枪击

入室盗窃警报报告（错误警报行为）：

- 居住区入室盗窃警报
- 商业区入室盗窃警报

上面这些只是一些例子。在实际中，每个警察部门会根据它们自己的报警分类体系、发生在它们辖区的行为特征和被认为对犯罪减少工作重要的报警类型，选择报告类型和报警类型。

8.1.2 重复事件位置报告

报告的类型和制作重复事件位置报告的数据是由警察部门中的管理者和犯罪分析师一同确定的。因为分析结果是用于指导警察部门的犯罪减少工作，所以管理者参与该过程以及分析师不独自做出这些选择就显得非常重要（Boba & Santos, 2011; Taylor & Boba, 2011）。制作重复事件位置报告的考虑因素包括报告的时间范围、构成重复事件位置的报警数量和报告的最终内容（如时间、星期、报警类型和处置结果）。所有这些因素也取决于警察部门和它们辖区行为的特征。后面将介绍一些常见的例子。

因为针对重复事件的犯罪减少工作是短期的，所以报告的时间范围也应该是短期的。这类犯罪减少工作的目标是尽可能快速地识别和解决问题。因为这个原因，报告的时间范围最好在 2 至 4 周之间。这类报告也称为"滚动"

报告，因为每周的报告都是根据之前 4 周的行为制作的，也就是说当新增最近一周发生的行为时，就会剔除最远一周的行为。这样不仅允许警察识别最新的重复事件位置，而且也允许他们对之前几周实施响应的地点进行评估。

构成重复事件位置的报警数量取决于被分析数据的数据量和时间范围。报警数越少，或者时间范围越短，那么报警数据阈值就越小。在报告制作初期，犯罪分析师应该试验不同的时间范围和阈值组合，从而确定哪个组合对犯罪减少工作和警察部门资源最合适。在与作者合作的许多警察部门中，它们的报告使用 4 周的数据，并且使用 3 至 5 起报警作为一个地点被认为是重复事件位置的最少数量。根据这些参数，警察部门通常每周能够识别 5 至 10 个最新的重复事件位置。

最后，报告的内容也非常重要，因为为了理解行为的特征，警察需要知道相关的报警信息。在重复事件位置报告中，通常包含如下信息：

- 报警日期
- 报警时间
- 报警类型
- 处置结果
- 报告编号（如果能够生成）
- 出警民警（跟踪每名警察记录的报警类型）

根据报警数据的质量（每个警察部门数据的质量可能是不同的），报告也可能包含每起报警的描述信息。这些信息能够使警察知道接警员在接警时所记录的内容。表 8.1 是重复事件位置报告的一个例子。

该报告中的信息通常由一线管理者使用（Boba & Santos, 2011），它们能够帮助管理者确定是否需要进行深入的分析来理解该位置的行为。因为在一些情况中，一个地点的报警可能不是完全相关的（如它们在几周中的不同时间发生），所以在报告中包含尽可能多的有效报警信息就显得非常重要。

表 8.1　重复事件位置报告

普通违法和家庭问题重复事件报告					
报告时间范围：9 月 5 日至 10 月 2 日					
阈值：4 起报警					
辖区 4 区域 A					
中央大街 124 号（独户房屋）					
日　期	时　间	星　期	报警类型	处置结果	案件编号
9/30/2012	2200	星期日	骚扰	无法定位	无
9/28/2012	1954	星期五	喧闹聚会	传唤	9999999
9/25/2012	2103	星期二	家庭问题	未采取行动	无
9/17/2012	2356	星期一	骚扰	和平解决	无
雪松大街 3519 号（双层房屋）					
日　期	时　间	星　期	报警类型	处置结果	案件编号
10/01/2012	0032	星期一	家庭问题	报告	9999100
9/30/2012	2100	星期日	骚扰	侵入警告	无
9/15/2012	0120	星期六	青少年问题	未发现	无
9/15/2012	2230	星期六	青少年问题	无法定位	无
9/05/2012	1654	星期三	打架	报告	9999992
伟业大街 4428 号（独户房屋）					
日　期	时　间	星　期	报警类型	处置结果	案件编号
9/30/2012	0145	星期日	骚扰	和平解决	无
9/29/2012	2210	星期四	打架	未发现	无
9/29/2012	2101	星期四	骚扰	抓捕	9999997
9/22/2012	2200	星期四	打架	和平解决	无
9/14/2012	2036	星期五	噪声	和平解决	无
9/08/2012	2103	星期六	打架	报告	9999995

8.1.3　总结

　　为了减少犯罪，在消除重复事件位置的过程中，犯罪分析的作用是非常简单和直接的，制作的报告主要用于识别重复事件位置。犯罪分析师可以帮助警察确定原始数据、格式和报告制作的周期（如每周制作一期）。分析师也可以亲自制作报告（或者在许多情况中，如第 5 章所提到的，自动生成报告），并且每隔 6 至 12 个月重新审视这些报告，确定这些报告是否满足使用需求（指犯罪分析过程的反馈步骤）。在报告制作完成后，警务人员可以使用它们确定哪些地点需要额外的分析和响应以及他们正在实施的响应是否已经发挥作用了（即在重复事件位置，报警是否减少了）。

8.2 战术犯罪分析数据的收集和预处理

在减少犯罪的过程中，需要解决的另一类短期问题是模式，它是战术犯罪分析的重点。而战术犯罪分析中最重要的内容之一，也即犯罪分析过程的第一步，是收集必需的数据。本章下面内容将重点介绍在战术犯罪分析中使用的数据类型。

用于模式识别的数据包括犯罪发生过程、时间和地点等信息，它们来源于警察报告中的定性和定量信息。如日期、时间、位置和犯罪类型等定量数据通常来自报告中的特定变量，而有些定量变量则来自描述性信息，即定性信息。分析师通过查找和分类报告中的定性信息（如嫌疑人在犯罪过程中的说话内容，或被盗财物的特殊描述信息），创建新的定量变量。另外，分析师也分析来自现场的其他定性信息，如来自巡逻、跟踪或与警察和侦查人员交流的信息。

在模式分析中，在系统地应用计算机之前，分析师在纸质矩阵(如图 8.1 所示) 上记录数据，并且为了确定模式，需要对一定数量的变量进行人工编码和分析。目前，分析师普遍使用与纸质矩阵具有相似结构的电子矩阵（如表 8.2 所示）。这些电子矩阵不仅能够使分析师创建更多的变量以及为了满足可视化需求重新排列变量，而且也能够使分析师快速、方便地收集和检索大量案件（唯一的限制是分析师的创造力）。分析师可以在许多软件中创建这类电子矩阵，如 Excel、Access、SPSS 和专门为战术犯罪分析开发的软件(也可参考 Burrell & Bull, 2011)。

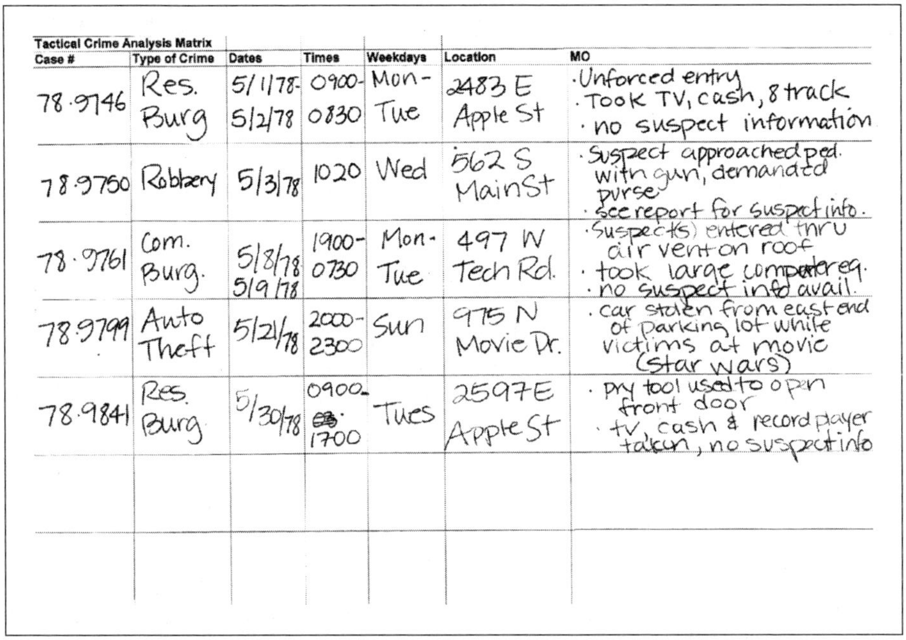

Tactical Crime Analysis Matrix

Case #	Type of Crime	Dates	Times	Weekdays	Location	MO
78-9746	Res. Burg	5/1/78-5/2/78	0900-0830	Mon-Tue	2483 E Apple St	·Unforced entry ·Took TV, cash, 8 track ·no suspect information
78-9750	Robbery	5/3/78	1020	Wed	562 S MainSt	·Suspect approached ped. with gun, demanded purse ·see report for suspect info.
78-9761	Com. Burg.	5/8/78 5/9/78	1900-0730	Mon-Tue	497 W Tech Rd.	·Suspect(s) entered thru air vent on roof ·took large computer eq. ·no suspect info avail.
78-9799	Auto Theft	5/21/78	2000-2300	Sun	975 N Movie Dr.	·car stolen from east end of parking lot while victims at movie (Star Wars)
78-9841	Res. Burg	5/30/78	0900-1700	Tues	2597 E Apple St	·pry tool used to open front door ·tv, cash & record player taken, no suspect info

图 8.1　纸质矩阵

表 8.2　电子矩阵

犯罪方法编号	犯罪类型	位置类型	开始日期	结束日期	开始星期	结束星期	开始时间	结束时间
ATACPD00056	非法侵入	独户房屋	11/17/2000	11/17/2000	星期五	星期五	2349	2349
ATACPD00070	商业区入室盗窃	商业园	12/22/2000	12/23/2000	星期五	星期六	1600	0830
ATACPD00073	居住区入室盗窃	独户房屋	1/4/2000	1/5/2000	星期二	星期三	2200	0830
ATACPD00073	居住区入室盗窃	独户房屋	1/4/2000	1/5/2000	星期二	星期三	2200	0830
ATACPD00081	居住区入室盗窃	公寓 / 多层房屋	12/30/2000	12/30/2000	星期六	星期六	1200	1330
ATACPD00089	居住区入室盗窃	独户房屋	11/10/2000	11/10/2000	星期五	星期五	1030	1350
ATACPD00093	居住区入室盗窃	公寓 / 多层房屋	11/14/2000	11/14/2000	星期二	星期二	2043	2043

犯罪方法编号	犯罪类型	位置类型	开始日期	结束日期	开始星期	结束星期	开始时间	结束时间
ATACPD00107	居住区入室盗窃	独户房屋	11/2/2000	11/2/2000	星期四	星期四	0930	1145
ATACPD00112	居住区入室盗窃	独户房屋	12/15/2000	12/18/2000	星期五	星期一	1800	1700
ATACPD00123	居住区入室盗窃	独户房屋	12/30/2000	12/30/2000	星期六	星期六	0800	0800
ATACPD00131	商业区入室盗窃	娱乐场所	12/17/2000	12/19/2000	星期日	星期二	1500	1500
ATACPD00636	居住区入室盗窃	公寓/多层房屋	11/13/2000	11/14/2000	星期一	星期二	1200	1000
ATACPD00371	商业区入室盗窃	商业园	12/2/2000	12/3/2000	星期六	星期日	2100	0034
ATACPD00374	居住区入室盗窃	公寓/多层房屋	11/20/2000	11/20/2000	星期一	星期一	1000	2330
ATACPD00697	居住区入室盗窃	独户房屋	11/3/2000	11/3/2000	星期五	星期五	1200	1600
ATACPD00701	商业区入室盗窃	建筑工地	11/20/2000	11/22/2000	星期一	星期三	1500	0630
ATACPD00169	居住区入室盗窃	公寓/多层房屋	12/18/2000	12/18/2000	星期一	星期一	0030	1100
ATACPD00171	居住区入室盗窃	公寓/多层房屋	12/7/2000	12/8/2000	星期四	星期五	2300	0800
ATACPD00177	商业区入室盗窃	医院	12/28/2000	12/28/2000	星期四	星期四	2127	2127
ATACPD00180	非法侵入	独户房屋	11/26/2000	11/26/2000	星期日	星期日	2220	2220
ATACPD00181	居住区入室盗窃	独户房屋	11/2/2000	11/2/2000	星期四	星期四	0930	1600
ATACPD00183	抢劫	街面	12/31/2000	12/31/2000	星期日	星期日	2017	2017

8.2.1 犯罪报告数据

战术犯罪分析是为了在不容易关联的犯罪中识别模式。它重点关注犯罪者与受害者彼此不认识的犯罪。最频繁被分析的犯罪类型包括：

- 盗窃车内物品：非法拿走汽车内的物品。

- 盗窃汽车：偷走汽车。
- 重大偷窃：被盗财物价值超过一定数量（数量因地而异）的偷窃。
- 故意破坏财物：故意破坏或损坏公私财物。
- 商业区入室盗窃：非法进入或试图暴力进入商业性建筑物实施重罪或盗窃。
- 居住区入室盗窃：非法进入或试图暴力进入居住性建筑物实施重罪或盗窃。
- 猥亵暴露：当另一个人在场时，故意暴露身体隐私部位，而不管其他人（理性人）是否被该行为侵犯或受到惊吓。
- 公共场所性猥亵：当另一个人在场时，故意性接触，而不管其他人（理性人）是否被该行为侵犯或受到惊吓。
- 强奸：违背女性意志，强行与其发生性关系。
- 抢劫：通过暴力或威胁手段，使受害者产生恐惧，从而抢走或企图抢走受害者持有、保管或控制的财物的行为。

在一些情况中，犯罪的法律描述不一定比记录在警察报告中的行为类型重要。如果警察报告所描述的行为与上面列举的其中一类犯罪相关，那么这类犯罪或警察报告可能也需要进行分析，如伴随陌生人强奸的绑架、更像入室盗窃的故意破坏财物案件。

一般而言，战术犯罪分析不对受害者与犯罪者彼此认识的犯罪（如前室友入室盗窃、熟人强奸、毒品交易者之间的抢劫）、双方达成一致的犯罪（如卖淫、毒品交易、赌博）或涉及冲突的犯罪（如打架、家庭暴力）进行分析。

目前，还没有国家标准规定在战术犯罪分析中应该收集哪些特征（变量）。但是，标准化的战术犯罪分析实践和大部分的档案管理系统都将犯罪特征组织为三类：犯罪方法、涉案人员和涉案车辆。因为犯罪特征的数量和质量因犯罪类型而异，所以一些类型的犯罪比其他类型的犯罪更难以关联。例如，抢劫和强奸包含较多的信息，因为受害者在现场并且能够描述犯罪发生的时间、犯罪发生的过程和犯罪者。而盗窃汽车案件则缺乏信息，因为这类案件可能没有犯罪目击者，并且犯罪目标本身（汽车）被偷走了。虽然分析师依然能够对只有少量信息的犯罪进行模式分析，但是识别模式并把模式与特定嫌疑人进行关联的难度就更大了。下面将依次介绍根据有效信息为案件收集的三类犯罪特征。

犯罪方法

犯罪方法（modus operandi, MO）是拉丁语，文字意思是"过程的方法"，在这里特指犯罪的方法，也就是犯罪事件本身的关键内容。

- 性质：犯罪类型（如商业区入室盗窃、居住区入室盗窃、强奸）。
- 过程：犯罪如何实施（因犯罪类型而异）。其特征包括：

    侵入点：嫌疑人从哪里进入现场（如前门、窗口、屋顶、未知）。这对侵财犯罪非常重要。

    侵入方式：嫌疑人如何进入现场（如踹、撬、摇晃、钻入、未知）。这对侵财犯罪非常重要。

    嫌疑人行为：在犯罪过程中，嫌疑人的行为（如击打受害人、捆绑受害人、对受害人表示同情心）。这尤其对人身犯罪非常重要。

    侵财行为：嫌疑人针对财物所实施的行为（如洗劫、焚烧）。这对侵财犯罪非常重要。

    犯罪目标：受侵犯人员或财物的类型（如收银机、保险柜、职员、行人、车辆）。

    离开方式：嫌疑人如何离开现场（如驾车、徒步）。这对人身犯罪非常重要。

    作案工具：在犯罪过程中，嫌疑人使用的工具（如枪、管子、仿真武器）。

    被盗物品：在犯罪过程中，被盗的物品（如珠宝、现金、电视）。

- 地点：犯罪发生的地点。其特征包括：

    地址：犯罪发生地点的准确地址，如果可能的话，包括公寓、套房或宾馆的房号。

    地点名称：犯罪发生地点的商业名称（如特价超市、花园公寓、洛奇便利店）。

    地点类型：犯罪发生地点的类型（如便利店、公寓、储物室、美容院）。

区域：犯罪发生的区域（如辖区、巡逻区、网格、单元）。

- 时间：犯罪发生的时间。其特征包括：

准确时间和日期：当知道犯罪发生的准确时间和日期时使用。通常用于人身犯罪。

开始日期和时间：犯罪最有可能开始的日期和时间（时间范围的开始），通常用于没有目击者的侵财犯罪。

结束日期和时间：犯罪最有可能结束的日期和时间（时间范围的结束）。（需要注意的是，在这里没有包含报告日期和时间，因为这里的目的是为了分析它们发生的时间而不是统计犯罪数量）

战术犯罪分析数据库也可能存储犯罪事件的定性信息。这些定性信息包括未在这里列举的案件信息以及进一步解释犯罪方法的案件信息（如在抢劫银行过程中嫌疑人把银行中所有女性赶到厕所，或者强奸犯给每名受害者留一束鲜花）。

涉案人员

涉案人员数据包括人员类型、姓名、住址、出生日期、静态体貌特征和当时的动态体貌特征。这里不包含人员在犯罪过程中的行为，因为行为是犯罪发生过程的一部分并且因案而异，它们属于犯罪方法。

- 人员类型：人员在犯罪事件中的类型（在大部分情况中由汇报警察确定）。人员类型包括：

侦查对象（investigative lead）：潜在的犯罪嫌疑人。

相关人员（mention）：在报告中提到的人员（如果一个人可能是侦查对象或嫌疑人员，就归为这类）。

嫌疑人员：被看到实施犯罪的或者有足够证据怀疑其犯罪的人员（人员的名字可能不知道；可能仅仅知道其体貌特征）。

前科人员：因性犯罪之外的犯罪而被判刑的人员。该信息通常来自警察部门之外的数据库，如缓刑和释放人员数据库、州犯罪历史数据库。

性犯罪者（sex offender）：因性犯罪而被判刑的人员。

受害者：受到犯罪侵害的人员。受到犯罪侵害的财物（指犯罪目标）通常属于犯罪方法，它们作为位置或财物的类型。

目击者：目击犯罪发生过程的人员。

• 姓名／地址／出生日期：人员的姓名、别名、住址和出生日期。

• 静态体貌特征：指不容易发生变化的体貌特征。其特征包括：

年龄：根据出生日期计算，或者如果不知道出生日期，为年龄范围（如嫌疑人的年龄可能在 25 至 35 岁之间）。

性别（男性或女性）：根据驾驶证或目击者的描述确定。

身高：根据警察观察或目击者描述的范围（如嫌疑人可能在 5 英尺 6 英寸至 5 英尺 8 英寸之间）确定。

体重：根据警察观察或目击者描述的范围（如嫌疑人可能在 210 至 230 磅之间）确定。

眼睛颜色：根据警察的观察或目击者的描述确定。

种族：根据人员的自我分类或驾驶证确定，或者根据目击者的描述确定（需要注意的是，这两类分类方法可能产生明显不同的结果）。

体形：通过警察观察或目击者描述确定的一般体形特征（如瘦小、中等、高大、笨重、高）。

牙齿：通过警察观察或目击者描述确定的牙齿特征（如歪曲、黄色、黑色、缺失、金色）。

用手习惯：通过警察观察或目击者描述确定的主要使用的手（如右手握枪）。

疤痕、纹身、标志或其他明显的特征：通过警察观察或者目击者描述确定的永久的、独特的、可见的特征（如纹身、疤痕、胎记、断肢）。

• 动态体貌特征：指容易发生变化的体貌特征，它们因时间和案件而异。其特征包括：

头发颜色：根据警察的观察或者目击者的描述确定。

头发长度：根据警察的观察或者目击者的描述确定。

生理状况：根据警察观察或目击者描述确定的人员当时的生理状况（如醉酒、好斗、语无伦次、紧张）。

面部毛发：根据警察观察或目击者描述确定的面部毛发类型（如胡须、大胡须、山羊胡、无胡须）。

衣着：根据警察观察或目击者描述确定的一般衣着特征（如着装得体、肮脏、穿伪装的衣服、团伙衣服）。

皮肤：根据警察观察或目击者描述确定的皮肤纹理和色调（如白色、褐色、黑色、麻子）。

说话：根据目击者描述确定的人员在犯罪过程中的说话特点（如口音、模糊不清、小声）。

对于每起犯罪事件，不是到目前为止所讨论的所有人员特征信息都需要收集，但是它们为分析师提供了收集重要人员信息的框架。这些信息可以用于人与犯罪或者犯罪与犯罪的关联。除了嫌疑人员信息，如果有可能的话，也应该收集人员照片信息。另外，与犯罪方法数据一样，分析师也可以收集描述人员任何独特特征的定性信息。这些定性信息包括未在这里讨论的特征以及提供进一步说明的特征（如准确的着装描述信息）。

涉案车辆

第三类被收集用于模式分析的信息是车辆信息。这些数据非常重要，因为在犯罪过程中车辆经常发挥至关重要的作用。犯罪者可以使用车辆作为前往或离开犯罪地点的交通工具，或者作为武器（如碾压人），或者作为侵入方式（如在砸橱窗抢劫案件中，犯罪者驾驶车辆从前窗冲入商店，然后抢走店内的财物）。另外，在犯罪过程中，被盗车辆也经常被使用。

车辆信息分为三类：官方信息、外观信息和事件发生时的车辆状况信息。车辆的官方信息包括车辆识别代号（唯一的识别码）、车牌号和出厂信息。在一些情况中，虽然只知道部分车牌号，但是该信息依然可以使用，因为计算机的搜索功能允许警察部门根据多种数字和字母组合，在车辆数据库中找到可能匹配的车牌号。

车辆的外观信息包括制造商（如雪佛兰、福特、丰田）、型号（如克尔维特、探险者、雅阁）和样式（如四门、两门、掀背车、小轿车、货车）。如果目击者看到了车辆，即使只是局部，那么如颜色、生产日期和车辆类型

（如客车、卡车、越野车）等详细情况就能被收集。

车辆在事件发生时的状况信息包括它的状态（如被盗、被追回、被丢弃）和其他有关车辆当时状况的信息（如在乘客门上有凹痕、在便利店后面发现）。

8.2.2 现场信息

现场信息（field information）是另一种在战术犯罪分析中使用的重要数据类型。在许多警察部门中，当警察出警后发现不需要制作正式的警察报告

现 场 信 息 卡

日期：_____　时间：_____

位置：_____

事件类型：

☐侵入警告　　　　　　　　　☐可疑人员/车辆

☐信息　　　　　　　　　　　☐其他：_____

行为类型：

☐坐/站　　　　　　　　　　☐驾车

☐走　　　　　　　　　　　　☐睡觉

☐骑自行车　　　　　　　　　☐在停止的汽车内

☐其他：_____

环境类型：

☐加油站/便利店

☐街道　　　　　　　　　　　☐森林/空地

☐公园　　　　　　　　　　　☐学校

☐商业区/工业区　　　　　　☐其他：_____

姓名：_____　出生日期：_____

身高：_____　体重：_____　头发：_____　眼睛：_____

疤痕/标志/纹身：

描述信息：

_____

_____

_____

_____

_____

_____

图 8.2　现场信息卡

时，他们会填写现场信息卡或者现场访问卡（FI cards），并且其他有关案件、人员（如在盗窃持续增多区域发现的形迹可疑的人员）、车辆的信息也会被收集。现场信息卡通常比较小，这样警察可以方便地把它们放在口袋里并在现场使用。图 8.2 是一张现场信息卡。在一些警察部门中，现场信息卡被直接输入到允许直接更新数据的手持式电脑中。

虽然不是所有类型事件的现场信息都对模式分析有用，但是分析师有时候发现现场信息可以帮助他们识别潜在的对象（如在与盗窃模式相关的时间范围内在某个居住区因形迹可疑而被盘问的人）或者因形迹可疑与警察不断接触的人员（如睡在商业大楼后面的并从垃圾箱捡垃圾的人）。下面 4 类现场信息与战术犯罪分析最相关：

- 可疑人员信息：如在营业时间外在商业区徘徊的人员的信息，或者在可疑情况下驾驶车辆或坐在车里的人员的信息。
- 可疑车辆信息：如不止一次形迹可疑地驶过居住区的车辆的牌照号和描述信息。
- 受警告人员信息：如在特定位置实施骚扰或形迹可疑的人员的信息。
- 具有特殊疤痕、标志或纹身的人员的信息：许多警察部门把具有可识别的、不会变化的特征（如可见的疤痕、标志或纹身）的人员的信息输入到数据库中。

与事件相关的数据包括事件特征、涉案人员和涉案车辆等信息。这些信息与为犯罪事件而收集的信息相似，并且这些信息允许分析师一起分析现场信息和犯罪信息。有关事件的信息包括事件类型、事件发生日期和时间、事件地址、位置名称和类型、有关事件性质和结果的总结信息（如某个人因在特价超市违法受到了警告，然后其离开了超市）。需要注意的是，图 8.2 所示的现场信息卡具有帮助警察快速选择的复选框和帮助分析的类别（如事件类型、人员行为类型和事件发生环境类型）。

在大部分情况中，警察收集已知人员的现场信息，因此下面许多人员特征信息能够在接触过程中获取：姓名、别名、出生日期、家庭地址；静态体貌特征（如身高、体重、种族、性别）；特殊特征（如疤痕、纹身）；动态体貌特征（如衣着、头发颜色）。

最后，如果涉及车辆，收集的车辆信息与在犯罪事件中收集的车辆信息（如车辆识别代码、车牌号码、制造商、型号、颜色等）相同。另外，许多警察部门也收集现场人员（如具有疤痕、标志和纹身的人员）的照片，并且把照片与现场信息卡中的信息进行关联。

要点总结

本章主要介绍了分析重复事件的技术和在战术犯罪分析中使用的数据。下面是本章的要点：

1.重复事件是指两起以上特征相似的并且发生在相同地方或由相同人员实施的事件。重复事件没有单起事件频繁。它们通常由普通的非犯罪事件或人际犯罪事件构成，并且这些事件可能，但不经常，产生犯罪报告。

2.解决重复事件的第一步是识别发生多起报警的位置。

3.在解决重复事件的过程中，犯罪分析的作用是根据被识别的重复事件位置，制作报告。

4.在报告制作过程中，需要考虑的因素包括数据类型、数据时间范围和报告格式。

5.分析师使用报警数据识别重复事件发生的位置，也就是分析与违法、生活质量和人际纠纷相关的报警数据。

6.在确定报告和数据的类型之后，制作重复事件位置报告的考虑因素包括报告的时间范围、构成重复事件位置的报警数量和报告的最终内容。

7.战术犯罪分析试图识别不容易通过重点关注受害者与犯罪者不认识的或在性质上具有掠夺性的犯罪进行关联的犯罪模式。

8.最频繁被分析的犯罪类型包括盗窃车内物品、盗窃汽车、重大偷窃、故意破坏财物、商业区入室盗窃、居住区入室盗窃、猥亵暴露、公共场所性猥亵、强奸、抢劫和性攻击。

9.战术犯罪分析师对犯罪方法、涉案人员和涉案车辆信息进行分析。

10.犯罪方法是拉丁语，文字意思是"过程的方法"，在这里特指犯罪的方法。犯罪方法的关键内容包括犯罪类型、犯罪过程、犯罪地点和犯罪时间。

11. 涉案人员数据通常包括人员类型、人员姓名和住址、静态体貌特征和犯罪时的动态体貌特征。

12. 人员类型包括侦查对象、相关人员、嫌疑人员、前科人员、性犯罪者、受害者和目击者。

13. 静态体貌特征是指不容易发生变化的特征，包括年龄、性别、种族、身高、体重、眼睛颜色、体型、牙齿、用手习惯、疤痕、纹身、标志和其他明显的特征。

14. 动态体貌特征是指容易发生变化的体貌特征，并且它们因时间和案件而异，包括头发颜色、头发长度、生理状况、面部毛发、衣着、肤色和说话。

15. 第三类被收集用于模式分析的信息是车辆信息。这些数据非常重要，因为在犯罪过程中车辆经常发挥了至关重要的作用。

16. 犯罪者可以使用车辆作为前往或离开犯罪位置的交通工具，或者作为武器，或者作为侵入方式。另外，在犯罪过程中，被盗车辆也经常被使用。

17. 车辆信息分为三类：官方信息、外观信息和事件发生时的车辆状况信息。

18. 车辆的官方信息包括车辆识别代号（唯一的识别码）、车牌号和出厂信息。

19. 车辆的外观信息包括制造商、型号、样式、颜色、生产日期和车辆类型。

20. 车辆在事件发生时的状况信息包括它的状态（如被盗、被追回、被丢弃）和其他有关车辆当时状况的信息。

21. 现场信息是另一种在战术犯罪分析中使用的重要数据类型。现场信息通常包括嫌疑人员、嫌疑车辆、受警告人员和具有独特疤痕、标志和纹身的人员的信息。

讨论与练习 *

练习 1

在家庭暴力变得更加严重之前，你被要求制作一份帮助识别各类家庭暴力的重复事件位置报告。家庭暴力类型包括夫妻间争吵、父母与孩子间争吵和孩子间争吵。在报告制作过程中,需要确定下列事项:被分析的报警类型、报告的时间范围(如2周、6周)、构成重复事件位置的报警数、报告格式和报告时限(指多久给警察提供一份报告)。

练习 2

对于下列每类犯罪,按重要程度列举本章介绍的来自犯罪方法、涉案人员和涉案车辆的对犯罪模式分析重要的 10 至 15 项特征。虽然可能有其他也重要的特征,但是这里只列举最重要的 10 至 15 项特征。

- 抢劫
- 盗窃车内物品
- 居住区入室盗窃
- 陌生人强奸

* 其他使用数据的练习题和其他资源可以在"http://www.sagepub.com/bobasantos3e"中找到。

第 9 章

模式识别过程

在收集战术数据之后，犯罪分析师就可以使用它们识别模式和侦查对象以及串并案件。本章将分别介绍这些战术犯罪分析目标的实现过程。

9.1 模式识别方法

战术犯罪分析的第一个目标是识别模式，也就是根据犯罪类型、犯罪方法、涉案人员和涉案车辆的特征对犯罪进行关联。模式识别是战术犯罪分析最主要的内容。这里将主要介绍战术犯罪分析中的模式类型和模式识别的方法（演绎（deduction）和归纳（induction））以及初始模式识别和模式完成的方法。

9.1.1 模式类型 [1]

如第 3 章所介绍的，模式是指两起以上报告给警察的或被警察发现的作为一个分析单元的犯罪，因为：（1）犯罪共有一个或多个使它们显著和不同的关键共性；（2）在受害者和犯罪者之间没有已知的关系；（3）犯罪行为通常是有限持续的（IACA, 2011b）。国际犯罪分析师协会把犯罪模式分为如下七类，该分类不仅构建了模式识别的结构，而且为模式在警察部门和该领域中的交流提供了通用语言（IACA, 2011b, pp.3-4）[2]。

- 系列犯罪模式（series）：是指由一个人实施的或由一伙人共同实施的

相似的犯罪。例如，在全市 4 起商业区纵火案件中，一名 45 至 50 岁、身穿黄色宽松长运动裤、黑色连帽衬衫和黄色洋基队帽子的黑人男子被发现在火警警报器触发后直接离开了商业大楼；在 5 起入室抢劫中，2 至 3 名 20 多岁的白人男子在头上戴着长袜，手里拿着银色双管枪，驾驶着 80 年代产的红色庞蒂克汽车。

- 高发犯罪模式（spree）：是指在非常短的时间范围内高度频繁发生的（几乎是连续发生的）特定类型的系列犯罪模式。例如，在 1 个小时中在某个停车场发生的大量盗窃车内物品案件；在某个白天在某幢高层建筑物中的不同公寓所发生的入室盗窃案件。

- 热点受害者犯罪模式（hot prey）（之前称为重复受害者犯罪模式）：是指受害者体貌特征或行为相似的犯罪。例如，在 6 周中在全市发生的 5 起针对亚洲籍移民家庭的入室抢劫案件；在 1 周中发生的 7 起针对老年人的支票诈骗案件；在两个月中的周末发生的由不同犯罪者实施的 10 起针对从酒吧单独步行回家的醉酒人员的抢劫案件。

- 热点区域犯罪模式（hot spot）：是指由一名或多名犯罪者在相邻位置实施的相似的犯罪。例如，在过去 4 周白天在郊区居住区发生的侵入方式和前科人员没有明显相似的 8 起入室盗窃案件；在 3 周时间的晚上在半径为半公里的商业区发生的 10 起商业区入室盗窃案件。显而易见地，在犯罪分析中具有许多类型的热点区域，它们主要分为短期（战术）热点区域和长期（战略）热点区域。长期热点区域将在第 14 章中介绍。

- 热点环境犯罪模式（hot setting）（之前称为热点目标犯罪模式）：是指由一名或多名犯罪者实施的并且犯罪发生地点类型相似的犯罪。例如，在 2 周发生的由不同犯罪者实施的 8 起针对全市 24 小时便利店的夜间抢劫案件；在 1 个周末发生的 5 起针对靠近废弃铁路路基的双层房屋的抢劫案件；在 3 周时间的晚上发生的 14 起以停在居住区的商用货车为目标的盗窃车内物品案件。

- 热点地点犯罪模式（hot place）：是指由一名或多名犯罪者在相同地点实施的犯罪。例如，在一个月中在一家电影院发生的 15 起盗窃车内物品案件、多起在建筑物上涂鸦案件和 2 起停车场暴力抢劫案件；在 6 周中在一个公寓社区发生的两起陌生人性攻击案件、多起涉毒枪击案件和 7 起居住区入室盗窃案件。

- 热点财物犯罪模式（hot product）：是指由一名或多名犯罪者实施的以特定类型财物为目标的犯罪。克拉克（Clarke）（1999）创造了"热点财物"这个概念，并把其定义为"最吸引盗窃者的消费财物"（p.23）。例如，在 3 周中在居住区和商业区发生的 16 起盗窃汽车 GPS 案件；在 3 个月中发生的 25 起盗窃废弃房屋或建筑工地里的铜线和钢管的案件；在开学后第一个月在整个大学校园发生的 20 起盗窃笔记本电脑或智能手机的案件。

需要注意的是，这些模式不是相互排斥的（即一个模式不是只能属于上述的一种类型）。在确定模式属于哪个类型时，应该选择最具代表性的模式类型。例如，一名犯罪者正在抢劫便利店的模式既可以被归为系列犯罪模式，也可以被归为热点环境犯罪模式。但是该模式应该选择"系列犯罪模式"，因为它提供了更具体的模式信息（同个嫌疑人比同类地点更具体）。另外，在特定区域（热点区域）发生的但只有割草工具（热点财物）被偷走的居住区入室盗窃模式更准确地应该被归为热点财物犯罪模式。

9.1.2 演绎和归纳

当犯罪分析师开始识别模式时，一般存在两种情况：（1）分析师具有大量的犯罪，需要从其中识别模式；（2）分析师只有一起犯罪，需要将其他犯罪与其关联。在社会科学中，这两种情况所对应的方法分别称为演绎推理和归纳推理（也可参考 Burrell & Bull, 2011）。

使用演绎方法的研究人员从感兴趣现象的一般性前提中推出符合这些一般性前提的特定结论。在模式分析中，使用该方法的分析师一起分析所有的犯罪，寻找将犯罪关联起来的共性。图 9.1 展示了分析师根据共同的特征从大量犯罪中演绎出模式的过程。在该例子中，分析师首先关注所有的入室盗窃，然后关注商业区入室盗窃，再然后关注发生在特定区域的商业区入室盗窃，再然后关注发生在该区域特定位置类型的商业区入室盗窃，最后关注发生在该区域特定位置类型、特定日期和特定时间的商业区入室盗窃。分析师在每个层面所作出的决定都是根据所分析案件的共同特征和批判性思维。

归纳方法则是从某个前提或特定的概念中推出一般性的概念。在模式分析中，使用归纳方法的分析师首先关注一起犯罪，然后寻找其他相似的犯罪。图9.2展示了分析师使用归纳方法寻找抢劫模式的过程。分析师首先关注的第一起犯罪是白人男子假扮成女性抢劫银行的案件。然后，分析师以该案件为基础，寻找其他与第一起案件的特征相似的抢劫案件。

犯罪分析师可以以不同的方式使用模式识别中的归纳方法寻找案件。其中一种方式是在数据库中寻找异常值（Crime Mapping and Analysis Program, 2003），即识别罕见的或特殊的使该案件与其他案件不同的特征（如一名男子假扮成女性实施抢劫）。分析师也可以根据警务人员发现的异常事件或引起侦查人员（对寻找特定案件之间关联感兴趣的侦查人员）关注的案件，识别初始案件。

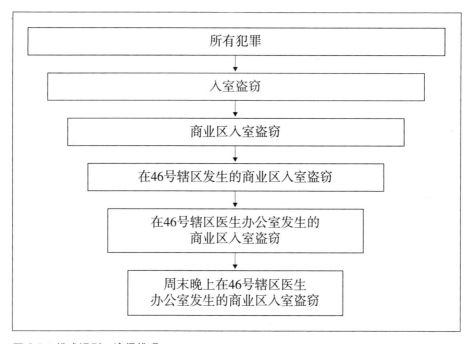

图9.1　模式识别：演绎推理

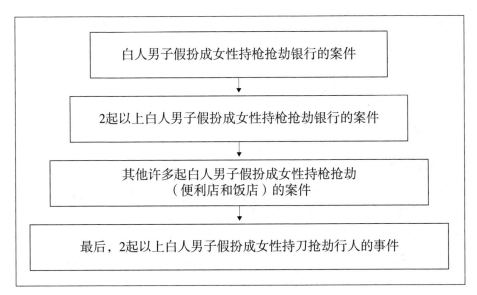

图 9.2　模式识别：归纳推理

9.1.3 初始模式识别

　　为了识别犯罪模式，分析师必须具备批判性思维，并且能够发现犯罪事件特征中的共性（Paulsen, Bair, & Helms, 2009）。模式识别过程既不是数学的过程，也不是既定的过程，它需要分析师灵活地运用犯罪知识和分析技能。本章将介绍模式识别的两个步骤，这两个步骤是实施模式分析的一般过程。第一步是关联可能组成模式的所有案件（初始模式识别）。第二步是仔细分析这些案件，剔除不相关的案件，确保被发现的模式是经得起推敲的（模式完成，这部分内容将在本章后面介绍）。

　　犯罪分析师识别初始模式的方法有三种，并且在任何一种方法中分析师都可以采用归纳或演绎的方法分析案件。其中最不正式的模式识别方法是临时关联（ad hoc linking），即警察根据日常工作中的记忆对案件进行关联。虽然该方法不够系统，但是分析师已经使用该方法识别了许多模式。分析师更频繁使用其他两种更正式的模式识别方法——查询方法、权重和阈值方法。查询方法（query method）包括：（1）在检索数据库时使用批判性思维和应用演绎或归纳的方法；（2）关联具有相似特征的案件。第三种方法是在计算机系统中使用权重和阈值（weights and thresholds）识别初始模式。后面两种方法在与本书配套的自动战术犯罪分析（Automated Tactical Analysis of Crime, ATAC）软件（Bair Software, 2004）中被称为趋势探索。在这三种方法中，查询方法是犯罪分析师最常用的方法。

查询方法

在初始模式识别中，查询是指分析师操作、检索和排序数据库矩阵中犯罪特征并且关联特征相似的犯罪的重复性过程。分析师首先使用归纳或演绎的方法寻找模式。图9.3展示了模式分析软件（ATAC软件）中的初始查询界面。在该界面中，分析师使用演绎方法查询非暴力侵入独户房屋的居住区入室盗窃案件。作为对该查询的响应，软件只展示符合这些参数的案件。图9.4展示了作为查询结果的案件数据矩阵。

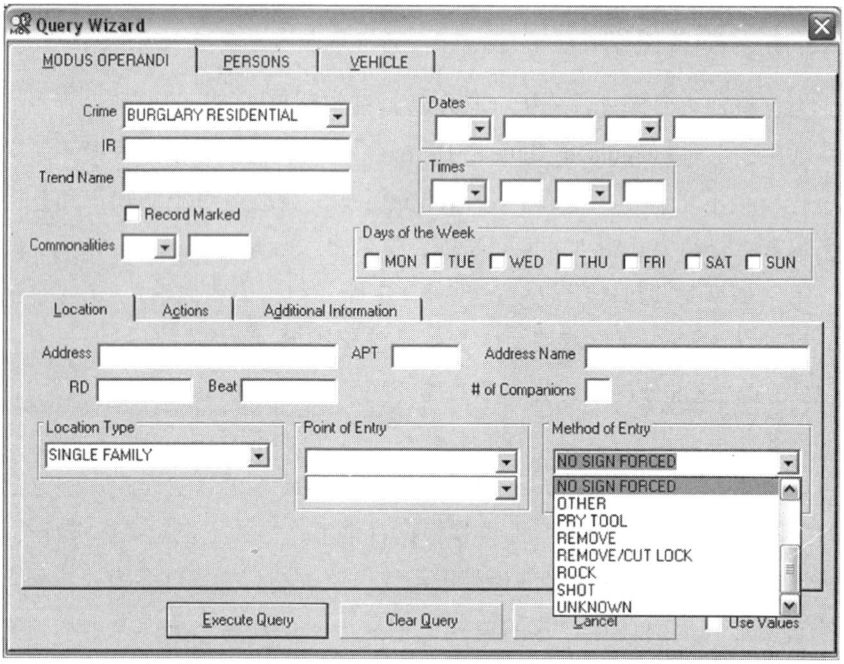

图 9.3　ATAC 查询界面

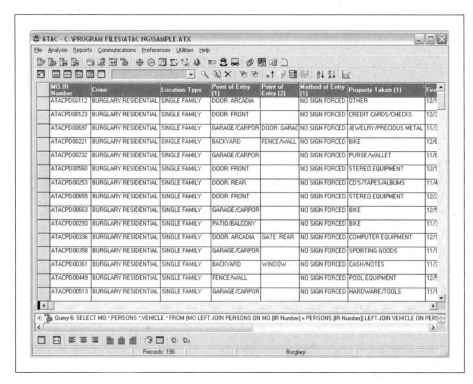

图 9.4 ATAC 查询结果

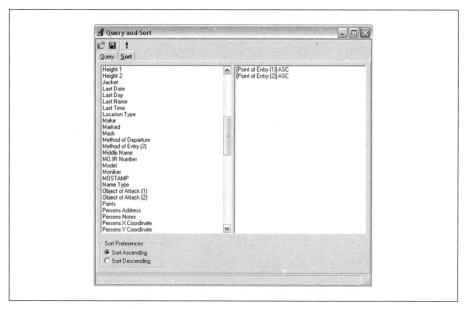

图 9.5 ATAC 排序界面

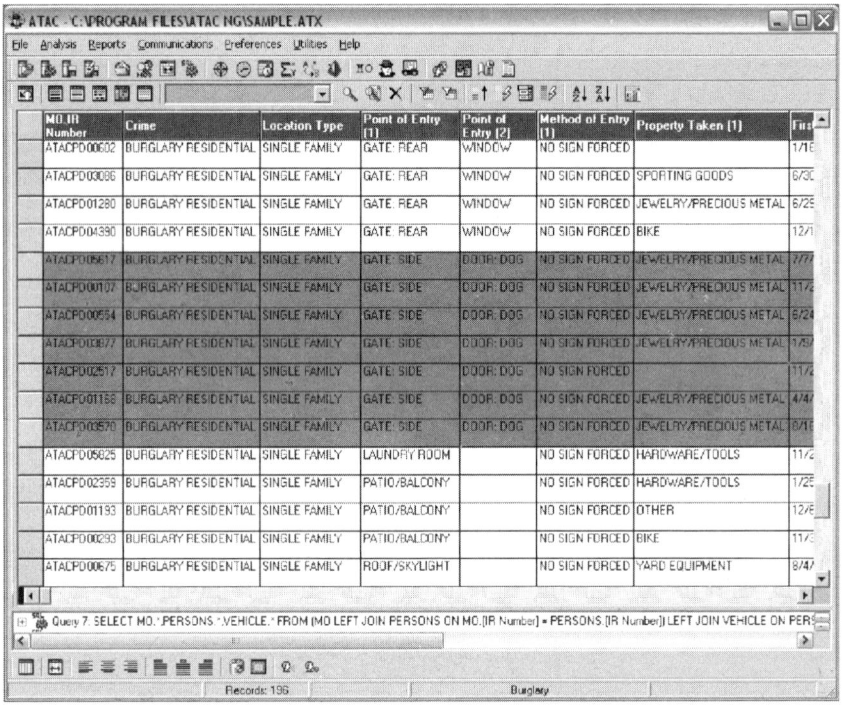

图 9.6　经排序的查询结果

　　为了更加方便地观察结果并可视化地检查结果，从而识别可能的模式，分析师需要对案件进行排序。图 9.5 展示了根据侵入点进行排序的界面。因为在一起犯罪中可能存在几个侵入点，所以在战术数据中经常使用两个独立的变量表示侵入点。因此，分析师可以同时使用这两个变量对数据进行排序。当结果以图 9.6 所示的矩阵形式展示时，分析师就可以发现许多先通过侧门，然后通过狗门侵入房屋的案件。但是，这些案件只是初始模式的雏形。分析师还需要通过分析它们空间和时间的邻近性进一步分析这些案件的共性。

　　在模式分析中，使用电子数据矩阵是必要的，因为分析师必须能够快速地比较多起案件或多个变量，以及快速地从大量信息中找到相关信息。例如，为了识别系列抢劫犯罪，分析师需要重新组织矩阵，使最能突出抢劫的变量（如位置类型、作案工具、嫌疑人行为和嫌疑人描述信息）的值连续分布，从而使分析师能够方便地分析这些案件。为了识别居住区入室盗窃模式，分析师也需要重新组织矩阵，使侵入点、侵入方式、被盗财物和位置等变量排在一起。如果矩阵中变量的位置是固定的（如当它们在数据库中时，或者当它们在纸质矩阵上时），分析师可能就难以按照不同的犯罪类型观察相关变量。查询方法虽然简单，但非常有效。它能够满足分析师为了识别模式可视化分析信息的需求。通过操作矩阵和对结果进行分组、排序和筛选，分析师可能在数据中就能观察到模式。

权重和阈值方法

另一种识别初始模式的方法是应用数学的方法。分析师对不同的犯罪特征分配不同的权重，然后使用统计公式或其他类型的程序计算每起案件的权重（在 ATAC 软件中，该功能被称为趋势探索）。使用该方法，软件将筛选出满足特定阈值的案件，而这些案件具有相似的特征。虽然该方法比查询方法更科学，但是它的结果依然依靠分析师的批判性思维和经验，因为分析师必须确定权重和合适的阈值以及确定模式中的最终案件。

设定权重后，分析师既可以选取一起案件，然后将它的特征与整个数据库进行匹配（归纳方法），也可以寻找符合特定阈值的案件（演绎方法）。针对不同的犯罪类型（如居住区入室盗窃、商业区入室盗窃、银行抢劫、街面抢劫）和特征（如侵入点、嫌疑人描述信息、时间），分析师可以设定不同的权重。

9.1.4 模式完成

模式完成（pattern finalization）是指通过确定列表中具有相同关键特征的案件，提炼被认为相关的案件的过程。例如，在初始模式识别中，分析师发现的商业区入室盗窃模式可能包含之前两个月在特定区域商业区发生的所有案件。而在模式完成过程中，分析师需要剔除几起在工作日下午发生的案件，因为其余案件都是在晚上或周末发生。模式完成的方法是归纳的方法，它包含三个步骤：识别主案件、识别模式中其他关键案件和识别其他相关案件。

识别主案件

模式完成的第一步是从初始案件列表中选择一起最能代表模式的并且包含最详细信息的案件，其称为主案件（principal case），然后使用主案件确定模式中的其他关键案件。分析师确定主案件的方法取决于这类犯罪的关键特征，如嫌疑人的抢劫行为、居住区入室盗窃位置的类型和相邻性（通常在战术犯罪分析中分析的各类犯罪的关键特征将在第 10 章中讨论）。如果在初始列表中存在两起所有关键特征几乎相同的案件，那么分析师有时候也将这两起案件作为主案件。在初始模式识别中，如果分析师使用归纳方法，那么首先识别的案件将是主案件。

识别模式中其他关键案件

为了识别与主案件高度相关的案件，分析师首先必须识别最能代表模式的特征。这些特征通常是决定主案件的特征（如嫌疑人的抢劫行为、居住区入室盗窃位置的类型和相邻性）。然后，使用归纳的方法，将初始模式中每起案件的关键特征与主案件的关键特征进行比较。因为不能百分百地确定其他案件与主案件是否真的相关，所以其他案件是否被包含在模式中取决于分析师的批判性思维。

识别其他相关案件

在这一步，分析师已经确定大部分在初始模式识别中识别的案件是否被包含在模式中或者是否从最终模式中剔除。根据模式的关键特征，在原始数据库中多次查询相关案件，分析师可以确保没有遗漏其他案件。另外，分析师也需要分析其他可能包含与模式相关的案件的数据库，从当前案件数据库（如最近 4 个月案件）拓展到历史数据库。在这里，分析师可以再次使用主案件的关键特征查询历史案件。

全面性是模式分析成功的关键之一。许多警察部门具有一些没有与战术数据连接的数据库。分析师也应该查询这些数据库，从中寻找与当前模式相关的潜在联系。另外，分析师也应该寻求周边警察部门的帮助，因为犯罪者不会只停留在一个警察部门的辖区内。总而言之，在完成和传播模式之前，分析师应该检查所有可能提供相关数据的内外部数据源。

9.2 识别侦查对象

战术犯罪分析的第二个目标是识别案件或模式的侦查对象。因为许多犯罪没有已识别的嫌疑人（如姓名和地址已知的犯罪嫌疑人），所以战术犯罪分析师可以通过识别潜在的嫌疑人，为案件侦查提供帮助。就像识别主案件，分析师识别一个模式的侦查对象的第一步是寻找最相关的、最可靠的嫌疑人描述信息或其他与人员关联的信息（如入室盗窃的日期、时间和位置信息可以与嫌疑人现场信息中的日期、时间和位置信息相关联）。

全面性和批判性思维在嫌疑人识别中的重要性就像它们在模式识别中的重要性一样。分析师必须分析所有可能的嫌疑人。例如，如果目击者描述嫌疑人是比较白的黑人或比较黑的白人，并且其口音难以分辨，那么该描述不能使分析师从潜在对象列表中剔除黑人和白人。实际上，考虑到该描述比较简单，分析师也应该把西班牙籍美国人和印第安人包括在其中，因为在这两类人群中具有符合目击者描述的人员。在一些情况中，分析师还可以从有效的数据中推测出嫌疑人的信息，如力量（根据门被破坏的程度）、作案工具（根据窗户上的撬痕）和进入现场的能力（根据犯罪持续的时间）。

当关键的嫌疑人描述信息被识别后，分析师就可以在不同的犯罪者和嫌疑人信息数据库中检索该描述信息中的特征。如第 2 章所提到的，理论和研究已经表明犯罪者通常在他们居住区域的周围实施犯罪（Bernasco, 2010; Brantingham & Brantingham, 1993），因此在检索下面数据库的过程中，也应该重点关注犯罪者的现居住地和与模式中犯罪的邻近性。

- 前科人员数据库（known offender database）：该数据库存储在特定辖区被逮捕并被审判的人员的信息。根据居住地址、犯罪类型、犯罪方法和嫌疑人描述信息检索数据库可以获得符合特定模式的潜在嫌疑人姓名。例如，通过检索该数据库，能够发现其体貌特征、犯罪方法（抢劫具有特定类型保险箱的银行）和现居住地与当前抢劫模式中关键特征相匹配的最近释放犯罪者。

- 已注册性犯罪者数据库（registered sex offender database）：该数据库存储因性犯罪被逮捕并被审判的人员的信息。该数据库与前科人员数据库不同，它包含居住在辖区内而不管其在哪里实施性犯罪的所有性犯罪者（因为性犯罪者被要求必须在他们居住城市的警察部门中备案）。与前科人员数据库类似，分析师可以根据居住地址、描述信息和犯罪类型检索性犯罪者数据库，识别性犯罪的潜在嫌疑人（如因虐待居住在当前诱拐儿童模式区域的儿童而被判刑的性犯罪者）。

- 现场信息数据库（field information database）：该数据库存储具有明显可疑行迹或特殊特征的人员的信息。分析师可以根据模式邻近性、时间、星期（如在某个区域的可疑车辆）、特殊特征（如独特的疤痕、标志或纹身）或者其他特殊信息（如在商业大楼后面被发现随身携带锤子或其他可用于盗窃的工具）检索该数据库，寻找与当前模式相匹配的信息。

- 车辆数据库（vehicle database）：该数据库既可能是部门数据库，也可能是由州车辆管理部门维护的数据库。该数据库允许根据不同的车辆特征（如车辆识别代码、牌照号、制造商和车型）进行检索。分析师可以通过检索该数据库，识别在犯罪过程中使用的车辆的所有者，并识别潜在的嫌疑人。警察和市民更易识别车辆而不是人员，并且车辆所有者通过标签信息更容易确定。与人员信息相似，车辆的一般信息（如暗绿、80年代后期生产的4门轿车）也是有用的，但是越特殊的特征（如车牌号、与已破损的左前挡泥板相连接的特殊的车尾贴）对其与模式或事件的匹配越有用（Bair Software, 1999）。

除了这些数据库，分析师也分析其他数据源（如邻近县治安官办公室、州骑警、私人安保公司、联邦机构和其他收集犯罪者信息的部门）的信息。另外，分析师经常通过正式会议和网络以及更多非正式的方式（如邮件）分享这些数据。

9.3 串并案件

战术犯罪分析的第三个目标是帮助警察串并案件（clearing cases）。该过程是指为了破获案件和加强对嫌疑人员的起诉，将未破案件与最近破获的案件进行关联的过程。虽然在该过程中犯罪分析师能够提供帮助（识别案件），但是对于案件是否相关还需要由侦查人员根据合理的原因作出合法的判断。例如，侦查人员抓获了一名在特定区域实施 2 起居住区入室盗窃的嫌疑人。分析师对过去 6 个月的数据进行分析，发现在该区域存在其他 4 起入室盗窃。侦查人员就可以使用这些信息审讯嫌疑人（如 "这些犯罪也是你实施的吗?"），或者根据指纹或 DNA 证据把嫌疑人与其他案件进行关联。如果关联成功了，那么通过一次抓捕就能破获 6 起入室盗窃案件，警察部门就能终结其他 4 起入室盗窃案件，并且公诉人员也就能起诉更多的案件。

串并案件是归纳的过程。它遵循模式完成的方法，因为在该过程中首先识别一起案件（已破案件），然后将其与其他案件进行比较，确定它们是否存在有意义的关系。串并案件的另一个作用是解决整个模式。在该过程中，分析师可以重新分析之前发布的模式信息，寻找这些模式与被抓捕人员所实施的新犯罪的关系。

例如，一则有关嫌疑人手持 AK-47 实施抢劫的系列犯罪模式被发布了。在没有发生其他抢劫案件的 4 个月之后，警察抓获了一名违反交通规则的男子并在他车里发现了一把 AK-47。那么分析师就可以将该名男子的描述信息与抢劫模式中的人员描述信息进行比对。或者在抢劫模式发布一年后，类似的犯罪又出现了，并且这些犯罪好像是由相同嫌疑人实施的，那么分析师就可以识别同时包含新犯罪和旧犯罪的新系列犯罪模式。

9.4 总结

虽然识别模式、识别侦查对象和串并案件的过程是系统的，并且涉及特定的技术和方法，但是每种分析因分析师的批判性思维而异，而批判性思维取决于分析师的经验和当前任务。这些过程需要更多的是智慧，而不是技术。第 10 章将介绍不同犯罪模式的识别，并提供了大量解释这些过程的案例。

要点总结

本章主要介绍了初始模式识别、模式完成、识别侦查对象和串并案件的方法。下面是本章的要点。

1. 模式是指两起以上报告给警察的或被警察发现的作为一个分析单元的犯罪，因为：（1）犯罪共有一个或多个使它们显著和不同的关键共性；（2）在受害者和犯罪者之间没有已知的关系；（3）犯罪行为通常是有限持续的。

2. 系列犯罪模式是指由一个人实施的或由一伙人共同实施的相似的犯罪。

3. 高发犯罪模式是指在非常短的时间范围内高度频繁发生的（几乎是连续发生的）特定类型的系列犯罪模式。

4. 重复受害者犯罪模式是指受害者体貌特征或行为相似的犯罪。

5. 热点区域犯罪模式是指由一名或多名犯罪者在相邻位置实施的相似的犯罪。

6. 热点环境犯罪模式是指由一名或多名犯罪者实施的并且犯罪发生地点类型相似的犯罪。

7. 热点地点犯罪模式是指由一名或多名犯罪者在相同地点实施的犯罪。

8. 热点财物犯罪模式是指由一名或多名犯罪者实施的以特定类型财物为目标的犯罪。

9. 演绎是从大量案件中发现模式的过程，即从一般到具体。

10. 归纳是根据一起可以与其他案件进行关联的案件，发现模式的过程，即从具体到一般。

11. 识别模式的过程分为两步。第一步是关联可能组成模式的所有案件（初始模式识别）。第二步是仔细分析这些案件，确定每起案件是被纳入模式，还是从模式中剔除（模式完成）。

12. 初始模式识别的三个普通方法是临时关联、查询方法、权重和阈值方法。

13. 临时关联是警察根据日常工作中的记忆对案件进行关联。

14. 查询方法包括：（1）在检索数据库时使用批判性思维和应用演绎或归纳的方法；（2）关联具有相似特征的案件。

15. 第三种方法是在计算机系统中使用权重和阈值识别初始模式。

16. 模式完成是指通过选择最相关的案件，提炼模式的过程。模式完成的方法是归纳的，其分为三步：识别主案件、识别模式中其他关键案件和识别其他相关案件。

17. 识别侦查对象是归纳的过程，它首先识别最相关的嫌疑人描述信息或犯罪方法特征，然后将它们与居住在模式区域附近的犯罪者进行匹配。

18. 战术犯罪分析师通过检索许多数据库，如前科人员数据库、已注册性犯罪者数据库、现场信息数据库和车辆数据库，为警察提供侦查对象。

19. 串并案件是归纳的过程。在该过程中，为了向负责破案并对嫌疑人提起多项控告的侦查人员提供信息，分析师将未破案件与最近破获的案件进行关联。

讨论与练习 *

练习 1

对于下面每个描述，确定它是什么类型的模式。使用本章各类模式的定义，证明你的回答。

- 在一个公寓停车场一共发生了 15 起盗窃汽车案件。所有的被盗汽车都在城市另一边的汽车修理厂被发现，并且被拆了一部分。

- 在某个晚上的 2 小时中，一辆拖车被看到将沿着一条街道停放的 4 辆汽车拖走了。

- 在 12 月和 1 月，一共发生了 15 起当受害者进入房屋付油费时正在加油的汽车被盗的案件。

- 在过去两周，一共发生了 8 起盗窃 90 年代后期生产的吉普切诺基汽车的案件。没有嫌疑人信息，但是在被追回的每辆汽车中，驾驶座旁边的钥匙孔都被打穿了，并且方向盘也被破坏了。

练习2

使用模式完成的方法，从下列表格中确定构成最终模式的案件。虽然这里没有提供所有的信息，但是这些信息足以完成本任务。所有这些犯罪都是针对在相同区域的街道上或小巷里的行人的抢劫案件。

案件编号	日期	时间	星期	嫌疑人行为	作案工具类型	被盗财物	财物价值	嫌疑人种族	嫌疑人性别	嫌疑人面部毛发
1	3/1/2012	0200	星期四	击打受害者	手/脚	现金/票据	$200.00	白人	男性	
2	3/4/2012	1720	星期日	欺诈行为	手枪	珠宝	$300.00	未知		
3	3/5/2012	1800	星期一	欺诈行为	手枪	无	无	未知		
4	3/19/2012	1930	星期一	欺诈行为	仿真工具	钱包/手提包	$100.00	西班牙籍	男性	山羊胡
5	4/1/2012	1700	星期日	跟踪受害者	仿真工具	无	无	西班牙籍	男性	山羊胡
6	4/4/2012	1900	星期三	跟踪受害者	手枪	钱包/手提包	$50.00	西班牙籍	男性	
7	4/15/2012	1000	星期日	击打受害者	手/脚	珠宝	$700.00	未知		
8	4/18/2012	2000	星期三	欺诈行为	手枪	钱包/手提包	$100.00	西班牙籍	男性	山羊胡
9	4/19/2012	2100	星期四	跟踪受害者	手枪	珠宝	$100.00	黑人	男性	
10	5/3/2012	0900	星期四	跟踪受害者	无	无	无	未知		
11	5/4/2012	1800	星期五	击打受害者	仿真工具	钱包/手提包	$80.00	西班牙籍	男性	山羊胡
12	5/5/2012	0100	星期六	击打受害者	手枪	钱包/手提包	$800.00	未知		

＊其他使用数据的练习题和其他资源可以在"http://www.sagepub.com/bobasantos3e"中找到。

注　释

〔1〕犯罪模式的新概念和这里介绍的各类模式的新概念已经由国际犯罪分析师协会（IACA）的标准、方法和技术委员会（成立该委员会的目的是定义与犯罪分析职业相关的分析方法、技术和核心概念）提出。该委员会的职能是通过制作一系列相关犯罪分析主题的白

皮书，定义和分类该领域的关键概念。制作白皮书系列的流程包括业务专家附属委员会拟定初稿和 IACA 董事会、具有犯罪分析知识的独立编辑和 ICAC 会员对初稿进行评审和反馈。我是制定第一份模式和模式类型白皮书的业务专家附属委员会的成员之一。在本书这一版中，我已经参照白皮书中的新标准，更新了模式和各类模式的概念（IACA, 2011b）。

　　〔2〕需要注意的是根据 IACA 的白皮书，在本书这一版中已经更改了两类模式的名称，删除了一类模式，增加了一类模式。其中热点目标犯罪模式被更名为热点环境犯罪模式，这样有利于消除在犯罪三角中把目标作为无生命物体或位置类型以及在其他实践环境中使用（如把受害者称为犯罪者的目标）所造成的混淆。这类模式的新名称，即热点环境犯罪模式，借鉴了马库斯·菲尔逊（Marcus Felson）的成果（Felson, 2006; Felson & Boba, 2010）。重复犯罪者模式和重复受害者模式在该背景中有点不正确，因为在大部分研究资料和实践中它们分别指多次犯罪的人（Ratcliffe, 2008）和长期受害的人（Weisel, 2005）。因此，重复受害者被更名为热点受害者，这能体现该模式的短期特征。另外，重复犯罪者模式已经被删除，因为除了造成前面所提到的混淆外，在大部分只涉及一个人或一群人的模式中，将其归为其他模式类型可能更加准确。最后，增加了热点地点犯罪模式，这有利于从一块区域（指热点区域）或一类地点（指热点环境）中识别特定的地点。因为地点不仅是犯罪的重要特征（Weisburd et al., 2009），而且也是犯罪模式的重要特征，在所有模式中涉及地点的模式有三类。

第 10 章

识别有意义的和有用的模式

本章主要将介绍犯罪分析师如何识别对警察有用的和有意义的模式。为了实现该目标，本章首先将讨论人身犯罪模式与侵财犯罪模式之间的不同，然后讨论警察如何使用模式分析结果实施问题解决响应。之后，本章将采用实践案例的形式讨论如下内容：在战术犯罪分析中经常被分析的犯罪类型；针对不同的犯罪类型，用于识别它们模式的关键特征；针对这些模式，可能的警察响应。

为了识别模式，犯罪分析师应该熟悉与他们所分析的犯罪相关的研究。即使分析师没有专门从事短期模式分析，但是问题导向警务中心（www.popcenter.org）的问题指导系列手册已经提供了大量有关本章所讨论的犯罪者、受害者和犯罪地点等的知识。

10.1 人身犯罪和侵财犯罪

对于人身犯罪和侵财犯罪，战术犯罪分析的模式识别是不同的。也就是说，分析师通常分别分析人身犯罪和侵财犯罪，这是因为人身犯罪的特征与侵财犯罪的特征在本质上是不同的。人身犯罪（persons crimes）是将人作为犯罪目标的犯罪。常进行模式分析的人身犯罪包括抢劫、陌生人性攻击、猥亵暴露和公共场所性猥亵。虽然分析师也对其他类型的人身犯罪（如严重伤害、陌生人之间枪击案件）进行模式分析，但这里我们主要讨论抢劫、陌生人性攻击、猥亵暴露和公共场所性猥亵，因为它们是最常见的。

在大部分人身犯罪中，受害者同时也是目击者。因此，这些类型的犯罪能够为分析师提供大量详细的嫌疑人行为信息、嫌疑人描述信息和涉案车辆信息。另外，因为人身犯罪通常是根据犯罪者的信息进行关联的，所以人身犯罪的模式类型通常是系列犯罪模式和高发犯罪模式。因为涉及热点区域、热点受害者或热点环境的模式没有共同的嫌疑人，它们只有少量相同的特征，如空间位置、受害者类型和地点类型，所以分析师较少识别这些类型的犯罪模式。下面是人身犯罪模式的一些具体例子：

- 系列犯罪模式，猥亵暴露：骑山地自行车的嫌疑人靠近女性行人，然后暴露他自己。在 1 个月中已经发生了 4 起这类案件，并且在所有案件中嫌疑人描述信息、自行车描述信息和行为信息都非常相似。
- 高发犯罪模式，劫持车辆：某个城市在 3 个小时中发生了 3 起劫持车辆案件。两名嫌疑人使用汽车切断受害者的行驶路线，强迫受害者停车。然后，一名嫌疑人接近受害者的汽车，用枪口威胁受害者从汽车内出来。最后，该名嫌疑人开走受害者的汽车，而另一名嫌疑人则驾驶他们的汽车离开。
- 热点区域犯罪模式，商场停车场：某个商场停车场在 1 个月中发生了多起抢劫行人和猥亵暴露的案件。根据目击者对嫌疑人的各种描述，这些犯罪好像是由不同的嫌疑人实施的。
- 热点受害者犯罪模式，行人：在晚上，一些汽车被发现驶过居住区。在一些情况中，汽车司机将他们自己暴露给女性行人。因为这些案件都发生在晚上，所以警察不能获得详细的嫌疑人描述信息和车辆描述信息，但是受害者都是行走在街道上的女性。
- 热点环境犯罪模式，便利店：在过去一周中，在全市连锁便利店已经发生了多起武装抢劫案件，但是不同的犯罪方法和嫌疑人描述信息表明这些犯罪是由不同的嫌疑人实施的。

侵财犯罪（property crimes）是把财物作为犯罪目标的犯罪。常进行模式分析的侵财犯罪包括盗窃车内物品、盗窃车辆、居住区入室盗窃和商业区入室盗窃。当盗窃建筑物内物品、非法侵入、重大偷窃和刑事破坏等事件与上述侵财犯罪相关时，或者当在这些事件中存在明显的破坏公私财物和盗窃财物行为（如涂鸦、破坏邮箱、盗窃建筑材料）时，分析师也对这些事件进行分析。因为在侵财犯罪发生过程中通常不存在目击者，所以犯罪分析师经常只有少量的或没有有效用于模式识别的嫌疑人信息。分析师通常根据犯罪类型（如居住区入室盗窃、商业区入室盗窃）、环境类型（如办公楼、公寓、独户房屋）和案件邻近性，对侵财犯罪进行关联。另外，分析师也使用犯罪方法和时间特征对侵财犯罪进行关联，但这不常用。在侵财犯罪模式分析中，最频繁被识别的模式有热点区域犯罪模式、热点环境犯罪模式、热点财物犯罪模式和高发犯罪模式。下面是侵财犯罪模式的一些例子：

- 热点区域犯罪模式，居住区入室盗窃：在一个只有一个入口和出口的小区里发生了多起入室盗窃案件。在所有这些案件中，嫌疑人通过破坏或撬开后窗进入房屋。因为在这些案件中没有目击者，所以没有任何嫌疑人信息。

- 热点区域犯罪模式，公寓社区：在一个公寓社区发生了多起盗窃车辆和盗窃车内物品案件。案件数量高于平时数量，并且这些案件是在2周中的晚上发生的，没有任何嫌疑人信息。

- 热点环境犯罪模式，新房屋建筑工地：在过去6个月，在全市的新房屋建筑工地里发生了大量入室盗窃案件。嫌疑人破门进入正在建设的房屋，或者进入未锁的正在建设的房屋，然后盗取装置或建筑设备。所有案件都发生在晚上，没有任何嫌疑人信息，但是在现场发现了不同的轮胎痕迹，这表明嫌疑人使用了不同的汽车。

- 热点财物犯罪模式，泳池设施：在2个月中发生了多起盗窃住宅后院的案件。在这些案件中，只有泳池设施被偷走。

- 高发犯罪模式，破坏车辆：沿着同条街道停放的25辆汽车在一个晚上被破坏了。这好像是由相同嫌疑人实施的，因为这些汽车是彼此挨着的，并且被相同的方法破坏，即都是尾灯和镜子被破坏。

虽然分析师根据不同的特征对人身犯罪和侵财犯罪进行分析，但是有时候犯罪分析师也一起分析这两类犯罪。这类模式的例子如下：

- 系列犯罪模式，入室盗窃和抢劫：在一个社区发生了两起夜间入室盗窃案件（嫌疑人在晚上进入房屋时，住户在家）和两起抢劫案件。存在嫌疑人信息，并且在所有这些案件中嫌疑人信息相似。
- 高发犯罪模式，入室盗窃和劫持车辆：一名年轻男子在后半夜进入一间商务套房实施盗窃，然后通过劫持车辆的方式离开现场。之后，该名男子开车从零售店前窗冲入商店，抢走其他财物。所有这些事件都发生在一个小时之内。
- 热点地点犯罪模式，水上公园：在过去 4 周，在水上公园停车场发生了 17 起盗窃车内物品案件和 4 起抢劫游客案件，并且在公园里发生了 5 起公共场所性猥亵案件。
- 热点财物犯罪模式，电视游戏机：在过去两个月，一些住宅被盗，电视游戏机是唯一被盗的财物。另外，在游戏商店停车场发生了一些抢劫，受害者的电视游戏机被抢走。

10.2 警察解决模式的响应

为了识别有意义的和有用的模式，对于犯罪分析师而言，理解警察如何使用模式分析结果实施问题解决响应是非常重要的。因为问题解决过程或 SARA 过程（SARA: scanning, analysis, response, assessment，即扫描、分析、响应、评估）中的扫描和分析步骤的成果是模式分析结果，所以响应也可以说是根据特定的模式制定的。例如，一个模式是居住区入室盗窃在特定区域的白天发生，那么成功的模式解决方案应该能阻止那个区域白天发生的居住区入室盗窃。如果之后入室盗窃转移到晚上了，或者不同区域了，或者该区域的商业区了，那么该响应也不能被认为是失败的，因为针对该模式的响应不能解决具有这些特征（如晚上，商业区，不同区域）的入室盗窃。与重复事件一样，如果能够提前识别特定的行为并且对这些小规模的、短期的问题作出合适的响应，那么这些问题就不会发展成为更大规模的、长期的问题。

警察解决模式的响应是非常直接的，主要包括抓捕犯罪者、阻止犯罪者和预防犯罪（Boba & Santos, 2011; Bruce, 2008b）。下面是警察解决模式的常用响应，前面 4 种响应重点关注模式中的犯罪时间和地点，后面 3 种响应则是在日常工作中开展的响应。

- 定向巡逻：该响应主要是在模式发生区域和时间进行警务巡逻。巡逻形式包括汽车巡逻、自行车巡逻和步行巡逻。定向巡逻的目的是为了抓捕正在犯罪的犯罪者以及通过提高感知的被抓风险阻止犯罪者犯罪。

- 现场盘问：当实施定向巡逻时，另一项响应是增加对模式区域人员的盘问次数。该响应能够阻止犯罪者实施犯罪，并且也能发现模式或其他某起案件的侦查对象。（有关定向巡逻和现场盘问的更多信息，请参考问题导向警务中心的响应指导手册《警察整治的收益和效果》(The Benefits and Consequences of Police Crackdowns) [2004]）

- 守候监视：为了抓获犯罪者，该响应要求警察在犯罪发生的特定区域和时间进行守候和监视。因为人工成本非常高，所以该响应通常在非常特定的模式中使用。（更多信息，请参考问题导向警务中心的响应指导手册《诱惑侦查》(Sting Operation) [2007]）

- 诱惑侦查：该响应是将已经成为犯罪目标的人员或财物作为犯罪者的诱饵，然后直接观察诱饵，或者使用电子监控设备进行监控，从而抓获犯罪者或记录正在实施犯罪的犯罪者。（更多信息，请参考问题导向警务中心的响应指导手册《诱惑侦查》(Sting Operation) [2007]）

- 侦查模式和串并案件：因为一个模式是一个分析单元，所以侦查人员可以对一个模式进行侦查（指对模式中所有犯罪同时进行侦查）。该响应不仅能够使侦查人员综合多起相关案件（而不是某个时间的一起案件）中的嫌疑人、受害者等信息，而且当与模式中一起或多起犯罪相关的案件被侦破后，警察可以利用破获的案件串并其他相关案件。

- 直接与潜在受害者交流：研究发现当特定时间和区域内的特定受害者成为犯罪目标时，犯罪预防教育最能发挥作用 (Johnson & Bowers, 2003)。该响应包括志愿者或警察跟与模式最相关的市民、居民和商业机构进行交流。交流可以通过打电话（如"9·11"回访），邮局邮寄信件，在住宅区或商业区张贴传单，或者通过互联网、电子邮件或社会媒体等形式进行。交流信息包括模式的详细信息、犯罪预防建议和联系方式。犯罪预防建议包括当前建议（如锁门、关窗户）和长效建议（如安装摄像头和警报器）。

- 向公众提供模式信息：通过向公众传播模式信息，警察能够鼓励公众向他们提供其他有关犯罪的信息以及报告还未报告的犯罪。另外，当犯罪者知道警察已经知道他们的行为时，他们可能停止继续犯罪。模式信息也通过提供具体的犯罪预防建议，鼓励公众自我保护。模式信息可以通过报纸、收音机、电视、互联网等媒体传播。（有关更多的犯罪预防传播活动信息，请参考问题导向警务中心的响应指导手册《犯罪预防传播活动》（Crime Prevention Publicity Campaigns [2006]）

下面将分别简要讨论警察如何对人身犯罪和侵财犯罪作出响应。

10.2.1　人身犯罪

如之前所讨论的，人身犯罪模式通常是系列犯罪模式和高发犯罪模式。这表明模式中的犯罪是由同个人或同伙人实施的。因为在人身犯罪模式中具有嫌疑人描述信息和犯罪方法信息，所以警察的响应主要是加强侦查和提高抓捕率。人身犯罪模式能够增加抓获嫌疑人的可能性，因为当串并多起犯罪时，分析师能够获得更加完整的嫌疑人信息和行为信息。例如，在一起强奸案件中受害者提供了一般的嫌疑人描述信息和特定的行为信息。当根据特定的嫌疑人行为信息串并第二起案件时，我们可以发现另一名受害者提供了更加详细的嫌疑人描述信息。通过综合这些信息，侦查人员就可以掌握更加完整的信息，从而提高抓获嫌疑人的可能性。

警察也通过守候监视和定向巡逻，对人身犯罪模式作出响应。通过预测犯罪者再次犯罪的时间和地点，犯罪分析师可以为响应过程提供帮助。当犯罪者以某种形式成功实施犯罪后，他们经常会重复他们成功的行为，并根据他们日常行为和行为空间，选择相似的情景实施犯罪。因此，串并相似的犯罪是识别犯罪者是否重复他们犯罪行为的一种方法。例如，如果犯罪者在周末晚上在商场周围的 ATM 机旁实施抢劫，那么巡逻警察就可以在犯罪发生时间重点关注这些区域，阻止嫌疑人犯罪，另外侦查人员也可以对犯罪者可能实施抢劫的位置进行守候监视。

警察也可以通过对特定地点的管理者和潜在受害者进行犯罪预防教育，对人身犯罪模式作出响应。例如，当发生抢劫便利店系列案件时，警察可以向便利店管理者提供基于情景犯罪预防（第2章内容）的犯罪预防建议。当在酒吧发生陌生人强奸系列案件（如嫌疑人让受害者吸食"约会强奸"毒品）时，警察可以向酒吧所有者、管理者和保安提供犯罪预防信息。

最后，警察也可以向公众提供人身犯罪模式信息。最常用的传播人身犯罪模式信息的方式是通过媒体(如报纸、电视、互联网、录音机)进行传播。传播的信息包括系列抢劫犯罪模式、系列陌生人强奸犯罪模式等信息。虽然单起案件经常被媒体报道，但是因为嫌疑人正在重复实施犯罪，所以系列人身犯罪更加重要并且更能引起关注。当公众获知这些信息后，这些信息能够产生许多影响。已经发生但还未报告的犯罪可能会被报告给警察。当涉及模式的犯罪目击者意识到他们看见的犯罪是系列犯罪的一部分时，他们可能会向警察提供信息。最后，向公众提供模式信息能够帮助他们进行自我保护。在2002年发生的华盛顿狙击案件中，在公共场所的10个人被枪随机击伤。案发后，媒体对该系列犯罪进行了报道，并建议华盛顿市民待在家中，在需要时再外出，因为狙击手可能正在公共场所寻找目标。

10.2.2 侵财犯罪

因为抓获侵财犯罪嫌疑人的可能性比人身犯罪低，所以警察对侵财犯罪模式的响应侧重于阻止犯罪者实施犯罪和鼓励受害者保护他们自己的财物，而不是抓获犯罪者。最重要的是警察通过提醒潜在受害者保护他们自己的财物，对侵财犯罪模式作出响应。如之前所提到的，如果人们感觉到了直接威胁，那么他们采用犯罪预防方法的可能性就越大。警察使用侵财犯罪模式寻找模式区域中特定的人。警察可以通过"9·11"回访（指自动向居住在特定区域的市民发送手机短信）、走访和发送信件等不同的方式向市民或商业机构传播模式信息和犯罪预防建议。其他方式还包括在互联网上发布模式信息、与特定的居民或商业团体座谈等。这些方法的目的是：传播犯罪模式信息和帮助人们保护他们财物的建议（如锁上车门）；改变促进犯罪发生的行为（如从车内拿走贵重财物）；提高意识（如留心周边的可疑人员）。

因为侵财犯罪经常根据邻近性进行关联（指热点区域），所以警察可以使用定向巡逻阻止犯罪者实施犯罪和抓捕正在实施犯罪的犯罪者。如第 3 章所讨论的，热点警务能够有效地减少犯罪，尤其是模式等短期问题。定向巡逻的形式包括汽车巡逻、自行车巡逻和徒步巡逻。该响应能够增加见警率和犯罪者感知的被抓风险。另外，在巡逻时，警察还可以在现场盘问嫌疑人员和检查可疑车辆。通过增加盘问和检查，不仅能够阻止犯罪者实施犯罪，而且也能够为案件或模式提供潜在的侦查对象。

虽然在一些情况中侵财犯罪模式能够帮助抓获嫌疑人，但是它们更能够为当一名嫌疑人因一起案件被抓后所进行的串并案件提供帮助。例如，当侦查人员在特定区域抓获了一名暴力盗窃车内物品的嫌疑人时，犯罪分析师就可以制作在相同时间段、相同区域发生的盗窃车内物品模式。然后，侦查人员使用这些信息讯问嫌疑人，或重新分析证据确定他是否实施了其他犯罪。

最后，对于信息非常明确的侵财犯罪模式，警察可以使用守候监视、诱惑侦查等响应，这些响应能够抓获正在实施犯罪的犯罪者，但是这些模式不常见。这类模式的例子包括将特定类型汽车（如本田思域）改装成赛车的盗窃车辆模式，盗窃车内特定类型财物（如 GPS 设备、高端音响）的盗窃车内物品模式和犯罪者驾驶汽车从玻璃窗冲入特定电子设备商店的商业区入室盗窃模式。对于这类模式，警察经常使用放有犯罪目标的诱饵汽车，或者使用监控设备观察与模式区域相似的商业位置，从而抓获正在实施犯罪的犯罪者。这些响应仅仅用于具有明确信息的侵财犯罪模式，因为设备和警察的时间都是昂贵的。

10.3 识别有意义的模式

在大部分情况中，战术犯罪模式是由多起类型相同的案件构成。但是，如之前所讨论的，类型相似的犯罪也可能组成一个模式。例如，入室盗窃未遂案件可以被归为刑事破坏，并与既遂的入室盗窃案件一起分析。另外，如果一名犯罪者正在提高暴力程度或根据情况采用不同的行为，那么公共场所性猥亵、猥亵暴露和强奸也可能组成一个模式。一个重要的注意事项是虽然警察根据法律对相似的案件进行分类，但是符合不同法律条文的犯罪可能具有相似的特征，并且可能组成一个犯罪模式。因此为了识别模式，犯罪分析师应该同时考虑犯罪的行为特征和法律层面的犯罪分类。

因为犯罪方法特征可以非常具体（如强迫受害者脱掉衣服），所以它们可以提供相隔几个月、甚至几年的案件之间的明显联系。但是，分析师不能完全根据犯罪方法建立模式。因为除非嫌疑人被抓获并认罪，否则就不能完全确定嫌疑人是否采用相同的犯罪方法实施了所有的犯罪。在大部分情况中，分析师也可以使用其他方法(如嫌疑人描述信息、地点类型）建立模式。犯罪者车辆信息或体貌特征信息与其他犯罪者相似的可能性不大，但是一般的犯罪方法特征比较容易相似，如嫌疑人进入银行，使用枪和便签要求工作人员交出现金。

另一个影响犯罪方法特征分析的因素是情景环境，其可能改变犯罪者的犯罪方法。例如，根据受害者的反应，犯罪者在相同的犯罪模式中可能使用更多的或更少的暴力。或者根据环境，抢劫者可能不会选择踢开门（他惯用的犯罪方法），因为边窗是开着的并且更容易进入。另外，基于目击者描述信息的特征经常是有问题的，因为灯光、受害者与犯罪者在一起的时间、恐惧感等因素都会影响目击者所提供的信息的准确性。

10.3.1 人身犯罪模式的关键特征和例子

当识别模式时，犯罪分析师必须思考可能的警察响应，并确定模式对于开展合适的响应是否具有针对性、相关性和有用性。人身犯罪模式的响应主要是抓捕嫌疑人。因此，对人身犯罪进行模式分析主要是根据嫌疑人的行为信息和描述信息对犯罪进行关联，提出系列犯罪模式或高发犯罪模式。下面将讨论抢劫犯罪模式和性犯罪模式的关键特征和例子，这两类人身犯罪最频繁地被分析。

抢劫犯罪模式

抢劫犯罪模式的关键特征是犯罪过程中嫌疑人的行为和受害者或地点的类型。如果一名抢劫犯罪者采用不同的方法实施犯罪，那么这类模式将更加难以被识别。研究表明商业区抢劫犯罪者与街面抢劫犯罪者是不同的（Wright & Decker, 1997），因此分析师可以使用地点类型区分抢劫模式。嫌疑人描述信息在人身犯罪分析中也非常重要，但是因为如之前所讨论的，它们可能不可靠，所以相对于嫌疑人行为，它们被认为是次要的。例如，根据嫌疑人行为（如在抢劫后使用手枪并击打受害者），两起抢劫案件是相似的，但是根据描述信息，一个人描述说犯罪者是一名黑色头发的白人男子，而另一个人描述说犯罪者是黑色头发的西班牙籍男子。在这种情况下，分析师可能需要在模式中同时考虑这两种情况，因为受害者可能不能准确地描述嫌疑人。

虽然在商业位置发生的抢劫不太可能根据事件的邻近性进行识别，因为商业场所通常分布于不同的区域（如两家电子设备商店不可能正好彼此相邻），但是对于犯罪者在熟悉区域寻找犯罪目标的街面抢劫模式而言，邻近性是相关的（指犯罪模式理论）。最后，车辆在抢劫中的使用使得邻近性变得不那么重要，因为犯罪者具备了在犯罪后快速离开现场的能力。这就是为什么一些抢劫模式涉及多个辖区。这也是为什么在抢劫模式完成过程中通常需要从周边警察部门获取信息。

例子：**佛罗里达州皮尔斯堡街面抢劫案件，系列犯罪模式**。该系列抢劫犯罪模式是由在 17 天中发生的 10 起抢劫案件组成。在其中 7 起案件中，1

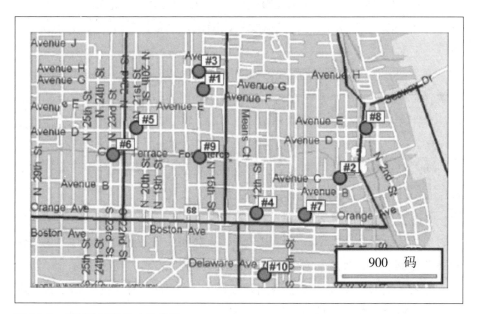

图 10.1　系列街面抢劫案件地图

来源：地图和模式信息来自佛罗里达州圣彼得堡警察局艾普丽尔·李（April lee）

至 4 名黑人男子（17 至 25 岁，120 至 150 磅，5 英尺 8 英寸至 5 英尺 10 英寸高，体型偏瘦）靠近沿街行走的或在房屋内外的受害者，然后使用黑色或银色手枪威胁他们交出钱。在其中 4 起案件中，嫌疑人用面具或 T 恤衫蒙住脸。在其中 3 起案件中，嫌疑人要求受害者交出他们的钱包和现金，然后朝受害者开枪，但没有击伤受害者。在其中 9 起案件中嫌疑人徒步逃离现场，在其中 1 起案件中开车逃离现场。所有抢劫都发生在早晨或深夜，但是在一周中不同的时间。受害者是上了年纪的黑人或西班牙籍男性，被抢财物包括钱包、现金和项链。图 10.1 展示了抢劫发生的位置。

虽然在模式中这仅仅是案件的总结，但非常明显地不是所有的案件都是完全一样的。分析师认为根据嫌疑人行为、受害者类型、犯罪邻近性和时间范围（17 天），这些犯罪实际上是相关的。在模式完成的过程中，犯罪分析师必须确保每起案件中的嫌疑人行为与其他案件中的嫌疑人行为充分相似，这样才能把其包含在模式中。

根据该抢劫模式提供的信息，侦查人员的响应可能包括：对所有案件进行并案侦查（如分析证据，重新询问受害者和目击者有关其他案件的情况）；向媒体发布模式信息，使市民能够提供其他抓捕犯罪者的线索以及保护他们自己；因为抢劫在城市的特定区域发生，所以在发生抢劫的时间在该模式区域进行定向巡逻。

例子：亚利桑那州斯科茨代尔商业区抢劫案件，系列犯罪模式。该系列抢劫犯罪模式是由 3 个月中在斯科茨代尔市和周边城市不同药店发生的 6 起抢劫案件和 1 起抢劫未遂案件组成（见图 10.2）。在营业时间，一名陌生女性嫌疑人可能与一名上年纪的白人男子一起进入药店，然后把一张便签交给药剂师，要求购买不同剂量的奥施康定和氧可酮。在所有案件中，女性嫌疑人像人们打喷嚏和擤鼻涕一样用手帕、纸巾或手掩盖住面部。在另一个辖区的一起抢劫案件中，受害者描述嫌疑人在拿出药物清单前频繁地打喷嚏并要求购买过敏药物。在大部分案件中，嫌疑人会向受害者道歉，并且为了确保受害者能够服从，她会向受害者表明她是被强迫的或者在店里有带武器的人。嫌疑人也会要求受害者在她离开之后的 5 至 10 分钟之内不要报警。没有其他嫌疑人或作案工具在监控录像中被发现。

根据该抢劫模式提供的信息，侦查人员的响应可能包括：对所有案件进

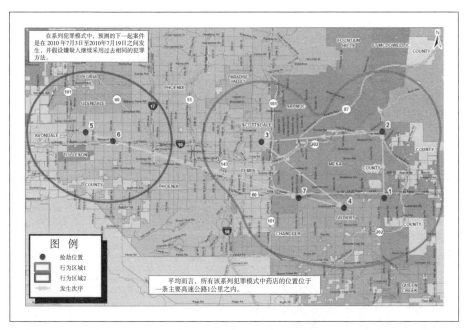

图 10.2　商业区抢劫系列犯罪模式地图

来源：亚利桑那州斯科茨代尔警察局迈克·温斯洛（Mike Winslow）（查看完整的彩色模式简报，请
　　　访问"http://www.sagepub.com/bobasantos3e"）

行并案侦查（如分析证据，重新询问受害者和目击者有关其他案件的情况）；与周边警察部门的侦查人员合作；直接走访当地药店；向媒体发布模式信息，使市民能够提供其他抓捕犯罪者的线索。针对该模式，定向巡逻可能不是合适的响应，因为这些犯罪不是彼此相邻的，并且难以根据时间、星期和位置进行预测。

　　例子：俄亥俄州代顿抢劫便利店案件，系列犯罪模式。该系列抢劫犯罪模式是由 5 周中 22：00 至 02：00 时在 3 个不同便利店发生的 8 起抢劫案件组成（见图 10.3）。一名轻度脱皮的黑人或西班牙籍男子（19 至 23 岁，5 英尺 9 英寸至 6 英尺 1 英寸高，大约 170 磅）和一名白人男子（19 至 23 岁，5 英尺 8 英寸高）一起或单独出现，然后用银色手枪威胁便利店员工，抢走现金和香烟。第一家便利店被抢 4 次，第二家便利店被抢 3 次，第三家便利店被抢 1 次。在正常情况下，他们戴着黑色手套和全面罩，穿着印有白色字母和管道的蓝色连帽衬衫。随着案件的发生，嫌疑人似乎变得更具有侵略性。

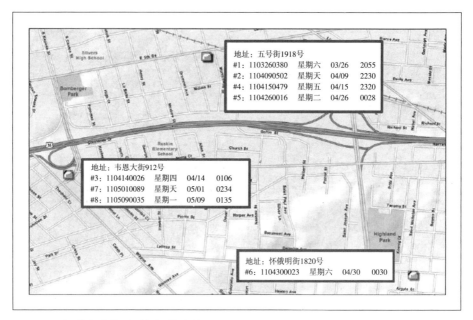

图 10.3　便利店抢劫系列犯罪模式地图

来源：俄亥俄州代顿警察局莫·佩雷斯（Moe Perez）、乔·埃瑞特（Joe Errett）和乔纳森·戴（Jonathan Day）（查看完整的彩色模式简报，请访问"http://www.sagepub.com/bobasantos3e"）

　　根据该抢劫模式提供的信息，侦查人员的响应可能包括：对所有案件进行并案侦查（如分析证据，重新询问受害者和目击者有关其他案件的情况）；向媒体发布模式信息，使市民能够提供其他抓捕犯罪者的线索。因为犯罪者只在这些地方实施抢劫，所以巡逻警察可以进行定向巡逻，或者对这 3 个药店进行秘密地守候监视。但是这可能比较困难，因为犯罪在长时间范围中发生，并且没有发现任何星期模式。

性犯罪模式

　　在战术犯罪分析中，分析师很少识别性犯罪模式。因为强奸通常发生在熟人之间，所以陌生人强奸案件和陌生人强奸模式比较少。公共场所性猥亵和猥亵暴露案件虽然比陌生人强奸案件多，但是依然比较少。因为性犯罪行为的稀少性和独特性，所以识别性犯罪模式比识别其他犯罪模式更简单。

　　性犯罪模式的关键特征包括犯罪过程中的嫌疑人行为（系列犯罪模式）和受害者的类型（热点受害者犯罪模式）。与抢劫模式相似，虽然嫌疑人描述信息非常重要，但是它没有嫌疑人行为信息那么可靠。在一些案件中，受害者因受到犯罪行为的惊吓或因其他情况（如闪光、嫌疑人从后面突然袭击她们），可能不能准确地识别嫌疑人。但是，与抢劫犯罪模式不同的是，性犯罪模式中的案件在空间上的距离可能更近，如将自己暴露给街上行人的嫌疑人可能在具有大量行人但缺少监管的地方（如公园）实施犯罪行为，而突然袭击大学生的嫌疑人可能去学校寻找受害者。向公众和特定受害者群体传播性犯罪模式信息非常重要，因为这些犯罪很多没有被报告。如果受害者知道其他人也已经成为受害者并且犯罪者将实施更多的犯罪，那么她们可能会选择报警。而这些尚未被报告的案件能够为模式信息提供额外的信息，从而为侦查和抓获嫌疑人提供帮助。

例子：亚利桑那州吉尔伯特偷窥案件，系列犯罪模式（Fernandez, 2005）。该模式是由在 3 个月中发生的 25 起案件组成。在一周中每天的 19 时至 12 时 30 分，一名男子在住宅后院被发现透过门或窗户往房屋内偷看。当受害者发现之后，该名嫌疑人跳过围栏进入其他房屋的后院，然后跑走。嫌疑人的描述信息是白人男性，约 20 岁，150 至 165 磅，5 英尺 9 英寸至 6 英尺高，棕色蓬松长头发，刮过胡须或少量山羊胡，尖鼻子，暗色衣服。分析师认为因为案件在地理上非常近（彼此相距不超过 1 公里），所以嫌疑人可能徒步选择受害者。

在该例子中，分析师主要根据特定的嫌疑人行为信息和描述信息对这些案件进行关联。25 起案件能够使分析师更容易地识别模式，但是重点是当案件较少时如何识别这类模式。根据该模式提供的信息，警察响应可能包括向媒体发布信息，使市民尽可能地报告案件和留意嫌疑人。另外，如果犯罪者感觉到被抓的可能性增加了，那么他可能会停止犯罪行为。在这里，守候监视可能不太适合，因为虽然一共有 25 起案件，但是它们在 90 天中发生，平均每 2 至 3 天发生一起。在嫌疑人实施犯罪的时间在该区域实施定向巡逻可能更有效。

例子：陌生人强奸案件，系列犯罪模式。在作为犯罪分析师时，作者识别了一个模式。在模式中，白人男性嫌疑人靠近大学校园里的亚洲籍学生，用英语或日语询问他们到某个位置的方向。如果她们回答了并且不是用英语，那么嫌疑人可能要求她们上车。如果她们答应了，嫌疑人之后就会强奸她们。强奸发生在不同的区域，但是嫌疑人与女性初次接触的地方是校园周边留学生居住的区域。这是特定的将犯罪关联在一起的嫌疑人行为。

根据该模式提供的信息，警察响应包括通过媒体向公众发布模式信息。在发布模式信息之后，我们收到了一些非亚洲籍的但具有黑色头发和眼睛的、与嫌疑人接触过的但没有被强奸的报告。虽然这些女性没有成为受害者，但是她们提供了其他有关嫌疑人车辆和体貌特征的信息。在汇总来自不同受害者和目击者的嫌疑人车辆信息（如部分车牌号码、描述信息）之后，侦查人员抓获了嫌疑人。

10.3.2 侵财犯罪模式的关键特征和例子

因为警察对侵财犯罪模式的响应主要是阻止犯罪者实施犯罪和鼓励受害者保护他们自己的财物，所以犯罪分析师主要是根据犯罪类型、地点类型和时空邻近性对案件进行关联。模式的类型通常有高发犯罪模式、热点区域犯罪模式、热点环境犯罪模式和热点财物犯罪模式。如之前所讨论的，侵财犯罪的犯罪方法经常取决于财物管理人员和监护人员所创造的机会(如未锁门，将贵重物品放在可见的地方，窗户锁坏了)。只有当这些特征（如侵入方式、侵入点、被盗财物）非常特定并且表明存在系列或高发犯罪模式（同一个嫌疑人）时，它们才能被用于关联犯罪。例如，当作为犯罪分析师时，作者识别了通过在花园门上钻洞，或者使用锤子打开锁，或者经未锁内部车库门进入房屋实施盗窃的系列犯罪模式。高发犯罪模式的一个例子是在 3 个小时中在一个停车场发生的盗窃车辆案件。虽然在模式中每起案件的犯罪方法可能不同，但是由不同犯罪者在如此短暂的时间和集中的地点实施这些犯罪的可能性不大。因此，虽然没有嫌疑人信息，但是该模式应该是高发犯罪模式。

盗窃车内物品模式

盗窃车内物品是战术犯罪分析中最常被分析的犯罪类型，因此也是被犯罪分析师分析最多的并且产生最多模式的犯罪类型。因为在许多这类案件中没有目击者并且汽车车门没有上锁，所以嫌疑人信息和犯罪方法信息很少。因此，盗窃车内物品的关键特征主要是汽车停放地点类型（如商业区或居住区）、邻近性和案发时间。虽然犯罪者可能在整个城市中实施这些犯罪，但是因为犯罪分析师通常缺少嫌疑人信息，所以主要根据邻近性识别模式（热点区域犯罪模式）。

因为警察的主要目标不是抓捕犯罪者，而是保护受害者和阻止犯罪者在特定的区域实施犯罪，所以热点区域犯罪模式能够为警察响应提供帮助。分析师可以根据犯罪方法（如使用火花塞或玻璃打孔机打碎玻璃）、被盗财物类型（热点财物，如手机、GPS 设备）和地点类型（热点环境，如托儿所、体育馆）识别特定的模式。但是在大部分模式识别中，分析师主要根据邻近性识别模式。

例子：佛罗里达州皮尔斯堡公寓社区盗窃车内物品案件，高发犯罪模式。未知嫌疑人将公寓社内未锁汽车作为主要犯罪目标。案件都发生在夜里。被盗财物包括音响面板、CD 和其他私人物品。根据该模式提供的信息，警察响应可能包括：在模式区域内使用汽车或自行车进行定向巡逻；在该区

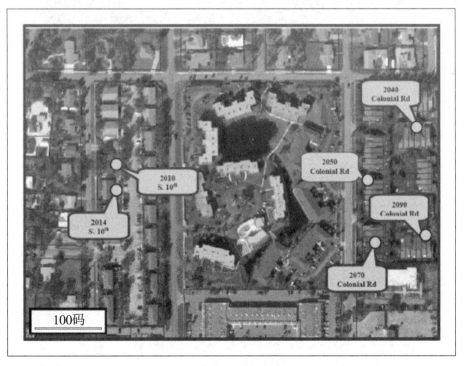

图 10.4　盗窃车内物品高发犯罪模式地图

来源：佛罗里达州圣彼得堡警察局艾普丽尔·李（April Lee）

域内进行现场访问；通过邮件、走访或911回访与模式区域中的居民联系，提醒他们注意安全并向他们提供犯罪预防建议（见图10.4）。

　　例子：佛罗里达州圣卢西亚港商业区盗窃车内物品案件，高发犯罪模式。在某个星期一的20时30分至22时，在某个商业区停车场中的3辆汽车内的物品被盗（见图10.5）。当受害者在房屋内时，3辆汽车的窗户被敲碎，前座的手提包被拿走。根据该模式提供的信息，警察的响应可能包括联系模式区域中特定的商业机构，向它们提供犯罪预防建议，即要求顾客不要把他们手提包留在车内可见的地方并鼓励他们观察停车场内可疑的人员。在这里，定向巡逻和守候监视可能不现实，因为犯罪发生的速度很快并且在2个地点发生。

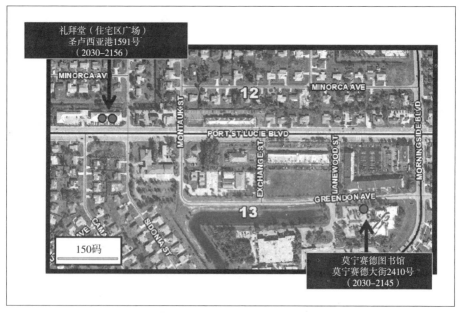

图10.5　商业区盗窃车内物品高发犯罪模式地图
来源：佛罗里达州圣卢西亚港警察局米歇尔·奇托莱（Michelle Chitolie）

　　例子：佛罗里达州圣卢西亚港盗窃车内物品案件，热点区域犯罪模式。在10天的晚上，未知嫌疑人将半径为3.5千米的区域（地图上大圆圈）内的6辆未锁汽车（地图上标有数字的白点）作为犯罪目标（见图10.6）。被盗物品包括三个GPS设备、枪支和匕首。在一起案件中，没有物品被盗。

其他三起案件（地图上没有标数字的圆圈）在上个月的一个周末发生。两名入室盗窃和偷窃前科人员（地图上正方形）居住在该模式区域内。除了向居民提供该模式信息、调查前科人员、定向巡逻和现场访问之外，在这种情况中警察也可以使用汽车进行诱惑侦查，因为这些案发地点较近并且在 3 起案件中 GPS 设备被盗。

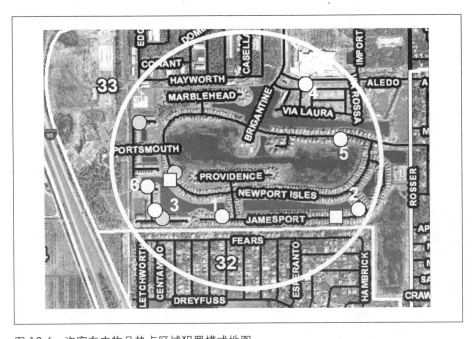

图 10.6　盗窃车内物品热点区域犯罪模式地图

来源：佛罗里达州圣卢西亚港警察局谢丽尔·戴维斯（Cheryl Davis）（查看完整的彩色模式简报，请访问"http://www.sagepub.com/bobasantos3e"）

例子：德克萨斯州阿林顿盗窃车内第三排座位案件，热点财物犯罪模式。 从 2011 年 1 月至 3 月，一共发生了 9 起盗窃车内物品案件。在这些案件中，大型越野车的第三排座位被盗。在 2010 年，一共发生了 10 起类似案件。在邻近城镇从 2010 年开始到现在一共发生了大约 28 起案件。成为目标的车辆包括雪佛兰塔荷、卡迪拉克凯雷德和通用萨博班。嫌疑人通过打穿门锁，或暴力打开后窗，或暴力打开后门，进入汽车。因为这些汽车非常普遍并且犯罪在多个辖区发生，所以警察部门可以通过媒体向越野车车主和市民提供相关信息，使他们能够保护他们自己的汽车并提高对这些犯罪的警惕性。而如定向巡逻和现场调查等警察响应则不太可能消除这类犯罪模式。

来源：德克萨斯州阿林顿警察局摩根·卡莱尔（Morgan Carlisle）（查看完整的彩色模式简报，请访问 "http://www.sagepub.com/bobasantos3e"）

盗窃车辆模式

除了用于模式分析的信息较少（因为作为犯罪目标的车辆被偷走了），盗窃车辆犯罪与盗窃车内物品犯罪相似。虽然关于车辆为什么和如何被盗的信息可以从之后被追回的车辆中获取（如没有物品被盗并且车内汽油被用完了表明犯罪者偷车是为了开车兜风），但是车辆一般都是在数天或数月后才被追回的，并且有时候不是所有的车辆都能被追回，因此这些车辆对识别当前犯罪模式用处不大。识别盗窃车辆模式的关键特征是邻近性（热点区域）、时间、地点类型（热点环境）和车辆类型（热点财物）。

例子：**佛罗里达州圣卢西亚港盗窃思域汽车案件，热点财物犯罪模式。**在5周中，8辆本田思域或讴歌英特格拉汽车天黑后在住所前被盗。在每起案件中，受害者已经使用其他零部件和配件将汽车改装成赛车了。在除两起

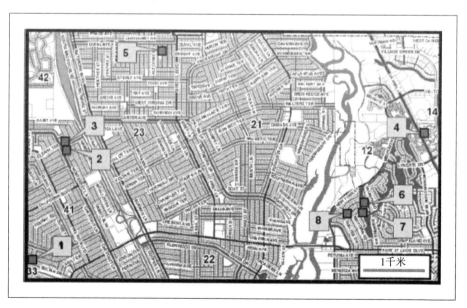

图 10.7　盗窃思域汽车地图

来源：佛罗里达州圣卢西亚港警察局谢丽尔·戴维斯（Cheryl Davis）

案件之外的所有案件中，受害者都是西班牙籍男性。根据该模式提供的信息，警察响应可能包括：在媒体上发布模式信息，因为难以识别具体的、潜在的受害者（指拥有这些类型车辆并且已经将汽车改装的人）；在案件 6、案件 7 和案件 8 发生的区域实行诱惑侦查，因为这些犯罪是最近发生的并且在非常小的区域内（见图 10.7）。但是，后面的响应取决于警察是否拥有与已经成为犯罪目标的汽车一样的汽车。

　　例子：德克萨斯州阿林顿盗窃敞篷卡车案件，热点财物犯罪模式。 在 8 月 1 日至 9 月 13 日，在 Z 区域一共发生了 23 起盗窃汽车案件和盗窃敞篷卡车未遂案件（见图 10.8）。所有盗窃都发生在晚上。只有 7 辆汽车被追回，并且其中 5 辆在相邻辖区被追回。几乎所有的车辆都是从受害者的车道被偷走的，而不是远离街道。最常用的侵入方式是撬开汽车门锁或在汽车门锁上打孔，然后为了盗取车辆，嫌疑人破坏驾驶杆或点火装置。只有一辆汽车的窗户被破坏，并且在该案件中嫌疑人也破坏了汽车门锁。

图 10.8　盗窃敞篷卡车案件地图

来源：德克萨斯州阿林顿警察局亚历克斯·施耐德（Alex Schneider）（查看完整的彩色模式简报，请访问"http://www.sagepub.com/bobasantos3e"）

　　根据该模式提供的信息，警察响应可能包括在媒体上发布模式信息，因为难以识别具体的、潜在的受害者（指拥有这些类型车辆并且把汽车停放在他们车道上的人员）；在最近发生案件的几个区域实行诱惑侦查。但是，后面的响应取决于警察是否拥有与已经成为犯罪目标的汽车一样的汽车。

居住区入室盗窃模式

　　入室盗窃既可以在商业区发生，也可以在居住区发生。虽然一名犯罪者在几周时间中可能同时将这两类地点作为犯罪目标，但是嫌疑人信息的缺乏使我们难以将这两类案件关联在一起。由于该原因以及商业区和居住区入室盗窃机会的不同，所以分析师通常单独分析居住区和商业区入室盗窃。

识别居住区入室盗窃模式的关键特征包括住所类型和邻近性。因为入室盗窃机会因住所类型而异，所以分析师经常根据独户房屋、多户房屋、活动房屋等住所类型对模式进行分类。因为邻近住所经常具有相同的特征，相应的犯罪预防建议也是一样的，所以邻近性（热点区域）在居住区入室盗窃模式中非常重要。另外，警察在重点区域实行定向巡逻能够产生最大的效果。当知道准确的犯罪发生时间和星期时，寻找共同的案发时间和星期也非常重要。但是对于在同一区域同类住所但不同星期和时间发生的犯罪，不一定将其从一个模式中剔除。最后，当犯罪方法非常特定时，它在居住区入室盗窃模式中也非常重要。嫌疑人通过滑动玻璃门进入房屋和通过敞开窗户进入另一间房屋的情况不会妨碍犯罪分析师将它们关联在一起。

例子：佛罗里达州圣卢西亚港居住区入室盗窃案件，热点区域犯罪模

式。在5天时间的上午，未知嫌疑人盗窃了5间房屋，主要偷走了项链和电子设备（见图10.9）。其中3起是暴力侵入，并且在其中2起案件中，外面的断电器被关掉。这些案件是在半径为0.4千米的区域内发生，3名盗窃前科人员（灰色正方形）居住在该区域内。

根据该模式提供的信息，警察响应可能包括：在模式区域（半径为0.4千米的区域）进行定向巡逻和现场调查；直接与模式区域内的居民联系，向他们提供犯

图10.9　居住区入室盗窃热点区域犯罪模式地图
来源：佛罗里达州圣卢西亚港警察局米歇尔·奇托莱（Michelle Chitolie）（查看完整的彩色模式简报，请访问"http://www.sagepub.com/bobasantos3e"）

罪预防建议；与模式区域内的社区组织联系，提醒它们注意模式。侦查人员也可以进行并案侦查，因为其中 2 起案件的犯罪方法相同（指关掉断电器），这表明可能是由相同嫌疑人实施的。

例子：德克萨斯州阿林顿盗窃公寓案件，热点地点犯罪模式。在某个巡逻区的两个公寓中发生了许多盗窃案件（见图 10.10）。其中杨木公寓和汇贤公寓在过去 4 周中重复成为犯罪目标。警察没有明确的犯罪嫌疑人。汇贤公寓的一名目击者提供了少量嫌疑人描述信息。嫌疑人为黑人男性，23 至 27 岁，5 英尺 11 英寸高，160 磅，戴着波士顿红袜队帽子，穿着白色圆领无袖健美衫和绿外套，驾驶白色凯迪拉克帝威轿车。在汇贤公寓，犯罪都是在星期三的 9 时至 18 时发生。嫌疑人通过踢开前门进入房屋，然后偷走电视、笔记本电脑、照相机和游戏机。在杨木公寓，犯罪是在一周中任意一天的 16 时至 24 时发生。嫌疑人通过破坏露台的玻璃门进入房屋，然后偷走电视、

图 10.10　盗窃公寓热点区域犯罪模式地图

来源：德克萨斯州阿林顿警察局卡特里娜·希克曼（Katrina Hickman）（查看完整的彩色模式简报，
　　　请访问 "http://www.sagepub.com/bobasantos3e"）

笔记本电脑、台式电脑、游戏机、衣服和项链。

根据该模式提供的信息，警察响应可能包括直接联系这些公寓的管理者，让他们联系和提醒居民。有关模式和犯罪预防建议（如在白天和晚上都关闭门窗和保护好财物）的信息最有用。除了联系公寓管理者和居民，警察也可以进行定向巡逻和盘问白天在社区中出现的可疑人员。

商业区入室盗窃模式

识别商业区入室盗窃模式的关键特征与识别居住区入室盗窃模式的关键特征相似，包括商业区类型和邻近性。因为商业区入室盗窃的目标非常少，所以它与居住区入室盗窃有所不同，因此在许多情况中商业区入室盗窃是在更大的区域内根据商业区类型（如电子设备商店、药店）进行关联的。在一些情况中，具有特定犯罪方法（如通过屋顶空调通风口进入，或者通过凿穿广场里隔壁商业场所的墙壁进入）的商业区类型可以使分析师识别商业区入室盗窃系列犯罪模式。另外，分析师还可以通过分析报警数据确定周边商业区是否存在入室盗窃未遂案件或相似类型的案件。虽然报警数据只有报警日期、时间和位置等信息，但是这些信息能够反映犯罪未遂案件的发生地，并且能够提供更多的帮助制定响应和加强模式识别的信息。

例子：**佛罗里达州圣卢西亚港盗窃酒类专营店案件，系列犯罪模式**。在6月5日的早上，佛罗里达州圣卢西亚港发生了两起盗窃酒类专营店案件。3名男性嫌疑人打碎两家商店的玻璃前门，然后使用回收桶偷走了高端酒。嫌疑人穿着暗色衣服并且戴着黑色手套，其中一名嫌疑人戴着黑色滑雪面具，另一名嫌疑人戴着帽子。其中一名嫌疑人是黑人男子。嫌疑人的车辆为小型黑色货车。其中2起案件的嫌疑人描述信息和犯罪方法与发生在佛罗里达州东岸和西岸的其他18起案件相似（见图10.11）。

佛罗里达州圣卢西亚港警察局的响应可能包括：联系城市中酒类专营店，向它们传播系列犯罪模式信息；要求侦查人员与其他具有相似案件的警察部门合作。另外，也可以通过媒体，提醒市民注意这些犯罪，并为警察部门提供线索。

例子：**佛罗里达州皮尔斯堡商业区入室盗窃案件，系列犯罪模式**。在9天中，一家医院一共发生了8起盗窃办公室案件（见图10.12）。这些案件发

图 10.11　商业区入室盗窃系列犯罪模式地图

来源：佛罗里达州圣卢西亚港警察局谢丽尔·戴维斯（Cheryl Davis）和米
　　　歇尔·奇托莱（Michelle Chitolie）（查看完整的彩色模式简报，请访
　　　问"http://www.sagepub.com/bobasantos3e"）

生在星期二、星期五和星期日的晚上。在其中 6 起案件中，嫌疑人通过打碎
前窗和暴力打开内门进入办公室。其中 2 起案件未遂，因为嫌疑人不能进入
办公室。2 个位置重复被盗 2 次，只有在 3 起案件中有财物被盗。被盗财物
包括现金、衣服和电脑设备。重要的是，该模式既是热点环境犯罪模式（医
院办公室），也是系列犯罪模式（根据犯罪方法、区域和时间确定）。

　　根据该模式提供的信息，警察响应可能包括直接与医院负责人联系，向
他们提供犯罪预防建议并获取案件和潜在嫌疑人的信息。另一项响应是在星
期二、星期四和星期日的晚上对该区域进行守候监视。因为其中 6 起案件发
生在同一幢楼内，所以警察可以建议医院负责人在该楼周围安装摄像头进行
自动监控。但是，这需要时间去购买和安装这些设备，因此该措施更是长期
的响应。

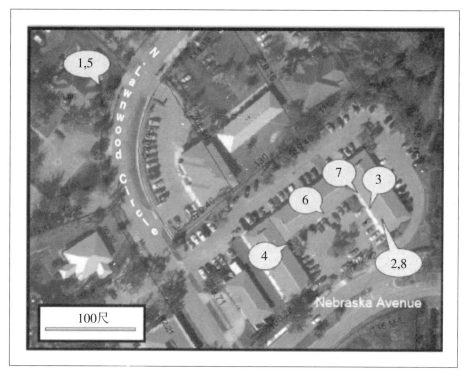

图 10.12　商业区入室盗窃系列犯罪模式地图
来源：佛罗里达州皮尔斯堡警察局艾普丽尔·李（April Lee）

　　例子：佛罗里达州皮尔斯堡商业区入室盗窃案件，热点环境犯罪模式。在 10 周时间的晚上，在具有收银机的并且关着门的商店（如汽油站、电子商店、美容用品店）一共发生了 10 起商业区入室盗窃案件（见图 10.13）。嫌疑人通过打碎前面或后面的玻璃门或窗进入店内。只有在 3 起案件中有现金被盗。在其中两起案件中，监控录像呈现了一名戴着白色手套，用黑色头巾遮住脸、头和脖子，并且穿着暗灰色夹克、黑色裤子和黑色鞋子的嫌疑人。嫌疑人好像进入商店，然后使用撬胎棒撬开收银机。

　　分析师可以根据商业场所的相似特征（如零售商店、大型玻璃门窗、收银机）、犯罪方法、犯罪目标位置（它们位于该区域二条主干道中的一条），关联这些犯罪。因为这些犯罪发生的时间范围（10 周）非常长，所以警察响应的重点在于向公众传播相关信息以及走访沿着这些道路分布的并且具有大型门窗和收银机的商店。犯罪预防建议的重点是：加固门窗；在晚上将现

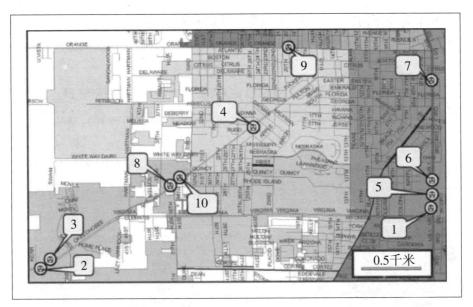

图 10.13　商业区入室盗窃热点环境犯罪模式地图
来源：佛罗里达州皮尔斯堡警察局艾普丽尔·李（April Lee）

金拿走；安装视频监控设备，并确保其正常工作。定向巡逻和守候监视可能不现实，因为犯罪持续的时间比较长并且区域范围比较大。

热点财物模式

一些侵财犯罪模式不具有相同的犯罪类型、嫌疑人或犯罪位置，但是具有相同类型的受害财物。如第 2 章和第 9 章所定义的，热点财物是指重复成为犯罪目标的财物，或者如克拉克（Clarke）（1999）所定义的，热点财物是指"最吸引小偷的消费者物品"（p.23）。某类财物想要成为热点财物，它必须符合以下标准："可隐藏性、可移动性、可获取性、价值性、使用性和可处置性"（p.25）。热点财物类型包括贵重金属（如催化转换器中的黄金、铜和铂）、手机、电话、笔记本电脑和手枪。在战术犯罪分析中，模式重点关注最近受害的财物，但是在模式中通常也会有长期受害的财物，如项链和电子设备。在分析长期受害财物时，问题分析比模式分析更合适（详见第 13 章和第 14 章）。

识别热点财物模式的关键特征是受害财物的类型。财物可以在一类犯罪

（如偷窃）或不同类型犯罪（如偷窃、抢劫和入室盗窃）中受害。因为财物的类型是固定的，所以热点财物模式比较简单，但是警察对这类模式的响应具有挑战性。

例子：德克萨斯州阿林顿盗窃电池和铜案件，热点财物犯罪模式。在 5 个月中，阿林顿当地有线电视公司已经报告了 108 起盗窃案件。在这些案件中，嫌疑人从存放备份电缆系统的设备箱中盗走了大型铅蓄电池和铜线（见图 10.14）。由于报警是在之前一个月网上提交的并且提供的信息量很少，因此大部分案件的案发日期和时间未知。在周边辖区也有类似的案件发生。在 5 月份，一名嫌疑人因破坏有线电视公司的设备箱被逮捕，但是从那以后依然有类似案件发生，并且该名嫌疑人与在犯罪现场记录的监控图像中的嫌疑人的描述特征不符。

左图：每个设备箱存放 3 至 12 个电池和一个电源装置。这些设备箱经常沿着道路或者人行道放置。

（在每个电源装置内有铜线圈）

下图：被盗电池。每个电池的重量约为 75 磅，并且每个电池与大型汽车电池相似。

图 10.14　设备箱和电池

来源：德克萨斯州阿林顿警察局布兰迪·克里斯顿（Brandi Christon）（查看完整的彩色模式简报，请访问 "http://www.sagepub.com/bobasantos3e"）

警察响应的重点在于建议有线电视公司加强对设备箱的保护和利用有线电视公司的监控视频对犯罪进行侦查。对于该模式，定向巡逻可能不现实，因为设备箱分布于整个辖区内。

例子：佛罗里达州圣卢西亚港抢夺金项链案件，热点财物犯罪模式。在圣诞节前后的两个月，在整个城市一共发生了 19 起抢夺金项链案件（见图 10.15）。在这些案件中，许多不同的嫌疑人被识别，但是在大部分案件中有 1 至 6 名嫌疑人在商业场所外徒步靠近受害者。在一些案件中，嫌疑人先与受害者交谈，然后从受害者的脖子上抢走金项链。

因为犯罪遍布整个城市，并且犯罪发生过程非常快，所以定向巡逻不现

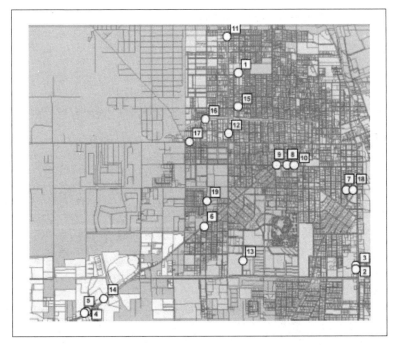

图 10.15　抢夺案件地图

来源：佛罗里达州皮尔斯堡警察局艾普丽尔·李（April Lee）（查看完整的彩色模式简报，请访问
"http://www.sagepub.com/bobasantos3e"）

实，因此警察响应的重点在于提醒公众注意这些犯罪以及向市民提供保护他
们金项链的犯罪预防建议。另外，为了识别犯罪者，侦查人员可以联系典当
店和其他黄金收购者，确定被抢项链被兑换成现金的地方。

10.4 总结

本章主要介绍了如何识别有意义的并且能够帮助警察制定问题解决响应
的模式。为了给犯罪减少工作提供有用的信息，犯罪分析师必须理解针对不
同的模式警察应该采取何种响应。本章的例子只是犯罪分析过程中被识别
的其中一种可能的模式。更多有关犯罪分析师识别的模式，请访问"http://
www.sagepub.com/bobasantos3e"网站。本章最重要的一点是分析师应该批
判性地思考他们所提供的信息的用途，并且应该使用有关犯罪、社区和他们

部门响应的知识帮助识别有意义的模式。

要点总结

本章主要讨论了犯罪分析师如何识别对警察有用的和有意义的模式。下面是本章的要点：

1. 对于人身犯罪和侵财犯罪，战术犯罪分析的模式识别是不同的。

2. 人身犯罪是将人作为犯罪目标的犯罪。常进行模式分析的人身犯罪包括抢劫、陌生人性攻击、猥亵暴露和公共场所性猥亵。

3. 侵财犯罪是把财物作为犯罪目标的犯罪。常进行模式分析的侵财犯罪包括盗窃车内物品、盗窃车辆、居住区入室盗窃和商业区入室盗窃。当盗窃建筑物内物品、非法侵入、重大偷窃和刑事破坏等事件与上述侵财犯罪相关时，或者当在这些事件中存在明显的破坏公私财物和盗窃财物行为时，分析师也对这些事件进行分析。

4. 警察解决模式的响应是非常直接的，主要包括抓捕犯罪者、阻止犯罪者和预防犯罪。具体而言，它们包括定向巡逻、现场盘问、守候监视、诱饵侦查、串并案件、直接与潜在受害者交流、"9·11"回访和走访群众。

5. 定向巡逻是指警察在模式发生区域和时间进行针对性的巡逻。

6. 现场盘问是指警察在定向巡逻时直接对模式区域中的可疑人员进行盘问。

7. 守候监视是指为了抓获犯罪者警察在犯罪发生的特定区域和时间进行守候和监视。

8. 诱惑侦查要求警察将已经成为犯罪目标的人员或财物作为犯罪者的诱饵，然后直接观察诱饵，或者使用电子监控设备进行监控，从而抓获犯罪者或记录正在实施犯罪的犯罪者。

9. 当与模式中一起或多起犯罪相关的案件被侦破后，警察就可以利用破获的案件串并其他相关案件。

10. 警察可以直接与潜在受害者交流，向他们提供详细的模式信息、犯罪预防建议和联系方式。

11. "9·11"回访是允许警察联系模式区域中的居民和商业机构，向他们提供犯罪模式信息和犯罪预防建议的技术。

12. 通过向公众传播模式信息，警察鼓励公众向他们提供其他有关犯罪的信息和报告尚未报告的犯罪。另外，当犯罪者知道警察已经知道他们的行为时，他们可能停止继续犯罪。

13. 因为在人身犯罪模式中具有嫌疑人描述信息和犯罪方法信息，所以警察的响应主要是加强侦查和提高抓捕率。

14. 因为抓获侵财犯罪嫌疑人的可能性比抓获人身犯罪嫌疑人的可能性低，所以警察对侵财犯罪模式的响应更多的是阻止犯罪者实施犯罪和鼓励受害者保护他们自己的财物。

15. 为了识别模式，犯罪分析师应该同时考虑犯罪的行为特征和法律层面的犯罪分类。

16. 除非嫌疑人被抓获并认罪，否则就不能完全确定嫌疑人是否采用相同的犯罪方法实施了所有的犯罪。对犯罪方法特征和体貌特征进行分析也不是经常能识别模式。分析师必须意识到当时的情景可能会使犯罪者改变犯罪方法，并且目击者的描述经常存在问题。

17. 人身犯罪分析主要是根据嫌疑人的行为信息和描述信息对犯罪进行关联，并且主要识别系列犯罪模式和高发犯罪模式。

18. 识别抢劫犯罪模式的关键特征主要包括犯罪过程中的嫌疑人行为和受害者或地点的类型。

19. 识别性犯罪模式的关键特征主要包括犯罪过程中的嫌疑人行为和受害者的类型。

20. 侵财犯罪分析主要是根据犯罪类型、地点类型和时空邻近性，对犯罪进行关联。模式的类型通常有高发犯罪模式、热点区域犯罪模式、热点环境犯罪模式和热点财物犯罪模式。

21. 识别盗窃车内物品模式的关键特征主要包括汽车停放地点类型（如居住区、商业区）、邻近性和案发时间。

22. 识别盗窃车辆模式的关键特征主要包括邻近性（热点区域）、时间和地点类型（如居住区和商业区）。

23. 识别居住区入室盗窃模式的关键特征主要包括住所类型和邻近性。

24. 识别商业区入室盗窃模式的关键特征与识别居住区入室盗窃模式的

关键特征相似，主要包括商业区类型和邻近性。

25. 有些侵财犯罪模式不是以相同类型犯罪、相同嫌疑人或相同类型犯罪位置为特征，而是具有相同类型的受害财物。识别热点财物模式的关键特征主要包括受害财物的类型。财物可以在一类或不同类型的犯罪中受害。

讨论与练习 *

练习1

介绍你将如何采用归纳或演绎的方法识别便利店抢劫模式，并列举最重要的犯罪特征。另外，介绍你将如何通过检索数据库，识别模式中的案件。针对商业区入室盗窃模式，重复该过程。

练习2

根据模式的类型（如热点财物模式、热点地点模式、系列犯罪模式）对下面每个模式进行分类。针对每个模式，你将采用本章所讨论的哪些警察响应对它作出响应？

- 在整个城市发生的4起商业区纵火案件。在火灾警报器被触发后，一名男子被发现带着珠宝直接离开商店。
- 在3个小时中，在公寓停车场发生的7起盗窃车内物品案件。
- 在特定区域由相同嫌疑人实施的针对移民家庭的4起入室抢劫案件。
- 在整个城市宾馆停车场发生的盗窃租赁车辆内GPS设备的案件。
- 在过去4周白天在郊区居住区发生的8起入室盗窃案件。在这些案件中，侵入方式没有明显的相似并且嫌疑人未知。
- 在3周中，在大学校园周围零售区域停车场发生的15起盗窃车内物品案件、一些涂鸦案件和两起抢劫顾客案件。
- 由不同嫌疑人实施的夜间抢劫24小时便利店的案件。

* 其他使用数据的练习题和其他资源可以在"http://www.sagepub.com/bobasantos3e"中找到。

第 11 章

描述和传播模式

如果犯罪分析的目的是为了给警察提供帮助，那么在识别模式、侦查对象或其他信息之后，分析师应该将相关的信息传递给相关的人员。本章主要介绍了犯罪分析师用来描述和传播犯罪模式的技术。但是，分析师也可以使用这些技术来理解犯罪特征的共性以及识别模式，如根据犯罪发生的时间和星期对入室盗窃案件进行制图。另外，本章也提供了应用这些技术进行分析的例子，但主要还是介绍了如何制作战术犯罪分析产品。

11.1 描述模式

一般而言，犯罪模式信息主要由犯罪如何发生（指犯罪方法）、由谁实施（指嫌疑人描述信息）、何时发生（指时间序列分析）和在哪里发生（指空间分析）等内容组成。描述模式的这些内容是为了总结案件的所有信息，形成一个分析的单元，而不是重复每起案件的信息。

11.1.1 犯罪方法信息

因为犯罪分析师识别的模式是根据各种特征对案件之间关系所进行的推测，所以当传播模式信息时，在语句中应体现这点。另外，因为没有方法能够单独根据犯罪方法识别模式，所以犯罪分析师应使用如"犯罪者好像"、"根据有效信息表明"等语句来表明犯罪方法特征对识别模式的不确定性。

只有在少部分模式中，每起案件的犯罪方法几乎是完全相同的。在大部分情况中，它们的犯罪方法存在部分差异。因此，在对模式中的犯罪方法进行描述时，分析师不仅应该关注所有案件中的相同特征，而且也应该关注不同的特征。例如，下面是第 10 章所介绍的系列抢劫案件中的 10 起案件的犯罪方法：

- 两名黑人男子靠近受害者。他们把 T 恤盖在头上，并晃动手枪。
- 两名黑人男子戴着滑雪面具，开了一枪。
- 一名嫌疑人戴着白色万圣节面具，另一名嫌疑人在头上没有戴任何东西。嫌疑人开了 2 至 3 枪。
- 两名黑人男子进入受害者的前院，打晕受害者，然后抢走受害者的钱包。
- 两名黑人男子进入受害者的住所，然后威胁受害者交出钱。
- 两名黑人男子在受害者的房屋外靠近受害者，然后威胁受害者交出钱。嫌疑人开了 5 枪。
- 两名黑人男子将受害者打倒在地，然后从他的脖子上抢走金项链。
- 黑人男子在人行道上威胁受害者交出钱。
- 四名黑人男子跳向受害者，用棒子击打受害者的头部，然后抢走钱。所有嫌疑人在头上都套着黑色 T 恤。
- 三名黑人男子在受害者的房屋外靠近受害者，然后用枪指向受害者的头部，最后从受害者钱包里抢走现金。

虽然每起案件的犯罪方法略微不同，但是该模式中的犯罪方法可以总结为：

> 未知黑人男子靠近沿街行走的或在他们房屋内外的受害者，然后使用未知的手枪威胁他们交出钱。在其中 4 起抢劫案件中，嫌疑人使用面具或 T 恤遮住他们的脸部。在其中 3 起案件中，在威胁受害者交出钱包和钱之后，嫌疑人朝受害者开了一枪或数枪，但是没有打伤受害者。在其中 9 起案件中，嫌疑人徒步逃离现场，在其中 1 起案件中，嫌疑人开车逃离现场。

模式中的犯罪方法信息是对模式中所有案件信息的关联和综合，而不是对每起案件过程的重述。上述例子比较复杂，因为其中的案件都是人身犯罪。而侵财犯罪模式中的犯罪方法则相对而言比较简单，尤其是当不存在暴力进入汽车或房屋时。

11.1.2 嫌疑人和车辆的描述信息

当描述一个模式时，犯罪分析师可以采用相同的方法处理嫌疑人描述信息和车辆描述信息。在大部分模式中，存在来自不同案件的不同的嫌疑人描述信息，这些描述信息构成了模式中的嫌疑人描述信息，但是这些描述信息在细节方面存在差异。嫌疑人描述信息提供了嫌疑人最特定的信息，但没有排除任何案件描述信息。如第 9 章所讨论的，嫌疑人描述信息的重点在于静态体貌特征（如身高、体重）而不是动态体貌特征（如衣着）。例如，下面是来自陌生人强奸模式中不同案件的嫌疑人描述信息：

- 白人男子，中等身高，中等体型。
- 白人男子，5 英尺 10 英寸至 6 英尺高，180 至 200 磅，棕色头发。
- 白人男子，6 英尺 1 英寸高，210 磅，棕色卷曲头发，右臂蛇形纹身。

根据上述描述信息，该模式的嫌疑人描述信息可以总结为白人男子、5 英尺 10 英寸至 6 英尺 1 英寸高、180 至 210 磅、棕色卷曲头发和右臂蛇形纹身。虽然该嫌疑人描述信息只是基于其中一名目击者的描述信息，但是该目击者的描述信息并没有与其他目击者的描述信息相冲突，并且该嫌疑人描述信息不仅包含了上述三个描述信息中的身体和体重信息，而且也包含了更特殊的头发和纹身信息。在描述信息存在冲突但案件依然被认为相关时，分析师应该列出不同可能的嫌疑人描述信息。当描述嫌疑人（如醉酒人员）或车辆（如肮脏汽车）的动态特征时，这种情况经常发生。分析师可以采用相同的方法处理车辆描述信息。车辆描述信息提供了车辆特定的信息，但没有排除任何案件描述信息。车辆的官方描述信息（如标签、制造商、车型、颜色）比车辆的动态特征（如挡泥板上的凹痕）更重要。

11.1.3 时间序列分析

对于识别和描述模式而言，最重要的犯罪事件特征是时间、星期和案件发生次序。分析这些特征的方法称为时间序列分析（time series analysis），也称为时间分析（temporal analysis）（Paulsen, Bair, & Helms, 2009）。因为犯罪分析师主要分析小数据量的案件（通常少于 25 起），所以如平均值和标准差等描述集中趋势的统计量不适合在这里使用。分析师可以使用频数和百分比描述模式的时间特征。

准确时间

准确时间序列分析（exact time series analysis）是指对具有准确案发时间的案件（如抢劫、性攻击）所进行的分析。在犯罪分析中分析师通常使用军事时间，这允许分析师使用数学函数处理（指加和减）时间变量并把时间变量值转换为最近的时间。虽然归整降低了时间的准确性，但是这有利于生成清晰、易懂的结果。例如，案发时间 9 时 35 分被转换为 "0900-0959"，案发时间 22 时 15 分被转换为 "2200-2259"。表 11.1 是抢劫模式的案件列表，它展示了每起案件的准确发生时间和归整后的时间。

表 11.1　抢劫模式案件列表

案　件	案发时间	归整时间
1	20：56	2000-2059
2	22：45	2200-2259
3	16：33	1600-1659
4	17：45	1700-1759
5	12：02	0000-0059
6	19：48	1900-1959
7	21：55	2100-2159
8	19：16	1900-1959
9	22：30	2200-2259
10	17：46	1700-1759

案　件	案发时间	归整时间
11	22：22	2200-2259
12	20：16	2000-2059
13	21：25	2100-2159
14	19：56	1900-1959
15	21：12	2100-2159

　　虽然每起案件的准确发生时间是重要的，但是这类分析的目标是通过组织这些时间信息呈现整个模式的时间分布。表 11.2 展示了每个小时的抢劫数量。这是展示模式中案发时间的一种有效方法。虽然表 11.2 是对表 11.1 的提炼，但是当这些信息以图 11.1 所示的形式展示时，结果将更加容易理解，因为该图清晰地显示了大部分抢劫案件发生在晚上。因此，这类展示形式能够更加有效地向警察传播模式信息。

表 11.2　每小时抢劫数量

时　间	数　量	时　间	数　量
0000-0059	1	1200-1259	0
0100-0159	0	1300-1359	0
0200-0259	0	1400-1459	0
0300-0359	0	1500-1559	0
0400-0459	0	1600-1659	1
0500-0559	0	1700-1759	2
0600-0659	0	1800-1859	0
0700-0759	0	1900-1959	3
0800-0859	0	2000-2059	2
0900-0959	0	2100-2159	3
1000-1059	0	2200-2259	3
1100-1159	0	2300-2359	0

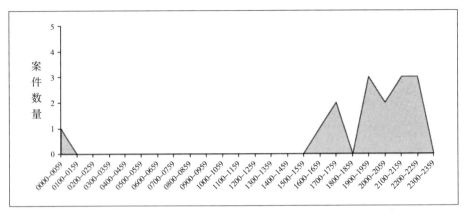

图 11.1　每小时抢劫数量图

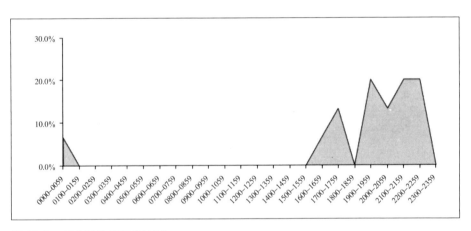

图 11.2　每小时抢劫百分比图

　　另一种展示模式中时间序列分析结果的方法是将案件数量转换为案件百分比。也就是说，每小时的变量值不再是该小时的案件数量，而是该小时案件数量除以案件总数所得到的百分比。在该例子中，案件总数是 15，所以每起案件的百分比是 6.7%（1/15）。表 11.3 展示了每个小时的抢劫数量和百分比。图 11.2 则以图表形式展示了每个小时案件数量的百分比。虽然图 11.1 和图 11.2 看起来相似，但是它们具有不同的用途和功能。分析师可以使用百分比图来分析具有不同分布的模式（如具有 10 起案件的模式与具有 25 起案件的模式）。

表 11.3　每小时抢劫数量和百分比

时　　间	数　量	百分比
0000-0059	1	6.70%
0100-0159	0	0.00%
0200-0259	0	0.00%
0300-0359	0	0.00%
0400-0459	0	0.00%
0500-0559	0	0.00%
0600-0659	0	0.00%
0700-0759	0	0.00%
0800-0859	0	0.00%
0900-0959	0	0.00%
1000-1059	0	0.00%
1100-1159	0	0.00%
1200-1259	0	0.00%
1300-1359	0	0.00%
1400-1459	0	0.00%
1500-1559	0	0.00%
1600-1659	1	6.70%
1700-1759	2	13.30%
1800-1859	0	0.00%
1900-1959	3	20.00%
2000-2059	2	13.30%
2100-2159	3	20.00%
2200-2259	3	20.00%
2300-2359	0	0.00%

准确星期

　　分析师也可以以星期为单位使用相同的方法统计犯罪数量。表 11.4 展示了一周中每天的犯罪数量和百分比。图 11.3 以图表形式展示了一周中每天的犯罪数量。图 11.4 展示了一周中每天犯罪数量的百分比。犯罪分析师通常使用条形图展示这些信息。

表 11.4　一周中每天的抢劫数量和百分比

星　期	数　量	百分比
星期日	1	6.70%
星期一	1	6.70%
星期二	0	0.00%
星期三	1	6.70%
星期四	3	20.00%
星期五	4	26.70%
星期六	5	33.30%

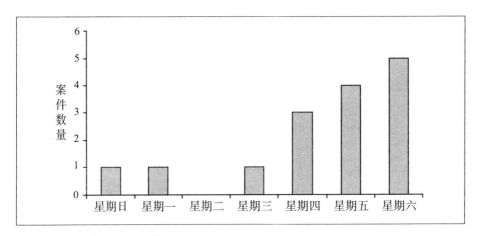

图 11.3　一周中每天抢劫数量图

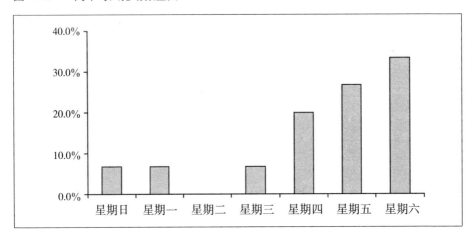

图 11.4　一周中每天抢劫百分比图

准确的时间和星期

上面介绍的两项技术分别以时间和星期为单位展示了时间信息。但是，对于犯罪分析师而言，更重要的是了解哪些时间和星期组合在模式中频繁出现。表 11.5 是案件列表，展示了每起案件的发生时间和星期。表 11.6 是时间和星期这两个变量的交叉列表（cross-tabulation），展示了相应时间和星期的犯罪数量。

表 11.5　案件列表

案　件	案发时间	案发星期
1	12：02	星期日
2	16：33	星期六
3	17：45	星期六
4	17：46	星期五
5	19：16	星期六
6	19：48	星期四
7	19：56	星期四
8	20：16	星期五
9	20：56	星期一
10	21：12	星期六
11	21：25	星期六
12	21：55	星期五
13	22：22	星期三
14	22：30	星期四
15	22：45	星期五

表 11.6　时间和星期交叉列表

时　间	星期日	星期一	星期二	星期三	星期四	星期五	星期六
0000-0059	1						
0100-0159							
0200-0259							

时　　间	星期日	星期一	星期二	星期三	星期四	星期五	星期六
0300-0359							
0400-0459							
0500-0559							
0600-0659							
0700-0759							
0800-0859							
0900-0959							
1000-1059							
1100-1159							
1200-1259							
1300-1359							
1400-1459							
1500-1559							
1600-1659							1
1700-1759						1	1
1800-1859							
1900-1959						2		1
2000-2059	1					1	
2100-2159						1	2
2200-2259				1	1	1	
2300-2359							

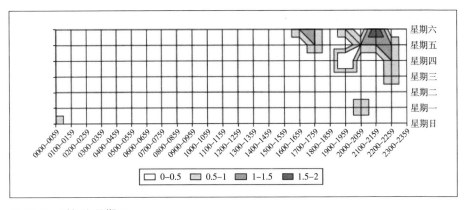

图 11.5　时间和星期图

与前面例子中的结果相似，这些数据也可以用于制作可视化展示和传播结果的图表，如图 11.5。在图 11.5 中，阴影区域越暗表明在该时间和星期所发生的案件越多（如图例所示）。根据该图，分析师可以发现在该模式中抢劫更多地发生在星期四、星期五和星期六的晚上。如果展示的案件越多或者在战略犯罪分析中一次分析大量的案件，那么这类图表将更能发挥作用。

准确日期：案件之间的间隔时间

最后，分析师也可以通过分析模式中案件之间的间隔天数，深入理解模式的时间特征。例如，一名通过抢劫满足毒瘾的嫌疑人如果抢的财物少了，那么他可能更加频繁地犯罪。但是，因为许多不同的因素（如天气、工作、疾病、机会等）可以影响案件之间的间隔时间，所以当实施这类分析时，分析师不能对模式或犯罪者作出太多的假设。表 11.7 列举了抢劫模式中每起案件的案发时间和与上起案件之间的间隔天数。

表 11.7 抢劫案件之间的间隔时间

案 件	案发日期	间隔天数
1	12/3/2011	0
2	12/11/2011	8
3	12/18/2011	7
4	12/23/2011	5
5	12/28/2011	5
6	1/1/2012	4
7	1/4/2012	3
8	1/7/2012	3
9	1/9/2012	2
10	1/11/2012	2
11	1/12/2012	1
12	1/13/2012	1
13	1/14/2012	1

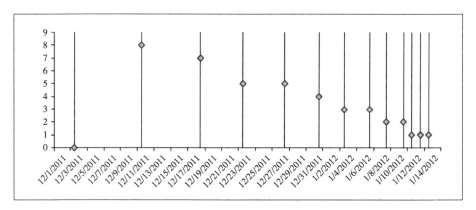

图 11.6 抢劫案件间隔时间的图形描述

图 11.6 以图表形式展示了表 11.7 中的信息。在该图中，X 轴表示模式的日期范围（如 12/01/2011 至 01/15/2012），垂直线段表示犯罪发生的日期，垂直线段上的正方形表示该条线段所对应案件与上起案件之间的间隔天数（Y 轴）。这类图表称为速率图（tempogram）（Helms, 2004）。它能反映犯罪发生的速度是否正在加速，即是否正在变得更加频繁。当对模式进行制图（本章稍后介绍的技术）时，分析师也可以对案件之间的间隔时间信息进行制图。这类分析可以反映在模式中是否存在特定的速率。也就是说，模式是否是加速的、平稳的或减速的。在加速模式中，案件之间的间隔时间随着模式的发展而减小。在减速模式中，案件之间的间隔时间随着模式的发展而增加。在平稳模式中，案件之间的间隔时间随着模式的发展而保持不变。通过分析模式中案件之间的间隔时间，犯罪分析师可以预测模式中未来案件的发生时间。

加权时间范围分析

针对准确时间和星期的时间序列分析方法不适合用于分析案发时间为时间范围（如 7∶00 至 17∶00）的犯罪类型（通常为侵财犯罪）。虽然时间范围信息不如准确时间信息准确，但是它依然能够帮助分析师关联案件和更加深入地理解犯罪模式。时间范围有两个重要的内容：时间范围的开始时间和结束时间、时间范围的长度。例如，一个开始于 16 时、结束于 24 时的时间范围与一个开始于 4 时、结束于 12 时的时间范围是不同的，即使它们的时间长度都是 8 小时。另外，1 个小时的时间范围比 5 个小时的时间范围能够更加准确地估计犯罪发生时间。在时间序列分析中，分析师应该考虑时间范围的这两个内容[1]。

在加权时间范围分析（weighted time span analysis）[2]中，每个时间范围的权重为 1，时间范围内每个小时的权重为其在时间范围内所占的比例。例如，对于 5 个小时的时间范围，每个小时的权重是整个时间范围权重的五分之一，即其权重为 0.2（1 个小时是 5 个小时时间范围的 20%）。类似地，在 8 个小时的时间范围内，每个小时的权重是整个时间范围权重的八分之一，即其权重为 0.125（12.5%）。表 11.8 展示了每起案件的可能开始时间、归整的开始时间、可能结束时间、归整的结束时间、时间范围长度和时间范围内每个小时的权重（如案件 1 的时间范围为 6 个小时，那么该时间范围内每个小时的权重为 1/6 或 0.17）。

表 11.8　时间范围数据

案件	可能开始时间	归整的开始时间	可能结束时间	归整的结束时间	时间范围长度	每小时权重
1	10：00	1000-1059	15：15	1500-1559	6	0.17
2	11：15	1100-1159	14：30	1400-1459	4	0.25
3	9：15	0900-0959	19：15	1900-1959	11	0.09
4	8：00	0800-0859	17：00	1700-1759	10	0.10
5	7：30	0700-0759	17：30	1700-1759	11	0.09
6	8：15	0800-0859	16：30	1600-1659	9	0.11
7	10：30	1000-1059	13：30	1300-1359	4	0.25
8	12：30	1200-1259	18：30	1800-1859	7	0.14
9	12：15	1200-1259	16：30	1600-1659	5	0.20
10	9：45	0900-0959	18：15	1800-1859	10	0.10
11	8：45	0800-0859	17：15	1700-1759	10	0.10
12	8：30	0800-0859	16：30	1600-1659	9	0.11

在确定每起案件时间范围内每个小时的权重之后，分析师就可以将这些权重分配给对应案件时间范围内的每个小时，然后一起分析这些权重。在表 11.9 中，行表示时间，列表示案件，其中数字表示模式中相应案件和其相应

时间范围内每个小时的权重（如在案件 1 中，在"1000-1059"至"1500-1559"的时间范围内每个小时的权重为 0.17）。重要的"总数"列在右边，表示每个小时所有案件权重之和，"百分比"表示每个小时所有案件权重总数除以所有小时所有案件权重总数所得到的值（如"1000-1059"的权重总数为 1.12，其为所有小时权重总数 11.96 的 9.4%）。

表 11.9　每小时权重的总数和百分比

时 间	案 例												总数	百分比
	1	2	3	4	5	6	7	8	9	10	11	12		
0000-0059													0.00	0.00%
0100-0159													0.00	0.00%
0200-0259													0.00	0.00%
0300-0359													0.00	0.00%
0400-0459													0.00	0.00%
0500-0559													0.00	0.00%
0600-0659													0.00	0.00%
0700-0759					0.09								0.09	0.80%
0800-0859				0.10	0.09	0.11				0.10	0.11		0.51	4.3%
0900-0959			0.09	0.10	0.09	0.11				0.10	0.10	0.11	0.70	5.9%
1000-1059	0.17		0.09	0.10	0.09	0.11	0.25			0.10	0.10	0.11	1.12	9.4%
1100-1159	0.17	0.25	0.09	0.10	0.09	0.11	0.25			0.10	0.10	0.11	1.37	11.50%
1200-1259	0.17	0.25	0.09	0.10	0.09	0.11	0.25	0.14	0.20	0.10	0.10	0.11	1.71	14.30%
1300-1359	0.17	0.25	0.09	0.10	0.09	0.11	0.25	0.14	0.20	0.10	0.10	0.11	1.71	14.30%
1400-1459	0.17	0.25	0.09	0.10	0.09	0.11		0.14	0.20	0.10	0.10	0.11	1.46	12.20%
1500-1559	0.17		0.09	0.10	0.09	0.11		0.14	0.20	0.10	0.10	0.11	1.21	10.10%
1600-1659			0.09	0.10	0.09	0.11		0.14	0.20	0.10	0.10	0.11	1.04	8.70%
1700-1759			0.09	0.10	0.09			0.14		0.10	0.10		0.62	5.20%
1800-1859			0.09					0.14		0.10			0.33	2.80%
1900-1959			0.09										0.09	0.80%
2000-2059													0.00	0.00%
2100-2159													0.00	0.00%
2200-2259													0.00	0.00%
2300-2359													0.00	0.00%
总数													11.96	

　　与前面介绍的方法相似，图表也能可视化地展示这些结果。图 11.7 展示了表 11.9 中最后一列"百分比"的数据。该图显示在该模式中犯罪发生的时间范围为 7 时至 19 时，并且集中于 11 时至 14 时 59 分之间（超过 52%的加权时间集中于此，准确的数值可以从表 11.9 中计算获得）。分析师也可以对星期范围采用相同的方法进行分析，即根据星期范围内的天数给每天赋予权重（如犯罪星期范围为星期一、星期二和星期三，那么每天的权重则为 0.33）。

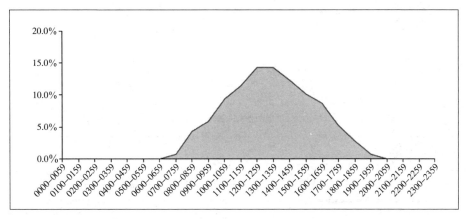

图 11.7　加权时间范围图

11.1.4 空间分析

　　犯罪模式的另一个关键特征是案件的地理属性。犯罪分析师可以使用不同的空间分析方法识别和理解犯罪模式。目前，学者和从业者已经开始使用一些高级的战术空间分析技术，但是下面的内容主要讨论基本的技术。

模式识别

　　最简单、直接的识别和理解犯罪模式的空间分析方法是对事件进行简单地制图，然后寻找犯罪簇。图 11.8 所示的地图展示了在战术犯罪分析中跟踪一个月的犯罪。但是分析师难以使用这类地图发现模式，因为这类地图同时展示了所有类型的犯罪。如果采取演绎的方法，那么分析师第一步应该查

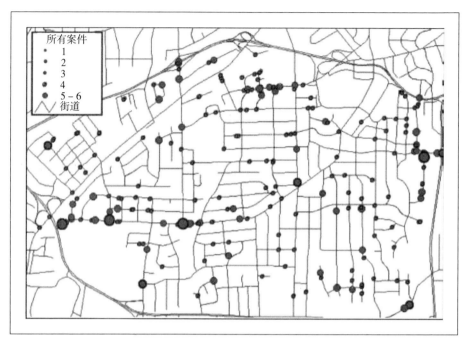

图 11.8　分级点图：所有案件

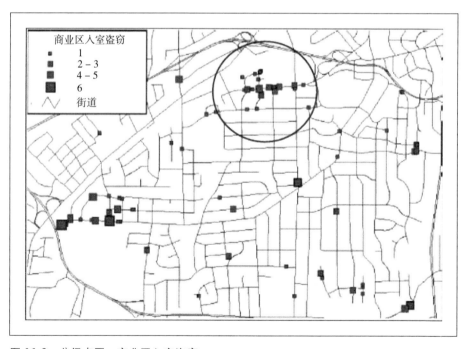

图 11.9　分级点图：商业区入室盗窃

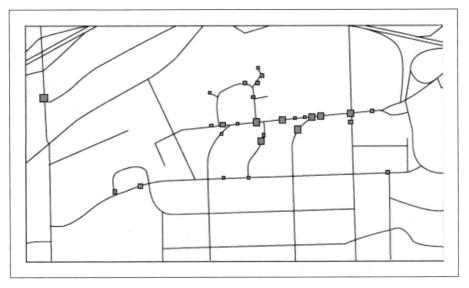

图 11.10　分级点图：商业区入室盗窃簇

询特定类型的犯罪或者分析更短期内的犯罪。例如，图 11.9 所示的地图只展示了商业区入室盗窃。通过对这类案件进行简单地制图，该行为的聚集区域就非常明显了。图 11.10 是对图 11.9 中圆圈区域的放大分析。通过观察该图，我们可以发现在该区域存在一些重复位置并且许多案件发生在同条街道上。

如前面所介绍的，在侵财犯罪分析中案件的地理邻近性是一个特别重要的特征，并且分析师经常通过运用制图技术来识别侵财犯罪模式。但是，当进行模式识别时，分析师不能只考虑案件的地理位置。为了识别初始模式，他们还必须进一步地分析地点类型、时间、星期和犯罪方法等特征。

而对于人身犯罪，分析师首先根据犯罪方法和嫌疑人特征识别系列犯罪模式或高发犯罪模式，但是也可能使用制图技术来识别这些犯罪类型的热点区域和热点地点。图 11.11 展示了在特定区域发生的抢劫，并且在这些区域的一些位置（具有 4 至 5 起抢劫的位置）在相当短的时间里已经重复发生抢劫。因此分析师需要进一步分析这些犯罪的地理特征，寻找热点区域或热点目标。

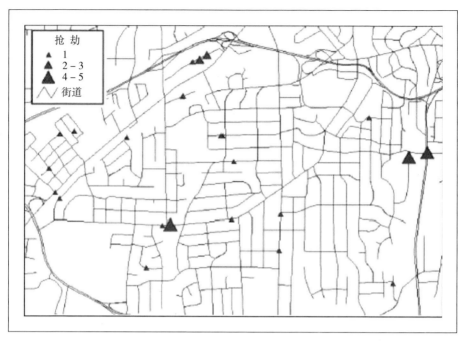

图 11.11　分级点图：抢劫

描述和理解模式

　　在识别模式后，分析师可以从空间上描述和解释模式的特征。第一步是制作展示犯罪模式位置的单一符号地图。在制作过程中，分析师需要确保每起案件在地图上可见（指如果两起案件在相同的位置，必须人工移动符号位置，使它们都可见）。一般而言，在最基本的模式地图中，分析师可以在符号周围放置一个数字，表示犯罪发生的次序。该数字也可以与犯罪列表中的数字一致（请参考本章后面的模式简报）。图 11.12 是系列抢劫犯罪模式的单一符号地图。

　　分析师也可以同时使用单一符号（取代分级符号）的方法和根据变量（如作案工具、侵入方式、被盗财物、时间）唯一值填充颜色的方法对案件进行制图，从而理解犯罪的空间关系和犯罪与其他关键特征的关系。虽然图 11.13 和图 11.12 展示了相同的模式，但是图 11.13 根据作案工具类型对点进行了着色（为了更加清晰地展示不同的技术，次序数字将不在下面的一些地

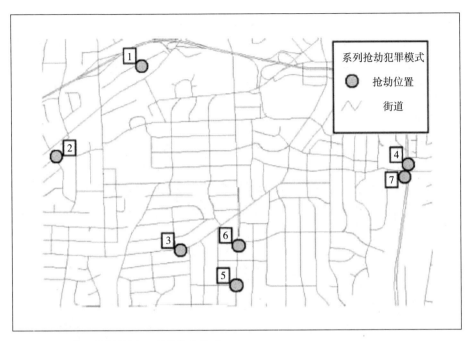

图 11.12　单一符号地图：系列抢劫模式

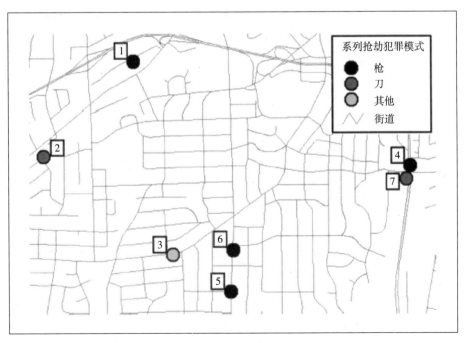

图 11.13　根据作案工具类型着色的单一符号地图：系列抢劫模式

图中出现，但是在最终的模式简报中它们应该被标注在地图上）。虽然在该地图中不能识别明显的模式，但是将它们与其他特征同时进行分析可能产生有趣的结果（如在使用枪支的案件中有两名受害者，而在其他案件中只有一名受害者）[3]。

11.2 战术犯罪分析产品

为了向警察、侦查人员和市民传播犯罪模式信息和其他战术信息，犯罪分析师经常使用称为模式简报（pattern bulletin）的产品。这类简报通常包含如下内容：

- 发布日期：犯罪分析师发布简报（将简报传播给警察部门）的日期。
- 简报编号：简报的顺序号。一般而言，分析师使用年份和一定范围的数字（如 2012-001、2012-002）表示简报编号。另外，当使用新的信息（如其他案件或抓捕信息）更新简报时，日期则需要更新为新的发布日期并在原先简报编号上添加一个字母（如 2012-001A）。多次更新则按照字母顺序添加字母（如 B、C、D 等）。这样可以使读者方便地参考同个模式但不同版本的简报。
- 更新日期：当发布更新的简报时，分析师应该在简报上注明更新的简报被发布的日期，从而表明模式存在的时间。例如，发布日期是 2012 年 3 月 1 日，更新日期是 2012 年 4 月 3 日，则表示模式已经存在 34 天了。另外，更新日期不需要替换发布日期。并且当多次更新简报时，只需要使用最近的更新日期。
- 标题：标题包含模式类型（如系列犯罪模式、热点区域犯罪模式）、犯罪类型（如抢劫、入室盗窃）和模式位置（如地址、社区、巡逻区、城市）等信息。根据模式的类型，标题也可能包含其他信息（如热点环境犯罪模式的地点类型、热点财物犯罪模式的财物类型）。
- 案件数量：模式中的案件数量。简报也可以描述其他相关的案件（如 5 起入室盗窃案件和 2 起入室盗窃警报报警）。
- 日期范围：模式中第一起案件与最后一起案件的日期范围。

- 星期和时间：对模式中案发星期和时间的总结。
- 犯罪方法总结：对案件中嫌疑人行为的简短、直接描述。
- 涉案财物：涉案财物的描述信息。
- 嫌疑人信息：嫌疑人的描述信息。
- 车辆信息：车辆的描述信息。
- 作案工具：作案工具的描述信息。
- 侦查对象：潜在嫌疑人信息（如在模式时间和地点出现的嫌疑人或车辆，居住在该区域并且犯过相似犯罪的前科人员或已注册性犯罪者）。
- 案件列表：能够突出关键特征（如人身犯罪的犯罪方法，侵财犯罪的位置类型、侵入点和涉案物品）的案件。该列表包含犯罪报告编号（或案件编号）和次序号。
- 时间序列图：如果合适的话，在简报中可以包含准确时间分析图或加权时间范围分析图。需要注意的是，一些模式可能没有这类图，因为在时间维度可能没有可识别的模式，或者案件太少。
- 案件地图：标有案件列表中所有案件和犯罪发生次序号的单一符号地图。根据模式的特征，分析师可以使用唯一符号。

在全美国不同警察部门和分析师之间，这类简报的格式和内容大同小异。图 11.14 是一份包含这些内容的犯罪模式简报[4]。

警察部门也制作其他类型的简报，如重复犯罪者简报（重复犯罪者犯罪行为的总结）、重复受害者简报(针对一名或一类受害者的犯罪行为的总结)、提示简报和警察安全简报。在以前，战术犯罪分析简报通常通过会议或内部邮箱以纸质的形式传播给警察。但是，近年来许多警察部门已经开始通过电子邮件或内部网站传播简报。这些方法深受欢迎，因为它们成本低（如节约了纸张和打印的成本）并且警察能够收到更高质量的产品（如彩色地图）。另外，犯罪分析师也通过参加巡逻和侦查会议，传播模式信息。无论采用何种传播方式，分析师都应该向警察部门中合适的宣誓警察和文职人员传播模式信息。

当向市民传播模式信息时，分析师需要简化和处理为警察部门制作的简

犯罪分析部门

仅供内部人员参考

简报编号：2012-146B
发布日期：2012年10月31日
更新日期：2012年11月03日

热点区域：31号巡逻区居住区入室盗窃

案件数量：7
日期范围：2012年10月22日-2012年11月02日
时间范围：所有案件在一周中任意一天的白天（从0900至1620）发生
犯罪目标：独户房屋

被盗财物：电视机、电脑、现金和项链
大概位置：31号巡逻区达尔文路和贝克尔路
犯罪方法：在所有案件中，嫌疑人通过前门或者房屋后面的滑门/小屋门，暴力进入房屋。

☐ 该区域入室盗窃前科人员：

约翰·斯密斯
枫树街2510号
白人/男、01/15/90、22岁

麦克·琼斯
中街4210号
白人/男、05/16/89、23岁

吉克·埃文斯
瑞尔路59号
黑人/男、09/01/84、28岁

案件半径：0.35千米

地图序号	案件编号	日期	时间	星期	地址	侵入方式	被盗财物
1	12-10591	10/22	1000-1215	星期一	太格尔街4600号	暴力进入前门	无
2	12-10593	10/22	1000-1530	星期一	拉德尔街4401号	暴力进入前门	电脑、项链
3	12-10798	10/28	1350-1600	星期日	齐本德街451号	撬开后滑门	项链、现金
4	12-10825	10/30	1340-1620	星期二	格尔街337号	撬开后滑门	电视机、电脑
5	12-10829	10/30	0930-1500	星期二	里奇克莱斯特街4120号	撬开小屋门	无
6	12-10874	11/2	0900-1400	星期五	柏格森街3815号	撬开后滑门	现金
7	12-10875	11/2	1000-1200	星期五	查德威克街109号	暴力进入前门	电视机、现金

简报中的所有数据（如案件、姓名和地址）都是样本数据，不代表真实的犯罪、人员和地点。

图 11.14　犯罪模式简报

报。提供给市民的简报不能包含违反保密制度或妨碍侦查的信息。例如，如果一个入室盗窃模式包含私人房屋的位置（如独户房屋位置），那么提供给市民的简报只能包含犯罪方法、日期和大概位置等信息，而被盗房屋的具体地址则不能包含在模式中，因为这类信息对于该区域居民的自我保护不是必

圣卢西亚港
警察局

你愿意帮助我们吗？

下面是你可以以帮助我们阻止在你
周围发生犯罪的方法

犯罪预防建议

预防盗窃车内物品案件

- 锁好所有的车门。
- 确保所有的车窗已经完全关闭。
- 将所有的物品从经过人的视线中移走。
- 开启车辆警报系统。
- 通过将车辆停放在视线良好的位置或者不把小型车辆停放在两辆大型车辆之间，提高自然监控能力。
- 在www.CrimeReports.com网站（可以通过www.pslpd.us网站访问该网站）上，使用我们的在线交互公共制图对该区域的其他行为进行制图。
- 直接向警察报告所有可疑的行为。

如果你想要匿名，请联系：

www.tcwatch.org 或者（800）273-8477

圣卢西亚港警察局
佛罗里达州圣卢西亚港
圣卢西亚港大街121号　34884
（772）871-50000

紧急报警电话：911

制作日期：2011年5月6日
制作部门：犯罪和情报分析部门和犯罪预防部门

犯 罪 告 示

我们想要你知道：

下面地图展示了从2011年4月28日至5月5日在一个半径大约为0.45千米的区域内发生的盗窃车内物品案件。

盗窃车内物品案件（9起）

- 在其中8起案件中，没有暴力打开汽车痕迹。
- 主要以未锁车辆为犯罪目标。
- 主要在深夜发生。
- 被盗物品：现金（硬币）、GPS设备、手机充电器、DVD播放器、车库开门器、食品和汽车电池。

我们的报告显示与下列描述特征相符的人员可能实施了这些犯罪：

- 两名白人男子
- 嫌疑人衣着信息
  - 嫌疑人#1 — 戴黑色手套，穿白色短裤和黑色衬衫。
  - 嫌疑人#2 — 全身都是黑色服装。

参考简报：#2011-062A

图 11.15　向公众发布的模式简报

来源：佛罗里达州圣卢西亚港警察局米歇尔·奇托莱（Michelle Chitolie）

需的。对于模式中的公共场所位置，分析师可以提供准确的地址信息。例如，如果在一家夜店停车场频繁发生盗窃车内物品案件，那么该位置应该被列举，因为该信息对于公众在该位置保护他们自己的财物非常重要。图11.15是经重新设计的向市民发布的模式简报。

要点总结

本章主要介绍了分析师用于理解犯罪模式的特定技术，并且提供了一些战术犯罪分析产品的例子。下面是本章的要点：

1. 犯罪模式信息主要由犯罪如何发生、由谁实施、何时发生和在哪里发生等内容组成。

2. 因为犯罪方法特征可以非常特定，所以它们可以提供相隔几个月甚至几年案件之间的关系。但是，因为没有方法能够单独根据犯罪方法识别模式，所以犯罪分析师应使用如"犯罪者好像"、"根据有效信息表明"等语句来表明犯罪方法特征对识别模式的不确定性。

3. 对于识别和描述模式而言，最重要的犯罪事件特征是时间、星期和案件发生次序。不同的时间序列分析可以对这些特征进行分析，如准确时间分析、加权时间范围分析和案件间隔时间分析。

4. 在空间分析中，分级符号地图能够使分析师分析犯罪的地理属性并开始识别模式。

5. 在对已识别的模式进行空间分析时，分析师可以对模式中的案件进行制图，并根据特定变量的唯一值对点进行着色。在这些地图上，分析师可以标注表示案件发生次序的数字。

6. 犯罪模式简报通常包含如下内容：发布日期、更新日期、简报编号、标题、案件数量、日期范围、星期、时间、犯罪方法、涉案财物、嫌疑人、车辆、作案工具、侦查对象、案件列表、时间序列图和案件地图。

7. 战术犯罪分析简报的类型有很多种，包括模式简报、重复犯罪者简报、重复受害者简报、提示简报和警察安全简报。

8. 警察使用战术犯罪分析简报中的信息是为了提高市民意识，抓获犯罪者，进一步侦查犯罪，串并案件和预防未来犯罪。

讨论与练习 *

练习 1

总结下面来自 5 起商业区入室盗窃案件的犯罪方法信息：

- 未知嫌疑人打破建筑物后面的窗户，然后进入空置的商业场所。在进入房屋后，嫌疑人撬开糖果机，然后盗走其中的硬币，并且也撬开了档案柜。

- 未知嫌疑人通过撬开后门进入商业场所。在进入房屋后，嫌疑人撬开糖果机，然后盗走其中的硬币。

- 未知嫌疑人打碎商业场所前门的玻璃，然后盗走两个捐款箱。嫌疑人试图撬开糖果机，但未成功。

- 未知嫌疑人通过撬开后门进入商业场所，然后切断电话线和警报器线并搜索档案柜，最后从塑料桶中盗走一些现金。

- 未知嫌疑人使用手推车撬开前面的狗门，然后盗走储钱罐并撬开糖果机盗走硬币。

练习 2

总结下面来自 3 起抢劫案件的嫌疑人信息：

- 两名嫌疑人：黑人男子，19—23 岁，5 英尺 9 英寸至 6 英尺 1 英寸高，170—190 磅；白人男子，山羊胡，19—23 岁，5 英尺 8 英寸高，150 磅。

- 三名嫌疑人：两名黑人男子，20—25 岁；一名西班牙籍男子，20 岁，150 磅，胡须。

- 两名嫌疑人：浅肤色黑人男子，山羊胡，20 岁，5 英尺 8 英寸至 5 英尺 10 英寸高；黑人男子，5 英尺 10 英寸高，170 磅。

*其他使用数据的练习题和其他资源可以在"http://www.sagepub.com/bobasantos3e"中找到。

注　释

〔1〕有时候，时间序列分析方法通过分析分段时间或时间范围的中值，确定模式发生的时间。但是不建议使用该方法，因为该方法没有考虑时间范围的开始时间、结束时间和长度，因此使用该方法获得的结果只能为犯罪分析师提供少量的相关信息。

〔2〕加权时间范围分析有时候也被称为不定时分析（aoristic analysis）（参考 Ratcliffe, 2002 和 Paulsen et al., 2009）。

〔3〕在空间分析过程中，犯罪分析师可能制作了大量的地图，但是可能只有少量地图能够产生有趣的结果。

〔4〕图 11.14 所示简报的 Word 格式可以在本书的网站上找到。另外，大量来自全美国不同警察部门的犯罪模式简报也可以在"http://www.sagepub.com/bobasantos3e"网站中找到。

第四部分

战略犯罪分析

　　如第 4 章所讨论的，战略犯罪分析是指通过对犯罪问题和相关警务问题进行研究，识别长期行为模式，评估警察响应和组织程序。其两个主要目标是：（1）识别和分析长期问题；（2）评估问题响应和组织程序。因为本书是入门级书籍，所以这部分内容主要介绍了理解长期问题的关键分析方法，并提供了战略犯罪分析产品例子，而有关警察响应和组织程序评估的内容则留给更高级的犯罪分析书籍。

　　在这部分，第 12 章主要介绍了问题解决过程以及该过程在战略问题（不是指第三部分所讨论的重复事件和模式）中的应用。另外，这章也介绍了在战略犯罪分析中使用的作为第 13 章和第 14 章基础的基本统计量。第 13 章和第 14 章以回答关键分析问题的形式，讨论了如何对问题进行战略分析。第 15 章主要介绍了战略犯罪分析产品。就像木工使用不同的工具建造不同的物品，犯罪分析师在不同的情形中也会使用不同的技术。这部分各章内容为分析师提供了具有不同分析技术的工具箱以及在战略问题分析过程中作为参考的例子。

第 12 章

问题分析——过程和统计量

本章主要介绍了在战略犯罪分析中用于分析不同类型问题的过程和统计量，它们是第 13 章和第 14 章的基础。在接下来的这两章中，将应用这些方法和技术。

12.1 方法论：SARA 过程

战略犯罪分析是对长期问题所进行的分析。回顾第 3 章内容，长期问题是指在几个月、几个季度或几年内发生的、来源于由日常行为和环境所产生的系统机会的相关行为。它包括问题位置、问题犯罪者、问题受害者、问题财物和混合问题。这些类型的问题与前面所讨论的问题类型（指重复事件和模式）不同，因为它们的范围更广并且存在的时间更长。因此，这需要分析师对这些类型的长期问题进行更加深入地分析和响应，并且也经常需要分析师与非警察机构或社区合作。

问题解决过程既可以用于短期问题，也可以用于长期问题。对于短期问题（重复事件和模式）而言，问题解决过程比较简单。而解决长期问题或战略问题的过程则比较复杂，因为这些问题本身更复杂了。因为这部分内容主要涉及长期问题，所以下面内容将比前面章节更加详细地介绍问题解决过程（即 SARA 过程，包括 scanning—扫描，analysis—分析，response—响应，assessment—评估）。

12.1.1 扫描和定义问题

根据问题导向警务中心（2011）描述，扫描步骤包括：(1) 识别公众和警察关心的重复问题；(2) 排序这些问题；(3) 选择需要深入分析的问题。而哪些问题属于长期问题最可能是由警察而不是分析师选择的。在这一步中，分析师的主要工作是为警察提供违法、犯罪、抓捕等统计数据，并帮助警察识别和排序他们辖区中当前存在的问题。因为仅仅通过分析统计数据，警察并不能发现所有的违法犯罪问题，所以警察自己能够获取问题的信息非常重要。这就是为什么警察与社区之间的关系非常重要的原因。通过访谈、调查或其他社区服务形式，警察可以从各种社区组织那里获取识别和排序问题的重要信息。

在选择问题后，扫描步骤（scanning step）还包括：(1) 确认问题是否存在；(2) 确定问题发生的频繁程度和持续的时间长度；(3) 识别问题的影响（Center for Problem-Oriented Policing, 2011）。在这里，分析师通常需要对警察内部的相关数据（如犯罪报告、报警数据、抓捕数据）进行分析。但是，这里的问题初始分析只是描述什么问题正在发生，并没有试图理解问题为什么正在发生。后者是 SARA 过程第二步（分析步骤）的内容。

有时候，当对问题进行初始描述分析时，分析师可能会发现问题的范围太广了。例如，当分析师对一座城市中的盗窃车辆问题进行分析时，初始描述分析显示不同类型的盗窃车辆案件（如盗车兜风案件、盗窃汽车零部件案件、保险诈骗案件）在不同类型的地方（如公寓、购物商城、居住区）发生。因此，为了确保能够准确地识别问题并区分不同类型的问题，从而使情景犯罪预防响应能够高效地发挥作用，犯罪分析师通常使用问题的两个主要特征对问题进行分类：问题发生环境和行为类型。下面是克拉克（Clarke）和埃克（Eck）（2005, step15）所提出的问题环境和问题行为的分类体系。

环境决定了潜在的犯罪目标、潜在的人员行为和控制环境的人员。确定环境类型可以帮助分析师对存在问题的环境和不存在问题的环境进行比较。环境都拥有所有者，并且这些所有者对解决问题至关重要。对于常见的问题，其环境可以分为 12 种不同的类型（其中"虚拟环境"由作者增加到由克里克和埃克所提出的分类体系中）：

- 居住场所：人们居住的地方，如房屋、公寓和宾馆。虽然大部分居住场所是固定的，但是少部分是可以移动的，如房车。
- 娱乐场所：人们娱乐的地方，如酒吧、夜总会、餐馆、电影院、操场、游船码头和公园等。
- 办公场所：白领工作的地方，如政府机关和商业大楼。在这类环境中的工作人员与公众之间面对面的交流比较少，并且出入这些地方经常是受限的。
- 零售场所：步行进入的或专为汽车设计的进行即时交易的地方，如商场和银行。
- 工业场所：商品加工的地方，如工厂、仓库、包裹分拣场所等。在这种环境中现金交易不是重要的行为，并且公众不能进入。
- 农业场所：种植农作物或养殖动物的地方。
- 教育场所：学习或研究的场所，如托儿所、高中、大学、图书馆和宗教场所。
- 公共服务场所：当人们违法犯罪时或当人们要求公共服务时前往的地方，如法院、拘留所、监狱、警察局、医院和戒毒中心。
- 公共道路：连接所有其他环境的道路，如城市道路、高速公路、人行道、自行车道、机动车道、停车道等。
- 交通运输场所：运输大量人的地方，如公交车、公交车站、飞机、飞机场、火车、火车站、渡轮、渡轮码头、远洋轮船和码头。
- 开放 / 过渡场所：没有一直使用的区域或者没有规律使用的区域。这些区域不同于还未被设计成以娱乐为目的的公园，因为人们可能使用这类公园从事娱乐活动。过渡场所包括废弃房屋、建筑工地等。
- 虚拟场所：通常是指存在问题的电子虚拟场所，如互联网、局域网、计算机网络等。

行为是对问题进行分类的第二个维度。确定行为类型可以帮助分析师查明犯罪行为、犯罪意图和犯罪者与犯罪目标之间的关系。行为可以分为6种不同的类型：

- 侵害行为：在这类行为中，犯罪者与受害者具有清晰的界限，受害者受到犯罪者行为的侵害。大部分犯罪属于这类行为，如抢劫、虐待儿童、入室盗窃和偷窃。

- 双方合意行为：这类行为是双方当事人故意的并合意的行为。在这类行为中，通常包含一些形式的交易。这类行为包括毒品交易、卖淫和销售被盗物品等。但是，卖淫过程中的伤害行为是侵害行为。

- 冲突行为：在这类行为中双方当事人是平等的，并且在之前已经存在一定的关系。如一些类型的成人之间家庭暴力就属于这类行为。但是针对儿童和老人的家庭暴力属于侵害行为，因为在这些行为中双方当事人的地位是不平等的。

- 无礼行为：在无礼行为中，犯罪者与受害者具有明显的界限，但是受害者分布于许多人群中，并且无礼行为不是很严重的行为。烦人的、不雅的、喧闹的或扰人的但不存在严重财产损失或人员伤亡的行为属于这类行为，如喧闹聚会。故意破坏财物是否属于这类行为要根据具体情况确定。一些形式的故意破坏财物行为是侵害行为。另外，一些无礼行为无论在什么环境中都是令人讨厌的，而有些无礼行为则只是在特定的环境中才令人讨厌。

- 危险行为：犯罪者和受害者是同个人，或者犯罪者没有侵害受害者的意图，如自杀未遂、吸毒和车辆碰撞。

- 滥用警力行为：这类行为包括无依据要求警察服务、报假案和因报警人自己可以处理的问题重复报警。这类行为也可以作为行为的"其他类别"，也就是说，当来自行为的侵害是由警察资源缺乏造成时，或者当没有其他可选择的类别时，分析师可以将行为归为这类。

表12.1展示了不同类型的问题以及它们所对应的环境类型和行为类型。这些例子能够帮助我们理解这些概念。

表 12.1　问题、环境和行为

问　题	环　境	行　为
在酒吧发生的打架	娱乐场所	冲突行为
建筑工地盗窃	过渡场所	侵害行为
在十字路口发生的交通事故	公共道路	危险行为
在商场发生的盗窃车内物品	公共道路	侵害行为
在工厂发生的错误入室盗窃警报	工业场所	滥用警力行为
在居住区发生的街面卖淫	公共道路	双方合意行为
在工作场所发生的亲密暴力	办公场所	冲突行为
在养老院发生的大声播放音乐	居住场所	无礼行为
抢劫公交车驾驶员	交通运输场所	侵害行为

在确定问题的环境类型和行为类型之后，分析师应该在这些约束条件下重复进行描述分析，从而为问题解决过程的余下步骤提供帮助。

12.1.2 分析

在问题解决过程中的分析步骤，分析师首先需要：(1) 研究问题的类型和可能的响应；(2) 了解问题的当地背景；(3) 确定问题目前如何被处理(Center for Problem-Oriented Policing, 2011)。然后，分析师需要对数据进行分析，包括提出预测问题产生原因的假设，收集检验假设的数据和进行对问题直接原因作出结论的统计分析。

与问题相关的研究

如第 3 章所提到的，问题导向警务中心已经发布了一系列标题为《警察问题导向指导》(Problem-Oriented Guide for police) 的手册。这些手册总结了特定违法犯罪问题的特征和响应措施。因为它们提供了所有有关问题和可能响应的信息，所以它们是分析步骤的必备参考书。即使在这些手册中不涉及犯罪分析师正在分析的问题，但是也可能存在分析师可以使用的相关指导手册（如针对在酒吧内外发生的攻击案件的指导手册可以帮助分析师理解在酒吧内外发生的性攻击案件）。另外，在问题导向警务网站上标题为《问题研究》(Researching a Problem) 的指导手册 (Clarke & Schultze, 2005) 为分析师提供了当没有相关指导手册时如何寻找其他问题研究资料的逐步说明。

犯罪分析师也可以从其他已经处理过类似问题的从业者那里获取有关问题的信息。有时候，周边具有相同问题的辖区可以为分析师提供成功响应或不成功响应的数据、分析结果和发现。另外，从全国或地区层面获取的有关问题的信息可以帮助分析师比较地区与全国的差异（如全国入室盗窃抓捕率是 15%，而当地入室盗窃抓捕率只有 3%）。最后，有关问题的理论和实践研究成果能够使分析师深入理解这些问题的产生原因，以及能够为分析师提供收集数据的建议、研究问题的分析技术和成功解决问题的或未能成功解决问题的响应措施的信息。

问题的当地背景：警察部门和社区

如环境犯罪学所强调的，创造犯罪和其他问题的机会的模式涉及特定的时间、空间和环境因素。为了对一个问题进行分析，犯罪分析师需要了解问题所在社区的特征和负责处理问题的警察部门的特征。需要的信息是一些普通的、容易获取的信息，如社区人口、警察数量、警察部门类型（如当地警察局、治安官办公室、州警察部门）和社区类型（如农村、城市、郊区、大型或小型社区）。分析师使用这些信息对不同的社区进行比较。

另一些对问题分析所需的信息因问题而异，并且可能不太容易获取。一般而言，分析师还需要了解问题所在社区的政治特征（如群体之间的种族紧张程度）、分析结果的读者（如局长、社区群体、城市委员会）、在社区中是否存在最近发生的显著变化（如移民数量增加、人口数量增加）和在该区域中是否存在独有的特征（如拥有一所大学，具有季节性旅客）。

接下来，为了确定分析的范围和程度，分析师需要知道问题为什么会成为大家担忧的问题以及该问题为什么会被选择作为研究对象。警察部门选择一个问题进行分析，可能是因为解决该问题是警察部门的战略目标，也可能是因为该问题在社区中已经存在多年。如果基于这些原因对问题进行分析，那么分析师可以期望在该项目中投入大量的时间和精力。

提出和检验假设

假设（hypothesis）是对问题的陈述，其可以是正确的，也可以是错误的。在正常情况下，假设是根据理论和经验对一个有关违法犯罪问题的回答。因为犯罪分析师通常在有限的时间内对问题进行分析，所以通过提出与问题相关的假设，分析师不仅可以梳理他们的工作，并且能够避免产生不相关的分析结果，从而节约大量的时间。另外，假设不仅可以建议收集的数据的类型，而且可以指导数据分析和结果解释（Clarke & Eck, 2005）。

假设通常是在扫描步骤（即一些初始描述分析）之后提出的。例如，初始描述分析显示相对于周边辖区，某个辖区发生了大量盗窃车辆案件。那么针对该违法犯罪问题的一个问题是：这些汽车为什么在我们辖区被盗？对于该问题答案的一种假设是：犯罪者盗窃车辆是为了拆卸汽车零部件，并销售这些零部件。通过对被追回汽车的数量进行分析（即追回率），分析师能够深入理解该问题。如果分析结果显示 85% 被追回的汽车基本上没有被拆卸零部件，那么该假设则被证明是错误的，因为根据被追回的汽车，统计数据显示大部分汽车没有被拆卸零部件。

在许多情况中，提出假设的问题首先涉及为什么，如"该酒吧为什么比同区域的其他酒吧具有更多的问题"、"盗窃者为什么只偷走了等离子电视"。虽然对于任何违法犯罪问题，分析师可以提出许多假设，但是理论和经验以及实践（如数据有效性、可执行性）可以帮助分析师确定应该对哪个假设进行检验。

因为问题解决过程的目标是通过尽可能地缩小问题范围，提出有效的情景犯罪预防响应措施，所以收集数据和检验假设的过程是高度特定的。另外，因为被回答的问题主要是有关违法犯罪为什么会发生的问题，所以用于问题分析的数据主要是一手数据。虽然数据收集过程可能有点不同，但是用于分析数据的统计量是非常简单的，这些统计量将在本章后面介绍。

12.1.3 响应：分析的作用

问题解决过程的响应步骤包括根据问题导向警务指导手册、情景犯罪预防技术和其他社区成功的实践以及通过提出新响应的头脑风暴方式，识别符合实际的响应措施（Center for Problem-Oriented Policing, 2011）。分析步骤的结果将被用于选择一项或一系列响应措施。在识别嫌疑人和特定目标的响应计划确定之后，这些响应措施主要由警察实施（Center for Problem-

Oriented Policing, 2011）。

犯罪分析在响应阶段的作用比在问题解决过程中的其他任意阶段的作用都要小。但是通过进一步实施指导和排序响应措施的分析，犯罪分析师在这一阶段确实提供了帮助。例如，在解决建筑工地犯罪项目中，佛罗里达州圣卢西亚港警察局所确定的其中一项响应措施是将它们的工作集中于受害最多的建筑商。在分析过程中，分析师识别了受害最多的 10 个建筑商，但是在响应措施确定之后，为了使情景犯罪预防技术与每个建筑商的实际情况相符合，分析师还需要进一步分析每个建筑商所面临的特定问题（如盗窃器材问题、盗窃建筑材料问题、盗窃受保护的建筑工地问题）（Boba & Santos, 2007）。

12.1.4 评估

评估（assessment）是问题解决过程的最后一步。该步骤的目的是确定响应措施是否对问题有效。当评估响应是否发挥作用时，分析师需要考虑两个重要的方面。第一个方面是确定响应计划是否实施以及如何实施。因为在组织机构中，一个计划很少能够完全按照预想地实施，所以确定哪项目标已经实现、哪项措施已经实施以及哪项措施尚未实施就显得非常重要。这类评估统称为过程评估。

除了过程评估，分析师需要考虑的第二个方面是影响评估，它也是评估步骤的一部分。这类评估的目的是确定所实施的响应是否减少了或消除了问题。影响评估首先分析响应实施之前收集的数据，即通常在扫描和分析阶段收集和分析的数据，然后采用相同的度量对它们进行比较（指事前分析和事后分析）。

如果过程评估发现响应没有被正确地或完全地实施，那么影响评估就没有意义了，因为问题中的任何变化可能不是由这些响应引起的。在获得过程评估和影响评估的结果之后，如果有需要的话或者想要通过长期评估确定长期的效果，评估阶段还应该包括重新调整或重新实施响应（Center for Problem-Oriented Policing, 2011）。更多关于问题评估的信息，请参考标题为《问题响应评估》（Assessing Responses to Problems）（Eck, 2002）的问题导向警务指导手册。正如本章开头所提到的，因为本书是入门级的书籍，所以本书不介绍评估问题响应和组织流程的内容。但是在第 13 章和第 14 章中，一些例子除了提供理解问题的技术之外，还提供了一些评估响应的技术。

12.2 在犯罪分析中使用的基本统计量

本章这部分内容将简要介绍在战略犯罪分析中使用的最相关的统计量——频数或数量、交叉列表、百分比、比率、平均值和标准差。这节内容和上一节内容为第 13 章和第 14 章提供了基础。在第 13 章和第 14 章中，将讨论如何使用这些不同的统计量对一手数据和二手数据进行分析。

12.2.1 频数

频数（frequency）或数量是一个变量每个类别或值的案件数量。它是最基本的统计量，并且在犯罪分析中最常用。例如，为了观察每个警察巡逻区的犯罪数量，犯罪分析师将计算"巡逻区"变量各个值的频数，如表 12.2 所示。其中频数最高的变量值（某个巡逻区）称为众数。在表12.2中，巡逻区 3 为"巡逻区"变量的众数。另一个例子是确定城市中各类犯罪的数量，如表 12.3 展示了第一类犯罪中各类犯罪的频数。

频数可以用于任何类型的变量，如数值变量（如年龄）、分类变量（如侵入方式）。

12.2.2 交叉列表

交叉列表（cross-tabulation）（也称为交叉报表）是同时根据两个变量对案件频数进行分析的一种方法，也就是说交叉列表中的值是同时根据两个变量中

表 12.2　各个巡逻区的犯罪频数

巡逻区	犯罪频数
巡逻区 1	1523
巡逻区 2	543
巡逻区 3	1987
巡逻区 4	310
巡逻区 5	1640
巡逻区 6	420
巡逻区 7	1301
总数	7724

表 12.3　各类犯罪的频数

犯罪类型	犯罪频数
谋杀	2
强奸	35
抢劫	150
严重伤害	361
入室盗窃	1204
偷窃	5421
盗窃车辆	542
纵火	9
总数	7724

的各个类别或值对数据进行汇总而得到的值。交叉列表最常用于类别数量有限的分类变量。

使用之前按照巡逻区和犯罪类型对案件数量进行计算的例子中的数据，表 12.4 展示了各个巡逻区各类犯罪的频数。犯罪分析师经常使用交叉列表同时分析两个变量，如被捕者性别与种族、犯罪类型与地理区域、时间与星期。

表 12.4　各个巡逻区各类犯罪的交叉列表

犯罪类型	巡逻区 1	巡逻区 2	巡逻区 3	巡逻区 4	巡逻区 5	巡逻区 6	巡逻区 7	总数
谋杀	1	0	0	0	1	0	0	2
强奸	10	2	7	0	4	3	9	35
抢劫	25	12	12	9	49	16	27	150
严重伤害	59	23	174	46	22	16	21	361
入室盗窃	150	320	250	64	290	30	100	1204
偷窃	1131	155	1304	159	1199	334	1139	5421
盗窃车辆	146	29	240	32	70	20	5	542
纵火	1	2	0	0	5	1	0	9
总数	1523	543	1987	310	1640	420	1301	7724

12.2.3 百分比

百分比（percentage）是变量中某个类别案件数量除以案件总数，然后乘以 100 而得到的值。例如，在表 12.5 中抢劫案件一共有 150 起，其是总数 7724 起案件的 1.94%（150 除以 7724，然后乘以 100）。表 12.5 展示了第一类犯罪中各类犯罪的频数和百分比。

表 12.5　第一类犯罪中各类犯罪的频数和百分比

犯罪类型	频　数	百分比
谋杀	2	0.03%
强奸	35	0.45%

犯罪类型	频　数	百分比
抢劫	150	1.94%
严重伤害	361	4.67%
入室盗窃	1204	15.59%
偷窃	5421	70.18%
盗窃车辆	542	7.02%
纵火	9	0.12%
总数	**7724**	100.00%

　　另外，百分比也可以用于表示变量中一个类别与另一个类别的相对比例。例如，在表 12.5 中，入室盗窃和盗窃车辆的频数分别是 1204 和 542。虽然分析师可以从这两个频数中发现入室盗窃是盗窃车辆的两倍，但是不能确定这两类案件在所有犯罪中所占的比例是高的还是低的。当使用百分比（分别为 15.59% 和 7.02%）时，分析师不仅能够知道入室盗窃数量是盗窃车辆数量的两倍多，而且还能知道它们在所有案件中所占的比例分别为 15% 和 7%。

12.2.4 交叉列表百分比

　　百分比也允许分析师比较一个变量中某个类别在另一个变量中的分布，这类百分比被称为交叉列表百分比。对于交叉列表中的每个频数，分析师可以计算相应的百分比，并且可以对具有相同度量的变量类别进行比较。表 12.6 展示了表 12.4 中的两行，并新增加了百分比行。通过观察该表，分析师可以知道虽然巡逻区 6 具有相同数量的抢劫和严重伤害，但是它们在各自犯罪类型中所占的百分比却是不同的（分别为 10.67% 和 4.43%）。

表 12.6　各个巡逻区各类犯罪的频数和百分比：行

犯罪类型	巡逻区 1	巡逻区 2	巡逻区 3	巡逻区 4	巡逻区 5	巡逻区 6	巡逻区 7	总数
抢劫	25	12	12	9	49	16	27	**150**
百分比	16.67%	8.00%	8.00%	60.00%	32.67%	10.67%	18.0%	100.0%
严重伤害	59	23	174	46	22	16	21	**361**
百分比	16.34%	6.37%	48.20%	12.74%	6.09%	4.43%	5.82%	100.0%

交叉列表百分比也可以按列计算，这允许分析师以另一种形式比较各类别。表 12.7 展示了表 12.4 的前三列，并新增加了各个巡逻区各类犯罪的百分比列。对巡逻区 1 和巡逻区 2 中的严重伤害进行比较，分析师可以发现虽然巡逻区 1 的严重伤害数量（59 起）是巡逻区 2（23 起）的两倍多，但是巡逻区 2 中的严重伤害在所有犯罪中的百分比（4.24%）比巡逻区 1（3.87%）更高。这是因为两个巡逻区的案件总数不同（分别为 1523 起和 543 起）。交叉列表百分比也可以根据案件总数进行计算，即表格中每个频数先除以案件总数，然后乘以 100。在该例子中，该过程是每个频数除以案件总数 7724，然后乘以 100。

表 12.7　各个巡逻区各类犯罪的频数和百分比：列

犯罪类型	巡逻区 1	百分比	巡逻区 2	百分比
谋杀	1	0.07%	0	0.00%
强奸	10	0.66%	2	0.37%
抢劫	25	1.64%	12	2.21%
严重伤害	59	3.87%	23	4.24%
入室盗窃	150	9.85%	320	58.93%
偷窃	1131	74.26%	155	28.55%
盗窃车辆	146	9.59%	29	5.34%
纵火	1	0.07%	2	0.37%
总数	1523	100%	543	100%

12.2.5 百分位

百分比也可以用于计算百分位（percentile）或者高于或低于一个确定百分比的值。例如，当一名学生的测试成绩位于第 95 百分位时，那么，这意味着该名学生的成绩比 95% 的学生高。百分位根据累积百分比确定，而累积百分比通过将按一定顺序排序的数据（如测试成绩、月份、年龄、收入）的百分比相加而获得。表 12.8 展示了每个月抢劫的频数、百分比和累积百分比。例如，4 月的累积百分比是 33.33%，其是 1 月（15.33%）、2 月（6.67%）、3 月（10.00%）和 4 月（1.33%）百分比的和。

表 12.8　每个月抢劫的频数、百分比和累积百分比

月　份	频　数	百分比	累积百分比
1 月	23	15.33%	15.33%
2 月	10	6.67%	22.00%
3 月	15	10.00%	32.00%
4 月	2	1.33%	33.33%
5 月	2	1.33%	34.67%
6 月	16	10.67%	45.33%
7 月	5	3.33%	48.67%
8 月	16	10.67	59.33%
9 月	10	6.67%	66.00%
10 月	9	6.00%	72.00%
11 月	24	16.00%	88.00%
12 月	18	12.00%	100.00%
总数	150	100.00%	

百分位是根据累积百分比确定的。在表 12.8 中，45.33%的案件发生在 7 月份之前。如果我们认为一半的抢劫应该发生在 7 月份之前，因为 6 个月正好是半年，那么这个发现可能是有趣的。另外，百分位经常用特定的数字表示，如四分位（第 25 百分位、第 50 百分位、第 75 百分位）或者如前面例子中的第 95 百分位。但是，因为在表 12.8 所示的例子中，第 95 百分位是 12 月份的某一天，所以在这种情况下这类信息是没有用的。在犯罪分析中，分析师最常用表格中的（如表 12.8）准确累积百分比作为百分位。例如，在表 12.8 中，88%的抢劫发生在 12 月 1 日之前的说法比 95%的抢劫发生在 12 月份某天之前的说法更符合实际。

第 50 百分位也称为中位数（median），即在所有值中比一半的值大并且比一半的值小的值。在重复受害分析和重复侵害分析中，百分位也可以用于确定二八定律是否能用于特定类型的犯罪（将在第 14 章介绍）。

12.2.6 比率

比率是另一个来源于频数的统计量。在比率计算过程中，分析师使用一

个变量（分母）来确定另一个变量中各个值（分子）之间的相对差异。在地理信息系统中，该过程经常被称为标准化。在犯罪分析中使用的最被大家所熟知的比率是犯罪比率，其是区域内犯罪数量（分子）除以该区域人口数量（分母）所得到的值。

表 12.9 展示了各个巡逻区的犯罪频数和一定人口数量的犯罪比率（犯罪频数除以人口数量所得到的值）。因为每个人的犯罪比率（第 4 列）比较小，这可能使分析师难于理解它（如 0.38 起犯罪），所以犯罪比率通常以每 1 千人、1 万人或 10 万人为一个单位进行表示。为了获得这些类型的比率，分析师将每个人的犯罪比率乘以选择的人口数量，然后以计算所得到的值（如每 1 千人、1 万人或 10 万人的犯罪数量）来表示犯罪比率。在该表中，需要注意的是虽然巡逻区 4 的犯罪最少，但是该巡逻区的犯罪比率（每 1 千人 48.44 起犯罪）却是最高的，因为该巡逻区的人口最少。另外，虽然巡逻区 3 的犯罪（1987 起）是巡逻区 4 的 6 倍多，但是它的犯罪比率（每 1 千人 29.66 起犯罪）更低，因为该巡逻区的人口数量（67000 人）更高。

表 12.9　各个巡逻区的频数和一定人口数量的犯罪比率

巡逻区	犯罪频数	人口数量	每个人犯罪比率	每千人犯罪比率
巡逻区 1	1523	40000	0.03808	38.08
巡逻区 2	543	87000	0.00624	6.24
巡逻区 3	1987	67000	0.02966	29.66
巡逻区 4	310	6400	0.04844	48.44
巡逻区 5	1640	59400	0.02761	27.61
巡逻区 6	420	25000	0.01680	16.80
巡逻区 7	1301	39000	0.03336	33.36
总数	7724	323800	0.02385	23.85

12.2.7 均值和标准差

均值，也称为平均值，是指变量值的和除以值数量而得到的值。它用于定比变量和定距变量。因为标准差提供了一个标准化的衡量变量值偏离均值平均程度的值，并且能够帮助预测数据分布的形状，所以分析师利用均值计算标准差（standard deviation）非常重要。表 12.10 展示了不同公寓的报警频数、住户数和每户报警比率（按比率大小排序）。根据该表，分析师可以方便地知道每户报警比率（第 4 列）的均值为 1.16，标准差为 0.73，并且可以知道这些数据的分布是偏态的（指在均值之上和之下的值的数量不是相等的）。

表 12.10　各个公寓的报警频数、住户数和每户报警比率

公寓名称	报警频数	住户数	每户报警比率
公寓 1	59	250	0.24
公寓 2	199	500	0.40
公寓 3	230	500	0.46
公寓 4	234	500	0.47
公寓 5	249	500	0.50
公寓 6	260	500	0.52
公寓 7	160	250	0.64
公寓 8	79	100	0.79
公寓 9	88	100	0.88
公寓 10	49	50	0.98
公寓 11	102	100	1.02
公寓 12	154	150	1.03
公寓 13	164	150	1.09
公寓 14	297	200	1.49
公寓 15	310	200	1.55
公寓 16	97	50	1.94
公寓 17	310	150	2.07
公寓 18	321	150	2.14
公寓 19	466	200	2.33
公寓 20	542	200	2.71
总数	4370		

图 12.1 展示了表 12.10 中所有的比率，并按最低（0.24）至最高（2.71）排序，其中实线表示所有比率的均值，虚线表示偏离均值不同标准差的值。

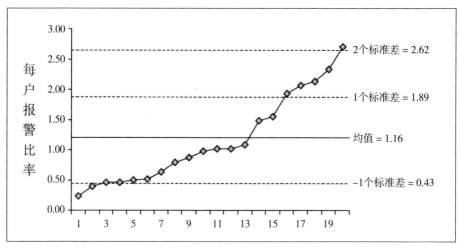

图 12.1　每户报警比率（升序排序）、均值线和标准差线

通过对这些数据制图，我们可以发现大部分公寓（13 个公寓）的比率在均值之下，而且其中一个公寓的比率高于平均值 2 个标准差。

一般而言，偏离均值 2 个标准差的值被认为是异常值。在该例子中，比均值大 2 个标准差的值是 2.62（1.16+0.73+0.73=2.62），那么这表明其比率大于 2.62 的公寓是异常公寓（如公寓 20）。最后，虽然该例子仅仅使用了20 个数据（公寓）来展示均值和标准差的使用，但是当使用这些统计量时，数据量最好能大于 35（Boba, 2004）。

12.3 总结

因为战略问题本身就非常复杂，并且需要最复杂的分析和响应，所以本章详细介绍了问题解决过程。另外，本章也介绍了在战略犯罪分析中最常用的统计量。本章内容为下面应用这些概念的两章提供了基础。

要点总结

本章主要介绍了问题解决过程和该过程在战略问题中的应用。另外，本章也介绍了在战略犯罪分析中最常用的作为第 13 章和第 14 章基础的基本统计量。下面是本章的要点：

1. 问题解决过程既可以用于短期问题，也可以用于长期问题。对于短期问题（重复事件和模式）而言，问题解决过程比较简单。而解决长期问题或战略问题的过程则比较复杂，因为这些问题本身更复杂了。

2. 扫描步骤包括：(1) 识别公众和警察关心的重复问题；(2) 排序这些问题；(3) 选择需要深入分析的问题。在选择问题后，扫描步骤还包括：(1) 确认问题是否存在；(2) 确定问题发生的频繁程度和持续的时间长度；(3) 识别问题的影响。

3. 环境决定了潜在的犯罪目标、潜在的人员行为和控制环境的人员。环境的类型包括居住场所、娱乐场所、办公场所、零售场所、工业场所、农业场所、教育场所、公共服务场所、公共道路、交通运输场所、开放 / 过渡场所和虚拟场所。

4. 确定行为类型可以帮助分析师查明犯罪行为、犯罪意图和犯罪者与犯罪目标之间的关系。行为类型包括侵害行为、双方合意行为、冲突行为、无礼行为、危险行为和滥用警力行为。

5. 在问题解决过程中的分析步骤，分析师首先需要：(1) 研究问题的类型和可能的响应；(2) 了解问题的当地背景；(3) 确定问题目前如何被处理。然后，分析师需要对数据进行分析，包括提出预测问题产生原因的假设，收集检验假设的数据和实施对问题直接原因作出结论的统计分析。

6. 问题解决过程的响应步骤包括根据问题导向警务指导手册、情景犯罪预防技术和其他社区成功的实践以及通过提出新响应的头脑风暴方式，识别符合实际的响应措施。犯罪分析在响应阶段的作用比在问题解决过程中的其他任意阶段的作用都要小。但是通过进一步实施指导和排序响应措施的分析，犯罪分析师在这一阶段确实提供了帮助。

7. 评估是问题解决过程的最后一步。该步骤的目的是通过分析响应如何实施和是否对问题产生了影响，确定响应措施是否对问题有效。

8. 频数或数量是一个变量每个类别或值的案件数量。它是最基本的统计量并且在犯罪分析中最常用。

9. 交叉列表（也称为交叉报表）是同时根据两个变量对案件频数进行分析的一种方法。交叉列表中的值是同时根据两个变量中的各个类别或值对数据进行汇总而得到的值。

10. 百分比是变量中某个类别案件数量除以案件总数，然后乘以 100 而得到的值。

11. 百分位可以根据累积百分比计算，并且经常用特定的数字表示，如四分位(第 25 百分位、第 50 百分位、第 75 百分位) 或者第 95 百分位。另外，当展示百分位时，分析师通常使用根据数据集计算得到的实际累积百分比。

12. 第 50 百分位也称为中位数，即在所有值中比一半的值大并且比一半的值小的值。

13. 比率是另一个来源于频数的统计量。在比率计算过程中，分析师使用一个变量（分母）来确定另一个变量中各个值（分子）之间的相对差异。

14. 均值，也称为平均值，是指变量值的和除以值数量而得到的值。它用于定比变量和定距变量。标准差是一个标准化的衡量变量值偏离均值平均程度的值，并且能够帮助预测数据分布的形状和确定异常值。

讨论与练习 *

练习 1

根据克拉克（Clarke）和艾克（Eck）对问题的环境和行为进行分类的方法，制作一个矩阵，把下列问题归为合适的类别。

- 在酒吧内外发生的攻击
- 大学生之间的熟人强奸
- 在学校发生的欺凌行为
- 汽车音响噪声
- 针对零售店的入室盗窃
- 针对独户房屋的入室盗窃
- 在 ATM 旁发生的抢劫
- 公共场所的违法青年
- 在私人公寓进行的毒品交易
- 居住区超速
- 街面卖淫

- 在停车场发生的盗窃车内物品和盗窃车辆
- 在汽车旅馆发生的违法行为
- 在互联网上发生的身份盗窃
- 在大学校园里发生的学生聚会骚扰
- 针对学校的炸弹威胁
- 公共场所性行为
- 非法闯入学校
- 户外毒品交易
- 抢劫银行
- 街道赛车

练习 2

确定本章介绍的哪种统计量最适合于回答下列问题。

- 城市中哪个巡逻区的入室盗窃最多？
- 哪些巡逻区的入室盗窃明显高于均值？
- 哪些巡逻区比所有巡逻区都具有相同数量的入室抢劫的预期具有更多的入室抢劫？
- 比较巡逻区 1 和巡逻区 2，哪个巡逻区具有更高比例的居民区入室盗窃和商业区入室盗窃？
- 根据人口数量，哪个巡逻区具有不成比例的入室盗窃数量？

*其他使用数据的练习题和其他资源可以在"http://www.sagepub.com/bobasantos3e"中找到。

第 13 章

问题分析——技术应用（一）

因为问题分析受许多因素影响，如问题特征、数据有效性和初始分析（指扫描步骤）结果，所以不存在指导问题分析的逐步说明。问题分析需要分析师具有批判性的思维，就像在模式分析中，分析技术无对错之分，关键要看分析师是否在合适的时机运用合适的技术来理解问题产生的直接原因。

这章和下一章将介绍战略犯罪分析技术的应用。虽然这些内容分为两章，但是第 14 章是第 13 章的延续。这两章内容将围绕分析师当扫描和分析问题时以及当提供服务其他战略目标（如分析犯罪趋势，分析社会人口统计因素，或者对辖区进行热点分析）的信息时所需回答的问题进行组织。分析师需要回答的问题如下：

第 13 章

• 问题具有怎样的特征?

• 问题发生的频繁程度如何?

• 问题增加了还是减少了?

• 问题在什么时候发生?

第 14 章

• 问题在哪里发生?

• 受害者是谁和是否存在重复受害者?

• 犯罪者是谁和是否存在重复犯罪者?

• 问题为什么正在发生?

问题分析的目的决定了被分析数据的类型和这些问题被回答的深入程度。如第 12 章所讨论的，在扫描阶段分析师只是对有效的二手数据进行简单地描述分析，而在分析阶段分析师就要通过提出假设和收集一手数据，深入地分析这些问题。下面将介绍共同或单独对问题进行战略犯罪分析的技术。

13.1 问题具有怎样的特征

不是所有的分析都需要进行统计分析。为了回答这个问题，分析师首先需要从两个不同的方面理解问题。第一个方面是构成问题的事件的序列和行为（Clarke & Eck, 2005, Step36）。第二个方面是这些事件所处的大环境。

如果一个问题被缩小为第 12 章所讨论的特定类型的行为和环境，那么构成该问题的所有事件应该是充分相似的，并且能够使我们识别相同的犯罪行为完成过程。具体而言，从犯罪行为开始到完成，每起事件可以被分为几个阶段（Clarke & Eck, 2005, Step36）。分析师通常根据三个阶段对问题事件进行分析：

1. 前兆。它是直接导致问题行为发生的过程，如喝醉酒、驾车通过社区或等到没人看见。
2. 事件。它是事件或问题行为发生的过程，如用拳头打人、打破房屋窗户或盗窃车内钱包。
3. 后续。它是在事件之后发生的事情或者是事件的结果，如犯罪者逃离现场、隐藏被盗物品或使用被盗的信用卡。（Felson, 2006, p.42）

需要注意的是，在后续阶段也可能发生其他一些犯罪和问题行为，如在入室盗窃之后隐藏被盗物品或者在犯罪后盗窃车辆快速逃离现场。因此，为了全面理解一个问题，分析师需要对所有的阶段进行分析。

初始的问题特征信息主要是定性的，并且通过查看警察报告或者通过与警察、地点管理者、犯罪者和受害者交谈等方式收集。显而易见地，在问题行为发生的整个过程中，可能不止一个三阶段的过程，分析师需要对所有的过程进行分析。例如，在入室盗窃的整个过程中，它包括犯罪者观察社区（前兆）、暴力进入房屋并盗走财物（事件）和隐藏被盗物品（后续），但是它还可能包括犯罪者在他们日常生活中驾车或徒步经过社区（前兆）、拿走暴露的或未受保护的财物（事件）和自己使用财物（后续）。这里的目标是识别一个问题所有可能的过程，然后分析哪类过程最频繁发生，最终制定适用于最多行为的问题解决响应。

除了理解问题行为本身发生的过程，理解怎样的机制和机会能够产生问题行为或促进问题行为的产生也是非常重要的。因为在分析过程中的这一阶段，分析师只有部分信息，所以这里的目标是推测或假设环境如何为行为发生创造了机会，然后，如第 12 章所提到的，使用这些假设指导数据收集和分析。

在这里，第 2 章介绍的理论将变得非常重要并且与问题导向警务指导手册所提供的知识一起使用（Center for Problem-Oriented Policing, 2011）。分析师可以根据问题分析三角对犯罪者、地点和目标 / 受害者作出假设，以及对管理者、监督者或监护人的缺失如何促进问题发生作出假设。另外，根据来自研究和其他问题解决实践的发现，分析师也可以使用问题导向警务指导手册提出相关的假设。

案例研究，佛罗里达州圣卢西亚港：在分析独户房屋建筑工地犯罪问题中，圣卢西亚港警察局向警察、建筑商（受害者）和城市建设管理部门询问了建筑工地盗窃问题的特征。根据询问获得的信息，问题解决委员会假设事件的前兆是犯罪者住在工地旁边，或者在工地上班，或者驱车经过建筑工地时看到了防护薄弱的财物。事件被假设为盗窃独立的并且在建筑物外面的财物，或者盗窃在建筑物外面的并且附属于建筑物的财物，或者盗窃在受保护的或未受保护的建筑物内部的财物。后续被假设为个人使用被盗财物，或者在其他建筑中使用，或者在二手市场销售。另外，他们假设该区域的犯罪者主要是具有建筑知识的人或者只盗窃易盗财物的人，并且假设作为受害者和管理者的建筑商主要是未充分保护他们建筑工地的并且为犯罪创造了机会的人（Boba & Santos, 2007）。

在提出假设之后，分析师需要收集和分析相关的一手数据和二手数据，从而确定假设是否被支持。这是战略问题解决过程中最重要的步骤之一，但也是问题导向警务实践的一个薄弱点 (Scott, 2000)。在实际中，警察部门更可能的是首先进行初始扫描，推测问题产生的原因，然后就直接跳到响应阶段。问题解决过程需要根据正在发生的事情而不是人们假设的正在发生的事情，制定合适的犯罪预防响应。

对于每个问题，虽然我们可以提出许多假设，但是分析师应该重点关注那些最符合分析和警察初始响应实践的假设。这也就意味着分析师应该重点关注问题的直接原因而不是深层的社会原因。例如，对青少年为什么会闲逛和为什么会造成零售商场混乱的问题所作出的一个假设是他们的父母没有教育他们尊重并且他们的父母不知道他们的孩子在哪里（指缺乏家庭教育）。虽然这是相关的假设，但是这是问题的深层原因（社会问题），提高家庭教育的响应已经超出了警察能够影响的范围了。

在提出假设之后，假设可以指导分析的过程。本章剩余内容和下章内容将介绍如何回答一系列典型的问题，而这些问题在问题分析中被用来提出假设。

13.2 问题发生的频繁程度

虽然这个问题好像是一个简单的问题，但是在整个问题解决过程中，问题行为的数量却非常重要。它能够表明行为是否已经完全成为一个问题（扫描阶段），一个问题与其他问题的差异（分析阶段），分配给犯罪预防响应的资源是否充分（响应阶段）和响应是否有效（评估阶段）。下面将介绍确定和表明问题广泛程度的一些方法。这些方法能够对问题特征（如被盗财物、受害地点类型、问题发生地等）中各个类别的数量进行统计和比较。

案例研究，北卡罗来纳州罗利：为了了解罗利街面卖淫问题的严重程度，研究人员通过一系列方法对性交易数量进行了评估。他们使用了问题导向警务指导手册中有关卖淫的信息。该手册认为卖淫者每天进行 3 至 5 起性交易，并且每周工作 5 天。通过采访当地卖淫者，

> 他们确认了这点。另外，他们在关键卖淫区域发现了大约 60 名长期卖淫者，并且估计这些女性每周进行 15 起性交易，每年工作 50 周，因此该区域每年总共发生大约 45000 起性交易。因此，他们估计在 18 个月中（他们项目持续的时间）一共发生了 67500 起性交易。(Weisel, 2004)

13.2.1 频数和百分比

最基本的确定问题频繁程度的一种方法是使用频数和百分比。在具有许多类别的变量（如报警地址、报警类型）中，分析师应该按照降序排序这些类别，因为这样能够使他们更加容易地分析。表 13.1 展示了按降序排序的各巡逻区的抢劫频数和百分比。该方法比通过直接观察列表确定频数最大的类别的方法更加有效，因为它直观地显示了具有最多案件的类别。

表 13.1 按降序排序的各巡逻区的抢劫频数和百分比

巡逻区	抢劫频数	百分比
巡逻区 4	84	31.00%
巡逻区 3	49	18.08%
巡逻区 1	46	16.97%
巡逻区 7	38	14.02%
巡逻区 2	23	8.49%
巡逻区 6	19	7.01%
巡逻区 5	12	4.43%
总数	271	100.00%

另外，对于具有大量类别的情况，分析师不需要提供所有的类别以及它们的频数。分析师可以选择展示频数最大的 5 个、10 个或 25 个类别，而将剩余的类别归为一类或几类。表 13.2 展示了按降序排序的报警最多的 5 个报警类型，在该表中剩余类别被合并为一类。

表 13.2 报警最多的 5 个报警类型的频数和百分比

	报警类型	频 数	百分比
1	入室盗窃警报报警	1254	8.29%
2	可疑行为报警	983	6.50%
3	家庭报警	950	6.28%
4	交通报警	810	5.35%
5	社会救济报警	569	3.76%
	其他类型报警	10567	69.83%
	总数	15133	100.00%

分析师可以以条形图或线图的形式对频数进行可视化比较。例如，图13.1 是各巡逻区抢劫频数的条形图（也称为直方图）。条形图通常用于分类变量（如巡逻区、抢劫类型）。另外，因为条形图是可视化的图形，并且因为变量值的大小非常明显，所以分析师通常不需要对它们进行排列，可以直接按照分类变量值的顺序（如巡逻区1、巡逻区2、巡逻区3）展示。线图通常用于定序变量和定比变量（如月份、年龄），具体内容将在下面介绍。

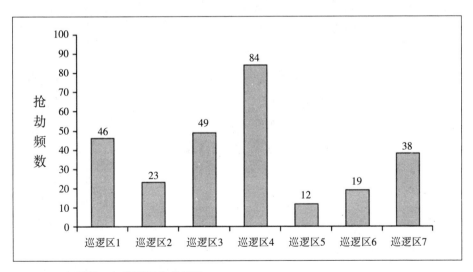

图 13.1 条形图：各巡逻区抢劫频数

战略犯罪分析师经常使用频数，但不单独使用该统计量理解问题的广泛程度，这是因为：

- 一个地点或区域具有最多的问题事件并不能代表其是"最差的"。许多时候，分析是基于被报告的犯罪和报警，因此报告率将直接影响统计数据，进而影响分析。"好的"或"差的"社区都可以具有很低的频数，前者可能是因为很少或没有问题行为，而后者可能是因为问题行为很少被报告。

- 使用频数对不相同的单元进行比较（如对 200 平方公里 30 万人口的区域和 20 平方公里 1 万人口的区域进行比较）可能扭曲问题。

- 具有很多类别的变量可能难以使用简单的频数进行解释（如所有犯罪地点的频数，嫌疑人年龄的频数）。这些类别应该被合并为少量的、更一般的类别（如将地址合并为区域，将年龄合并为年龄段）。

- 值很小的频数可能是没有意义的。例如，一个小型社区在 4 年中每年的谋杀案件频数分别为 0、1、3 和 0。显而易见地，这些数据没有告诉我们是否存在谋杀问题。

- 在缩小问题范围之前，频数可能会产生误导，因为与问题不相关的并且需要不同响应的事件可能被包含在内（如盗窃车内物品的案发地包含所有类型的位置，如公寓、住所和商业区，但是它们是不同类型的环境）。

在频数表格和图表中，增加百分比能够使分析师对一个或几个变量中的各个类别进行比较，并且能够帮助分析师预测问题的广泛程度。当对数据的分布进行比较时，这种方法特别有效。例如，表 13.3 显示在年份 1 发生了210 起街面抢劫案件，在年份 2 发生了 200 起街面抢劫案件。当我们只观察这两个数值时，它们似乎非常相近。但是，当对街面抢劫在所有类型抢劫中所占的百分比进行观察时，我们可以发现年份 1 的街面抢劫百分比是 85%，而年份 2 是 50%。因此，虽然年份 1 和年份 2 的频数非常相近，但是它们的百分比存在较大的差异。这是因为抢劫总数从年份 1 的 247 起激增到年份2 的 400 起，从而使年份 2 的街面抢劫在年份 2 所有抢劫中所占的比例更小了。在该例子中，百分比为街面抢劫响应评估提供了有意义的信息。也就是说，虽然年份 2 的街面抢劫仅仅减少了 10 起，但是其在所有抢劫中所占的百分比却下降了 35%，这表明相对于抢劫总数，年份 2 的街面抢劫比年份 1

的街面抢劫更少了。

表 13.3 街面抢劫频数和百分比

	街面抢劫	其他抢劫	街面抢劫百分比
年份 1	210	37	85.00%
年份 2	200	200	50.00%

    与频数一样，百分比也可以以图表的形式展示。而最常用的图表类型是饼形图。当制作饼形图时，犯罪分析师使用的类别数量通常不超过 5 至 7 个，这样能够使饼形图的扇区不会因为太小而无法被识别或标注。与表格一样，图表也可以用于比较数据的分布。图 13.2 和图 13.3 分别展示了街面抢劫在年份 1 和年份 2 的百分比。利用这两张图表，分析师就能进行简单地可视化比较。需要注意的是，在图表标题中应该包含总数的信息。这非常重要，因为它为图表中所展示的百分比提供了背景知识。

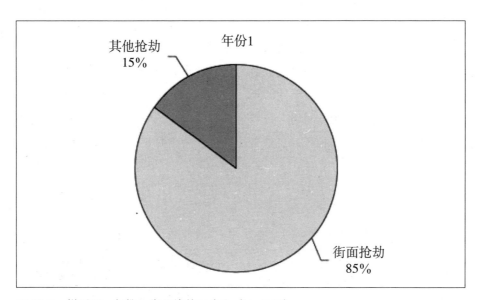

图 13.2 饼形图：年份 1 街面抢劫百分比（N=247）

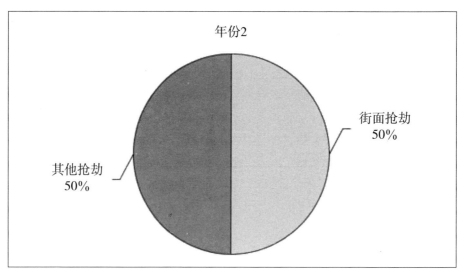

图 13.3　饼形图：年份 2 街面抢劫百分比（N=400）

13.2.2 比率

　　除了百分比，比率也是对频数的改进，其允许分析师对不相似区域的事件频数进行比较。

　　上一章介绍比率的例子使用人口数量作为分母。但是，当分析一些问题时，使用人口数量计算比率可能不能为问题严重程度的比较提供最相关的信息。例如，人口数量不适合于比较不同商业区的入室盗窃，因为人们不居住在商业区的大楼里。如果使用人口数量计算商业区入室盗窃的比率可能会产生较高的比率，因为商业区人口数量比较低。分析师可以使用商业机构数量计算商业区入室盗窃的比率，该比率表示一定犯罪目标数量的入室盗窃数量。表 13.4 展示了各巡逻区每 100 个犯罪目标(商业机构) 的商业区入室盗窃数量。

表 13.4　入室盗窃频数和比率

巡逻区	入室盗窃频数	犯罪目标数量	每 100 个犯罪目标的入室盗窃比率
巡逻区 1	164	131	125.01
巡逻区 2	82	75	109.17

续表

巡逻区	入室盗窃频数	犯罪目标数量	每 100 个犯罪目标的入室盗窃比率
巡逻区 3	174	130	134.18
巡逻区 4	299	348	85.93
巡逻区 5	43	84	50.86
巡逻区 6	68	286	23.65
巡逻区 7	135	212	63.81
总数	965	1266	76.21

　　分析师也可以根据具体的情况，使用合适的分母计算问题的比率。下面是分母的一些例子：

- 住所或公寓单元（如比较居住区入室盗窃数量，因为犯罪目标是住所，而不是住在其中的人）
- 房间（如比较不同规模的宾馆和汽车旅馆）
- 建筑物（如根据它们相对的规模，比较商业区域）
- 平方英尺（如比较具有多层建筑物的商业区）
- 使用率（如考虑到顾客的实际数量难于获得，因此可以用来比较酒吧、夜店或其他娱乐场所；需要注意的是，使用率和建筑面积是相关的，因此它们本质上是衡量相同的事物）
- 停车空间（如比较停车场，因为停车空间决定了停车量）
- 英亩（如比较公园或其他陆地）
- 建筑执照（如根据正在建设的房屋数量，比较建筑工地入室盗窃数量）

　　但是，使用这些变量计算比率并不一定都能解决比较问题。例如，使用停车空间能够确定停车场的相对大小，但是不能确定停车场被使用的空间或者汽车在停车场停留的时间。在比较中，分析师还应该考虑其他信息，如停车场每天开放的时间和汽车通常在停车场停留的时间。但是，因为一些类型的信息难以定期获取和更新，所以分析师可能只能依靠手头最相关的、最易获取的信息。当交流分析结果时，分析师应该清楚地知道是用哪些信息进行比较的。

案例研究，加利福尼亚州邱拉威斯塔：通过对邱拉威斯塔盗窃车内物品案件进行研究，研究人员和分析师发现："我们的风险率小组委员会有了一些有趣的发现。发生大量盗窃的停车场不一定是高风险率的停车场。其中一个停车场在2001年一周只开放2天，一共发生了42起盗窃车辆案件和2起盗窃车内物品案件。我们认为该停车场具有最高的风险率。但是这被证明是不正确的，因为一些更小型的、一周开放7天的、发生更少盗窃的停车场具有更高的风险。当小组委员会把这些停车场的汽车数量、停车空间、平均停车时间和开放时间都考虑在内时，他们发现邱拉威斯塔电动通勤车停车场的风险率是其他停车场风险率平均值的10倍。或许我们不应该感到奇怪，因为电车停车场（在所有类型的停车场中）具有非常适合盗窃车辆的环境（大量的老式汽车，没有定期巡逻，自由进出，多个出口，停车时间长，与高速公路相邻——不超过2分钟车程）"。(Sampson, 2004, p.13)

在扫描和分析阶段，犯罪分析师使用三类比率定期对当地犯罪问题和全国犯罪问题进行比较并表示问题的整体情况。这三类比率分别为犯罪率（crime rate）、破案率（clearance rate）和追回率（recovery rate）。犯罪率通常是指一个区域被报告犯罪的数量除以该区域人口数量所得到的值。全国犯罪率和州犯罪率通常以每10万人第一类犯罪犯罪数据（即犯罪数量除以人口数量，然后乘以10万）的形式展示。但是在地方层面，每10万人的犯罪率可能不太适合，尤其是人口数量小于10万的区域，因为每10万人的犯罪率会让人感觉这里比实际发生了更多的犯罪。例如，一个5万人的城镇一共发生了3000起第一类犯罪，那么每10万人的犯罪率就是6000。虽然当把该城镇的犯罪水平与全国或州的犯罪水平进行比较时使用每10万人的比率是合适的，但是在小型区域，分析师最好使用每1万人或每1千人的比率，具体数量取决于哪类比率对小型区域犯罪率进行比较更合适。

在地方层面使用犯罪率时，犯罪分析师需要考虑的另一个问题是侵财犯罪与人身犯罪的差异。大部分人认为暴力犯罪比侵财犯罪更普遍，但是这是错误的。例如，在2010年，美国执法机构总共向FBI报告了1246248起暴力犯罪；同年，它们报告了9082887起侵财犯罪（FBI，2011）；它们的比例大约为 1：7。因此，犯罪分析师应该分别计算这两类犯罪的犯罪率，从而避免误导。

另一个在问题分析中常用的比率是破案率。统一犯罪报告项目承认两种破案的形式：抓捕和特殊原因。如果至少有一个人因犯罪被逮捕、起诉和审判，那么对应的案件就是因抓捕而破案的。统一犯罪报告项目统计的是破获案件的数量，而不是被抓获人员的数量。需要注意的是，抓获一个人可能同时破获多起案件，但是抓获多个人也可能只破获一起案件。如果超出警察控制的情形阻碍了通过抓捕破获案件，那么破获的案件就是因特殊原因而破案的。当统一犯罪报告项目将一起案件统计为因特殊原因而破获的案件时，警察部门必须具有如下信息：犯罪者身份信息；充分的支持抓捕、起诉和审判的证据；能够使执法部门实施抓捕的准确位置信息（FBI, 2011）。特殊原因包括犯罪者死亡、受害者拒绝起诉和拒绝引渡。

破案率通常也以百分比的形式展示。例如，如果去年一共发生了 200 起抢劫，其中 90 起被破获，那么每 100 起抢劫就有 45 起案件被破获，即破案率为 45%。与全国犯罪率一样，全国破案率也只根据第一类犯罪进行统计。当对问题进行分析时，犯罪分析师可以使用破案率确定通过抓捕而破获的案件的数量，并且对地方和全国的破案率进行比较（如观察地方破案率是否比全国低）。

最后，第三个在问题分析中常用的比率是追回率。它是指一个辖区中被盗车辆被追回的比率。它也以百分比的形式展示。分析师可以使用该比率理解盗窃车辆问题的特征。例如，如果在一个城市中追回率是 90%（指在 10 辆被盗车辆中 9 辆被追回），那么这清晰地表明该城市的盗窃车辆问题不是主要涉及拆卸汽车零部件进行销售的犯罪者。

13.2.3 均值和标准差

最后，均值和标准差也可以为问题广泛程度的确定提供另一种形式的比较。因为均值和标准差可以度量变量值的集中趋势，所以分析师可以使用它们确定频数或比率是正常的还是异常的。例如，如果一名犯罪分析师正在分析在零售店周围发生的盗窃车内物品问题，那么分析师可以计算该城市中每个零售店一定停车空间的盗窃比率，然后按比率降序排序这些零售店，也就是把比率最高的零售店排在最前面。但是，盗窃比率最高的零售店是一个问题吗，或者说该零售店与其他零售店不同吗？均值和标准差可以帮助分析师回答这个问题。

表 13.5 展示了 10 个位置。零售广场 1 具有最高的盗窃比率，并且整个城市的均值和标准差分别为 2.76 和 0.86（为了简洁，在这里只展示了部分位置）。通过分析，我们可以发现零售广场 1 的比率偏离均值一个标准差之内（2.76+0.86=3.53），这表明排在前面的位置没有与其他位置存在太大的差异。

表 13.5 零售广场一定停车空间盗窃车内物品案件的比率

位　置	比　率
零售广场 1	3.52
零售广场 2	3.49
零售广场 3	3.42
零售广场 4	3.30
零售广场 5	3.21
零售广场 6	3.20
零售广场 7	3.20
零售广场 8	3.09
零售广场 9	3.07
零售广场 10	3.01

表 13.6 一定酒吧顾客数的打架比率

位　置	一定顾客数的打架比率
酒吧 1	25.30
酒吧 2	15.23
酒吧 3	14.02
酒吧 4	13.25
酒吧 5	13.11

表 13.6 展示了另一个不同的例子，它对前 5 个酒吧一定人员数量（指酒吧顾客数量）的打架比率进行了比较。如果所有酒吧（100 个）的均值为 9.23，标准差为 4.01，那么最大的比率偏离均值 3 个标准差（$4.01 \times 3=12.03$，9.23+12.03=21.26），这表明比率为 25.30 的酒吧 1 明显比该城市中其他酒吧具有更多的打架事件。

与频数和百分比一样，在图表上分析师能够更加有效地使用均值和标准差。图 13.4 展示了来自表 13.6 的前 5 个酒吧的打架比率，其中实线表示均值，虚线表示高于均值 1 个、2 个或 3 个标准差的值（由于我们观察比率最高的酒吧，因此比率小于均值的所有酒吧就不再展示了）。该图能够使分析师方便地发现哪个酒吧的比率明显高于均值。需要注意的是，这仅仅是一个简单的例子，更多的位置可以包含在这类图表中。

另外，需要注意的是，犯罪分析师主要使用均值和标准差处理案件超过 35 起的数据集。而对于分析案件少于

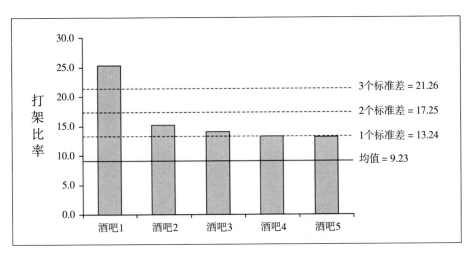

图 13.4　打架比率、均值和标准差

35 起的数据集，这两个统计量就不那么可靠了，因为一个或两个异常案件就可以显著地影响最终结果。但是，这不是一个一成不变的规定。对于每个数据集，尤其是小型数据集，分析师应该仔细地分析各个统计量的值。

> 　　案例研究，加利福尼亚州邱拉威斯塔：中值也可以用于确定各个位置之间的差异，因为它表明 50% 的位置在该值之上并且 50% 的位置在该值之下。图 13.5 来自邱拉威斯塔廉价汽车旅馆问题分析。在该分析中，旅馆按照每个房间报警数进行排序，并且将每个旅馆的比率与所有旅馆比率的中值进行比较。报告表明：“在该项目中，根据该统计量进行的问题分析能够帮助分析师识别在汽车旅馆中需要关注的基本问题（如房间安全）以及与报警高发相关的因素（如租给当地或长期的客人），但是这些分析结果没有完全解释邱拉威斯塔不同汽车旅馆每个房间报警比率的巨大差异（比率从最高的每个房间 2.77 起报警到最低的每个房间 0.11 起报警）……虽然一些服务于当地顾客的汽车旅馆的报警比率比较高，但是有一些旅馆的比率不高。”(Chula Vista, California, Police Department, 2009, Appendix I)

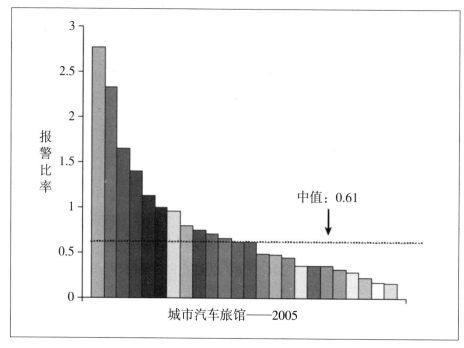

图 13.5 每年每个房间的报警数
来源：加利福尼亚州邱拉威斯塔警察局（2009）

13.3 问题是增加了还是减少了

除了理解问题发生的频繁程度，理解问题在响应前后的长期趋势也非常重要。也就是说，随着时间推移，问题增加了，减少了，还是保持不变。在扫描阶段，分析师通过寻找增长趋势，排序和选择需要进一步分析的问题。在评估阶段，分析师通过寻找下降趋势，帮助预测响应的效果。为了确定问题是否随着时间变化，分析师可以以一定的时间变量（如年、月和星期）为单位计算和展示频数、比率和均值。在正常情况下，时间变量分析以线图的形式展示，因为线图是一种能够清晰展示连续、长期序列的方法。另外，分析师也可以用百分比变化来表示问题的变化。

13.3.1 年变化

在战略犯罪分析中，年是确定问题增加或减少的最大时间单位。国家层面的或由地方警察部门收集的大部分犯罪统计数据都是以年为单位进行统计。这类数据允许分析师对不同辖区前几年的数据进行比较。图 13.6 是展示 5 年内抢劫频数的线图。

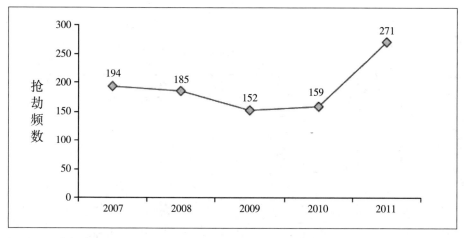

图 13.6　每年抢劫频数线图

　　另一种以年为单位的比较是对一定人口数量的抢劫比率进行比较。这类比较允许分析师对不同的层面（如城市与周边城市、城市与州、城市与县）进行比较。表 13.7 提供了制作州和城市每 10 万人抢劫比率图的必要信息。该表显示虽然城市抢劫数比州抢劫数更少，但是城市抢劫比率比州抢劫比率更高。另外，虽然该表提供了充分的有关抢劫比率的信息，但是以线图（如图 13.7）形式展示这些信息能够使观察者一眼就能理解这些信息。

表 13.7　城市和州的抢劫数量、人口数量和比率

年	城市抢劫频数	城市人口数量	城市比率	州抢劫频数	州人口数量	州比率
2007	254	120000	211.67	19291	12852000	150.10
2008	220	122000	180.33	16753	12867000	130.20
2009	219	125000	175.20	19136	12886000	148.50
2010	299	126000	237.30	18808	12891000	145.90
2011	271	136000	199.26	19400	12916000	150.20

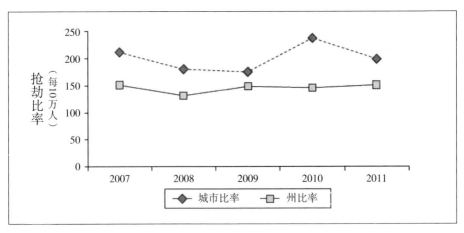

图 13.7 城市和州抢劫比率比较图
来源：波巴（Boba）（2011），图 6

案例研究，加利福尼亚州圣卢西亚港：在对使问题解决分析和职责制度化的新组织模型所进行的评估中，分析师制作了图 13.8。下面

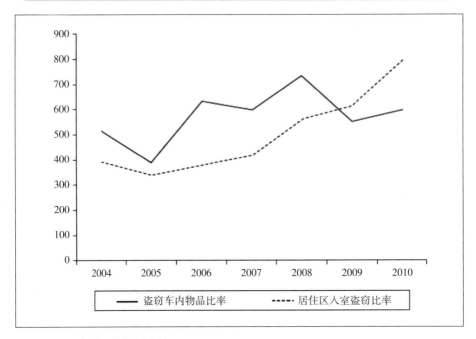

图 13.8 圣卢西亚港犯罪比较
来源：波巴（Boba）（2011）

是根据该图所作出的结论："但是，为了提供更多的证据以及理解这些增长和减少是否只存在于盗窃车内物品案件中，图6（在本书中该图作为图13.8插入）对圣卢西亚港7年以来每10万人的盗窃车内物品案件比率和居住区入室盗窃案件（在当时没有成为工作目标的另一类侵财犯罪）比率进行了比较。图6显示在2009年圣卢西亚港警察局使分层模型制度化后，盗窃车内物品案件减少了，而居住区入室盗窃案件则增加了并且超过了盗窃车内物品案件。显而易见地，在2009年后期，圣卢西亚港警察局也开始关注居住区入室盗窃案件了，并开始运用系统的犯罪减少措施……"。（Boba, 2011, p.21）

13.3.2 月变化或季度变化

像大部分商业机构和其他组织一样，犯罪分析师主要以月为单位报告统计数据和研究问题。月是足够小的时间单位，它允许分析师分析一年之中的变化，同时它也是足够大的时间单位，它能够为分析师提供充分的数据进行分析。当以月为单位的数据量因太小而无法分析时，分析师也可以以季度(3个月)为单位分析统计数据。分析师可以使用这里介绍的技术对月或季度数据进行分析。

图13.9展示了某个城市过去3年每个月公寓喧闹聚会报警的数量。需要注意的是，该图比之前的年图包含更多的数据点，并且在每年中都具有峰

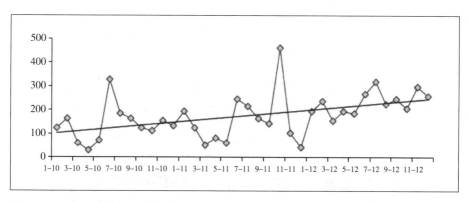

图13.9 3年公寓喧闹聚会报警

值和谷值。这类分析允许分析师观察数据的月增量变化。图中的直线是线性趋势线，它能够帮助分析师确定频数的整体线性趋势。

当数据中的增量增长或减少不明显时，趋势线就可以帮助分析师确定问题发展的方向。其中线性趋势线可以根据统计方程（线性回归方程）计算，该方程能够产生很好估计月数据发展趋势的直线，并且它在犯罪分析中最常用。因为不是所有的分布都是线性的，所以分析师也需要使用其他类型的趋势线，如指数和移动平均。但是，在使用它们之前，分析师应该了解产生这些趋势线的统计量。重要的是，在分析中所使用的统计量（如频数、比率、均值）不同，趋势线的方向也可能会不同。

以月为单位识别问题行为变化的一个问题是：月是一个变化的单位，一个月的天数从 28 天到 31 天不等。在一个月的犯罪或其他行为数量中，3 天足以产生巨大的影响。犯罪分析师避免该问题的一种方法是计算一个月中每天发生的犯罪数，即均值。例如，如果 1 月份和 2 月份的喧闹聚会频数分别为 123 起和 164 起，那么分析师就可以用它们的平均值 3.97 和 5.86（123÷31=3.97 和 164÷28=5.86）代替频数。

13.3.3 星期变化

使用月作为时间单位的另一个问题是各个月的星期分布可能是不同的，也就是说，某个月可能有 5 个星期五，而下个月就可能只有 4 个星期五了。这种变化能够影响在周末而不是在工作日发生的行为数量，如公寓喧闹聚会。分析师解决该问题的一种方法是使用一定星期数量的时间间隔（如 4 个星期、2 个星期或 1 个星期的时间间隔）进行比较。在这类星期间隔中，每个时间单元都具有相同的天数和星期分布（如都有 4 个星期五和星期六）。另外，在进行时间分析时，犯罪分析师也可以使用线图展示这些类型的分析，但是需要谨慎地选择合适的时间单位，也就是说，选择的时间单位应该能够使每个时间单元都能提供充分的使分析师得出结论的数据。

13.3.4 百分比变化

为了回答"问题增加了还是减少了"这个问题，分析师也可以使用百分比变化（percent change）确定问题在两个时间段相对增加或减少的量。在评估阶段，该方法能够分析问题在响应前后的严重程度。百分比变化是时间 2 的变量值（t_2）减去时间 1 的变量值（t_1），然后除以时间 1 的变量值（t_1），最后乘以 100 所得到的值（C）。它也就是表示在第二个时间段的变量值（t_2）相对于在第一个时间段的变量值（t_1）的变化比率。百分比变化的计算公式如下所示：

$$\frac{t_2 - t_1}{t_1} \times 100 = C\%$$

例如，在 2010 年 7 月至 12 月（在响应之前），某个商业区一共发生了 320 起商业区入室盗窃。在 2011 年 7 月至 12 月（在响应之后，响应时间为 2011 年 1 月至 6 月），该商业区一共发生了 256 起居住区入室盗窃。那么，该商业区入室盗窃百分比变化的计算过程如下：

$$\frac{256(t_2) - 320(t_1)}{320(t_1)} \times 100 = \frac{-64}{320} \times 100 = -20\%$$

从上面的计算过程可知，在响应实施之后的 6 个月，该商业区的入室盗窃数量减少了 20%。在描述阶段，分析师可以使用百分比变化进行年比较、季度比较或月比较。表 13.8 展示了各巡逻区 2010 年和 2011 年陌生人强奸案件的数量变化和百分比变化。根据该表，我们可以知道虽然强奸案件总数增加了 70%，但是各个巡逻区强奸案件数量的波动情况都是不一样的，其中巡逻区 6 强奸案件数量波动最大。

表 13.8　2010 年和 2011 年各巡逻区陌生人强奸案件数量和百分比变化

巡逻区	2010 年	2011 年	数量变化	百分比变化
巡逻区 1	20	46	26	130.00%
巡逻区 2	36	23	−13	−36.00%
巡逻区 3	15	49	34	227.00%
巡逻区 4	56	84	28	50.00%
巡逻区 5	0	12	12	无法计算
巡逻区 6	3	19	16	533.00%
巡逻区 7	29	38	9	31.00%
总数	159	271	112	70.00%

当计算百分比变化时，分析师需要注意一些事项。其一，例如表13.8显示巡逻区5在2010年没有发生陌生人强奸案件，在2011年发生了12起案件，最后一列显示为"无法计算"而不是百分比变化值，这是因为一个数值不能除以0。因此，巡逻区5没有百分比变化值。在这种情况中，犯罪分析师可以使用数值的实际变化，如"巡逻区5陌生人强奸案件数量从0起增加到12起"。其二，虽然巡逻区6陌生人强奸案件数量增加了533%，但是实际增加量（16起）并没有比其他巡逻区高（如26、32、28）。之所以巡逻区6百分比变化较大是因为2010年的数值相对较低。当数值较小时，即使微小的增长也能造成较大的百分比变化。

案例研究，德克萨斯州阿林顿：图13.10是阿林顿警察局犯罪分析师每个月为领导制作的图表。该图包含本章介绍的许多统计量。首先，它展示了以4个星期为一个时间单元进行统计的偷窃数量（如时间段14具有1027起偷窃）。然后，沿着横轴，它展示了一个时间段与上一个时间段偷窃数量的百分比变化（如时间段8至时间段7的百分比变化为−15%）。再然后，它展示了在整个时间范围内偷窃的均值

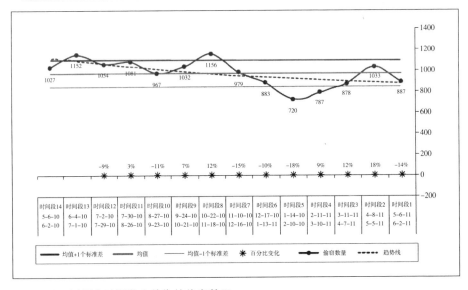

图13.10 以报告时间段为单位的偷窃数量
来源：德克萨斯州阿林顿警察局吉姆·马拉德（Jim Mallard）

> （中间实线）以及高于和低于均值一个标准差的值（高于和低于均值
> 线的两条线）。最后，它展示了整体线性趋势线（虚线）和整体百分
> 比变化 –17%（在该图标题中）。

13.3.5 事前收益

在评估阶段，当对问题是否减少了进行分析时，分析师也必须分析是否存在事前收益（anticipatory benefit）。如史密斯（Smith）、克拉克（Clarke）和皮兹（Pease）（2002）认为的，犯罪减少可能在战略响应实施之前已经发生了，因为在响应实施之前已经开展的工作可能实际上已经改变了犯罪者的风险预期和受害者的意识。虽然其他响应也可能产生这种收益，但是约翰逊（Johnson）和鲍尔斯（Bowers）（2003）已经发现犯罪预防宣传能够产生事前收益。例如，在圣卢西亚港建筑工地偷窃项目中，在响应实施之前的 6个月，项目工作小组已经着手分析，与建筑商交流和观察工地。虽然这是难以确定的，但是在响应完全实施之前，偷窃确实已经开始减少了（Boba &Santos, 2007）。

13.4 问题在什么时候发生

根据环境犯罪学理论，大部分问题在时间上不是均匀分布的。也就是说，因为机会来源于人们的日常行为，所以大部分问题在特定的年、季度、星期和时聚集。例如，路怒症最可能发生在人们对交通感到沮丧的时候，而人们对交通感到沮丧的时候是在道路超载或繁忙的时候。因为大部分城市道路超载或繁忙的时间段为上午 7 时至 9 时和下午 4 时至 6 时，所以路怒症最可能在这些时间段发生，或者更特殊地在人们结束一天工作，感到疲乏并想回家的时候发生。这种推理是符合逻辑的。但是，这仅仅是一个理论假设，不一定在每个社区都是正确的，因此分析师还需要通过分析，确定该假设的真假。

一般而言，战术犯罪分析师在相对较短的时间段（如小时和天）内从少量的案件中寻找时间模式（如使用时间序列分析方法）。而战略犯罪分析师

则在较短的时间段（如小时和天）内或较长的时间段（如月、季度和年）内从更多的案件中寻找时间模式。

13.4.1 季节性

为了分析季节性，犯罪分析师需要对几年的数据进行分析，确定在这几年中是否存在相似的模式。图 13.11 展示了之前例子中公寓喧闹聚会报警的数据，但是该图把几年中相同月份的数据放在 X 轴的同个点上。通过观察该图，我们可以方便地发现月模式。图中椭圆显示喧闹聚会报警在每年 6 月份都会增加。

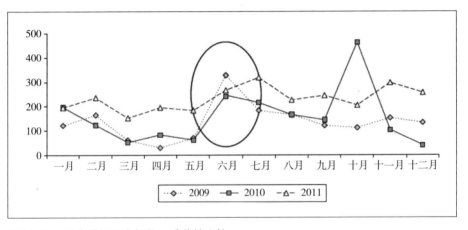

图 13.11　公寓喧闹聚会报警：季节性比较

案例研究，佛罗里达州佛特：在对一条高速公路 3 年交通碰撞事故所进行的分析中，犯罪分析师根据图 13.12 作出了如下结论："下面的图表展示了每个月交通碰撞事故的数量。通过观察每年每月的报警数，我们可以发现报警在 4 月份减少了，在 12 月份增加了。我们推测报警在 4 月份减少可能是因为人口数量减少了，因为在春季假期许多居民不在城镇并且在冬天回到他们夏天的住所了。报警在 12 月份增加可能是因为在圣诞节和新年假期中交通量增加了。但是这些假设还需要我们进一步地研究，从而确定这些原因是否真的为影响因素。"（p.2）

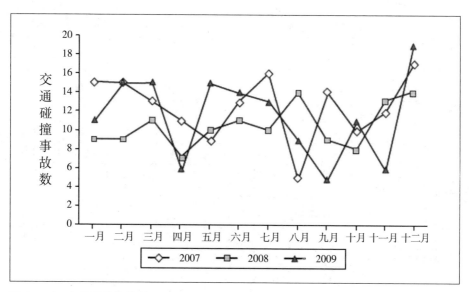

图 13.12　交通碰撞事故数量

来源：佛罗里达州皮尔斯堡警察局艾普丽尔·李（April Lee）

13.4.2 时和星期

　　战术犯罪分析师和战略犯罪分析师也可以以时和星期为单位对数据进行分析。虽然该方法在战术犯罪分析中的特定情形（如第 11 章所讨论的）中是有用的，但是该方法在战略犯罪分析中更有用，因为案件数量更多。表 13.9 以时和星期为单位展示了过去一年便利店抢劫的数量。图 13.13 则以图表的形式展示了这些数据。通过对图 13.13 进行分析，我们可以发现在过去一年中抢劫大多发生在一个星期中任意一天的 20 时和 23 时，并且大多发生在星期五和星期六。

表 13.9　以时和星期为单位的便利店抢劫交叉列表

	星期日	星期一	星期二	星期三	星期四	星期五	星期六	总数
0 时	24	5	1	0	9	3	30	**72**
1 时	30	6	9	12	3	6	18	**84**
2 时	6	0	3	0	3	0	12	**24**
3 时	0	0	0	0	0	2	7	**9**

	星期日	星期一	星期二	星期三	星期四	星期五	星期六	总数
4 时	5	0	0	0	7	0	0	**12**
5 时	0	3	0	2	6	0	0	**11**
6 时	1	0	1	3	0	8	3	**16**
7 时	6	3	0	0	2	0	3	**14**
8 时	3	0	9	0	0	0	0	**12**
9 时	0	3	0	6	0	3	0	**12**
10 时	1	0	3	9	3	0	12	**28**
11 时	2	0	6	0	9	1	9	**27**
12 时	0	3	2	0	1	1	0	**7**
13 时	15	0	0	0	9	12	9	**45**
14 时	3	0	6	0	0	6	0	**15**
15 时	0	12	0	6	0	1	3	**22**
16 时	6	1	4	0	3	2	0	**16**
17 时	0	0	0	2	0	0	6	**8**
18 时	0	1	0	0	2	6	0	**9**
19 时	6	9	15	3	0	0	6	**39**
20 时	12	0	6	6	1	12	15	**52**
21 时	3	15	6	9	15	33	45	**126**
22 时	12	6	18	12	27	27	36	**138**
23 时	9	12	6	3	21	24	18	**93**
总数	**144**	**79**	**95**	**73**	**121**	**147**	**232**	**891**

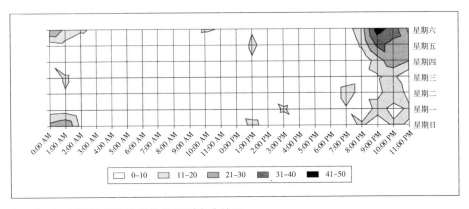

图 13.13　以时和星期为单位的便利店抢劫图

另外，第 11 章所介绍的加权时间范围方法也是一种确定问题发生时间范围的有效方法。分析师经常使用该方法分析侵财犯罪，如入室盗窃、盗窃车辆和故意破坏财物，但是问题发生时间范围在犯罪发生之后才能被发现。图 13.14 和图 3.15 分别展示了一年中商业区和居住区入室盗窃的发生时间范围，这两类案件的总数分别为 250 起和 175 起。通过分析这类图表，分析师可以方便地发现这两类犯罪的一般模式，并对它们进行比较（如商业区入室盗窃主要发生在晚上，而居住区入室盗窃则主要发生在白天）。

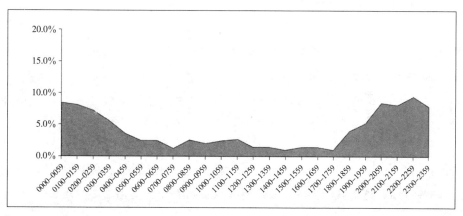

图 13.14　商业区入室盗窃加权时间范围图

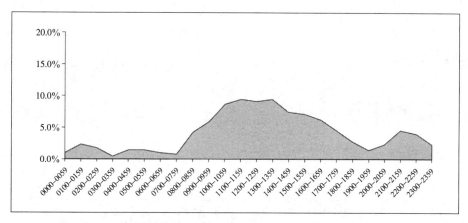

图 13.15　居住区入室盗窃加权时间范围图

加权时间范围也可以以天为单位，但这不经常有用，因为犯罪发生的时间范围横跨了几天甚至几周。另外，分析师也不经常采用时和星期组合进行加权时间范围分析，因为结果的模糊性（指时范围和星期范围）。

要点总结

本章通过回答关键分析问题的方式，介绍了如何对问题进行战略分析。下面是本章的要点：

1.问题具有怎样的特征？为了回答这个问题，分析师需要分析：（1）构成问题的事件的序列和行为；（2）这些事件所处的大环境。

2.问题发生的频繁程度？为了回答这个问题，分析师可以使用频数、百分比、比率、均值和标准差。另外，分析师也可以使用这些统计量的组合或其他更间接的方法理解问题的频繁程度。

3.犯罪分析师使用三类比率定期对当地犯罪问题和全国犯罪问题进行比较，并表示问题的整体情况。这三类比率分别为犯罪率、破案率和追回率。

4.问题增加了还是减少了？为了回答这个问题，分析师可以根据一定的时间单位（如年、季度、月、星期）对数据进行分析，以及确定问题随着时间推移增加了还是减少了。分析师也可以使用百分比变化确定问题在两个时间段相对增加或减少的量。

5.问题在什么时候发生？为了回答这个问题，分析师在较短的时间段（如小时和天）内或较长的时间段（如月、季度和年）内从大量的案件中寻找时间模式。

讨论与练习*

练习1

填写下面表格中缺失的数据，并计算每100人比率的均值。

位　置	打架频数	百分比	顾客数	每人比率	每100人比率
酒吧1	25	2.50%	250		
酒吧2	50		1000	0.05	
酒吧3	100	10.00%	500		

续表

位　置	打架频数	百分比	顾客数	每人比率	每100人比率
酒吧 4	75	7.50%	1000	0.08	
酒吧 5	250		500	0.50	
酒吧 6	125	12.50%	250		
酒吧 7	50	5.00%	250	0.20	
酒吧 8	200		1000	0.20	
酒吧 9	50	5.00%	500		
酒吧 10	75		250	0.30	
总数	1000	100.00%	5500		

练习 2

你正在向 3 号巡逻区的负责人提供描述盗窃车辆情况的图表。请描述该图的发现（实际数据和趋势线），并讨论这类数据展示方式的缺点。

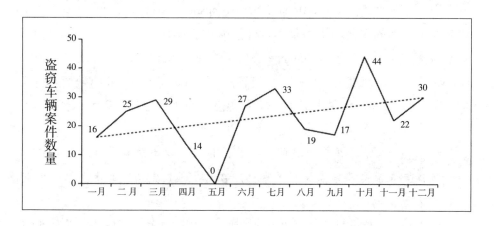

练习 3

根据上面的图表，分别计算从 1 月至 12 月和从 5 月至 10 月的百分比变化。

* 其他使用数据的练习题和其他资源可以在 "http://www.sagepub.com/bobasantos3e" 中找到。

第 14 章

问题分析——技术应用（二）

14.1 问题在哪里发生

与大部分问题在时间上不是均匀分布的一样，大部分问题在空间上也不是均匀分布的（Felson & Boba, 2010; Tompson & Townsley, 2010）。特指违法犯罪事件空间聚集的术语是热点（如第 9 章所提到的）。在战略意义上，热点还没有统一的定义（Chainey & Ratcliffe, 2005; Eck, Chainey, Cameron, Leitner, & Wilson, 2005）。但是，一般而言，热点是指比行为正常数量多的区域。克拉克（Clarke）和艾克（Eck）将热点分为如下几类（2005, step 23）：

- 点热点：是指具有大量问题行为的位置。这类热点展示了在特定场所或重复受害地点聚集的事件。在一个位置上的多起事件用一个点表示。
- 线热点：是指问题行为聚集的街段。例如，如果沿着特定街段停放的汽车具有较高的被盗风险，那么这条街道就可能成为线热点。沿着街段的多起事件用一条线表示。
- 区域热点：是指问题行为聚集的区域。在地图上，区域热点可以用阴影、轮廓线、梯度表示事件数量。

问题被分析的层面取决于分析的目的（如问题位置与混合问题）。并且选择的分析单位——位置、街段或区域，将显著影响分析的结果。分析师应该从最低的层面（点层面）开始分析，然后逐级提高层面（线层面和区域层面），从而避免遗漏问题的低层面聚集（Eck et al.，2005）。在问题解决过程中的评估阶段，分析师可以使用热点分析方法确定在响应之后是否存在空间转移和利益扩散（详见第 2 章）。虽然存在更复杂的方法，但是使用犯罪制图技术进行评估的主要方法是对响应前后的相似的结构化地图进行比较。为了理解和传播问题事件的空间关系，用于回答"问题在哪里发生"问题的方法就是识别和分类热点的方法。

14.1.1 热点识别

目前，不存在统一的确定热点或最佳热点方法的标准数值阈值（Chainey & Ratcliffe, 2005; Pattavina, 2005）。分析师可以运用不同的从简单到复杂的方法识别热点。下面将介绍识别热点的方法以及在识别热点后分类热点的技术。

人工方法

最直接的确定热点的方法是使用点数据的人工方法或"眼睛"方法。它是犯罪分析和警务实践最常用的方法。在图 14.1 中，分析师使用分级符号

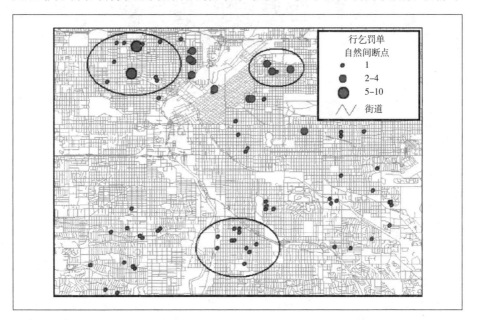

图 14.1　热点识别：人工方法

描述了开具行乞罚单的地点，并识别了罚单聚集的区域（椭圆区域）。

当人工识别热点时，分析师应该使用分级符号，因为如第 6 章所提到的单一符号地图叠加放置相同地点的事件，这样会使发生地相同的大量事件看起来好像只有一起事件。分析师也可以以街段和区域为单位聚集事件，然后人工确定热点，但是需要注意的是，根据不同的分析单位、地图比例尺和制图数据量，成为热点的区域也将不同。

分级色彩制图

对于大数据量而言，分析师难以使用点符号确定热点。而分级色彩区域（多边形）地图则能够允许分析师通过以区域为单位汇总事件，分析更多的事件。因为普查数据都是以区域（如统计街区、统计街区组、统计区）为单位进行收集的，所以分级色彩区域地图也允许分析师将普查数据（如人口

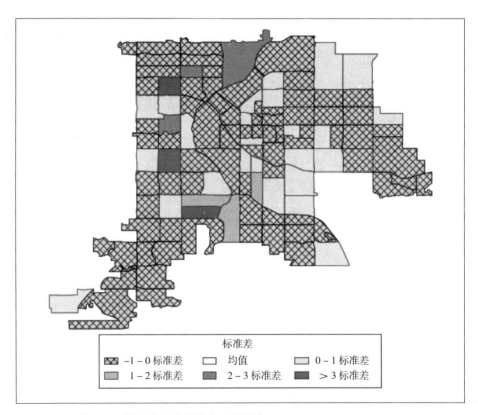

图 14.2　热点识别：按标准差填色的分级色彩地图

数量、收入）与犯罪数据一起进行制图。标准差分级法对于确定热点特别有效，因为它能够突出明显偏离均值的区域，即频数或比率大于均值 1 个、2 个或 3 个标准差的区域。例如，在图 14.2 中，最暗的区域被识别为热点，因为它们的值大于所有区域均值 3 个标准差以上。

当使用分级色彩多边形地图时，分析师应该意识到各个区域的大小和形状是不一样的，而对大小和形状不一的区域的事件频数进行比较则会产生一定的问题。分析师可以使用标准化的变量（如人口数量、目标数量或多边形面积）解决该问题。另外，当使用该方法确定热点时，分析师也应该意识到一个区域中的事件可能仅仅发生在该区域的边界，但是因为整块区域被填色了，所以实际的数据和热点可能已经被扭曲了。图 14.3 展示了沿一块区域边界（可能是一条主干道）分布的实际事件，并很好展示了这种填色方法如何扭曲了事件聚集。在该图中，如果不对事件符号作出说明，那么每块区域里所有的地点似乎具有相同的犯罪密度。虽然有时候（如当一名分析师面对大量的案件并且软件功能有限时）分析师没有其他更好的选择，只能使用该方法，但是也应该谨慎地使用。

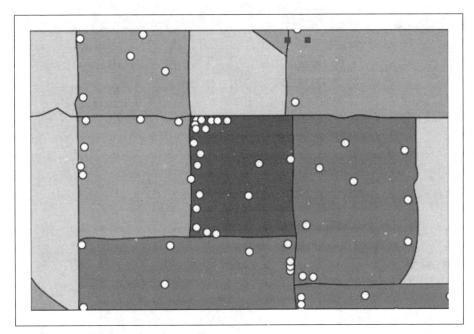

图 14.3　实际犯罪位置与分级色彩多边形比较

网格制图

网格制图（grid mapping）是解决区域不一致问题的一种方法，其是使用标准化尺寸的网格进行分析。分析师首先在感兴趣的区域上放置一个人工网格（由 GIS 生成），然后使用 GIS 统计每个网格中的事件数量，最后使用分级色彩分级法展示不同的犯罪数量。分析师也可以根据其他统计量（如比率）对网格进行填色。例如，图 14.4 是一张使用标准差分级法的网格地图。网格地图的格网可大可小，并且它比分级区域地图更能反映事件的实际分布。但是，该方法也存在缺点，它不能反映地理区域的分割（如网格可能含有湖泊和河流），并且辖区边界的格网只有部分数据，因此这些区域的格网被填充代表低值的颜色。

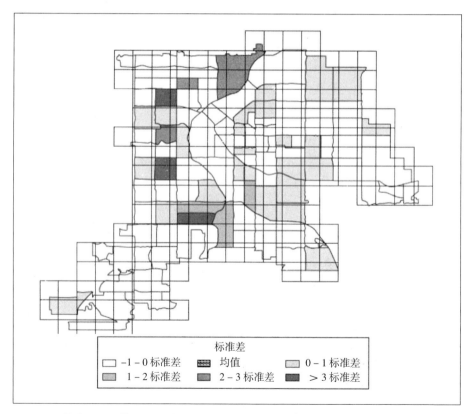

图 14.4　热点识别：按标准差填色的分级色彩网格地图

椭圆制图

犯罪分析师也可以使用椭圆确定数据空间分布中的热点或行为聚集的区域（指彼此之间比其他点更近的点）[1]。椭圆（ellipse）是封闭的曲线，并且曲线上任意点到两个焦点的距离的和是恒定的。不像圆只有一个中点，椭圆有两个焦点，这就允许分析师在水平和垂直两个方向上调整热点区域的大小。

专门为空间分析设计的软件，如由伊利诺斯州刑事司法信息局（Illinois Criminal Justice Information Authority, ICJIA）开发的 STAC 软件（Spatial and Temporal Analysis of Crime, 犯罪时空分析），使用统计方法和用户选项（如研究区域）确定第一顺序簇和第二顺序簇[2]。图 14.5 展示了一个简单的椭圆制图例子，图中的两个椭圆分别表示数据空间分布中第一顺序（大椭圆）和第二顺序（小椭圆）的行为热点。

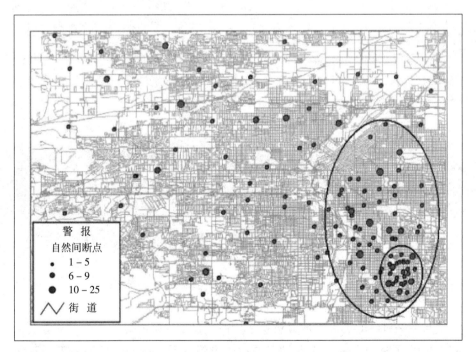

图 14.5　热点识别：椭圆制图

密度制图

在密度制图（density mapping）方法中，分析师通过分析使用准确事件位置识别行为聚集的分级色彩地图，识别热点。与分级区域制图和网格制图不同，密度制图没有把分析师限定于对预先确定的区域进行分析。在密度地图中，"热点流是对深层犯罪模式的模拟，并且经常遵循对警察和其他用户已知的城市地理要素分布"（Ratcliffe, 2004b, p.8）。例如，图 14.6 是一张密度地图。

图 14.6　热点识别：密度地图

案例研究，加利福尼亚州卡森：加利福尼亚州洛杉矶县治安官办公室为了侦查违法犯罪行为，进行了一项确定固定摄像头最佳安装位置的研究。图 14.7 所示的地图展示了根据抢劫和枪击事件（以密度形式描述）确定的 20 个摄像头的位置（用数字表示）。

14.1.2 热点识别方法总结

与本书讨论的许多其他分析技术相似，这里介绍的每类热点识别方法也有各自的优缺点。表 14.1 总结了各类热点识别方法以及与它们使用相关的问题。

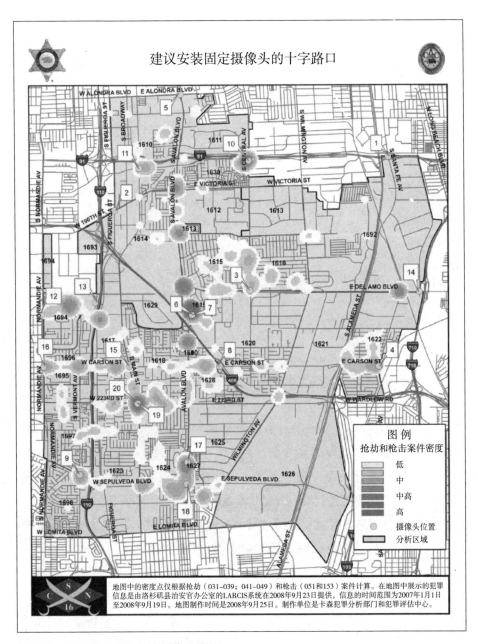

图 14.7   洛杉矶县摄像头安装位置分析

来源：加利福尼亚州洛杉矶县治安官办公室安雪莉塔·科克（Ansheletta Kirk）、塔米·迈克逊（Tammy Michelson）和杰西卡·拉德娜（Jessica Rudner）

表 14.1　热点识别方法总结

	人工方法	分级色彩多边形地图	网格地图	椭圆地图	密度地图
要素类型（点、线、多边形）	分级点符号	多边形	标准多边形	点	点
软件要求	基础 GIS	基础 GIS	基础 GIS	具有高级功能的软件或专业软件	具有高级功能的软件或专业软件
问题	无标准化的方法，依赖比例尺	假设在区域中均匀分布	假设在区域中均匀分布，边界问题	依赖用户选择，错误地被用于预测未来犯罪的发生	高度依赖用户选择的搜索半径和网格大小，边界问题，难以进行比较
在战略犯罪分析中使用的频率	非常频繁	非常频繁	很少	很少	非常频繁

14.1.3 热点分类

一般而言，热点可以分为如下三类（Ratcliffe, 2004b）：

• 分散热点：热点中的事件分布于整个热点区域，但比其他区域的事件更加聚集。例如，在整个居住区发生的入室盗窃，虽然其中许多房屋只被盗过一次，但是该区域比其他区域具有更多的入室盗窃。图 14.8 是分散热点（dispersed hot spot）的一个简单例子。

• 聚集热点：事件在一个或多个更小的区域内聚集，形成热点群。例如，在展示市中心娱乐区打架案件的地图上，该娱乐区本身就是一个热点，但是在该区域内打架案件聚集于不同的酒吧、夜店以及街道上。图 14.9 是聚集热点（clustered hot spot）的一个简单例子。

• 点热点：事件在一个特定的地点聚集。不像聚集热点中的事件，点热点（hot point）中的事件聚集在一个地址或地点。例如在商场发生的盗窃车内物品案件，这些案件都在商场的停车场内发生，并且该停车场与其他商业场所和停车场相隔离。图 14.10 是点热点的一个简单例子。

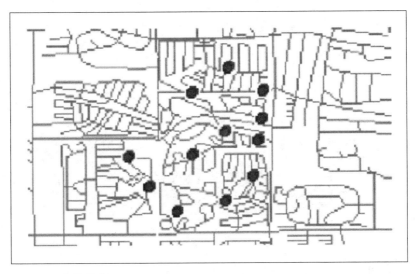

图 14.8   分散热点

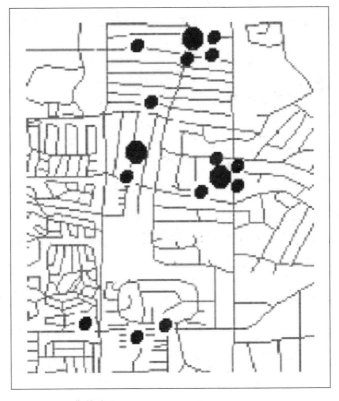

图 14.9   聚集热点

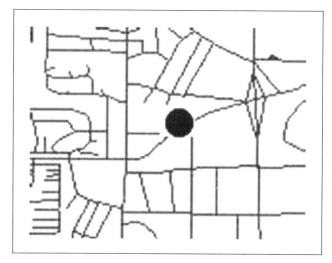

图 14.10　点热点

通过对热点进行分类，犯罪分析师可以在扫描阶段识别和排序问题，在分析阶段对一个问题中不同的簇进行比较。

14.2 受害者是谁和是否存在重复受害者

为了深入理解违法犯罪问题产生的深层原因，犯罪分析师需要理解这些问题的受害者（人）是谁和犯罪目标（财物）是什么。相关研究表明"闪电会两次击中同个地方"，也就是说，曾经受害过的人或犯罪目标可能再次受害（Farrell & Pease, 1993; Weisel, 2005）。当对一个问题中的受害情况进行分析时，分析师需要回答两个不同的问题。第一个问题是受害者是谁，第二个问题是是否存在重复受害者。

14.2.1 受害者的特征和行为

在大部分问题中，人是受害者。犯罪分析师经常根据受害者的社会人口统计特征（如性别、种族、年龄等）识别重复受害者。但是，如第 2 章问题分析三角所表示的，受害者的系统行为为问题行为的发生创造了机会。最简单的根据受害者特征寻找重复受害者的方法是制作交叉列表。例如，表 14.2

是某个城市家庭暴力受害者性别和年龄的交叉列表。通过观察该表，我们可以知道 68.2% 的受害者是女性，并且所占比例最大（38.5%）的犯罪者是 36 岁至 55 岁的人。另外，36 岁至 55 岁的女性在所有受害者中所占的比例为 25%（45 除以 179 乘以 100）。

表 14.2 家庭暴力受害者性别和年龄交叉列表

年 龄	性 别		总 数	百分比
	男 性	女 性		
18 岁以下	2	5	7	3.91%
18 岁至 35 岁	15	38	53	29.61%
36 岁至 55 岁	24	45	69	38.55%
55 岁以上	16	34	50	27.93%
总数	57	122	179	100.0%
百分比	31.84%	68.16%	100.00%	

另外，为了确定促进问题产生的相同受害者行为，分析师还需要使用定性数据收集方法，如访谈、集体座谈和观察（第 5 章介绍的），深入挖掘问题，理解问题的详细情况。受害者的一些例子如下：

- 未锁汽车并把财物留在车内的人
- 在托儿所让孩子下车时不熄火的父母
- 不把钱存放在银行而是兑换成现金的移民工人
- 沉溺于酒吧并且好斗的 20 多岁年轻人
- 在宿舍或图书馆没有保护好他们的笔记本电脑、手机等物品的大学生
- 在家中不关门窗的人

受害者也可以是组织，尤其是对于商业区犯罪。例如，建筑商或转包商是建筑工地犯罪的受害者，电子设备商城是入室盗窃的受害者。受害者是人还是组织，对于确定一个问题中相同的行为非常重要。在商业区犯罪中，相同行为的一个例子是在电子设备商场安装混凝土护栏和警报器。

14.2.2 重复受害分析

重复受害是一种行为模式。在该模式中，多起违法犯罪事件在相同的地方发生或针对同个人。重复受害分析是确定一个问题中是否存在重复受害者的第一步。研究人员法雷尔（Farrell）、苏萨（Sousa）和维塞尔（Weisel）（2002）建议分析师使用至少 3 年的数据确定重复受害者。也就是说，分析师应该在 3 年的数据中寻找重复出现的人或地点。严格意义上，3 年时间是滚动的。例如，对于在 2011 年 12 月 15 日发生的受害，前 3 年（指 2008 年 12 月 15 日至 2011 年 12 月 15 日）的数据被用于分析重复受害，而对于在 2012 年 1 月 29 日发生的受害，2009 年 1 月 29 日至 2012 年 1 月 29 日的数据则被用于分析。因此，每起受害的日期决定了被分析的数据。另外，当无法获取 3 年的数据时，研究重复受害的分析师应该分析至少 1 年的数据。

当估算重复受害时，具有两个重要的概念。第一个是重复受害者或重复受害目标（经常为地点）的数量和百分比，第二个是重复受害者或重复受害目标受到的侵害的数量和百分比（Weisel, 2005）。为了计算重复受害者或重复受害地点的数量，犯罪分析师只要简单地根据问题类型按照违法犯罪频数对受害者或地址进行降序排序。表 14.3 展示了 25 个不同的受害者 / 地址。需要注意的是，虽然在大部分分析中存在许多受害者，但是无论具有多少受害者或事件，分析师依然可以使用相同的方法。

表 14.3　重复受害者和重复侵害

受害者	违法犯罪频数
受害者 / 地址 1	7
受害者 / 地址 2	4
受害者 / 地址 3	4
受害者 / 地址 4	3
受害者 / 地址 5	3
受害者 / 地址 6	2
受害者 / 地址 7	2
受害者 / 地址 8	2

受害者	违法犯罪频数
受害者 / 地址 9	2
受害者 / 地址 10	1
受害者 / 地址 11	1
受害者 / 地址 12	1
受害者 / 地址 13	1
受害者 / 地址 14	1
受害者 / 地址 15	1
受害者 / 地址 16	1
受害者 / 地址 17	1
受害者 / 地址 18	1
受害者 / 地址 19	1
受害者 / 地址 20	1
受害者 / 地址 21	1
受害者 / 地址 22	1
受害者 / 地址 23	1
受害者 / 地址 24	1
受害者 / 地址 25	1
总数	45

　　通过观察表 14.3，我们可以发现在 25 个受害者中 9 个受害者（36%）多次成为受害者，也就是说 9 个受害者（36%）成为重复受害者。为了计算 9 个重复受害者所受到的侵害的百分比，我们首先需要将它们的频数相加，然后除以事件的总数。在该例子中，它们频数的和为 29（7+4+4+3+3+2+2+2+2=29），然后除以 45（事件总数）等于 64.4%。综上所述，我们可以表述 36% 的受害者是重复受害者，并且他们承受了 64.4% 的违法犯罪。

　　另一个与重复受害密切相关的概念是二八定律。如第 2 章所介绍的，该定律来源于 80% 的结果（重复侵害数量）来自 20% 的原因（重复受害者数量）的观察结果。并且该定律中的数字"80"和"20"仅仅代表"大量"和"少量"，实际比例因行为类型和问题发生社区特征而异。为了更加方便地确定重复受害者和重复侵害的百分比，犯罪分析师可以采用如下的步骤：

- 识别应用二八定律的人或地点。（作者注释：这是分析中重要的一步并且需要谨慎地进行。也就是说，分析师在分析之前必须谨慎地确定问题的受害者是谁。）
- 获取这些人员或地点的列表，并且在列表中列出每个人或地点的事件数量。
- 根据每个人或地点的事件数量对它们进行降序排序。
- 计算每个人或地点的事件百分比。
- 从具有最多事件的人或地点开始计算每个人或地点的事件累积百分比。
- 计算每个人或地点在所有人或地点中所占的百分比。
- 将人或地点累积百分比与事件累积百分比进行比较。（Clarke & Eck, 2005, step18）

表14.4是利用上述过程分析各个地点（受害者）在一年中所发生的抢劫（侵害）的例子。下面将介绍该表格每列的内容和该方法实现的过程：

- 第1列：根据案件（犯罪）数量，地点（受害者）在所有地点中的排名位置。
- 第2列：按照抢劫频数降序排序的地点列表。需要注意的是，在抢劫数量最多的前10个地点之后，就不再一一列出其他地点的名称。"具有4起的地点(N=5)"表示存在5个具有4起抢劫的地点，其他类似。
- 第3列：各个地点的抢劫频数，即各个受害者遭受侵害的次数。
- 第4列：各个地点抢劫频数在所有案件中的百分比。
- 第5列：各个地点抢劫累积百分比。（该数值表示重复侵害百分比）
- 第6列：各个地点在所有地点中所占的百分比。在该例子中，一共有106个地点（观察第2列：10+5+15+20+56=106），因此每个地点占所有地点（受害者）的1/106或0.94%。
- 第7列：地点累积百分比。（该数值表示重复受害者百分比）
- 阴影行：通过观察该行的第5列和第7列，我们可以知道40.59%的重复抢劫（侵害）在9.43%的重复地点（受害者）发生。虽然分析师可以使用任意一行展示二八定律在一个特定问题的应用，但是分析师通常根据分析的目的和数量，选择特定的行（如 47.97% 的重复抢劫在 14.15% 的重复地点发生，或者 64.58% 的重复抢劫在 28.30% 的重复地点发生）。

表 14.4　各个地点抢劫的二八分析

1	2	3	4	5	6	7
排名	地　点	抢劫频数	抢劫百分比	抢劫累积百分比	地点百分比（N=106）	地点累积百分比
1	中央大街 134 号	25	9.23%	9.23%	0.94%	0.94%
2	三叶草大街 254 号	17	6.27%	15.50%	0.94%	1.89%
3	伟业路 8012 号	15	5.54%	21.03%	0.94%	2.83%
4	伟业路 8210 号	10	3.69%	24.72%	0.94%	3.77%
5	中央大街 1430 号	9	3.32%	28.04%	0.94%	4.72%
6	哈维特大街 365 号	9	3.32%	31.37%	0.94%	5.66%
7	斯坦普大街 3401 号	8	2.95%	34.32%	0.94%	6.60%
8	黛西大街 210 号	7	2.58%	36.90%	0.94%	7.55%
9	洛尔大街 4598 号	5	1.85%	38.75%	0.94%	8.49%
10	中央大街 132 号	5	1.85%	40.59%	0.94%	9.43%
	具有 4 起的地点（N=5）	20	7.38%	47.97%	4.72%	14.15%
	具有 3 起的地点（N=15）	45	16.61%	64.58%	14.15%	28.30%
	具有 2 起的地点（N=20）	40	14.76%	79.34%	18.87%	47.17%
	具有 1 起的地点（N=56）	56	20.66%	100.00%	52.83%	100.00%
	总数	271	100.00%		100.00%	

案例研究，佛罗里达州圣卢西亚港：为了识别长期存在的重复报警位置（问题位置），圣卢西亚港警察局准备了一份对 6 个月报警数据进行分析的报告。图 14.11 展示了对这些报警（已在底部注明）进行长期分析的结果。在该分析中，这些报警对警察部门而言是重要的并且在短期层面被认为是重复事件。发生在警察局、医院或公立学校的报警已经从该报告中删除，这是因为警察局和医院由于其特殊的位

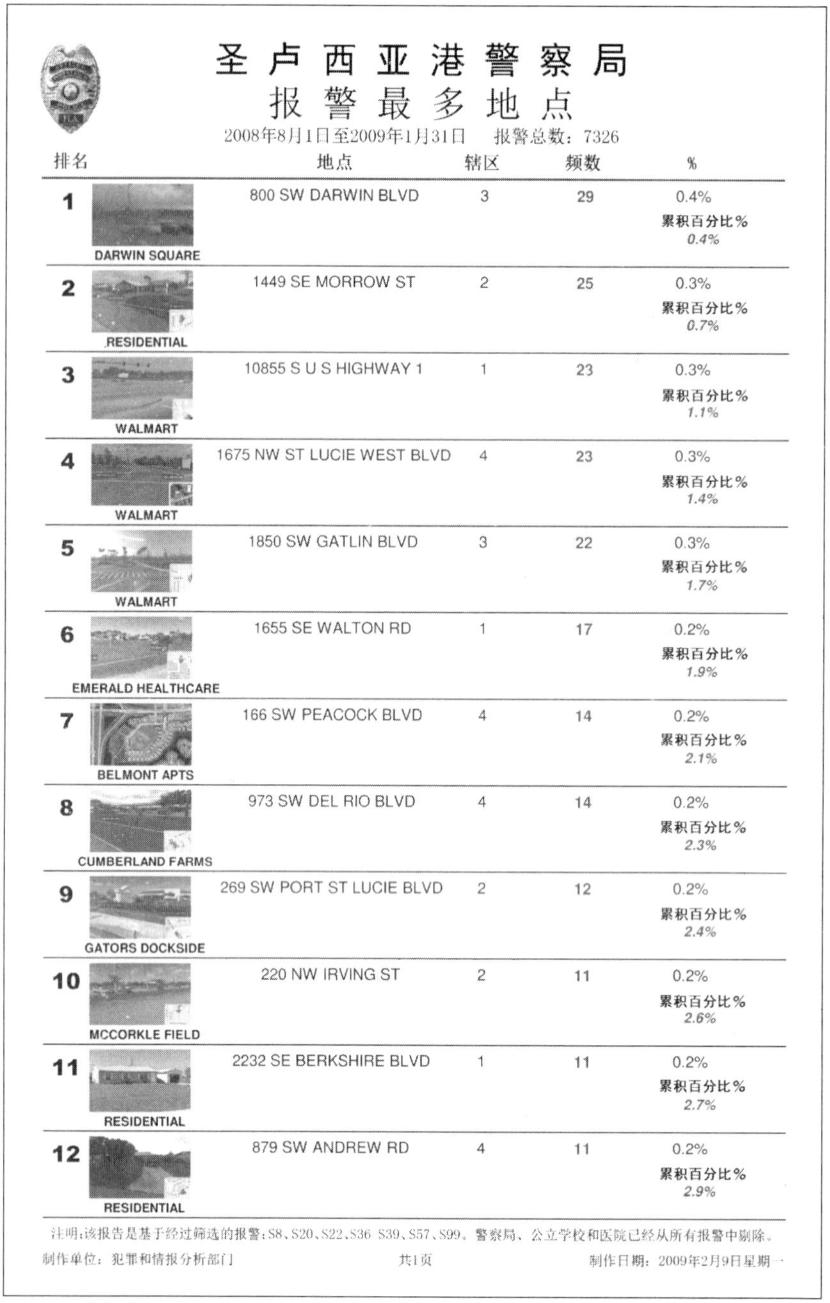

圣卢西亚港警察局
报警最多地点

2008年8月1日至2009年1月31日　报警总数：7326

排名	地点	辖区	频数	%
1 DARWIN SQUARE	800 SW DARWIN BLVD	3	29	0.4% 累积百分比% 0.4%
2 RESIDENTIAL	1449 SE MORROW ST	2	25	0.3% 累积百分比% 0.7%
3 WALMART	10855 S U S HIGHWAY 1	1	23	0.3% 累积百分比% 1.1%
4 WALMART	1675 NW ST LUCIE WEST BLVD	4	23	0.3% 累积百分比% 1.4%
5 WALMART	1850 SW GATLIN BLVD	3	22	0.3% 累积百分比% 1.7%
6 EMERALD HEALTHCARE	1655 SE WALTON RD	1	17	0.2% 累积百分比% 1.9%
7 BELMONT APTS	166 SW PEACOCK BLVD	4	14	0.2% 累积百分比% 2.1%
8 CUMBERLAND FARMS	973 SW DEL RIO BLVD	4	14	0.2% 累积百分比% 2.3%
9 GATORS DOCKSIDE	269 SW PORT ST LUCIE BLVD	2	12	0.2% 累积百分比% 2.4%
10 MCCORKLE FIELD	220 NW IRVING ST	2	11	0.2% 累积百分比% 2.6%
11 RESIDENTIAL	2232 SE BERKSHIRE BLVD	1	11	0.2% 累积百分比% 2.7%
12 RESIDENTIAL	879 SW ANDREW RD	4	11	0.2% 累积百分比% 2.9%

注明：该报告是基于经过筛选的报警：S8、S20、S22、S36 S39、S57、S99。警察局、公立学校和医院已经从所有报警中删除。

制作单位：犯罪和情报分析部门　　　　　　　共1页　　　　　　　制作日期：2009年2月9日星期一

图 14.11　报警最多地点

来源：佛罗里达州圣卢西亚港警察局米歇尔·奇托莱（Michelle Chitolie）和谢丽尔·戴维斯（Cheryl Davis）

置类型通常具有大量的报警，而学校通常被单独分析。该报告列举了在该时间段这类报警最多的 12 个地点以及每个地点报警的百分比和累积百分比。累积百分比显示这 12 个地点的报警数占报警总数的 2.9%。需要注意的是，在报告中并没有列出地点的总数。警察管理者和指挥者可以使用该报告选择需要进一步分析的地点以及选择减少报警和解决行为深层原因的长期响应。

14.3 犯罪者是谁和是否存在重复犯罪者

除了帮助分析师确定受害者的特征和促进受害的行为以及帮助分析师实施重复受害（二八定律）分析，之前介绍的犯罪分析技术也可以帮助分析师确定犯罪者是谁和是否存在重复犯罪者。分析师可以使用抓捕数据中的犯罪者年龄、种族和性别数据计算交叉列表，也可以使用姓名、出生日期和社会安全号的组合对犯罪者进行二八分析。但是，回答这些与犯罪者相关的问题可能是困难的，因为大部分犯罪者还未被抓获，警察没有可以分析的犯罪者数据。即使使用定性方法（如访谈、观察），但是由于犯罪者可能还未被识别或者当他们被识别时没有他们行为的信息，因此可能也是困难的。例如，侵财犯罪（如入室盗窃、盗窃车辆）的抓捕率通常都在 20% 以下，因此警察在 80% 以上的案件中不知道犯罪者是谁或者没有抓捕数据。因此，对这些类型犯罪所进行的抓捕分析只能提供少量的案件信息和那些因没有被抓过而不够聪明或老练的犯罪者的信息。

对于一个问题，当只有少量抓捕数据时，为了能够准确理解该问题的犯罪者是谁，犯罪分析师可以在问题行为中寻找行为模式，推测犯罪者是谁和他们的犯罪动机是什么。例如，通过对盗窃车辆案件追回率进行分析，分析师发现大部分被追回的汽车没有被破坏，只是油箱空了，只有少部分被追回的汽车缺少了收音机和汽车零部件。因此，分析师可以推测第一类犯罪者可能是盗窃车辆兜风的人，而第二类犯罪者可能是盗窃汽车零部件进行销售或供自己使用的人。分析师应该批判性地思考如何在缺少有效犯罪者信息的情况下确定犯罪模式。其他一些例子如下：

- 入室盗窃警报器被轻易破坏并且只有贵重珠宝被盗走的入室盗窃案件表明犯罪者可能是专业入室盗窃者。
- 从受保护房屋盗走工具和设备的建筑工地入室盗窃案件表明犯罪者可能是内部人员。
- 画团伙标志的涂鸦案件表明犯罪者可能是团伙成员或潜在的团伙成员。
- 公园里的吸毒工具和避孕套表明可能存在卖淫。
- 通过未锁车门进入车内并且主要盗走零钱和小物品的盗窃车内物品案件表明犯罪者可能是居住在该区域的青少年。

14.4 问题为什么正在发生

该问题反映了问题解决过程分析阶段的总体目标。使用这一章和上一章介绍的各项技术，分析师可以对假设进行检验，并根据有关问题为什么正在发生的证据作出结论。不幸的是，从来没有一种方法能够发现回答问题为什么正在发生的绝对真理，并且也没有分析师可以遵循的确定问题发生原因的方法。在制定响应措施之前，分析师应该将不同的分析结果与当地因素、研究成果和环境犯罪学理论进行综合考虑，从而提出对问题的最终理解。

为了对问题为什么正在发生作出结论，分析师应该考虑问题分析三角中每个要素（受害者、犯罪者、场所、时间、监护人、管理者和监督者）的相关证据。另外，分析师还应该考虑正在促进问题发生的并且随后可能妨碍犯罪预防响应措施发挥作用的因素。克拉克（Clarke）和艾克（Eck）（2005，Step 34）将促进问题发生的因素分为三类：

1. **物理促进因素**（physical facilitators）。物理促进因素能够提高犯罪者的犯罪能力，或者削弱犯罪预防措施的效力。例如，卡车提高了犯罪者转移被盗物品的能力，手机为人们进行电话色情服务提供了可能，枪支降低了抢劫阻力。物理促进因素既可以是工具，也可以是物理环境。例如，菲尔逊（Felson）和他的同事（1996）描述了纽约港务局汽车站旧布局如何促进各类犯罪的发生。各类犯罪都具有自身特定的生态环境，而这些生态环境是由旧车站的设计特征创造的。

2. **社会促进因素**（social facilitators）。社会促进因素通过提高犯罪收益、使犯罪理由合法化或鼓励犯罪，促进违法犯罪的发生。例如，年轻人群体可以提供在体育赛事中鼓励粗暴行为的社会环境，团伙和有组织犯罪网络可以通过它们的成员促进犯罪行为发生。

3. **化学促进因素**（chemical facilitators）。化学促进因素提高了犯罪者忽略风险或道德规范的能力。例如为了减少紧张情绪，犯罪者在犯罪前大量使用酒精或毒品。

最后，犯罪分析师还应该根据相关的证据而不是直觉或有限的经验提出最佳建议。对于一个问题，他们可能得出诸多结论。但是在响应阶段，警察将根据分析结果、警察部门资源以及当地情况和政治因素，排序这些结论，并最终确定最佳的响应实施计划。

> 回到独户房屋建筑工地入室盗窃例子，圣卢西亚港警察局认为它们大部分问题是由犯罪预防工作不积极的建筑商造成的。这是根据 20% 的建筑商具有几乎 70% 的犯罪的分析结果确定的。被盗财物主要是建筑材料和容易被盗的财物。一系列重点提高特定建筑商群体犯罪预防工作的响应措施已经实施。另外，一项响应措施是建议城市建设管理部门实行一条要求建筑商开展特定犯罪预防措施的规定。最后，警察部门决定不再实施该响应计划，因为入室盗窃数量比起初期已经显著减少了，并且在该时期针对这类犯罪，通过投入大量时间、精力和政治资本继续实施这些响应措施已经不合算了。(Boba & Santos, 2007)

要点总结

本章通过回答关键分析问题的方式，介绍了如何对问题进行战略分析。下面是本章的要点：

1. 问题在哪里发生？为了回答这个问题，分析师使用热点方法识别违法犯罪的空间聚集。

2. 热点类型包括点热点（具有大量问题行为的地点）、线热点（问题行为聚集的街段）和区域热点（问题行为聚集的区域）。

3. 在犯罪分析中最常用的识别热点的方法是人工方法，即"肉眼"方法。在该方法中，分析师对分级尺寸点图进行研究，并可视化定位具有大量问题行为的区域。

4. 通过在分级色彩区域地图中使用标准差分级法识别热点，分析师可以同时分析更多的案件，并且可以与其他信息一起分析。

5. 网格制图是对分级色彩制图的改进。它使用具有标准尺寸正方形的网格，因此为区域比较提供了统一的基础。

6. 为了确定椭圆，犯罪分析师使用根据案件彼此之间距离识别行为空间聚集的统计公式。

7. 在密度制图中，犯罪分析师通过寻找使用准确案件位置确定的高密度行为聚集区域，识别热点。与分级符号制图和网格制图不同，密度制图没有把分析师限定于对预先确定的区域进行分析，并且它遵循数据的实际分布。

8. 热点可以分为三类：分散热点、聚集热点和点热点。对热点进行分类可以帮助分析师确定问题的特征。

9. 受害者是谁和是否存在重复受害者？当对一个问题中的受害情况进行分析时，分析师需要回答两个不同的问题。第一个问题是受害者是谁，第二个问题是是否存在重复受害。

10. 最简单的寻找受害模式的方法是计算数据的交叉列表。另外，分析师也可以使用定性数据理解可能促进问题发生的受害者行为。

11. 重复受害是指在相同的地方重复发生犯罪，或者相同的人重复成为受害者。当估算重复受害时，具有两个重要的概念。第一个是重复受害者或重复受害目标的数量和百分比，第二个是重复受害者或重复受害目标受到侵害的数量和百分比。

12. 犯罪者是谁和是否存在重复犯罪者？用于分析受害模式和重复受害者的犯罪分析技术也可以用于分析侵害模式和重复犯罪者。

13. 回答与犯罪者相关的问题可能是困难的，因为大部分犯罪者还未被抓获，警察没有可以分析的犯罪者数据，并且即使他们被抓获了，犯罪者也可能不会马上招供。当只有少量的抓捕数据时，为了能够准确理解该问题的犯罪者是谁，犯罪分析师可以在问题行为中寻找行为模式，推测犯罪者是谁和他们的犯罪动机是什么。

14. 问题为什么正在发生？该问题反映了问题解决过程分析阶段的总体目标。为了对问题为什么正在发生作出结论，分析师应该考虑问题分析三角中每个要素（受害者、犯罪者、场所、时间、监护人、管理者和监督者）的相关证据。

15. 分析师还应该考虑正在促进问题发生的并且随后可能妨碍犯罪预防响应措施发生作用的因素。促进因素可以分为三类：物理促进因素、社会促进因素和化学促进因素。

讨论与练习 *

练习 1

你被要求制作一张全市严重伤害案件热点区域地图，并观察是否存在其严重伤害比率明显比整个城市比率均值高的区域。为了完成你的任务，你将制作什么类型的热点地图？为什么？

练习 2

填写表格中缺失的数值，然后根据二八定律解释该表格。

位　　置	报警数量	报警百分比	报警累积百分比	地点百分比	地点累积百分比
地点 1	32	16.00%	16.00%	5.00%	5.00%
地点 2	30		31.00%	5.00%	10.00%
地点 3	26	13.00%		5.00%	15.00%
地点 4	24	12.00%	56.00%	5.00%	20.00%
地点 5	17	8.50%	64.50%	5.00%	25.00%
地点 6	15	7.50%	72.00%	5.00%	30.00%
地点 7	13			5.00%	35.00%
地点 8	9	4.50%	83.00%	5.00%	40.00%

续表

位　置	报警数量	报警百分比	报警累积百分比	地点百分比	地点累积百分比
地点 9	7	3.50%		5.00%	45.00%
地点 10	6		89.50%	5.00%	50.00%
地点 11	4	2.00%	91.50%	5.00%	55.00%
地点 12	4	2.00%	93.50%	5.00%	60.00%
地点 13	3			5.00%	65.00%
地点 14	2	1.00%	96.00%	5.00%	70.00%
地点 15	2	1.00%	97.00%	5.00%	75.00%
地点 16	2	1.00%	98.00%	5.00%	80.00%
地点 17	1	0.50%	98.50%	5.00%	85.00%
地点 18	1	0.50%	99.00%	5.00%	90.00%
地点 19	1	0.50%	99.50%	5.00%	95.00%
地点 20	1	0.50%	100.00%	5.00%	100.00%
总数	200	100.00%			

＊其他使用数据的练习题和其他资源可以在"http://www.sagepub.com/bobasantos3e"中找到。

注　释

〔1〕分析师也可以使用椭圆表示在特定区域里的数据量（如 95% 的案件落在椭圆内）。但是不幸的是，犯罪分析师有时候也在少量案件中使用椭圆预测系列犯罪模式中下起案件的发生地。这是不恰当地使用椭圆。

〔2〕更多关于 STAC 的信息，请访问 ICJIA 网站（www.icjia.state.il.us）。有关时空热点分类的内容，请参考 Ratcliffe（2004b）。

第15章

战略犯罪分析结果和传播

　　前面 3 章已经介绍了许多不同的由犯罪分析师单独或组合使用的理解长期问题的技术。接下来，本章将重点介绍犯罪分析师如何向警务人员传播他们的战略犯罪分析结果。首先，本章讨论了分析师如何选择应该传播的问题分析信息，然后介绍了特定类型的战略犯罪分析产品，最后为表格、图表和地图的格式提供了指导。

15.1 选择传播的分析信息

　　本书第四部分并没有打算成为逐步介绍问题分析方法的犯罪分析"食谱"，因为大部分犯罪分析过程依靠分析师的批判性思维和经验判断。犯罪分析师使用不同的技术评估有关问题的信息以及确定和收集缺少的信息。虽然一项问题分析可以生成 50 页的信息，但是一份准备充分的分析报告应该相对比较简洁。在当前犯罪分析实践中，其中一个问题就是许多犯罪分析师制作并向警务人员传播了大量的信息和报告，但未对他们的分析结果进行筛选，也未向警务人员只传播对他们警务工作重要的、有用的信息。

　　在问题解决过程中，犯罪分析师分别在扫描阶段和分析阶段制作报告。在扫描阶段，分析师制作初始描述分析报告。在分析阶段，分析师制作包含分析发现、结论和响应建议的报告。

15.1.1 初始分析结果

回顾第 12 章内容，扫描阶段包括：（1）确认问题是否存在；（2）确定问题发生的频繁程度和持续的时间长度；（3）识别问题的影响（Center for Problem-Oriented Policing, 2011）。在该阶段，分析师通常对直接从警察内部获取的相关数据（如犯罪报告、报警数据、抓捕数据）进行分析。初始分析仅仅回答了问题是谁制造的、问题是什么、问题在什么时候发生和问题怎样发生等问题，而并没有试图理解问题为什么正在发生。

有时候，如果问题初始分析显示问题的范围太宽泛了，那么分析师需要缩小问题的范围。例如，针对佛罗里达州圣卢西亚港建筑工地入室盗窃问题的初始分析结果显示三分之一的犯罪实际上是故意破坏财物，因为在这些案件中财物只是被破坏了而没有被盗走（Boba & Santos, 2007）。因为故意破坏财物具有不同的犯罪动机并且需要不同的犯罪预防响应，所以委员会决定将这类犯罪从最终的问题解决项目中剔除。因为之前的初始分析同时基于入室盗窃案件和故意破坏财物案件，所以在对建筑工地入室盗窃问题为什么正在发生进行分析之前，分析师有必要重新只对建筑工地入室盗窃案件进行初始分析。因此，在扫描阶段，结合初始分析结果，分析师也可以提出缩小问题范围的建议。

另外，初始分析也能反映现有的数据是否对深入研究问题充分。如果数据是不充分的，那么分析师应该提出收集额外数据的计划，并且在分析阶段之前收集这些数据。例如，在佛罗里达州圣卢西亚港建筑工地入室盗窃项目中，分析师发现在警察报告中缺少对理解该问题有帮助的重要信息。为了收集这些额外的信息，如被盗时房屋建设进度、被盗前谁搬运了被盗物品、在工地工作的转包商是谁和被盗时物品的准确位置，犯罪分析师应该在建筑工地入室盗窃报告中增加补充表格（Boba & Santos, 2007）。在收集这些数据之后，分析师就可以进入分析阶段了。

综上所述，初始分析提供了对有效警务数据进行分析的结果，并且帮助分析师缩小了问题范围和识别了需要收集的额外数据。这些信息通常由犯罪分析师在会议上以演示文稿的形式传播给警务人员。犯罪分析师很少写一份正式的初始分析报告，因为在分析阶段许多内容需要被修改。

15.1.2 问题分析结果

问题解决过程分析阶段的分析结果主要包含三个方面的内容。首先，犯罪分析师根据全国的研究和当地的发现（如比率比较、问题地图、重复受害分析、时间分析）提供与该问题相关的分析结果。然后，犯罪分析师总结这些分析结果，并对分析阶段提出的假设作出结论。最后，分析师与其他研究该问题的警务人员根据研究和分析结论提出响应建议。

具体而言，在完整的问题分析报告中应该包含如下内容：

- 与问题相关的城市背景；
- 在分析中理解当前问题特征的数据以及这些数据的限制；
- 其他有关该主题的（全国或地方）研究发现；
- 问题在该区域的特征；
- 问题随着时间的变化；
- 问题的时间模式（如在过去 2 年问题已经显著增加了；它好像在春天增加了；它主要在晚上发生）；
- 犯罪者、受害者、财物和犯罪目标的类型以及重复受害比率；
- 问题的空间模式；
- 来自一手数据（如与受害者、工作人员、地点管理者等访谈的内容）的分析结果；
- 所有分析结果的结论，其中包括讨论这些不同的分析结果如何支持或反驳在分析开始时所提出的假设；
- 根据问题导向警务指导手册建议（如增加照明、开展犯罪预防活动）和分析结果所提出的响应建议（如在特定的时间重点关注城市的特定区域或特定的受害者）。

显而易见地，包含所有这些内容的问题分析报告将变得非常复杂。在犯罪分析中，分析的重点通常只是问题的几个方面（1 个或 2 个假设），并且最终的分析报告也只重点突出几点内容。但是不幸的是，没有定律可以帮助犯罪分析师确定他们的哪项分析结果是最重要的和最有趣的。为了作出选择，分析师需要考虑分析（假设）的目的和最终信息的读者。另外，分析师经常不亲自作出选择，而是从与他们一起分析问题的关键警务人员那里获取帮助。在选择哪些分析结果应该与其他人交流时，犯罪分析师应该注意如下事项：

- 方法和分析的好坏取决于使用的数据。为了提供分析结果所揭示的有关问题的信息以及提出提高数据质量的建议，分析师需要承认数据的任何缺陷（无论是质量，还是数量）。

- 尤其在战略犯罪分析中，分析的数据应该是充分的，包括案件数量、时间跨度（使用 12 个月以上的数据对长期问题进行分析）和每个案件类别的数量（如分析师难以对谋杀案件进行实质性的分析，因为每年谋杀案件不超过 10 起）。如果对少量数据进行分析，分析师应该承认这点并且谨慎地解释分析结果。

- 分析师可以以不同的方式展示服务不同目标的信息。调整分析结果的展示方式是分析过程的一部分，但是分析师不能因任何原因而编造数据或使用数据"撒谎"。

- 当选择分析方法和报告复杂程度时，分析师应该确保读者能够记住他们的研究成果。分析师传播分析结果的最佳方式不是展示大量的表格和统计公式，而是展示能够让读者快速、容易理解研究成果的图表、图形和地图。

- 当被分析的问题是简单的或主观的时，分析师不需要使用复杂的方法或统计量。对于解决这些问题，批判性思维和简单的数据分析可能更加有效。

因为分析的目的和研究成果的读者会发生变化，所以战略犯罪分析师制作的产品在篇幅和格式等方面也会随之发生变化。这些产品包括从只有 1 页的问题公寓位置报告到具有 50 页的整个城市盗窃车辆复合问题的深度研究报告。另外，许多犯罪分析师也会在会议中向警务人员展示他们的分析结果，并且经常以演示文稿的形式作为最终的产品。为了帮助犯罪分析师更加有效地展示他们的信息，杰里·拉特克利夫（Jerry Ratcliffe）博士提出了 10

条制作演示文稿的建议（Ratcliffe, 2011）。下面是拉特克利夫博士的 10 条建议：

1. 使用深色背景和浅色文字，不要反过来。

2. 使用简洁的标题和项目符号，不要使用长段落和句子。

3. 使用较大的、简洁的字体。

4. 将一张幻灯片的项目符号数量限制在 5 个左右。

5. 不要放置让人分心的动画。

6. 不要依赖拼写检查。

7. 不要包含不必需的或非常技术的细节。

8. 地图、图表和图形应该简洁并且不要超过 5 个要素。

9. 每张幻灯片的格式和描述方式应该保持一致。

10. 最后一张幻灯片应该是标题幻灯片或黑屏。

除了准备演示文稿，犯罪分析师还应该准备书面报告，因为一份演示文稿不可能涵盖分析的许多细节。另外，许多犯罪分析师也将他们的工作成果发表在专业期刊或专业出版物上，从而与所有的警务人员和犯罪分析师分享。

15.2 战略犯罪分析产品

因为有效的分析技术有很多并且问题可以在许多不同的层面分析，所以犯罪分析师可以以许多不同的格式展示战略犯罪分析结果。虽然格式在整体上可能不同，但是许多基本的指导意见可以为分析报告的内容以及这些产品中表格、图表和地图的外观和内容提供指导。本章这部分内容将讨论战略犯罪分析产品的一般类型和构成，但是对于由在职犯罪分析师制作的当前战略产品，请访问"http://www.sagepub.com/bobasantos3e"网站。

15.2.1 产品类型

战略犯罪分析产品的类型如下：

• 备忘录：简单查询或分析的结果经常以备忘录的形式展示。备忘录包含描述分析的文字以及合适的表格、图表和地图。

- 月/季度报告和地图：这些报告和地图被定期制作，并且以纸质的形式通过内部渠道传播，或者以电子的形式通过邮件或局域网传播。除了解释结果中显著的发现，它们通常还提供有关犯罪、报警和交通事故的描述性统计数据。

- 年度报告：年度报告不仅展示了分析师对整个辖区去年的描述性统计数据进行分析的结果，而且也展示了对去年数据和前年数据进行比较的结果。大部分年度报告重点关注统一犯罪报告项目中的第一类犯罪（犯罪、抓捕和破案），但是一些报告也包含报警、家庭暴力、交通事故、仇恨犯罪等案件的信息以及民调结果。在一些情况中，年度报告不是单独展示的，而是包含在展示警察部门整体情况的警察部门年度报告中。

- 专题报告：这类报告通常展示特定分析的研究发现，而这些分析是对各级警察部门或警察部门内部机构信息申请的响应。专题报告通常重点对特定的位置或问题行为进行分析，如对当地零售位置去年的报警和犯罪进行分析、对12号巡逻区过去2年盗窃车内物品案件进行分析和对错误入室盗窃警报报警进行分析。

- 研究、评估和问题报告：这类报告一般比较长和复杂。它们通常包含：（1）与被分析问题或专题（如酒吧打架、拍照雷达评估、职工分析）相关的著作的综述；（2）一手数据和二手数据的分析结果；（3）研究发现；（4）基于研究发现的建议。另外，评估报告也包含被评估项目的描述信息和关于项目效率的结论。

15.2.2 产品内容

在制作各类报告的过程中，警察部门和分析师所使用的格式通常是由报告制作者的经验和个人爱好决定的。无论采用何种格式，警察基金（Police Foundation）（2003a）建议所有的战略犯罪分析产品应该包含如下内容：

- 标题：报告的标题（如果是备忘录，则是"回复："行）应该包含数据的类型、报告关注的地理区域和分析的时间范围，如"辖区3市民报警：2011 年 1 月 1 日至 2011 年 12 月 21 日”和“2008—2012 年市区巡逻区商业区入室盗窃”。

- 表格、图表和地图：在报告中出现的表格、图表和地图反映了所使用的分析技术。另外，如之前所提到的，最终的报告不需要包含在分析过程中制作的每一张表格、图表和地图，它只需要包含那些能够解释重要的、有趣的发现或者对读者理解分析有帮助的表格、图表和地图。

- 分析发现：这部分内容提供了分析的综合情况，解释了分析的过程，并强调了重要的、有趣的发现。在一些情况中，它可能包含来自未在报告中展示的表格和统计数据的信息（如 45% 的地点发生了 95% 的抢劫）。对于一份报告，分析师不能只简单地提供数据列表和频数表格。

- 声明：报告应该包含清晰的详细介绍数据和分析技术限制的声明，如“来自报告的结论只是根据警察已知的犯罪，而不是所有的犯罪”、“一定人口的犯罪数量并不能解释城市中各个区域的所有差异”和“青少年抓捕统计数据不能反映由青少年实施的所有犯罪，它只能反映由被捕青少年实施的犯罪”。

- 建议：报告应该根据分析的结果，提供有关数据质量改善、未来被分析区域和行为等的建议，如“为了能够理解盗窃车辆为什么会发生，建议在追回报告中增加其他有关被盗车辆被追回的信息”和“考虑到美术馆和托儿所在去年重复受害，建议警察部门向这些地方宣传犯罪预防信息”。

- 文件存储路径：报告应该包含完整的文件在计算机中存储的位置信息，如“F:\Part I Crime2012\Auto Theft\JanuaryReport.docx”和“F:\Part I Crime2012\Auto Theft\JanuaryReport.xlsx”。它能够使分析师在更新报告或制作相似的报告时可以方便地找到之前的报告。

- 制作者 / 日期：报告还应该包含制作者的姓名和单位以及制作日期，如“犯罪分析部门制，2011 年 12 月”和“简·多伊制，2012 年 6 月 1 日”。它能够使任何具有问题的人可以联系制作者。制作者信息也能提高报告制作者的知名度。

15.2.3 表格和图表内容

在犯罪分析报告中出现的表格和图表应该保持一致的格式，从而使分析师能够对它们进行比较。另外，因为报告经常被分割，并且被部分复制或传播，所以每张表格和图表还应该具有足够的描述信息，从而使它们能够单独存在。例如，图 15.1 表达了什么？虽然我们可以从图中推测它展示了 2010 年和 2011 年统一犯罪报告项目犯罪的数量，但是它并没有表明犯罪的类型（如仅仅是第一类犯罪吗?）、统计量的类型（如是频数，还是比率?）和区域（如是整个城市，还是特定的区域?）。虽然在报告中该图可能已经被详细描述，但是它本身是不够详细的。

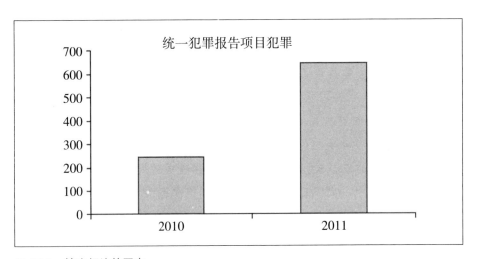

图 15.1　缺少标注的图表

在犯罪分析报告中，每张表格和图表应该包含如下内容：

- 标题：与报告的标题一样，表格或图表的标题也应该包含数据类型、地理区域和分析时间范围。因为表格和图表经常只展示分析的部分内容，所以这些信息非常重要。
- 标注：表格中所有的行和列以及图表中 X 轴和 Y 轴都应该被标注。不同的颜色、格式或额外的文字可以被用于强调有趣的结果或关键的要素，但是应该适度地使用标注，并且应该在表格或图表中合适的、易读的区域使用。

- 文件存储路径：因为分析师经常被要求更新或重新制作图表和表格，所以报告中每张图表和表格都应该包含文件存储路径的信息。并且因为这些图表和表格经常不是在制作报告的软件中制作的（如在电子表格软件而不是文字处理软件中制作），所以任何想要获取表格或图表的人都需要图表和表格的存储路径信息，如 "G:\District4 Reports\Part I Crime District 4 2011-2012.xlsx"。

- 制作者 / 日期：表格和图表还应该包含制作者的姓名和部门以及制作日期。

表 15.1 是具有正确格式和标注的表格。它展示了 4 号辖区第一类犯罪的频数和百分比变化。但需要注意的是，它还提供了解释 40 号巡逻区犯罪显著下降的额外信息（表格底部的注释）。图 15.2 是具有正确格式和标注的图表。它展示了表 15.1 中的数据，提供了第一类犯罪犯罪类型的信息，并注明了犯罪降幅最大的巡逻区。

表 15.1 正确格式和标注的表格

2011—2012 年 4 号辖区第一类犯罪犯罪频数和比较				
	2011	**2012**	**实际差异**	**百分比变化**
巡逻区 40	253	164	−89	−35.18% *
巡逻区 41	261	275	14	5.36%
巡逻区 42	278	210	−68	−24.46%
巡逻区 43	285	301	16	5.61%
巡逻区 44	322	354	32	9.94%

＊希尔戴尔商场在 2011 年开业。犯罪分析部门简·多伊制，2013 年 2 月 25 日。
G:\District4 Reports\Part I Crime District 4 2011-2012.xlsx

在制作表格和图表的过程中，犯罪分析师应该根据他们产品的读者确定需要包含和强调的信息。例如，如果报告的读者是警务人员或其他犯罪分析师，分析师则没有必要解释第一类犯罪的概念，这类信息对外部读者是有用

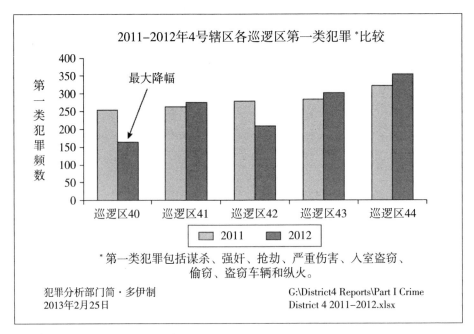

图 15.2　正确格式和标注的图表

的。另一个有关图表格式的问题是有效空间的大小。例如，在图 15.2 中额外的信息被放置在图表的边缘，但是如果该图表在报告中具有一整页的空间，那么分析师就可以将这些信息放置在页面中，而不需要放置在图表边界的外面，这样使图表不会太拥挤。

15.3.4 地图内容

因为地图实质上不同于其他战略犯罪分析产品，所以分析师需要遵守一些不同的、与地图内容相关的规范。为了使读者能够理解地图，地图应该包含如下内容：

- 标题：与整份报告或图表的标题一样，地图的标题也应该包含数据类型、地理区域和分析时间范围。因为报告中的地图经常只解释部分数据，所以这些信息非常重要。

- 图例：除了说明表示每类数据的符号，图例还应该列举在地图中展示的表格数据和地理数据。在分级色彩或分级尺寸地图中，图例还应该说明所使用的分类方法，从而使读者能够知道分析师采用何种技术制作地图，这是这类分析的核心。例如"分类方法：自定义"和"自然间断点分类法"。

- 地理编码或地址匹配率：与社会科学中展示的统计数据和表格一样，犯罪分析师应该注明未被地理编码或未被成功匹配到地图上的地址数据（如缺失数据）。它可以用百分比表示，如"地理编码率：99%"或"5%的地址未能匹配"。

- 注记：分析师可以使用文字标注地图中的重要因素，如街道和地标，以及强调地图上的有趣发现（如图15.3）。但是分析师应该适度地使

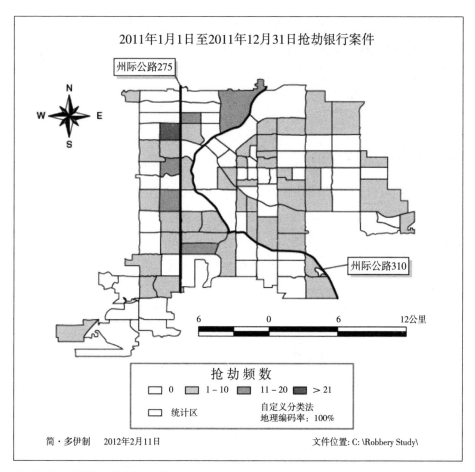

图 15.3　正确格式和标注的地图

用注记，并且仅在地图中合适的、易读的区域使用。

- 比例尺（scale bar）：该要素表示地图中使用的距离单位。
- 指北针（north directional）：该要素表示地图的地理方向。一般情况下，纸张的上面是北，但也可以采用其他的形式。
- 制作者 / 日期：地图还应该包含地图制作者的姓名和部门以及制作日期。因为在一些情况中地图制作者与报告其余内容的制作者不是同一个人，所以这类信息非常重要。

15.3 实践例子

对于本书这一版，许多信息和分析产品的最新实例将在"http://www.sagepub.com/bobasantos3e"网站中提供和持续更新。这些实践例子涵盖了所有类型的信息和分析产品，并且是由美国大量在职犯罪分析师制作。作者已经将其中一些例子选择作为阐释本书一些观点的例子。

要点总结

本章主要讨论了战略犯罪分析师制作的不同类型的战略犯罪分析产品以及他们如何选择最重要的、最有趣的分析结果进行传播。另外，本章也介绍了报告、表格、图表和地图所包含的要素。下面是本章的要点：

1. 犯罪分析师使用批判性思维和经验判断来决定哪些重要的、有趣的研究发现应该被传播。

2. 在问题解决过程中，犯罪分析师分别在扫描结果和分析阶段制作报告。在扫描阶段，分析师制作初始描述分析报告。在分析阶段，分析师制作包含分析发现、结论和响应建议的报告。

3. 初始分析仅仅回答了问题是谁制造的、问题是什么、问题在什么时候发生和问题怎样发生等问题，而并没有试图理解问题为什么正在发生。

4. 问题解决过程分析阶段的分析结果主要包含三方面的内容：（1）来自全国研究或当地分析发现的与问题相关的分析结果；（2）关于假设的结论；（3）根据研究和分析结论所提出的响应建议。

5. 一般而言，问题分析结果报告包含如下内容：(1) 城市和辖区的背景；(2) 被使用的数据；(3) 与问题相关的其他研究发现；(4) 当地问题的特征；(5) 问题随着时间的变化；(6) 时间和空间模式；(7) 犯罪者 / 受害者 / 犯罪目标的类型和重复受害比率；(8) 一手数据的分析结果；(9) 所有分析结果的结论；(10) 响应建议。

6. 当决定传播哪些重要的分析发现时，分析师应该注意如下事项：(1) 方法和分析的好坏取决于使用的数据；(2) 分析的数据应该足够多；(3) 分析师不能因任何原因而编造数据或使用数据"撒谎"；(4) 分析师应该选择能够让读者记住分析发现的分析方法和报告格式；(5) 对简单的或主观的问题进行分析不需要复杂的方法或统计量。

7. 战略犯罪分析产品包括：(1) 备忘录；(2) 月 / 季度报告和地图；(3) 年度报告；(4) 专题报告；(5) 研究、评估和问题报告。

8. 战略犯罪分析产品应该包含如下基本要素：(1) 标题；(2) 表格、图表或地图；(3) 分析发现；(4) 声明；(5) 建议；(6) 文件存储路径；(7) 制作者和制作日期。

9. 出现在战略犯罪分析产品中的表格和图表应该包含如下基本要素：(1) 标题；(2) 标注；(3) 文件存储路径；(4) 制作者和制作日期。

10. 出现在战略犯罪分析产品中的地图应该包含如下基本要素：(1) 标题；(2) 图例；(3) 地理编码率或地址匹配率；(4) 注记；(5) 比例尺；(6) 指北针；(7) 制作者和制作日期。

讨论与练习 *

练习1

对下面图表和表格进行分析，确认是否包含本章介绍的组成要素，并列出它们包含的要素和缺失的要素。

练习2

对下面两张地图进行分析，确认是否包含本章介绍的组成要素，并列出它们包含的要素和缺失的要素。

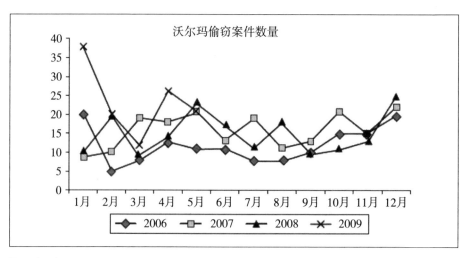

Exercise 1a

来源：佛罗里达州圣彼得堡警察局艾普丽尔·李（April lee）

Exercise 1b

市民报警：动物管理处 2010 年各类报警最终处置	
最终处置	**数　量**
抓住 / 扣押流浪动物	570
动物管理处负责案件	470
到达时流浪动物已离开	464
设置陷阱	421
抓住野生动物	376
动物被避难所收养	260
动物被相关部门宣布死亡	239
拆除陷阱	189
动物管理处通过手机处置	178
不是一个执法问题	163
将动物归还给主人	160
提供信息	119
抓到受伤的或生病的动物	117
流浪动物逃跑 / 未能抓到	108
核实事件 / 到达时已离开	103
无法定位或核实	98
动物管理处留下门吊架	92

续表

市民报警：动物管理处 2010 年各类报警最终处置	
最终处置	**数　量**
未发现	75
检查陷阱	74
无处置情况被记录	61
制作报告	52
动物管理处进行口头警告	52
动物管理处进行书面警告	50
所有其他处置	294
02/09/2011 指挥者会议：2010 年报警分析	

来源：佛罗里达州圣彼得堡警察局艾普丽尔·李（April lee）

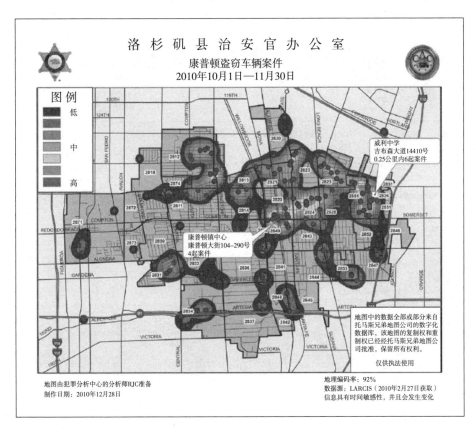

Exercise 2a

来源：加利福尼亚州洛杉矶县治安官办公室约翰·科斯塔（John Costa）

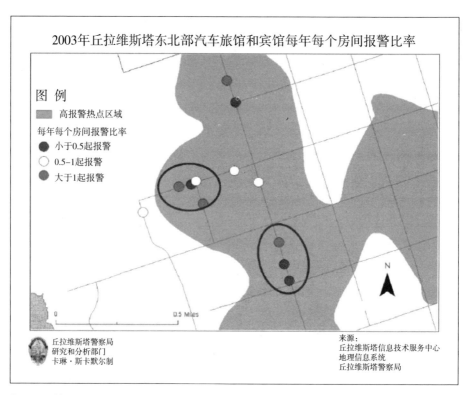

2003年丘拉维斯塔东北部汽车旅馆和宾馆每年每个房间报警比率

Exercise 2b

来源：加利福尼亚州丘拉维斯塔警察局卡琳·斯卡默尔（Karin Schmerler）

    ＊其他使用数据的练习题和其他资源可以在"http://www.sagepub.com/bobasantos3e"中找到。

第五部分

管理犯罪分析和结论

如第 4 章所提到的，管理犯罪分析是指根据法律、政治和实践问题，向警察内部人员、政府部门 / 委员会、市民等读者展示犯罪研究分析的有趣发现。它不同于其他类型的犯罪分析，主要是展示研究的发现，而不涉及模式识别、统计分析和问题分析。也就是说，管理犯罪分析是决定哪项分析结果被展示以及如何将分析结果传播给特定读者的过程。在该背景中，展示是指犯罪分析结果被正式传播给不同读者的方式，包括纸质的、电子的或口头的。

第 16 章主要介绍了管理犯罪分析的过程。通过一个完整的例子，这章展示了如何基于不同的目的将来自分析报告的结果传播给不同的读者。虽然管理犯罪分析没有一成不变的统一的方法，但是该例子也展示了不同注意事项如何影响分析结果的展示方式。因为互联网对犯罪分析师和他们的警察部门而言非常重要，所以这章也详细讨论了互联网在分析结果传播中的应用。最后，这章介绍了帮助警察部门评估它们辖区恐怖主义风险的方法。作为本书的最后一章，第 17 章是对本书的总结，主要讨论了犯罪分析职业的现状、当前面临的挑战和犯罪分析的未来。

第 16 章

管理犯罪分析

战术和战略犯罪分析结果主要是传播给警察内部的实战人员。而管理犯罪分析则是向警察领导、政府部门、市民、商业机构和其他警察外部人员传播经简化的分析结果的过程。例如，在第 11 章中图 11.15 展示了一份专门为市民准备的、经处理的犯罪模式简报。因为该简报是为了向市民传播犯罪模式，所以它只包含有限的信息。这也是为了不妨碍正在进行的侦查。另外，它也包含犯罪预防建议，从而使市民能够进行自我保护并且在需要的时候向警察报警。

在管理犯罪分析中，每种情形的具体情况都能影响合适信息的选择。例如，如果一名分析师正在准备向城市委员会展示有关减少处方欺诈犯罪项目的信息，但是只有 10 至 15 分钟的时间向委员会展示，那么他就不可能展示所有的分析、响应和评估的结果，分析师应该选择最重要的、有关分析方法和结果的信息进行展示。

在管理犯罪分析中被选择展示的信息通常只是研究和分析的"冰山一角"。本章将讨论如何进行管理犯罪分析，并通过一个例子对其进行解释。最后，本章讨论了互联网（最广泛的展示犯罪分析结果的平台）和恐怖主义风险评估方法。

16.1 管理犯罪分析指导

进行管理犯罪分析的情形各不相同，并且没有两种情形是完全相同的。

在一些情形中，某类信息可能需要被展示给不同的读者，而在其他一些情形中，不同类型的信息可能需要被展示给相同的读者。分析师需要根据信息读者、信息被分享的目的和信息展示的背景，使用他们的经验和判断来确定展示的信息和方式。

16.1.1 读者

管理犯罪分析开始于分析师对读者的确定，即确定向谁提供信息。这里的读者通常不是警察内部的实战人员，而是警察领导、政府部门、市民和其他不同的组织（如商业机构、邻里组织和新闻媒体）。这些读者不需要特别详细的、有关分析方法和研究发现的信息，他们只需要与手头主题相关的概况和汇总信息。另外，对于理解和运用分析发现，不同的读者具有不同的需求、期望和技术能力。

16.1.2 目的

向读者展示管理犯罪分析信息具有许多不同的目的，但是大部分目的可以被归为下面其中一类：

- 信息：向读者告知特定区域的违法犯罪信息（如城市去年谋杀案件数量信息、当前发生在他们辖区的犯罪事件）。如第 7 章所讨论的，信息产品为实战人员提供了情景意识。而在管理犯罪分析中，信息产品也为这里的读者提供了情景意识。
- 预警：向读者预警当前重要的事件（如诱拐屋外儿童案件）。
- 社区警务：向市民以及其他与警察部门合作减少违法犯罪的团体提供有用的信息（如向邻里守望组织提供犯罪统计数据）。
- 犯罪预防：向读者提供重复事件位置信息、模式信息或问题信息（如提供本田思域汽车被盗情况），并就潜在受害者如何保护他们自己和财产提出建议（如建议司机使用防盗装置）。
- 决策：向警察领导、政府部门领导、商业机构和土地规划者提供有助于他们决策的信息（如由警察实施的、有关青少年犯罪者项目的评估的结果能够为该项目是否继续实施的决策提供信息）。

16.1.3 背景

除了信息读者和展示目的，展示背景也是一个考虑因素。背景包括该区域的社会环境和政治环境以及与信息本身相关的法律和实践问题。

- 社会环境：一个区域的社会环境包括整体的社会环境和该区域特有的直接社会问题。例如，整体社会环境可能是糟糕的社会经济正在使更多的人丧失房屋所有权，进而使针对空置房屋的入室盗窃增加了。区域特有的社会问题可能是大量移民流入造成该区域住房短缺，进而导致不同群体之间的拥挤和紧张。
- 政治环境：政治环境包括国家的整体政治环境和该区域的直接政治环境。国家整体政治环境可能是在选举年之后，大量的联邦拨款开始资助犯罪预防工作。直接政治环境可能是市长没有批准警察部门领导作出的决定。
- 法律问题：法律问题包括整体的法律问题和特有的法律问题。在整体上，由于美国最高法院判决能够影响警察的日常工作，因此也能影响犯罪信息的传播。特有的法律问题包括向不同群体发布特定信息的合法性（如有关隐私和保密的法律可能阻止一些详细信息的分享）。
- 实践问题：大量与读者、展示目的和展示本身相关的问题也可能影响如何展示信息的决策。影响信息选择的实践问题包括准备的时间、期望和要求的展示篇幅、信息复杂度、读者能力、展示方式（纸质的、电子的、口头的）和向读者展示信息的人员（如要向城市委员会展示信息的警察领导）。

16.1.4 例子

与其他类型犯罪分析一样，管理犯罪分析也没有统一的模板。另外，这也是大学生最难理解的犯罪分析类型，因为大部分大学生还没有在政府部门工作过，或者还没有专业地展示过研究发现。下面的例子将阐述如何在不同的背景中基于不同的目的将相同犯罪分析发现的不同内容展示给不同的读者。

情　景

犯罪分析部门已经识别了一个在整个城市发生的居住区入室盗窃问题，并且通过对该问题进行深入的分析，识别了这类犯罪的长期趋势和战术模式。在过去 6 个月，犯罪分析部门（the Crime Analysis Unit, CAU）已经向警务人员和侦查人员提供了正在发生的居住区入室盗窃模式信息，并且一些犯罪者已经被抓获。警察部门领导现在准备听取问题分析结果，以帮助他们预测未来的犯罪水平和决定处理该问题的长期响应计划。另外，犯罪分析部门将要向城市政府代表、社区组织和新闻媒体展示分析发现，以提高他们有关该问题的公众意识并促进他们参与犯罪减少工作。

读者：警察领导

目的：向警察领导提供全部的分析结果，使他们能够利用这些信息确定如何长期解决该问题。

背景：围绕该主题的会议持续 1 小时，并且主要讨论分析结果和如何解决该问题。分配给分析结果展示和相关问题的时间只有会议时间的三分之一，即 20 分钟。许多警察领导将要参加该会议。

展示的信息：考虑到时间较少和读者类型，犯罪分析部门分析师决定只展示问题分析的重点内容。一些与模式和抓捕犯罪者相关的信息将被展示，但重点是通过内部犯罪数据分析（如趋势和重复受害）和一手数据收集（如被盗房屋安全调查）而发现的问题整体特征。诸如不同数据如何被收集等内容将不被展示。另外，根据当前趋势、人口数量和犯罪季节性所预测的问题未来情况将与问题解决建议一起展示，展示的形式为 PPT 幻灯片。并且分析报告的执行纲要将被分发给读者，从而为他们提供额外的信息。

读者：城市委员会

目的：向委员会成员提供与问题特征、未来问题情况和警察部门如何解决该问题相关的信息。

背景：警察领导将在城市委员会会议中展示相关信息。他总共有 15 分钟的展示时间，其中 5 分钟用于总结分析结果，另外 10 分钟用于介绍警察部门的响应计划。该会议将被当地电视台转播，并且有新闻媒体人员参加。在许多情况中，警察领导会要求一名犯罪分析师与其一同参加会议，要求分析师展示特定的分析信息或者回答与该问题分析相关的特定问题。

展示的信息：在这里展示的信息包括：（1）有关问题特征的统计数据；（2）当地问题比率与其他城市或全国问题比率相比较的情况；（3）根据分析结果，与该城市未来犯罪情况相关的信息。警察领导将在一张幻灯片中展示这些信息，并且把 1 张或 2 张统计数据表格（附有解释说明）分发给城市委员会成员和其他与会人员。

读者：社区组织

目的：向城市特定区域的社区组织传播相关信息，促进他们参与问题解决。

背景：通过分析，犯罪分析师发现城市中的特定区域重复受害并且可能已经成为长期的居住区入室盗窃热点。一些警务人员将要在问题区域中的 3 个邻里守望和社区组织会议上展示与问题相关的信息。每场会议持续 90 分钟，并且犯罪问题将是会议的唯一主题。

展示的信息：犯罪分析部门将为警务人员提供入室盗窃问题的基本信息，从而使警务人员能够在会议中将该城市与其他城市进行比较，或者将某个区域与城市中其他区域进行比较。另外，警务人员将展示正在发生的行为模式，并强调犯罪方法和入室盗窃发生的时间。他们也将提供针对入室盗窃的预防信息，并要求居民留意一些地方的可疑行为，如果看到这些行为，向警察报告。

读者：新闻媒体

目的：向新闻媒体提供与问题和警察正在采取的响应措施相关的信息。

背景：城市是一个犯罪较少并且非常安静的区域，因此新闻媒体会寻找任何类型的信息进行报道。另外，警察领导也想要让社区知道问题的情况、警察正在采取的响应措施和社区成员如何能参与问题解决。

展示的信息：虽然新闻媒体可以通过访问警察部门网站或者参与城市委员会会议等方式获取问题信息，但是警察部门的公共信息官（媒体联络人）

能够向新闻媒体提供更多的、具体的与犯罪分析部门为理解问题所进行的工作相关的信息。在犯罪分析部门分析师的帮助下，联络人能够向新闻媒体展示来自一手数据收集方法（如安全调查）的信息以及来自社区机构和犯罪分析学者的分析结果和其他研究发现（在初始分析过程中收集的）。这些信息可以以现场展示或纸质报告的形式提供。另外，联络人也可以与新闻媒体合作制作一个完整的、有关该过程的视频新闻节目。

读者：公众

目的：向市民提供与该问题相关的一些基本信息。

背景：警察部门已经承诺向城市居民提供与该城市中发生的犯罪问题相关的信息。

展示的信息：犯罪分析师可以向警察部门网站的管理者提供与问题相关的基本信息，包括与历史数据比较的情况和与其他城市数据比较的情况，让他们把这些信息发布在互联网上。这些统计数据允许网站访问者对所在城市的入室盗窃问题和其他城市相同的问题进行比较。另外，发布经处理的犯罪模式简报能够向市民预警正在他们居住周围发生的模式以及向他们提供犯罪预防信息。警察部门也可以向公共图书馆和其他社区机构提供发布在网站上的信息，因为这些机构能够为无法上网的市民提供相关的信息。

如该例子所展示的，在管理犯罪分析中选择展示的信息因读者、目的和背景而异。许多因素都能影响分析师向特定读者提供的信息。分析师应该根据他们自己的经验和判断，权衡这些因素。

16.2 管理犯罪分析与互联网

互联网已经成为警察部门与市民交流以及传播犯罪分析信息的必要媒介（Griffith, 2005; Pattavina, 2005）[1]。警察部门在互联网上发布犯罪分析发现具有许多理由，其中如波巴（Boba）（1999）、渥泰尔（Wartell）和麦克尤恩（McEwen）（2001）所列举的：

- 减少犯罪分析师回应市民对犯罪分析信息申请的工作量。

- 通过提供使每个人能够自己得出结论的统计数据和信息，避免回答一些判断性的问题，如"该区域安全吗?"。
- 提高市民的社区问题意识，鼓励市民参与解决这些问题。
- 与公众保持交流，使他们知道警察正在积极地解决问题。
- 与犯罪分析学者分享与共同问题相关的信息，提高他们针对这些问题的研究能力。
- 与其他警察部门分享模式信息和问题信息，以便合作解决这些问题。
- 使市民能够有效获取正确的违法犯罪信息。
- 在互联网上发布分析信息对警察部门和社区而言也有一些缺点，如下面所列举的（Wartell & McEwen, 2001）：
- 商业机构可能使用这些信息牟利（如入室盗窃报警器公司可能向最近受害的房主推销它们的服务）。
- 当前或潜在的犯罪者可能利用这些信息犯罪（如对盗窃区域进行选择，或者避开已经成为警察打击危险驾驶目标的区域）。
- 一些特定区域的信息可能降低财物的价值，或者增加这些区域的保险费率（虽然到目前为止还没有研究表明这类情况是否曾经发生过）。
- 如果信息展示方式太复杂并且使读者难以理解，那么则可能产生误导（如分级色彩区域地图使人感觉事件均匀地分布于整个区域，但实际上它们可能聚集于该区域的某个街区内）。

虽然存在缺点，但是警察部门逐渐发现通过互联网向不同读者提供信息是利大于弊的。互联网已经成为现代社会不可分割的一部分，并且它在管理犯罪分析中的应用正在不断扩大。使用互联网传播犯罪分析信息，警察部门需要了解读者的类型以及什么类型的信息适合通过互联网传播。另外，也需要了解与互联网特征直接相关的一些注意事项。

16.2.1 读者类型

互联网上犯罪分析信息的读者包括所有能够连接互联网的人。但是，互联网中不同类型的读者对不同类型的信息感兴趣。为了向这些不同类型的读者提供与他们相关信息，犯罪分析师必须首先了解这些读者的类型。一些可能的读者类型包括：

- 居民（如居住在辖区内的人员）
- 潜在的或新的居民（如正在考虑搬入该区域的居民，或者刚刚搬入该区域的居民）
- 社区组织（如邻里守望组织、业主委员会）
- 社区管理者（如 YMCA、男女俱乐部、宗教团体）
- 学校工作人员（如学校职工、教师、校长）
- 商业机构（如商店管理者、商业团体）
- 新闻媒体机构（如报纸、电视台）
- 犯罪分析学者和学生（如教师、研究人员、学生）
- 政府部门和警察部门（如城市政府部门和其他警察部门的工作人员）
- 其他警察专业人员（如在该区域的或在该区域外的犯罪分析师和其他警务人员）
- 公众（不属于上面类别的相关人员）

有时候，警察部门也会基于特定的原因为一类或两类特定的读者在网站上发布特定的犯罪分析信息。例如，如果一个大型警察部门正在打算减少新闻媒体机构对过去 5 年犯罪统计数据申请的数量，那么它可能决定比其他信息更快地发布这类信息。

16.2.2 信息类型

一般而言，警察部门在收到读者对犯罪分析结果、报警、抓捕和交通事故等信息的申请之后，会把这些信息发布在它们的网站上。在大部分情况下，警察部门也会发布事件列表、频数、百分比和犯罪比率等信息，而在一些情况中也会提供犯罪均值和其他类型比率（如一定公寓单元数的犯罪数）的信息。另外，少部分警察部门也会在互联网上发布犯罪模式信息。其中许多信息来自战略和战术犯罪分析结果，并且以专门为公众读者设计的格式展示。

因为访问警察部门网站的许多人在理解犯罪分析信息方面是初学者，

所以大部分提供犯罪分析信息的网站也会全部或部分地提供如下类型的信息：

- 定义：频繁使用的名词或术语（如破案率、报警）的简单定义经常被提供。另外，网站也可能对犯罪、报警和地理区域的类型进行解释。
- 社会人口统计信息：区域人口特征（如年龄、种族、收入等）信息为犯罪和警务信息提供了背景知识。另外，警察部门也经常在网站上提供获取城市或县社会统计信息的链接。
- 频繁回答的问题（FAQ）：提供大量犯罪分析信息的网站也可能设置 FAQ 栏目，从而帮助用户找到与他们关注点相关的特定栏目。如下面的问题在 FAQ 栏目中可能普遍存在："我想要把我的家或公司搬入这座城市——在特定区域存在什么类型的犯罪行为?""在特定公寓小区 / 移动房屋公园 / 学校存在什么类型的犯罪行为?"和"犯罪分析是什么?"。另外，网站也可能提供从答案到网站相关栏目的链接，从而使访问者能够方便地访问相关内容。
- 犯罪分析职能描述信息：因为学生和警务专业人员经常使用互联网寻找实施特定类型分析的犯罪分析部门，所以一些网站也提供了它们部门所实施的犯罪分析的信息。
- 出版物、演示文稿和文章：一些警察部门也把与犯罪分析主题相关的详细信息发布在它们的网站上，并且提供与这些主题相关的文章和出版物的链接，从而促进该学科的发展，激发新观点的产生和为学生、学者和警察专业人员提供资料。
- 申请 / 联系信息：许多警察部门网站提供了申请 / 联系信息（如电话号码、邮箱地址）。访问者可以使用这些信息联系警察部门，并要求它们解释网站的相关内容或者提供额外的犯罪分析信息。
- 相关链接：因为许多网站访问者可能对其他信息感兴趣，所以大部分警察部门网站也提供了由当地、周边州或者全国各地警察部门和政府部门维护的网站的链接以及联邦机构网站的链接。

下面是与特定类型读者相关的一些类型信息的例子：

- 居民：社区违法犯罪行为列表或地图；当前犯罪模式（保护他们的房屋，向警察报告相关的行为）。

- 潜在的或新的居民：将社区一段时间的犯罪数量与城市的犯罪数量进行比较的情况（对潜在的居住区域进行比较，了解新居住区域当前存在的行为）。

- 社区组织：社区和周边社区违法犯罪列表或地图；当前犯罪模式（提醒社区成员，采取犯罪预防措施，留意相关行为）。

- 社区管理者：社区内社会人口统计信息和犯罪比率信息；违法犯罪地图或列表（理解他们顾客所在社区的情况，对在它们位置或周边区域发生的行为进行预警）。

- 学校工作人员：将学校所在区域、学校周边区域和学校内的社会人口统计信息和违法犯罪频率进行比较的情况；当前犯罪模式（了解学生居住的环境，比较学校之间的犯罪情况从而确定整体安全形势，为解决学校周边重复出现的当前犯罪模式提供帮助，分析学校内外的安全）。

- 商业机构：商业位置和商业区违法犯罪行为列表或地图；商业区犯罪模式（帮助警察减少在他们辖区发生的问题和行为，保护它们自己免受犯罪行为侵害，留意相关行为）。

- 新闻媒体机构：对多年的或者周边辖区、州或全国的频数、百分比和犯罪比率进行比较的情况（报道当地整体犯罪趋势以及与其他地区的差异）。

- 犯罪分析学者和学生：违法犯罪数据；具有详细方法的完全研究报告（使用警务数据对违法犯罪问题进行分析和研究，比较研究结果）。

- 政府部门和警察部门：各区域违法犯罪行为列表（了解他们正在工作的或者正在实施城市项目和工程的区域的情况，向有合作关系的社区和商业团体提供信息）。

- 其他警察专业人员：有关犯罪分析部门结构和人员的信息；该区域多年的频数、百分比和犯罪比率等数据（了解其他犯罪分析部门的特点，比较犯罪数据）。

- 公众：每年犯罪频数和比率（与其他区域犯罪水平进行比较）。

16.2.3 互联网问题

警察部门需要了解在互联网上发布犯罪分析信息的社会、政治、法律和实践问题，其部分原因是因为这些信息读者的广泛性。并且警察部门对这些问题的处理非常重要，需要谨慎地处理。目前，不存在指导警察部门在互联网上发布犯罪分析信息的法律，但是一些规定为警察部门在互联网上发布信息提供了指导（Boba, 1999; Wartell & McEwen, 2001）。这里将重点讨论在互联网上发布犯罪分析信息的两个关键问题。

隐私和保密

在互联网上发布犯罪分析信息的最大问题之一是涉案人员(如警务人员、受害者、嫌疑人、目击者）隐私的保护、数据的保密和正在进行的侦查工作的保密。在信息发布的过程中，警察部门需要权衡公众知情权和保护受害者和侦查之间的平衡。渥泰尔（Wartell）和麦克尤恩（McEwen）（2001）将该问题概述为如下：

> 市民有权知道在他们社区发生的犯罪，但是受害者对于他们的行为具有隐私权。两者权利应该如何平衡？
>
> 当执法部门在互联网上发布犯罪事件地图时，存在发布太多或太少数据的风险。例如，如果一名性攻击受害者的案件位置被提供了，那么她或他的身份就可能被暴露了，进而其隐私也就受到了侵犯。然而如果不发布性攻击信息，随后另一个人也成为性攻击受害者，那么警察部门是否损害了公众的法律权益？也就是说，在不发布性攻击风险的区域，是否是因为警察部门没有让潜在受害者知道她们所处的风险并未使她们采取适当的预防措施，才使她们成为受害者的？
>
> 如果其他感兴趣的人员，尤其是研究人员，想要获取经过地理编码的犯罪数据，那么在不侵犯受害者隐私的情况下如何提供数据？
>
> 当对调查数据进行分析时，研究人员习惯于通过签署协议来保护隐私，但是这类协议对于经过地理编码的数据并不常用。当授权研究人员使用严格的方法（只在刑事司法领域使用的方法）对数据进行空间分析

时，还应该把有利于保密的各种限制条件加入到研究人员数据使用规定中。

如果经过地理编码的数据可以提供给其他人，那么由于数据误用而造成的社会负面影响和随之而来的可靠性问题是什么？

向公众传播犯罪地图使保险公司和银行开展的一些非正式的划红线方法复苏。虽然被定义为犯罪高发区域的区域可以成为当地不同类型犯罪干预的对象，但是它也可能被标记为不受欢迎的区域，从而导致邻里纠纷并最终对已经成为问题的区域造成更大的破坏。进一步地，错误的犯罪地图制作或者经错误地理编码的数据的共享可能使人们对犯罪或公共安全问题的特征产生错觉。例如，警察部门根据梅甘法案（Megan's Law）发布的已释放性犯罪者地址因为存在错误，造成了恶劣的法律影响。

如果警察部门在互联网上发布犯罪数据，那么需要采取怎样的安全措施才能使入侵风险最小？

虽然可以设置密码保护、防火墙以及阻止特定敏感字段显示的查询选项。但是警察部门和警务人员对于这些确保情报信息和其他受限制数据不会落入坏人之手的保护措施依然持怀疑态度。(pp.2-3)

大部分警察部门通过不发布人员姓名来避免这些问题（不包括已注册性犯罪者的信息，因为根据法律，这些信息是公开信息）。虽然许多警察部门似乎同意这种做法，但是在发布违法犯罪发生地信息方面各个部门还是不完全一样。因此，网站访问者难以根据地图上展示的信息来准确地识别地址，因为地图上使用的符号一般都很大。但是当警察部门一起提供表格信息和地图时，隐私问题有时候就可能出现了。有些警察部门在它们网站上发布所有违法犯罪案件的准确地址。有些警察部门则发布大部分案件的地址，除了一些敏感的案件（如虐童案件、强奸案件、家庭暴力案件）。但是，大部分警察部门没有提供具体的地址信息，而是以更大的地理单元（如社区、网格、辖区）、或者以街道名称（如是"中央东路"，而不是"中央东路 123 号"）、或者以街区（如是"中央东路第 100 街区"或"中央东路 1XX 号"，而不是"中央东路 123 号"）为单位，提供位置信息。

声　明

虽然警察部门经常在它们的网站上提供术语的定义和对分析发现的解释，但是这些内容并没有说明这些信息不能提供什么信息。因为不熟悉犯罪分析的读者可能因为不同的原因而错误地解释这些信息，所以大部分警察部门也在网站上发布预防用户错误理解数据和分析结果的声明。这类声明的一些例子如下：

- 犯罪数据仅仅代表被报告的或被警察发现的犯罪，而不是所有的犯罪。
- 只有90%的案件在地图上被定位或地理编码。
- 一起抓捕并不意味着只有一个人被发现有罪。
- 一起报警并不意味着只发生了一起犯罪。
- 数据受误差程度影响。
- 警察部门提供数据是出于服务公众，而非义务。
- 犯罪统计数据只是确定一个区域安全的标准之一。
- 犯罪统计数据不能反映一个区域比其他区域差。

16.2.4 交互式制图

取代简单地发布分析结果的方式，目前许多警察部门正在转向为用户提供允许他们自主进行分析的交互式犯罪制图系统。网站访问者可以使用这类系统在数据库中查询他们感兴趣的信息，并对查询结果进行制图。这种方式不仅能够使读者更加灵活地获取信息，而且也减少了警察部门工作人员的工作量。

近些年，警察部门通过与网络公司建立商业合作关系向市民提供交互式犯罪制图服务的形式已经变得非常普遍。警察部门向开发交互式犯罪制图软件并向公众提供服务的公司提供犯罪数据，并向它们支付相关费用。这种合作形式使得警察部门不需要自己开发和持续更新软件。这些公司开发的网站包括"http://www.crimereports.com/"、"http://www.crimemapping.com/"和"http://spotcrime.com/"。

目前，大部分交互式网站使用单一符号制图，但是一些网站也使用分级色彩区域制图和密度制图。另外，其他一些类型的网站也具有交互特性，它们向网站访问者提供了与制图系统相同的查询功能，但是查询结果以案件列表或总结报告而不是地图的形式展示。

除了之前所提到的与在互联网上发布犯罪分析信息相关的问题，交互式制图软件的使用也具有其他一些问题。其中一个问题就是用户在犯罪数据和制图方面的知识水平。如本书所表明的，犯罪分析和犯罪制图是一个复杂的研究领域。因此，例如这里介绍的这些系统的初学者可能会错误地使用和解释他们所发现的数据。另外，警察部门关心的实践问题包括用户的技术水平（如果软件太复杂，那么网站访问者可能就不会使用它们）和快速运行这些程序的互联网连接速度（如果连接缓慢，那么复杂的程序将难以使用，并且使人不耐烦）。

16.2.5 在互联网上寻找犯罪分析的例子

因为服务于犯罪分析的网站正在不断地被建立、更新和改进，所以这里将不提供特定的网站地址。为了寻找一些当前的网站，我们可以使用互联网的搜索引擎，如 Google，在其搜索框中输入关键词"犯罪分析"（crime analysis），"犯罪统计"（crime statistics）或"犯罪制图"（crime mapping）进行搜索。另外，一个由美国政府公共安全制图和分析项目维护的、与具有犯罪分析和犯罪制图信息的地方、州、联邦、专业和国际机构相连接的在线资源是"www.ojp.usdoj.gov/nij/maps/"网站。

16.3 国土安全风险分析

近些年，恐怖主义已经成为核心的公共安全问题。以前，恐怖分子通常采用造成必要伤害的并且能够实现他们目标的战术（Riley & Hoffman, 1995）。但是目前许多恐怖分子正在选择采用使破坏和伤亡最大化的战术，特别是针对公众的破坏和伤亡，例如 2001 年 9 月 11 日在美国发生的恐怖事件。另外，恐怖分子开始在美国境内计划和准备恐怖活动。

因为恐怖活动的计划和执行正逐渐成为更加本土化的行为，所以反恐怖主义战略的制定也已经成为州政府和地方政府的一个重要关注点。由于警察部门和其他政府部门使用战略的方法解决恐怖活动和威胁，所以它们使用各类数据和分析技术来增强紧急预案制作、响应和恢复工作。这些复杂的战略方法包括增强政府部门之间的情报共享和协作、建立专门针对国土安全的新部门、集成先进的技术以及通过风险评估和紧急预案减少风险（Office of Homeland Security, 2002）。

犯罪分析师可以通过提供有关数据、软件和社区等方面的知识为警察部门的这些战略提供帮助。具体而言，犯罪分析师可以使用理论和分析来评估他们辖区的恐怖活动风险。就像犯罪分析师试图理解问题为什么在特定的地方发生或针对特定的人，他们也可以确定在他们辖区中最容易受到恐怖活动攻击的区域。在这里将简要介绍一种由作者提出的分析方法，并提供一个犯罪分析师利用该方法直接为本地反恐怖主义工作提供帮助的例子（更多有关该方法的信息，请参看 Boba, 2008 和 2009）。

该分析方法非常简单。犯罪分析师只需要使用地理数据、GIS 系统和易受攻击目标分类体系来确定城市中哪块区域最容易成为恐怖活动的对象。在《打败恐怖分子》（Outsmarting the Terrorists, 2006）一书中，罗尔·克拉克（Ron Clarke）和格雷姆·纽曼（Graeme Newman）展示了一种系统评估潜在恐怖活动目标易受攻击性的方法。该方法的评估标准包括 8 个因素：暴露的（Exposed）、重要的（Vital）、标志性的（Iconic）、合法的（Legitimate）、易受损的（Destructible）、正使用的（Occupied）、附近的（Near）和容易的（Easy）。出于记忆方便，这些因素可以缩写为 EVIL DONE。

一个地点是否易成为恐怖分子攻击的目标是这些标准的综合结果，并且符合的标准越多，目标就越容易受到攻击。世贸大楼就是一个例子。它是暴露的（在纽约城市中央并且比其他大楼高）、重要的（大量商业交易在这里发生）、标志性的（纽约地标建筑）、合法的（重要的商业建筑）、易受损的、正使用的、附近的（在主要的都市区域）和容易的。另一个例子是华盛顿纪念牌，其被认为是暴露的、标志性的、合法的、易受损的、附近的和容易的，但不是重要的和正在使用的。

虽然难以预测恐怖分子在哪个时间哪个位置实施恐怖活动，但是分析师可以使用这些标准评估他们辖区内一些位置（如核电站、硝酸铵仓库、机场、铁路铁轨、主要交通运输路线、游乐园、商场、地标、实验室、水坝、炼油厂、港口、政府机关、高速公路、河流、高人口密度居住区和主要设备线）的相对风险（Ronczkowski, 2004）。犯罪分析师根据区域中存在的目标的类型和它们满足 EVIL DONE 标准的程度，对城市中的区域分配权重。例如，在图 16.1 中一条河流和一个专业体育馆被阴影区域包围。这些阴影区域根据 EVIL DONE 标准（其中每条标准为 1 分）被赋予相应的分值。围绕河流的区域的分值为 4，因为该河流是暴露的、合法的、附近的（在这种情况中）和容易的，但不一定是重要的、标志性的、易受损的和正使用的。专业体育馆周围的区域的分值为 6，因为它是暴露的、合法的、易受损的、正使用的（在进行主要体育赛事的时期）、附近的和容易的，但不是重要的和标志性的。

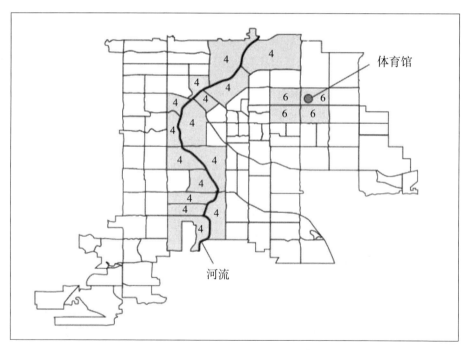

图 16.1　两个地理要素的风险分析

　　图 16.1 只是一个具有两个地理要素的例子。对于最终的城市风险分析，我们需要同时考虑不同的地理要素。图 16.2 是考虑了诸多地理要素的最终

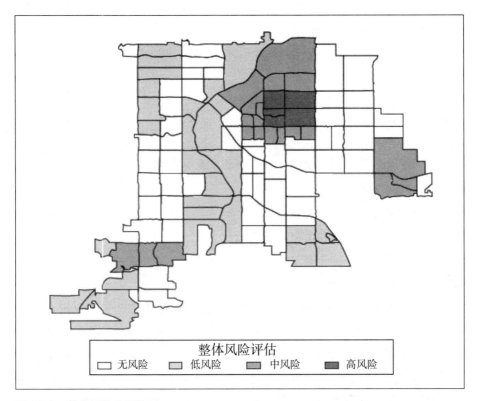

图 16.2　整体风险分析地图

风险分析地图。

　　这类地图展示了犯罪分析师对一个城市或局部区域的恐怖活动目标进行风险分析的方法。这类分析能够帮助警察部门以及城市政府确定响应措施和需要加强保卫的目标。

要点总结

　　本章为管理犯罪分析提供了指导，并且讨论了互联网的使用和评估国土安全风险的方法。下面是本章的要点：

　　1. 战术和战略犯罪分析的结果主要是传播给警察内部的实战人员。而管理犯罪分析则是向警察部门领导、政府部门、市民、商业机构和其他警察外部人员传播经简化的分析结果的过程。

2.向读者展示管理犯罪分析信息具有许多不同的目的，如：（1）向公众告知特定区域的违法犯罪信息；（2）向读者预警当前重要的事件；（3）向市民和其他与警察部门合作减少违法犯罪的团体提供有用的信息；（4）向读者提供重复事件位置信息、模式信息和问题信息，并就潜在受害者如何保护他们自己和财产提出建议；（5）向警察领导、政府领导、商业机构和土地规划者提供有助于他们决策的信息。

3.在管理犯罪分析中展示的信息和方式取决于信息的读者、信息被分享的目的和信息展示的背景。

4.管理犯罪分析信息的读者包括警察领导、政府部门、市民和其他不同的组织（如商业机构、邻里组织、新闻媒体）。

5.影响管理犯罪分析信息展示的背景因素包括当前的社会环境和政治环境以及法律和实践问题。

6.近些年来，互联网已经成为最广泛使用的传播管理犯罪分析信息的媒介。

7.使用互联网发布犯罪分析结果，警察部门可以：（1）减少犯罪分析师的工作量；（2）避免回答与犯罪相关的判断性问题；（3）提高社区问题意识和鼓励市民参与解决犯罪；（4）向公众告知信息；（5）与犯罪分析学者分享信息；（6）与其他警察部门分享信息；（7）确保市民能够有效获取正确的违法犯罪信息。

8.警察部门使用互联网发布犯罪分析发现的缺点包括：（1）商业机构可能使用这些信息牟利；（2）当前或潜在的犯罪者可能利用这些信息犯罪；（3）特定区域的犯罪信息可能对这些区域造成负面影响；（4）读者可能错误地解释被提供的信息。

9.能够在警察部门网站获取犯罪分析信息的读者包括当地居民、潜在的或新的居民、社区组织、社区管理者、学校工作人员、商业机构、新闻媒体机构、犯罪分析学者和学生、政府部门和警察部门、其他警察专业人员和公众。

10.大部分警察部门网站会发布包含频数、百分比和犯罪比率等信息的案件列表。一些网站也提供了犯罪比率均值和其他类型比率（如一定公寓单元数的犯罪数）的信息。另外，这些网站也经常提供定义、社会人口统计信息、频繁回答的问题、犯罪分析职能描述信息、犯罪分析出版物、联系信息和相关网站链接等信息。

11. 在互联网上发布犯罪分析信息，警察部门需要关注的两个问题是：（1）隐私保护和保密（如保护受害者或正在进行的侦查）；（2）声明（告知用户数据的局限）。

12. 越来越多的警察部门正在通过简单的、允许用户查询数据库和对结果进行制图的交互式制图系统，传播犯罪分析信息。

13. 犯罪分析师可以使用理论和分析来评估他们辖区的恐怖活动风险。犯罪分析师可以使用地理数据、GIS 系统和易受攻击目标分类体系来确定城市中哪块区域最容易成为恐怖活动的对象。

14. 目标的易受攻击性是根据 EVIL DONE 标准进行评估的，该标准包括暴露的、重要的、标志性的、合法的、易受损的、正使用的、附近的和容易的。

15. 通过根据区域中存在的目标的类型和它们满足 EVIL DONE 标准的程度对城市中的区域分配权重，犯罪分析师可以使用这些标准评估他们辖区各个位置的相对风险。

讨论与练习 *

练习 1

确定下面每个管理犯罪分析产品的目的：

- 发布在警察部门网站上的描述过去 20 年犯罪率的图表
- 有关大学生失踪的媒体信息
- 允许市民在互联网上查看他们房屋周围在过去 2 周发生的犯罪的交互式地图
- 在城市中正在发生的陌生人强奸系列犯罪模式的媒体信息（如犯罪方法、嫌疑人描述信息）
- 向警察领导展示入室盗窃警报罚款系统没有减少去年入室盗窃警报的分析结果的演示文稿
- 为城市商业协会提供犯罪统计数据的演示文稿

- 具有最低犯罪率的 10 个公寓的列表

练习 2

如果你是你大学里警察部门的一名犯罪分析师，那么你将在网站上发布什么类型的信息？具体而言，你将为学生、学生父母、教职工和来访者提供什么类型的信息？

* 其他使用数据的练习题和其他资源可以在 "http://www.sagepub.com/bobasantos3e" 中找到。

注　释

〔1〕这部分内容只涉及警察部门在互联网上传播的信息。互联网是公众获取相关信息的电子平台，而局域网是对特定人员开放的封闭网络，因此不应该把互联网和警察部门使用的局域网相混淆。

第 17 章

现状、挑战和未来

作为本书的最后一章和总结，本章相对而言比较简单，主要讨论了犯罪分析职业的现状、当前面临的挑战和犯罪分析的未来。

17.1 犯罪分析和犯罪制图的现状

司法援助局（the Bureau of Justice Assistance, BJA）的一份出版物列举了分析职能让执法机构获益的 9 个方面（BJA, 2005, p.1）：

1. 帮助刑事侦查。分析师通过制作不同类型的情报产品，能够为正在对刑事犯罪和恐怖活动进行侦查、预防和响应的侦查人员提供帮助。分析师对信息进行调查和搜索，并在数据汇总中作为核心的点。

2. 提高起诉犯罪者的能力。被分配分析职能的人员能够制作在陪审团或审讯中使用的总结性表格、图表、地图或其他图形。分析师还能提供真实的、专业的证词，并组织在法庭上展示的证据。

3. 为领导和警察部门工作提供帮助。通过最大程度地发挥分析职能的作用，领导可以获得重要的帮助他们预防未来犯罪行为的信息和情报。通过准备材料，分析师还可以在资源分配、预算和资源要求制定以及部门报告、侦查简报和新闻稿准备等方面提供帮助。

4. 提前告知执法人员犯罪趋势以及对威胁、易受攻击性和风险进行评估。分析部门能够为战略和战术行动提供帮助。通过对犯罪报告进行分析，分析部门能够识别犯罪热点，制定犯罪简报和总结报告，研究系列犯罪的数据和预测未来的犯罪。另外，分析部门还能制作评估犯罪团伙和刑事犯罪行为潜在威胁的情报产品，并提出干预这些威胁的方法。

5. 训练执法人员和其他情报人员。分析部门能够制作与情报和分析方法相关的课程模块，并提供意识和训练机构人员、执行人员和管理者的方法。

6. 帮助建立能够组织信息和情报的计算机数据库。从事分析职能的人员能够帮助建立和维护收集、预处理、检索和传播信息的系统。另外，分析人员也可以参与侦查、情报和分析软件的部门检测和验收。

7. 与其他执法人员建立有意义的关系。因为分析人员与其他执法机构存在业务来往，并且与同行建立了联系，所以他们能够快速地获取信息并有效地为跨辖区或复杂的案件提供帮助。通过与国家项目和专业协会联系，分析人员还能了解可能影响当地机构的全国性问题。

8. 确保地方、州、部落和联邦的法律法规一致。分析人员能够为方案制作提供专家意见和知识，从而确保规定情报共享、隐私和公民自由的地方、州、部落和联邦的法律法规一致。

9. 为融合中心提供帮助。通过情报服务，如犯罪模式分析、关联分析、电话分析和金融分析，分析人员能够为地方、州或地区融合中心提供帮助。通过制作情报报告、简报、威胁评估和其他情报产品，他们能够为犯罪（包括恐怖活动）预防提供帮助。

研究人员已经发现最有效的预防和减少犯罪的警务战略是那些针对性的警务战略 (Sherman et al., 1997; Weisburd & Braga, 2006a; Weisburd & Eck, 2004)。如第 3 章所讨论的，犯罪分析在确定犯罪减少重点方面发挥了关键性的作用，因此它对于警务工作的成功非常重要。大部分中型和大型美国警察部门已经建立了犯罪分析部门，它们雇用警察或专业的、经过训练的分析师从事犯罪分析和犯罪制图工作。在 90 年代后期，对警察部门所进行的全国性调查发现 58% 至 86% 的警察部门正在使用犯罪分析或犯罪制图技术 (Mamalian & La Vigne, 1999; U.S. Bureau of Justice Statistics, 1999)。另外一项在 2008 年实施的针对 600 个根据部门规模、类型和地理位置而分层随机选择的地方警察部门所进行的调查发现 89% 的警察部门具有全职犯罪分析师或第二职责为犯罪分析的人员，只有11%的警察部门没有开展任何犯罪分析。另外，在具有犯罪分析师的警察部门中，大部分通常雇用两名分析师（Taylor & Boba, 2011）。

另外，一项由南阿拉巴马大学公共制度中心在2000年开展的系统调查（O'Shea & Nicholls, 2003）对在两项全国性调查中收集的数据（其中一项数据是警察数量大于100的所有美国警察部门，另一项数据是警察数量少于100的、根据规模和区域进行分层随机选择的800个警察部门样本）进行了分析，并对选择的大型警察部门的犯罪分析工作情况进行了现场调研。他们发现大部分犯罪分析师的工作重点是帮助刑事抓捕（模式识别）或识别犯罪高发区域（热点识别）。这些发现表明犯罪分析师和警察管理者高度重视为短期计划提供帮助的战术分析，并且主要对意在控制犯罪的行为感兴趣。他们似乎对为长期计划提供帮助的战略分析缺乏兴趣，并且主要对更复杂的组织问题（如部门优缺点、机会和威胁）或者甚至问题分析（O'Shea & Nicholls, 2003）感兴趣。

其他有关犯罪分析的研究已经发现有效数据的质量、警察领导犯罪分析知识的缺乏和犯罪分析师与宣誓警察之间的不充分交流已经影响到了犯罪分析的应用（Cope, 2004; Taylor, Kowalyk, & Boba, 2007）。另外，相关研究也已经发现虽然大部分警察部门认为犯罪分析应优先发展，对完成部门任务非常重要并且与警察职责充分一致，但是为了使犯罪分析融入到警察组织中，依然还需要完成许多工作（Taylor & Boba, 2011）。很少有巡逻警察使用犯罪分析或者与犯罪分析师联系，并且警察部门通常也没有向分析师反馈分析发现的影响，另外分析师没有很好地利用一些机会（如登记简报或跟踪调查）来更好地理解他们所服务的警察部门的运行和文化（Taylor & Boba, 2011）。

目前犯罪分析和犯罪制图学科已经受到政府、警察部门和学术界的重视，但是它依然处于发展阶段。虽然这些发现不足为奇，但是如果短期模式分析和实时数据分析是警察部门的核心职责，那么大部分美国警察部门还未发挥犯罪分析的全部潜力。犯罪分析师和警察领导可能依然重点关注与短期模式和热点识别相关的犯罪分析工作，还未将重点拓展到通过对违法犯罪问题进行长期、深入地分析，寻找这些问题的解决方案。这部分原因可能是因为犯罪分析技术交流和知识的缺乏以及犯罪分析应用交流和知识的缺乏。

17.2 当前犯罪分析的挑战

犯罪分析学科面临许多特定的挑战，其中许多挑战是由于该学科处于发展初期所造成的。犯罪分析师关心的事项能够让我们深入地了解犯罪分析的现状。一般而言，犯罪分析师目前关心的事项包括[1]：

- 相关训练和教育的开展
- 分析结果使用的效率
- 警务人员和领导对犯罪分析的需求
- 定性和定量数据的使用
- 与邻近辖区犯罪分析师交流的能力
- 实施分析的充分时间

从更广的角度来看，犯罪分析领域的挑战是如何制定犯罪分析师岗位合格人员的结构和当他们被雇用后如何为他们提供充分的职业发展机会。许多警察部门在提供犯罪分析岗位时对犯罪分析师应具备怎样的资格条件和职责没有清晰的认识。许多犯罪分析师是因机缘巧合而成为犯罪分析师的，而不是通过标准化的训练和教育而成为犯罪分析师的，这是由于在如何成为犯罪分析师方面没有清晰的路径（如本科学位或标准化证书）而造成的。

在大部分警察部门中，当一个人成为犯罪分析师之后，他很少能够获得晋升或日后调动的机会（O'Shea & Nicholls, 2003）。虽然这在具有不同层次分析师岗位的并且具有大量岗位的大型警察部门或联邦部门中不那么明显，但是这些机会依然很少。

犯罪分析岗位的补贴在全美各地各不相同，并且与宣誓警察、具有相似职责的市民和执行相似任务的人员（部门内部的人员或不同部门的人员）相比较，他们的补贴更少（O'Shea & Nicholls, 2003, p.18）。对晋升机会缺乏和低报酬的未预期结果造成了高人员流失率。经过犯罪分析培训的并且具有犯罪分析经验的人员的缺乏使得这些犯罪分析岗位难以每次都能找到合适的人员，反过来这就影响到了犯罪分析的质量和警察对犯罪分析的使用。另外，在经济疲软和资源缺乏的时候，对于认为犯罪分析似乎是奢侈品而不是必需品的警察部门而言，它们更愿意减少犯罪分析师的岗位而不是宣誓警察的岗位。

根据犯罪分析实践，该学科依然将持续面临着向警务人员证明其有用性的挑战。虽然研究已经表明犯罪分析对于高效警务是有价值的和重要的，但是与犯罪分析师一起工作的一线警察和管理者还未完全相信（Taylor & Boba, 2011; Taylor, Kowalyk, & Boba, 2007）。分析师经常制作支持警察被动特性的报告，因为这是他们被要求的工作（O'Shea & Nicholls, 2003）。另外，分析依据的数据经常是低标准的。因此这些产品不一定被警察认为有效。这就是研究人员所称的自我实现预言（Cope, 2004）。科普（Cope）发现感知的犯罪分析无效性是因为工作人员不能提出正确的问题。因为被提供的犯罪分析产品未能帮助他们，所以他们就不相信犯罪分析了。但是被提供的信息是基于他们自己认为的什么是有用的想法和他们自己提供的低质量数据。因为犯罪分析师是在其他人工作质量的基础上进行判断，所以科普将这种情况视为没有赢家的情况。

在一个相似的研究中，谢亚（O'Shea）和尼科尔斯（Nicholls）（2003）发现有效犯罪分析的一个特征是管理者要求高质量产品的能力。也就是说，当控制其他因素（如预算支出、犯罪比率和区域差异）时，管理期望与犯罪分析部门本身的质量是相关的。尽管如此，其他研究人员认为犯罪分析的主要挑战不在于分析师训练和使他们能够提供更好的产品，而是在于警察组织的结构，并且认为对犯罪分析质量和使用所负的责任主要在于警察管理者，他们有责任基于提供给他们的犯罪分析，制作更好的数据和实施战略计划（Boba & Crank, 2008; Boba & Santos, 2011; Paulsen, 2005; Ratcliffe, 2004a）。

17.3 犯罪分析的未来

犯罪分析的历史与警察的历史一样悠久，但是直到过去 20 年，犯罪分析和犯罪制图才成为美国中型和大型警察部门的普遍实践。虽然该学科依然被认为处于发展初期，但是它具有巨大的前景。综合的警务研究结果已经表明分析是理解和预防犯罪的关键。为了对之前所讨论的挑战作出响应，犯罪分析未来发展的主要领域是犯罪分析教育、地区创新活动和警务改革。

因此，该职业的主要挑战是如何建立一支经过该职业专业训练和教育的并且具有标准犯罪分析知识和技能的犯罪分析师队伍（Boba, 2003; Gwinn, Bruce, Cooper, & Hick, 2008）。解决犯罪分析师队伍建设问题的最佳方法是为本科生和研究生提供犯罪分析教育和培训。大学课程和学历项目（如证书项目，大学生或研究生的研究会）能够为他们提供犯罪分析技术，鼓励他们从事犯罪分析职业。虽然一些目前正在工作的犯罪分析师没有大学学历，但是大学学历正在成为警察部门犯罪分析师岗位的标准要求（O'Shea & Nicholls, 2003），并且具有硕士或者甚至博士学历的人也正在成为犯罪分析师。

目前还没有相关系统的研究对本科生、研究生和专业人员证书项目的提出和普及进行研究。但是碰巧的是，根据我个人的研究和为编写本书而进行的联系，我发现该领域正在不断地发展。10 年前，只有少数社区学院和大学在刑事司法、犯罪学或执法专业中开设了本科生犯罪分析课程或研讨会。但是今天越来越多的学制为 2 年或 4 年的学院和大学开设了重点介绍犯罪分析职业、犯罪分析过程、模式识别和在警务环境中对违法犯罪问题进行长期分析的犯罪分析课程。另外，犯罪制图 / 空间分析课程也开始在地理系中讲授，并且其重点是数据准备和违法犯罪空间分析。许多学校正在开设犯罪分析课程（如证书项目或专业中的研讨会），其除了特定的犯罪分析课程，如情报分析、地理信息系统、研究方法和统计学，还包含其他一系列的课程。

该领域也受到补贴和职业发展的挑战。本书的一个目的是为了帮助建立犯罪分析概念、技术、工作岗位和资格条件的标准。国际犯罪分析师协会已经并将继续为作为一门职业的犯罪分析和其实践建立标准。它们已经建立了一个全国性的认证过程，并且制定了能够为认证提供基本犯罪分析知识的手册以及认证培训系列（IACA, 2011a, 2011c）。最近，它们建立了标准、方法和技术委员会，其目的是为了定义与犯罪分析职业相关的分析方法、技术和核心概念（IACA, 2011a, 2011c），其中模式和各类模式的新定义来自该委员并且已经在本书的第三章和第三部分介绍。这些工作的目的是为了帮助警察部门制定实践标准和确定职责和资格条件，并为犯罪分析师提供相同的工资和职业机会。

解决技能和知识标准化挑战的一项工作是出版犯罪分析著作和发表犯罪

分析文章。专业期刊包括《警务实践和研究》(Police Practice and Research)、《警务：警务战略和管理的国际期刊》(Policing: An International Journal of Police Strategies and Management)、《安全期刊》(Security Journal) 和《犯罪制图研究和实践》(Crime Mapping Research and Practice) 以及其他包含由从业者和研究人员写的有关犯罪分析的文章的期刊。越来越多的有关犯罪分析的书籍正在出版，并且正式的犯罪分析师交流网络（如 Listservs）也已经建立[2]。

　　如本书所介绍的，问题导向警务中心已经为有关违法犯罪问题的知识（如问题指导系列）和对这些问题进行分析所需的技术（如问题工具指导系列）建立了标准。虽然该中心的工作重点不仅仅在于犯罪分析，但是大量的资源、指导书籍和学习工具已经极大丰富了有关违法犯罪问题的知识和分析。

　　跳出美国，纵观整个国际警务领域，我们发现作为职业的犯罪分析的发展和标准化也正在其他国家进行。大部分欧洲国家的国家或州警察部门也已经建立了正式的犯罪分析部门，另外日本、澳大利亚、巴西、南非和其他国家也一样。在 2003 年，在一个由欧洲警察大学（the College of European Police, CEPOL）举办的主题为"犯罪分析和战略规划"的会议中，来自 12 个欧洲国家的分析师聚集在一起讨论犯罪分析的特征和它在战略规划中的作用。会议的大部分讨论集中于与美国犯罪分析师已经关注到的重要问题相似的问题：标准化、培训和被警察管理者认可[3]。英国警察部门也极大推动了犯罪分析的发展，尤其在问题解决过程和战术犯罪分析方面。英国犯罪分析师关注的事项与美国犯罪分析师关注的事项相似，如数据整合、技术有效性、犯罪分析产品应用和人力资源。

　　在犯罪分析中另一个正在发展的方面是与地区数据共享和分析相关。在过去十年左右，由于对反恐怖活动的持续重视，警察部门发现只对它们自己辖区内的数据进行分析是不够的。它们开始与周边警察部门和非警察部门（如缓刑／假释部门、卫生和社会服务部门和教育机构）分享数据。如它们所称的融合中心能够帮助警察部门建立合作关系并拓宽它们知识的范围，从而使它们能够更加全面地理解当地的问题以及为它们高效的跨区域协作建立更好的基础（BJA, 2005; Dunworth, 2005）。特别地，地理信息系统和互联网已经成为执法部门在不同学科和部门之间共享数据和促进分析的重要工具（Block, 1998; Boba, Weisburd, & Meeker, 2009; Maltz, Gordon, & Friedman, 1991）。

最后，犯罪分析的未来建立在警务实践的基础上。犯罪分析的目的是为了向警察提供帮助，因此它的有用性取决于它在警察组织和实战中的接受程度和融合程度。只有学者、研究人员和犯罪分析师改进犯罪分析工具和技术是不够的。警察领导还必须理解和接受犯罪分析的价值并将犯罪分析纳入到标准化的警务实践中。如第 1 章所讨论的，在过去，政府已经为警察部门提供了资金，帮助它们开展犯罪分析。最近，大量的政府拨款也已经帮助警察部门开展分析驱动的创新活动，如预测警务（Uchida, 2010）、基于犯罪分析的警务巡逻（Taylor & Boba, 2011）、智慧警务（BJA, 2011）、犯罪控制和预防研究和评估（National Institute of Justice, 2011）和犯罪减少工作、分析和职责制度化（Boba, 2010，2011; Boba & Santos, 2011）。

犯罪分析学科在全世界各地都非常年轻，并且正在逐步地融入到警务实践中。当前的研究结果为犯罪分析和它在集中的、高效的警务实践中的重要性提供了支持。犯罪分析的未来在于它不断地被接受并高效地被整合到警务实践中。通过制定训练项目、开展教育、出版大量著作、检验分析技术和评估效果，学者和从业者已经为犯罪分析的发展作出了巨大的贡献。作为一门动态的、持续发展的职业，犯罪分析为有志于从事这类职业的人提供了大量的机会。

要点总结

本章作为本书的总结，主要讨论了犯罪分析职业的现状、面临的挑战和犯罪分析的未来。下面是本章的要点：

1. 联邦政府总结了分析职能让执法部门获益的 9 个方面：（1）帮助刑事侦查；（2）提高起诉犯罪者的能力；（3）为领导和警察部门工作提供帮助；（4）提前告知执法人员犯罪趋势以及对威胁、易受攻击性和风险进行评估；（5）训练执法人员和其他情报人员；（6）帮助建立能够组织信息和情报的计算机数据库；（7）与其他执法人员建立有意义的关系；（8）确保地方、州、部落和联邦的法律法规一致；(9) 为融合中心提供帮助。

2. 在警务领域中犯罪分析是目前获得认可的职业。作为一门职业，它依然处于发展阶段。

3. 美国大部分大型警察部门和许多中型警察部门已经开展了一些形式的犯罪分析。

4. 大部分犯罪分析师目前主要的工作是战术犯罪分析或者直接向警察领导提供统计数据。

5. 国际犯罪分析师协会、犯罪分析学者和警务从业者最近的工作在于出版犯罪分析著作以及为犯罪分析师提供研究、培训和实践援助。

6. 来自世界各国犯罪分析师的信息表明他们与美国犯罪分析师具有相同的问题，包括发展、培训、数据和管理支持。

7. 犯罪分析当前的挑战包括：(1) 如何制定犯罪分析师岗位合格人员的结构；(2) 当他们被雇用后如何为他们提供充分的职业发展机会；(4) 向警务人员证明犯罪分析的有用性；(4) 提高培训和教育质量。

8. 犯罪分析具有巨大的前景，并且犯罪分析教育、地区创新活动和警务改良改革的持续发展将为这个非常年轻的学科提供帮助。

注　释

〔1〕该关注事项列表是作者根据自己的经验以及与美国各地犯罪分析师的交流而总结出来的，也是根据从警察基金举办的从业者研讨会中获取的信息（Police Foundation, 2003b）而总结出来的。

〔2〕从全球来说，对犯罪分析和犯罪制图感兴趣的从业者、研究人员和软件开发者所使用的两个主要的 Listservs 是 "crimemap" 和 "IACA" listservs。

〔3〕该结论是根据作者作为 CEPOL 会议与会者所进行的观察而得出的。

术语表

二八定律（80/20 rule）：该概念来源于 80% 的结果来自 20% 的相关原因的观察结果。

刑事侦查分析（Analysis, criminal investigative）：构建严重犯罪犯罪者轮廓的一类分析。分析师使用犯罪者在犯罪时所留下的痕迹推断犯罪者的相关特征，如性格特征、社会习惯、工作等。

情报分析（Analysis, intelligence）：通过使用监控、窃听、特情和观察（指秘密工作）等方式收集数据，为识别和侦查有组织犯罪、团伙、毒品网络、卖淫集团、金融网络或者这些犯罪企业联盟提供帮助的一类犯罪分析。

分析步骤（Analysis step）：SARA 过程的第二步，其包括研究问题的类型和可能的响应，了解问题的当地背景和确定问题目前如何被处理。然后，对数据进行分析，包括提出预测问题产生原因的假设，收集检验假设的数据和进行对问题直接原因作出结论的统计分析。

事前收益（Anticipatory benefit）：在战略响应实施之前犯罪减少可能已经发生的观点。这是因为在响应实施之前开展的工作可能实际上已经改变了犯罪者的风险预期和受害者的意识。

评估（Assessment）：SARA 过程的最后一步，其确定响应是否按计划实施了以及是否减少了犯罪。

破窗警务（Broken windows policing）：重点通过对违法行为和轻微犯罪实行严格执法，预防更严重犯罪发生的警务战略，也称为零容忍警务。

缓冲区（Buffer）：地图上距要素一定距离的区域。

报警（Calls for service）：要求警察对（犯罪的或非犯罪的）行为作出响应的电话。

市民报警（Calls for service, citizen-generated）：市民要求警察响应的报警。

警察报警（Calls for service, officer-generated）：由警察生成的报警，如交通事故报警或违章停车报警。

问题导向警务中心（Center for Problem-Oriented Policing, POP Center）：包含大量有

386

关问题解决和问题导向警务信息和资源的虚拟中心。网址是 www.popcenter.org。

图表制图（Chart mapping）：允许同时对一个特定变量的多个值进行可视化的制图方法。

条形图图表制图（Chart mapping, bar chart）：用条形来展示变量值相对频数的制图类型。

饼形图图表制图（Chart mapping, pie chart）：用圆形的扇区来展示变量值相对频数的制图类型。

长期受害者（Chronic victims）：随着时间被不同犯罪者以不同类型犯罪侵害的受害者，也称为多重受害者。

等间距分级法（Classification, equal interval）：将最高值与最低值之间的值范围分割成大小相同的值范围的一种制图分级方法。

人工分级法（Classification, manual method）：图例中各个级别的值范围不是由变量值或统计方法确定的而是由地图制作者决定的一种制图分级方法，也称为自定义制图。

自然间断点分级法（Classification, natural breaks）：使用统计公式识别数据分布中的自然间断点的一种制图分级方法。

等分分级法（Classification, quantile）：按照用户设定的级别数对数据库中的记录进行分割，使各个级别具有相同数量的记录的一种制图分级方法。

标准差分级法（Classification, standard deviation）：使用被选择变量的平均值和标准差确定各个级别的值范围并且在图例中值范围不是以完整的数值展示而是以标准差的形式（如偏离平均值 +1 或 -1 个标准差）展示的一种制图分级方法。

破案率（Clearance rate）：已破案件数量除以被报告案件数量而得到的值。统一犯罪报告项目承认两种破案形式：抓捕和特殊原因。

串并案件（Clearing cases）：为了破获案件和加强对嫌疑人员的起诉，将未破案件与最近破获的案件进行串并的过程。

指挥员（Command personnel）：警察部门的领导，如局长或司法官、副局长、主要领导和一些情况中的大队长。

执法机构认证委员会（Commission on Accreditation for Law Enforcement Agencies, CALEA）：其目标是通过提供执法人员制定的标准和大量最新的执法主题，促进执法服务传播的独立认证机构。

社区警务（Community policing）：推动能够支持系统地应用合作关系和问题解决技术，前瞻性地解决引起公共安全问题（如犯罪、社会失序和犯罪恐惧）的直接条件的组织战略的哲学。

混合问题（Compound problem）：涉及不同地点、犯罪者和受害者的并且在大部分情况下分布于整个辖区的问题。

Compstat（Compstat）：纽约警察局在 1994 年实施的以数据和制图为驱动的警务管理战略。该战略的一项核心内容是在每周的会议上使用犯罪制图和分析软件理解当地的违法犯罪模式。

计算机辅助调度系统（Computer-aided dispatch system, CAD system）：使用无线电通信和地理展示为警务调度和响应（以及公共安全机构的职责，如消防和急救）提供支持的高度专业化的系统。

坐标系（Coordinate systems）：在地图上对数据进行定位的系统。

犯罪分析（Crime analysis）：对违法犯罪问题以及其他警务问题——包括社会人口统计、空间和时间等因素，进行系统的研究，为警察在抓捕、减少违法犯罪、预防犯罪和评估等方面提供帮助。

管理犯罪分析（Crime analysis, administrative）：根据法律、政治和实践问题，向警察内部人员、政府部门/委员会、市民等读者展示犯罪研究分析的有趣发现。

战略犯罪分析（Crime analysis, strategic）：通过对犯罪问题和相关警务问题进行研究，识别长期行为模式和评估警察响应和组织程序。

战术犯罪分析（Crime analysis, tactical）：通过分析近期发生的犯罪事件和犯罪行为的特征，如犯罪发生过程、时间和空间，为模式识别、侦查对象和嫌疑人识别和串并案件提供帮助。

犯罪分析助理/技术员（Crime analysis assistant/technician）：在犯罪分析部门中接听电话、录入数据、复印、保管文件、制作简单标准报告以及从事其他行政性工作的行政人员。

犯罪分析过程（Crime analysis process）：实施犯罪分析的一般流程，包括数据收集、数据预处理、数据分析、结果传播和用户反馈信息汇总。

犯罪分析主管（Crime analysis supervisor）：具有大量犯罪分析知识和经验并且管理犯罪分析部门的分析师。

犯罪分析结果分类系统（Crime analysis typology）：根据犯罪分析目标、问题类型和警察内部读者类型对犯罪分析结果进行分类的系统。

犯罪分析部门战略规划（Crime analysis unit strategic plan）：专门为犯罪分析部门编写的概括其战略和发展方向，提出其期望，并对其如何开展工作和分配资源提供指导的规划。

犯罪分析部门（Crime analysis unit, CAU）：警察机构中负责实施犯罪分析的部门。

初级犯罪分析师（Crime analyst, entry-level）：承担相对日常的犯罪分析任务的分析师。这类分析师可能刚从事该领域的工作，并缺乏足够的经验。

高级犯罪分析师（Crime analyst, experienced）：与初级分析师相比，承担更多职责，并实施更多高级分析的分析师。

专业犯罪分析师（Crime analyst, specialty）：从事特定类型犯罪分析的分析师。专业犯罪分析师的类型包括战术犯罪分析师、问题分析师、性犯罪分析师、校园安全分析师和GIS分析师。

犯罪制图（Crime mapping）：利用地理信息系统对违法犯罪问题和其他相关警务问题进行空间分析的过程。

犯罪模式理论（Crime pattern theory）：理解犯罪发生直接情景的特征的理论。根据该理论，犯罪最可能发生在潜在犯罪者活动空间与潜在受害者 / 目标活动空间重合的区域。

基于环境设计的犯罪预防（Crime prevention through environmental design, CPTED）：基于认为通过改变物理环境可以减少或消除犯罪机会的理论的一系列原则。

犯罪率（Crime rate）：在扫描和分析阶段，犯罪分析师使用三类比率定期对当地犯罪问题和全国犯罪问题进行比较并表示问题的整体情况。这三类比率分别为犯罪率、破案率和追回率。犯罪率通常以每 10 万人第一类犯罪犯罪数据（即犯罪数量除以人口数量，然后乘以 10 万）的形式展示，但也可以以每 1 千人或 1 万人犯罪数量的形式展示。

交叉列表（Cross-tabulation）：同时根据两个变量的类别或值对数据进行汇总的过程。

数据（Data）：从经验、观察、或实验中获取的有组织的信息。

数据矩阵（Data matrix）：变量的矩形表格，也是数据收集的单元。

数据修改子循环（Data modification subcycle）：在分析中随着理解的深入对数据收集和预处理流程进行修改的犯罪分析过程子过程。

数据库（Database）：利用计算机对数据进行检索、查询和分析的数据矩阵。

交通事故 / 碰撞数据库（Database, accidents/crashes）：存储有关车辆交通事故或碰撞事件信息的数据库。

抓捕数据库（Database, arrests）：存储来自抓捕报告的有关抓捕信息的数据库。

报警数据库（Database, calls for service）：存储来自计算机辅助调度系统的有关市民和警察报警信息的数据库。

犯罪事件数据库（Database, crime incidents）：存储来自警察或其他警务人员收集的犯罪报告的有关犯罪事件信息（包括事件如何、何时和何地发生）的数据库。

现场信息数据库（Database, field information）：存储巡逻警察收集的有关可疑行为和人员特殊特征信息的数据库。

前科人员数据库（Database, known offender）：存储因在当地辖区犯罪而被判刑的人员的信息的数据库。

人口数据库（Database, persons）：存储所有涉案人员，包括目击者、受害者、侦查对象、嫌疑人（一些警察部门单独建立嫌疑人数据库，该数据库与人员数据库和抓捕数据库相分离）和被捕者的信息的数据库。

物品数据库（Database, property）：存储被盗、被发现或在犯罪过程中被使用的物品的信息的数据库。

已注册性犯罪者数据库（Database, registered sex offender）：存储居住在当地或周边辖区的并且已经注册的性犯罪者的信息的数据库。

关系数据库（Database, relation）：可以存储几乎无穷多记录或案件的并且允许用户对软件（如 Microsoft Access、SQL Server、Oracle）中不同表之间的复杂关系进行分析的数据库。

交通数据库（Database, traffic）：存储交通违章和车辆违章停车信息的数据库。

车辆数据库（Database, vehicle）：由警察部门维护的存储被盗、被追回或在犯罪过程中被使用的车辆的信息（如登记信息、车辆识别码、车牌号、制造商、车型）的数据库。

演绎（Deduction）：从感兴趣现象的一般性前提中推出符合这些一般性前提的特定结论的过程。

密度制图（Density mapping）：分析师使用点数据对表面进行着色并且不受区域边界限制的一类制图方法。

利益扩散（Diffusion of benefits）：消除目标问题也能减少该区域其他类型问题的现象。

转移（Displacement）：犯罪没有被消除而是转变成其他形式或者转移到其他时间或地点的现象。

空间转移（Displacement, spatial）：犯罪行为从一个地方转移到另一个地方。

战术转移（Displacement, tactical）：犯罪者犯罪方法发生改变。

目标转移（Displacement, target）：从一个受害者/目标转移到另一个更易侵害的受害者/目标。

时间转移（Displacement, temporal）：犯罪行为从一个时间转移到另一个时间。

椭圆（Ellipse）：封闭的曲线，并且曲线上任意点到 2 个焦点的距离的和是恒定的。犯罪分析师也可以使用椭圆确定数据空间分布中的热点或行为聚集区域（指彼此之间比其他点更近的点）。

环境犯罪学（Environmental criminology）：犯罪学中的一个理论分支，其重点关注犯罪者动机模式、犯罪机会、受害者保护和犯罪发生环境。

准确时间序列分析（Exact time series analysis）：对具有准确案发时间的案件（如抢劫、性攻击）所进行的分析。

化学促进因素（Facilitators, chemical）：提高犯罪者忽略风险或道德规范能力的化学因素。

物理促进因素（Facilitators, physical）：提高犯罪者犯罪能力或削弱犯罪预防措施效力的物理因素。一些物理促进因素是工具，但有些是物理环境的一部分。

社会促进因素（Facilitators, social）：通过提高犯罪收益、使犯罪理由合法化或鼓励犯罪，促进违法犯罪发生的社会因素。

线要素（Feature, line）：在地图上用线或一系列线表示的现实世界的要素。

点要素（Feature, point）：在地图上用一个符号或标记表示的离散位置。

多边形要素（Feature, polygon）：在地图上用闭合曲线表示的地理区域。

现场信息卡（FI card）：在现场由警务人员填写的小型卡片，其专门为收集非犯罪事件信息而设计的。

现场信息（Field information）：当没有足够的原因制作警察报告但一些有关事件、人员或车辆的信息值得收集时由巡逻警察收集的信息。

频数（Frequency）：变量中各个类别的数量或计数。

地理编码（Geocoding）：将地址（如一起事件的地址或一名犯罪者住所的地址）与它的地图坐标进行关联，从而使地址可以在地图上展示并使 GIS 在未来可以识别地址的过程。

地理编码匹配率（Geocoding match rate）：数据库中成功地理编码或匹配的地址在所有地址中所占的比例。

地理数据系统（Geographic data system）：制作、维护和存储地理数据的系统。

地理信息系统（Geographic information system, GIS）：基于计算机的允许用户对地理和表格数据进行修改、可视化、查询和分析的工具。

地理画像（Geographic profiling）：刑事侦查分析的一个分支。分析师使用犯罪者犯罪的地理位置（如弃尸位置、相遇位置）识别和筛选犯罪者可能的居住位置。

全球定位系统（Global positioning system, GPS）：使用卫星技术提供特定位置经纬度的软硬件组合。

分级地图（Graduated maps）：使用不同尺寸或色彩的要素表示不同变量值的地图。

网格制图（Grid mapping）：使用标准化尺寸网格进行分析从而解决区域不一致问题的一种制图方法。分析师首先在感兴趣的区域上放置一个人工网格（由 GIS 生成），然后使用 GIS 统计每个网格中的事件数量，最后使用分级色彩展示不同的犯罪数量。

热点地点（Hot place）：发生多起由一名或多名犯罪者实施的特征相似的犯罪的位置。

热点受害者（Hot prey）：受到多起犯罪侵害的并且体貌特征或行为相似的受害者。

热点财物（Hot product）：受到多起犯罪侵害的特定类型财物。

热点环境（Hot setting）：频繁受到犯罪侵害的一类地点，如美容院、学校和便利店。

聚集热点（Hot spot, clustered）：事件在一个或多个更小的区域内聚集从而形成热点群的热点类型。

分散热点（Hot spot, dispersed）：事件分布于整个热点区域但比其他区域的事件更加聚集的热点类型。

战略热点（Hot spot, Strategic）：发生大量犯罪的区域。（由于战略热点和战术热点是两个不同的概念并且具有不同的用途，因此为热点增加了这两种类型。但是，没有必要改变本书中的这些术语，因为在介绍这些术语的章节中已经区分了战略和战术。这有利于本书读者的理解。）

战术热点（Hot spot, tactical）：发生相似犯罪、彼此相邻的一组位置。

热点警务（Hot spots policing）：警察部门系统识别城市中发生大量犯罪的区域并对这些特定区域采取响应的战略。

假设（Hypothesis）：问题的陈述，其可以是正确的，也可以是错误的。在正常情况下，假设是根据理论和经验对一个有关违法犯罪问题的问题的回答。

事件（Incidents）：警察在巡逻过程中对其作出响应的或发现的孤立事情。事件是由市民报警或警察发现所产生的，包括犯罪、违法和与服务相关的任务，如骚扰、正在进行的抢劫、轻微交通事故、违章停车和交通违章，所有这些事件经常在几分钟或几小时内（大部分在一个值班组的值班时间内）发生并被解决。

严重事件（Incidents, serious）：来自报警的、根据警察部门制度和法律被认为严重的事情。它需要额外的侦查或者更强烈的直接响应。严重事件包括强奸、劫持人质、谋杀、严重交通事故和武装抢劫等。它在几分钟或几小时内发生，但可能需要几天、几周或者在一些情况中几个月才能被解决。

归纳（Induction）：从某个前提或特定的概念中推出一般性概念的过程。

交互式犯罪制图（Interactive crime mapping）：允许初级用户在互联网上使用的简化的地理信息系统。

实习生（Intern）：为了获得实践经验和大学学分而在警察部门工作的本科生或研究生。

国际犯罪分析师协会（International Association of Crime Analysts, IACA）：成立于1990年，帮助世界各地犯罪分析师提高技术、促进交流，帮助执法机构更好地应用犯罪分析以及推广犯罪分析职业实施和技术标准的一个非盈利性成员组织。

局域网（Intranet）：功能与英特网相似，但连接的用户（经常是与特定组织有关的人员）数量有限的网络。

侦查对象（Investigative lead）：潜在的犯罪嫌疑人。

前科人员（Known offender）：因性犯罪之外的犯罪而被判刑的人员。

图例（Legend）：列举地图中表格数据和地理数据以及说明表示每类数据的符号的地图要素。

管理人员（Management personnel）：中层警察管理者，如中士和一些情况中的大队长。

中值（Median）：在数据分布中比一半的值大并且比一半的值小的值。

相关人员（Mention）：在报告中提到的人员，其可能是潜在的侦查对象或嫌疑人。

众数（Mode）：频数最高的变量值。

犯罪方法（Modus operandi, MO）：犯罪的方法，也就是犯罪事件本身的关键内容，如犯罪结果、犯罪过程、犯罪时间和犯罪地点。（犯罪方法是拉丁语，文字意思是"过程的方法"）

相近受害者（Near victims）：物理距离相近并且具有相同特征的受害者或目标。

指北针（North directional）：地图上表示地图地理方向的要素。

操作人员（Operational personnel）：一线警察（如警官、下士）和一线管理者（如下士、中队长）。

运行分析（Operations analysis）：对警察部门的运行和制度，包括人员、资金、设施和其他资源在地理、组织和时间上的分配，以及这些运行和制度是否对辖区违法犯罪产生最有效影响进行研究。

模式（Pattern）：两起以上报告给警察的或被警察发现的作为一个分析单元的犯罪，并且它们符合如下特征：（1）犯罪共有一个或多个使它们显著和不同的关键共性；（2）在受害者和犯罪者之间没有已知的关系；（3）犯罪行为通常是有限持续的。

模式完成（Pattern finalization）：通过确定列表中具有相同关键特征的案件，提炼被认为相关的案件的过程。

临时记忆模式识别（Pattern identification, ad hoc linking）：警察根据日常工作中的记忆对案件进行关联的模式识别过程。

查询方法模式识别（Pattern identification, query method）：分析师操作、检索和排序数据库中犯罪特征信息并且关联特征相似的犯罪的重复性过程。

权重和阈值方法模式识别（Pattern identification, weights and thresholds method）：对不同犯罪特征分配不同权重，然后计算每起案件权重的模式识别过程。该过程能够突出满足特定阈值的并且具有相似特征的案件。

百分比变化（Percent change）：两个时间段相对增加或减少的量。它是时间 2 的变量值减去时间 1 的变量值，然后除以时间 1 的变量值，最后乘以 100 所得到的值，也就是表示在第二个时间段的变量值相对于在第一个时间段的变量值的变化比率。

百分比（Percentage）：变量中某个类别案件数量除以案件总数，然后乘以 100 而得到的值。

百分位（Percentile）：高于或低于一个确定百分比的值。

人身犯罪（Persons crime）：将人作为犯罪目标的犯罪，如抢劫、性攻击、猥亵暴露、公共场所性猥亵和绑架。

原始数据（Primary data）：基于当前特定分析目的而收集的数据。

原始数据收集（Primary data collection）：基于当前特定分析目的，采用诸如访谈、问题调查（个人和重点群体）和观察等方式从人员或位置那里收集信息。

主案件（Principal case）：模式中最能体现模式特征的并且被用于确定模式中其他关键案件的案件。

问题（Problem）：在几个月、几个季度甚至几年里发生的并且公众希望警察处理的相关犯罪和有害行为。

眼前问题（Problem, immediate）：在几分钟、几小时、或者在一些情况中几天之内发生的并被解决的孤立事件。它们由巡逻警察或侦查人员利用在基础警察培训或高级侦查培训中学到的侦查技能作出响应。

长期问题（Problem, long-term）：在几个月、几个季度或几年内发生的、来源于由日常行为和环境所产生的系统机会的相关行为。

短期问题（Problem, short-term）：在有限时间内发生的并且被认为不稳定的问题。在本书讨论的两类短期问题是重复事件和模式。

问题分析三角（Problem analysis triangle）：环境犯罪学理论的核心概念，其认为犯罪只有在受害者/目标和具有犯罪动机的犯罪者在特定的地点相遇并且在受控制因素（监督者、监护人和管理者）的影响下具有发生可能性时才会发生。

问题位置（Problem location）：违法犯罪行为聚集的某个地点或某类地点。

问题犯罪者（Problem offender）：参考重复犯罪者（repeat offender）。

问题导向警务（Problem-oriented policing）：通过对问题进行识别、分析和处理并且对干预措施进行评估，减少犯罪的系统方法。

问题财物（Problem property）：参考热点财物（hot product）。

问题受害者（Problem victim）：在长时间范围内具有相同犯罪受害者特征的单个人或一类人，也称为重复受害者。

投影（Projections）：当把数据文件导入软件和用于分析时对它们所进行的修正。

侵财犯罪（Property crime）：把财物作为犯罪目标的犯罪，如居住区和商业区入室盗窃、非法侵入和刑事破坏。

定性数据和方法（Qualitative data and methods）：非数值型数据和对它们进行分析的方法（如现场调查、内容分析）。犯罪分析师使用定性数据和方法发现犯罪的深层原因。

定量数据和方法（Quantitative data and methods）：数值型或分类型数据和对它们进行分析的方法（如统计分析）。

栅格数据（Raster data）：用于展示地球表面地物的一类地理数据。栅格数据是覆盖地球表面的网格或像素的组合，每个网格被分配一个属性数据（通常是数值）。栅格文件常用于存储卫星图像或遥感图像，并且经常以彩色形式展示。

比率（Rate）：使用一个变量（分母）来确定另一个变量中各个值（分子）之间的相对差异的统计量。

理性选择理论（Rational choice theory）：认为所有人是基于机会和预期收益对他们采取的行为作出选择的理论。该理论认为如果提供一个无风险的犯罪机会，任何人都会犯罪。

档案管理系统（Records management system, RMS）：专为警务档案设计的数据输入和存储系统。

追回率（Recovery rate）：一个辖区中被盗车辆被追回的比率。

关系数据库（Relational database）：可以存储几乎无穷多记录或案件的并且允许用户对软件（如 Microsoft Access、SQL Server、Oracle）中不同表之间的复杂关系进行分析的数据库。

重复事件（Repeat incidents）：两起以上特征相似的并且发生在相同地方或由相同人员实施的事件。

重复犯罪者（Repeat offenders）：在长时间范围内实施多起犯罪的某个犯罪者或某类犯罪者。

重复受害（Repeat victimization）：在相同的地方重复发生犯罪，或者相同的人员重复成为受害者。

反馈步骤（Response step）：SARA 过程的第三步，包括根据问题导向警务指导手册、情景犯罪预防技术和其他社区成功的实践以及通过提出新响应的头脑风暴方式，识别符合实际的响应措施。

高危场所（Risky facilities）：发生高比例犯罪的某个场所。

日常行为理论（Routine activities theory）：重点关注社会层面行为的变化如何影响犯罪机会的理论。

SARA 模型（SARA model）：在犯罪解决过程中使用的 4 步过程，包括扫描、分析、响应和评估。

比例尺（Scale）：地图上距离与相应地面距离之间的长度比例。

比例尺（Scale bar）：表示地图中所使用的距离单位的要素。

扫描步骤（Scanning step）：SARA 过程的第一步，包括：（1）识别公众和警察关心的重复问题；（2）排序这些问题；（3）选择需要深入分析的问题。它也包括：（1）确认问题是否存在；（2）确定问题发生的频繁程度和持续的时间长度；（3）识别问题的影响。

搜索半径（Search radius）：在密度制图中，用户设定的确定事件聚集计算带宽的距离。

季节性（Seasonality）：问题在每年的同一时间发生。

二手数据（Secondary data）：事先收集的数据。这类数据通常存储在电子数据库中。

系列犯罪模式（Series）：由一个人实施的或由一伙人共同实施的相似的犯罪。

性犯罪者（Sex offender）：因性犯罪而被判刑的人员。

单一符号地图（Single-symbol maps）：使用形状相同的符号表示一种地理要素（如商店、街道或州）的地图。

情景意识（Situational awareness）：对警务工作环境的认知。

情景犯罪预防（Situational crime prevention）：起源于 20 世纪 80 年代的英国，以环境犯罪学为基础，分析犯罪为什么在特定的环境中发生并寻找影响这些环境特征的方法的实践。

社会人口统计信息（Sociodemographic information）：有关个体和群体的人员特征信息，如性别、种族、收入、年龄和教育程度。

数据库管理软件（Software, database management, DBMS）：允许用户在数据库中输入和存储数据并且允许用户修改和提取数据库中数据的软件。

地理信息系统软件（Software, geographic information systems, GIS）：基于计算机的允许用户对地理和表格数据进行修改、可视化、查询和分析的工具。

图形图像软件（Software, graphics）：允许用户制作和操作图形图像的软件。

演示软件（Software, presentation）：允许用户制作幻灯片从而加强信息展示的软件。

出版软件（Software, publication）：允许用户制作专业的印刷产品或电子产品(如报告、手册和时事通讯)的软件。

电子表格软件（Software, spreadsheet）：允许用户方便制作和改变电子表格的软件。

统计软件（Software, statistical）：连接电子表格或数据库管理软件中的数据库的并且能够对数据进行分析的软件。统计软件的核心应用是统计计算和数据操作，并且这些应用能够处理大量的数据。

文字处理软件（Software, word processing）：主要支持文本制作和操作，但也可能包含将表格、图表和图片插入文件的功能的软件。

空间信息（Spatial information）：有关地理要素的信息。

电子表格（Spreadsheet）：以行和列展示信息的表格。

高发犯罪模式：（Spree）：在非常短的时间范围内高度频繁发生的（几乎是连续发生的）特定类型的系列犯罪模式。

标准差（Standard deviation）：一个标准化的衡量变量值偏离均值平均程度的值。标准差能够预测数据分布的形状。

标准模型警务（Standard model of policing）：通过主要使用警察资源，以一种宽泛的、被动的方式执法的普遍的一般警务战略。

嫌疑人（Suspect）：被看到实施犯罪的或者有足够证据怀疑其犯罪的人员。

表格数据（Tabular data）：用来描述自身不具有地理属性但包含地理变量的事件的数据。

时间分析（Temporal analysis）：对与时间单元相关的数据所进行的分析，也称为时间序列分析。

时间信息（Temporal information）：与时间、天、日期等有关的信息。

时间序列分析（Time series analysis）：参考时间分析（temporal analysis）。

真正重复受害者（True repeat victims）：曾经受害过的同个人或地方。

矢量数据（Vector data）：GIS用来表达现实世界中地物和位置的三类地理数据。

事实重复受害者（Virtual repeats）：事实上相同的并且具有一些相同特征的受害者或目标。

志愿者（Volunteer）：义务为警察部门工作的人员，一般为学生或退休人员。

加权时间范围分析（Weighted time span analysis）：对时间范围数据所进行的每个时间范围的权重为1并且时间范围内每个小时的权重为其在时间范围内所占的比例的分析。

参考文献

Austin, R., Cooper, G., Gagnon, D., Hodges, J., Martensen, K., & O'Neal, M. (1973). Police crime analysis unit handbook (犯罪分析部门手册).Washington, DC: U.S. Department of Justice, National Institute of Law Enforcement and Criminal Justice.

Bair Software. (1999). ATAC for analysts: Series breaking (ATAC：系列突破) .Highlands Ranch, CO: Author.

Bair Software. (2004). ATAC workbook (ATAC 工作手册). Highlands Ranch,CO: Author.

Barthe, E. (2006). Crime prevention publicity campaigns (犯罪预防传播活动). Washington, DC: Office of Community Oriented Policing Services.

Beck, C., & McCue, C. (November 2009). Predictive policing:What can we learn from Wal-Mart and Amazon about fighting crime in a recession? (预测警务：来自沃尔玛和亚马逊有关减少犯罪的经验教训) Police Chief Magazine, 76, 18–20, 22–24.

Bernasco, W. (2010). A sentimental journey to crime:Effects of residential history on crime location choice (情感旅途：居住历史对犯罪位置选择的影响). Criminology, 48(2), 389–416.

Block, C. (1998). The GeoArchive: An information foundation for community policing (地球数据库：社区警务的信息基础). In D. Weisburd & T. McEwen (Eds.), Crime mapping and crime prevention(pp. 27–81). Monsey, NY: Criminal Justice Press.

Block, R. C., Dabdoub, M., & Fregly, S. (Eds.). (1995). Crime analysis through computer mapping (基于计算机制图的犯罪分析). Washington, DC: Police Executive Research Forum.

Boba, R. (1999). Using the Internet to disseminate crime information (使用互联网传播犯罪信息). Law Enforcement Bulletin, 68(10), 6–9.

Boba, R. (2000). Guidelines to implement and evaluate crime analysis and mapping in law enforcement (在执法中实施和评估犯罪分析和制图指南).Washington DC: Office of Community Oriented Policing Services, U.S. Department of Justice.

Boba, R. (2001). Introductory guide to crime analysis and mapping (犯罪分析和制图入门指导). Washington, DC: U.S. Department of Justice, Office of Community Oriented Policing Services.

Boba, R. (2003). Problem analysis in policing (警务问题分析). Washington,DC: Police Foundation.

Boba, R. (2004). Interpreting crime data and statistics (犯罪数据和统计数据解读). In C. Bruce, S. Hick, & J. Cooper (Eds.), Exploring crime analysis: Readings on essential skills (pp. 199–219).Charleston, SC: BookSurge.

Boba, R. (2008). A crime mapping technique for assessing vulnerable targets for terrorism in local communities (在当地社区评估易受恐怖主义侵害的目标的犯罪制图技术).In S. Chainey & L. Tompson (Eds.), Crime mapping case studies: Practice and research (pp. 143–151).West Sussex, UK: John Wiley & Sons.

Boba, R. (2009). EVIL DONE. In G. Newman & R. Clarke (Eds.) Reducing terrorism through situational crime prevention (通过情景犯罪预防减少恐怖活动) (pp. 71–92) (Crime Prevention Studies Series). Monsey, NY: Criminal Justice Press. Boba, R.(2010). A practice-based evidence approach in Florida. Police Practice and Research, Special Issue:The Evolving Relationship Between Police Research and Police Practice, 11(2), 122–128.

Boba, R. (2011). Institutionalization of problem solving, analysis, and accountability in the Port St. Lucie, FL Police Department (佛罗里达州圣卢西亚港警察局问题解决、分析和职责的制度化). Washington DC: Office of Community Oriented Policing Services.

Boba, R., & Crank, J. (2008). Institutionalizing problemoriented policing: Rethinking problem identification, analysis, and accountability (问题导向警务制度化：重新审视问题识别、分析和职责). Police Practice and Research, 9(5), 379–393.

Boba, R., & Santos, R. (2007). Single-family home construction site theft: A crime prevention case study (独户房屋建筑工地盗窃：犯罪预防案例研究). International Journal of Construction Education and Research, 3, 217–236.

Boba, R., & Santos, R. (2011). A police organizational model for crime reduction: Institutionalizing problem solving, analysis, and accountability (服务犯罪减少的警务组织模型：问题解决、分析和职责的制度化). Washington DC: Office of Community Oriented Policing Services.

Boba, R., Weisburd, D., & Meeker, J. (2009). The limits of regional data sharing and regional problem solving: Observations from the East Valley, CA, COMPASS Initiative (区域数据共享和区域问题解决的局限：来自加利福尼亚州东谷市 COMPASS 活动的观察). Police Quarterly, 12, 22–41.

Booth, W. L. (1979). Management function of a crime analysis unit (犯罪分析部门管理

功能). Law and Order, 27(5), 28–33.

Braga, A. (2008). Police Enforcement Strategies to Prevent Crime in Hot Spot Areas (在热点区域预防犯罪的警务执法战略). Washington, DC: U.S. Department of Justice, Office of Community Oriented Policing Services.

Braga, A., & Bond, B. (2008). Policing crime and disorder hot spots: A randomized controlled trial (针对违法犯罪热点的警务活动：随机对照实验). Criminology, 46(3), 577–607.

Braga, A., & Weisburd, D. L. (2006). Problem-oriented policing: The disconnect between principles and practice (问题导向警务：原理与实践的距离). In D. L. Weisburd & A. Braga (Eds.), Police innovation: Contrasting perspectives (pp. 133–154).Cambridge, UK: Cambridge University Press.

Brantingham, P. J., & Brantingham, P. L. (1981). Environmental criminology (环境犯罪学). Thousand Oaks, CA: Sage.

Brantingham, P. L., & Brantingham, P. J. (1990). Situational crime prevention in practice (情景犯罪预防实践). Canadian Journal of Criminology, 32, 17–40.

Brantingham, P. L., & Brantingham, P. J. (1993). Nodes, paths and edges: Considerations on the complexity of crime and the physical environment (节点、路径和边缘：犯罪复杂性和物理环境的注意事项). Journal of Environmental Psychology, 13(1), 3–28.

Bruce, C. (2008a). Fundamentals of crime analysis (犯 罪 分 析 基 础). In S. Gwinn, C. Bruce, J. Cooper, & S. Hick (Eds.), Exploring crime analysis: Readings on essential skills (2nd ed., pp. 11–36). Charleston, SC: BookSurge.

Bruce, C. (2008b). Police strategies and tactics: What every analyst should know (警务战略和战术：犯罪分析师须知). Retrieved July 21, 2011, from http://www.iaca.net/Resources/Articles/Police StrategiesTactics.pdf.

Bureau of Justice Assistance (BJA). (2005). Why law enforcement agencies need an analytical function (执 法 机 构 为 什 么 需 要 分 析 功 能).Washington DC: United States Department of Justice, Author.

Bureau of Justice Assistance (BJA). (2011). Smart policing (智慧警务). Retrieved July 20, 2011, from http://www.smartpolicinginitiative.com/background.

Burrell, A., & Bull, R. (2011). A preliminary examination of crime analysts' views and experiences of comparative case analysis (犯罪分析师针对比较式案例分析的观点和经验的初步分析). International Journal of Police Science and Management, 13, 2–15.

Center for Problem-Oriented Policing. (2011). About us. Retrieved June 21, 2011, from http://www.popcenter.org.

Chainey, S., & Ratcliffe, J. (2005). GIS and crime mapping (GIS 和犯罪制图).Hoboken,

NJ: John Wiley & Sons.

Chang, S. K., Simms, W. H., Makres, C. M., & Bodnar, A.(1979). Crime analysis system support: Descriptive report of manual and automated crime analysis functions (犯罪分析系统支持：人工和自动犯罪分析功能的描述性报告).Washington, DC: National Criminal Justice Information and Statistics Service.

Chula Vista, California, Police Department. (2009).Reducing crime and disorder at motels and hotels in Chula Vista, California (减少在加利福尼亚州邱拉威斯塔汽车旅馆和宾馆发生的违法犯罪). Submission for the 2009 Herman Goldstein Problem-Oriented Policing Award. Retrieved July 19, 2011, from http://www.popcenter.org

Clarke, R. V. (1980). "Situational" crime prevention: Theory and practice (情景犯罪预防：理论和实践). British Journal of Criminology, 20, 136–147.

Clarke, R. V. (1983). Situational crime prevention: Its theoretical basis and practical scope (情景犯罪预防：理论基础和实践范围). In M. Tonry & N. Morris (Eds.), Crime and justice: An annual review of research (Vol. 4, pp. 225–256). Chicago, IL: University of Chicago Press.

Clarke, R. V. (Ed.). (1992). Situational crime prevention: Successful case studies (情景犯罪预防：成功案例研究). Albany, NY: Harrow & Heston.

Clarke, R. V. (1998). Defining police strategies: Problemsolving, problem-oriented policing, and community oriented policing (定义警务战略：问题解决、问题导向警务和社区导向警务). In T. Shelley & A. Grant (Eds.), Problem-oriented policing: Crime-specific problems, critical issues and making POP work (pp. 315–330).Washington, DC: Police Executive Research Forum.

Clarke, R. V. (1999). Hot products: Understanding, anticipating, and reducing demand for stolen goods (热点财物：理解、预期和减少被盗财物的要求) (Police Research Series Paper 112). London, UK: Home Office, Research, Development and Statistics Directorate, Policing and Reducing Crime Unit.

Clarke, R. V., & Eck, J. (2005). Crime analysis for problem solvers: In 60 small steps (犯罪分析：60 步). Washington, DC: Office of Community Oriented Policing Services.

Clarke, R. V., & Goldstein, H. (2002). Reducing theft at construction sites: Lessons from a problem-oriented project (减少建筑工地盗窃：问题导向项目的经验教训). In N. Tilley (Ed.), Analysis for crime prevention(pp. 89–130). Monsey, NY: Criminal Justice Press.

Clarke, R. V., & Newman, G. (2006). Outsmarting the terrorists (打败恐怖分子). Portsmouth, NH: Greenwood.

Clarke, R. V., & Schultze, P. A. (2005). Researching a problem (研究问题).Washington, DC: Office of Community Oriented Policing Services.

Clarke, R. V., & Weisburd, D. (1994). Diffusion of crime control benefits: Observations on the reverse of displacement（犯罪控制收益扩散：针对未转移的观察）. In R. V. Clarke (Ed.), Crime prevention studies (Vol. 2, pp. 165–183). Monsey, NY: Criminal Justice Press.

Commission on Accreditation for Law Enforcement Agencies. (2004). About CALEA.（关于 CALEA）Retrieved February 21, 2008, from http://www.calea.org/Online/AboutCALEA/Commission.htm

Cope, N. (2004). Intelligence led policing or policing led intelligence?（情报主导警务或警务主导情报）The British Journal of Criminology, 44, 188–203.

Cornish, D. B., & Clarke, R. V. (1986). The reasoning criminal（理性犯罪者）.New York: Springer-Verlag.

Cornish, D. B., & Clarke, R. V. (2003). Opportunities, precipitators, and criminal decision（机会、诱因和犯罪决策）s: A reply to Wortley's critique of situational crime prevention. In M. J. Smith & D. B. Cornish (Eds.), Theory for practice in situational crime prevention (pp. 41–96). Monsey, NY: Criminal Justice Press.

Crank, J., Irlbeck, D. M., Murray, R., & Sundermeirer, M. (2011). Mission based policing（基于任务警务）. New York, NY: Taylor & Francis.

Crime Mapping and Analysis Program. (2003, October). Tactical crime analysis: Trend and pattern detection（战术犯罪分析：趋势和模式识别）(Matrix analysis-trend sifting). Paper presented at the National Law Enforcement and Corrections Technology Conference, Denver, CO.

Crime Mapping and Analysis Program（犯罪制图和分析项目）. (2004). [Statement]. Retrieved October 1, 2004, from http://www.nlectc.org/cmap.

Crowe, T. (2000). Crime prevention through environmental design（通过环境设计预防犯罪）(2nd ed.). Boston, MA: Butterworth-Heinemann.

Dunworth, T. (2005). Information technology and the criminal justice system: An historical overview（信息技术和刑事司法系统：历史综述）. In A. Pattavina (Ed.), Information technology and the criminal justice system (pp. 3–28). Thousand Oaks, CA: Sage.

Eck, J. (2002). Assessing responses to problems: An introductory guide for police problem-solvers（评估问题响应：警察问题解决者入门指导）. Washington, DC: Office of Community Oriented Policing Services.

Eck, J. (2006). Science, values, and problem-oriented policing: Why problem-oriented policing?（科学、价值和问题导向警务：为什么选择问题导向警务）In D. L. Weisburd & A. Braga (Eds.), Police innovation: Contrasting perspectives (pp. 117–132). Cambridge, UK: Cambridge University Press.

Eck, J., Chainey, S., Cameron, J., Leitner, M., & Wilson, R. (2005). Mapping crime: Understanding hot spots（犯罪制图：理解犯罪热点）.Washington, DC: National Institute of

Justice.

Eck, J., Clarke, R. V., & Guerette, R. T. (2007). Risky facilities: Crime concentration in homogeneous sets of establishments and facilities (高危场所：在同类场所的犯罪聚集). In G. Farrell, K. J. Bowers, S. D. Johnson, & M. Townsley, Imagination for crime prevention: Essays in honour of Ken Pease (pp. 225–264). Portland, OR: Willan.

Eck, J., & Spelman, W. (1987). Problem solving: Problemoriented policing in Newport News (问题解决：纽波特纽斯问题导向警务). Washington, DC: Police Executive Research Forum.

Ekblom, P. (2005). How to police the future: Scanning for science and technological innovations which generate potential threats and opportunities in crime, policing, and crime reduction (警务未来：扫描对犯罪、警务和犯罪减少产生潜在威胁和机会的科学和技术创新). In M. Smith & N. Tilley (Eds.), Crime science: New approaches to preventing and detecting crime (pp. 27–55). Portland, OR: Willan.

Emig, M., Heck, R., & Kravitz, M. (1980). Crime analysis: A selected bibliography (犯罪分析：参考书目精选). Washington, DC: U.S. National Criminal Justice Reference Service.

Farrell, G., & Pease, K. (1993). Once bitten, twice bitten: Repeat victimization and its implications for crime prevention (一次受害、二次受害：重复受害和它对犯罪预防的意义) (Crime Prevention Unit Series Paper 46).London, UK: Home Office, Police Research Group.

Farrell, G., Sousa, W., & Weisel, D. (2002). The time-window effect in the measurement of repeat victimization: A methodology for its examination, and an empirical study (重复受害度量中的时间窗口效应：检查方法和实证研究). In N. Tilley (Ed.), Analysis for crime prevention(pp. 15–27). Monsey, NY: Criminal Justice Press.

Federal Bureau of Investigation (FBI). (2011). Crime in the United States 2009 (2009 年美国犯罪情况). Washington, DC: U.S. Department of Justice. Retrieved November 11, 2011, from http://www.fbi.gov

Felson, M. (2006). Crime and nature (犯罪和自然). Thousand Oaks, CA: Sage.

Felson, M., Belanger, M. E., Bichler, G. M., Bruzinski, C. D., Campbell, G. S., Fried, C. L., Grofik, K. C., et al. (1996).Redesigning hell: Preventing crime and disorder at the Port Authority Bus Terminal (重新设计地狱：港务局汽车站违法犯罪预防). In R. V. Clarke (Ed.), Crime prevention studies: Preventing mass transit crime(Vol. 6, pp. 5–92). Monsey, NY: Criminal Justice Press.

Felson, M., & Boba, R. (2010). Crime and everyday life (犯罪和日常生活).Thousand Oaks, CA: Sage.

Felson, M., & Clarke, R. V. (1998). Opportunity makes the thief: Practical theory for crime prevention (机会创造小偷：犯罪预防实践理论) (Police Research Series Paper 98). London,

UK: Home Office, Research, Development and Statistics Directorate, Policing and Reducing Crime Unit.

Fernandez, J. (2005). Crime series alert: Peeping Tom/prowler series, "fence jumper." （系列犯罪预警：系列偷窥案件，"跳围栏者"）Retrieved December 18, 2007, from http://www.iaca.net

Giblin, M. J. (2006). Structural elaboration and institutional isomorphism: The case of crime analysis units（结构化论述和制度化同构：犯罪分析部门例子）. Policing: An International Journal of Police Strategies & Management, 29(4), 643–664.

Goldstein, H. (1979). Improving policing: A problem-oriented approach（改善警务：一种问题导向的方法）. Crime & Delinquency, 24, 236–258.

Goldstein, H. (1990). Problem-oriented policing（问题导向警务）. New York, NY: McGraw-Hill.

Gottlieb, S., Arenberg, S., & Singh, R. (1994). Crime analysis: From first report to final arrest（犯罪分析：从第一份报告到最终的抓获）. Montclair, CA: Alpha.

Griffith, R. (2005). How criminal justice agencies use the Internet（刑事司法机构如何使用互联网）. In A. Pattavina (Ed.), Information technology and the criminal justice system (pp. 59–76).Thousand Oaks, CA: Sage.

Groff, E. R., & La Vigne, N. G. (2002). Forecasting the future of predictive crime mapping（预测性犯罪制图未来的预测）. In N. Tilley (Ed.), Analysis for crime prevention (pp. 29–58). Monsey, NY: Criminal Justice Press.

Guerette, R. T., & Bowers, K. J. (2009). Assessing the extent of crime displacement and diffusion of benefits: a review of situational crime prevention evaluations（犯罪转移和利益扩散程度的评估：情景犯罪预防评估综述）.Criminology, 47(4), 1331–1368.

Gwinn, S. Bruce, D. Cooper, J., & Hick, S. (2008). Exploring crime analysis: Readings on essential skills（探索犯罪分析：必备技能读物）(2nd ed.).Charleston, SC: BookSurge.

Harries, K. D. (1980). Crime and the environment（犯罪和环境）.Springfield, IL: Charles C Thomas.

Harries, K. D. (1999). Crime mapping: Principles and practice（犯罪制图：原理和实践）.Washington, DC: National Institute of Justice.

Helms, D. (2004). Temporal analysis（时间分析）. In C. Bruce, S. Hick, & J. Cooper (Eds.), Exploring crime analysis: Readings on essential skills (pp. 220–262). Charleston, SC: BookSurge.

Henry, V. (2002). The COMPSTAT paradigm (COMPSTAT 范例). Flushing, NY: Looseleaf Law.

Hesseling, R. (1994). Displacement: A review of the empirical literature（转移：实证著

作综述). In R. V. Clarke (Ed.), Crime prevention studies (Vol. 3, pp. 197–230). Monsey, NY: Criminal Justice Press.

Hick, S., Bair, S., Fritz, N., & Helms, D. (2004). Crime mapping (犯罪制图). In C. Bruce, S. Hick, & J. Cooper (Eds.), Exploring crime analysis: Readings on essential skills (pp. 314–339). Charleston, SC: BookSurge.

Institutionalizing Problem Analysis Project, North Carolina State University. (2009). Institutionalizing problem analysis: Case studies of five police agencies (问题分析的制度化：5 个警察机构的案例研究).Washington DC: Office of Community Oriented Policing Services.

International Association of Crime Analysts (IACA).(2011a). Certified Law Enforcement Analyst program(CLEA). Retrieved from http://www.iaca.net/certification.asp

International Association of Crime Analysts (IACA).(2011b). Crime pattern definitions for tactical analysis (战术分析中犯罪模式的定义) (White Paper 2011–01). Overland Park, KS: Author.

International Association of Crime Analysts (IACA).(2011c). Professional training series (专业培训系列). Retrieved from http://www.iaca.net/training.asp

Johnson, S., & Bowers, K. (2003). Opportunity is in the eye of the beholder: The role of publicity in crime prevention (旁观者眼中的机会：公共宣传在犯罪预防中的作用). Criminology & Public Policy, 2(3), 497–524.

Kelling, G., & Sousa, W. (2001). Do police matter? An analysis of the impact of New York City's police reforms (警察重要吗？ 纽约警务改革影响的分析) (Civic Report No. 22). New York, NY: Manhattan Institute for Policy Research.

Knutsson, J. (Ed.). (2003). Problem-oriented policing: From innovation to mainstream(问题导向警务：从创新活动到主流活动). Monsey, NY: Criminal Justice Press.

LeBeau, J. L. (1987). The methods and measures of centrography and the spatial dynamics of rape (中心图学的方法、度量和强奸的空间动力学). Journal of Quantitative Criminology, 3, 125–141.

Maltz, M., Gordon, A., & Friedman, W. (1991). Mapping crime in its community setting: Event geography analysis (社会环境下的犯罪制图：事件地理分析). New York, NY: Springer-Verlag.

Mamalian, C. A., & La Vigne, N. G. (1999). Research preview: The use of computerized crime mapping by law enforcement: Survey results (研究预览：计算机化犯罪制图的应用：调查结果). Washington, DC: U.S.Department of Justice, National Institute of Justice.

McDonald, P. P. (2005). Information technology and crime analysis (信息技术和犯罪分析). In A. Pattavina (Ed.), Information technology and the criminal justice system (pp. 125–146).Thousand Oaks, CA: Sage.

McLaughlin, L., Johnson, S., Bowers, K., Birks, D., & Pease, K.(2007). Police perceptions of the long- and shortterm spatial distribution of residential burglary (警察对居住区入室盗窃长期和短期空间分布的感知).International Journal of Police Science and Management, 9, 99–111.

Metropolitan Police Service. (2011). Metropolitan Police Service: Timeline 1829–1849 (大都市警务：1829—1849). Retrieved June 21, 2011, from http://www.met.police.uk/history/timeline1829–1849.htm

National Institute of Justice (NIJ). (2009). Mapping and analysis for public safety (公共安全制图和分析). Retrieved from http://www.nij.gov/maps

National Institute of Justice (NIJ). (2011). Solicitation: Research and evaluation in crime control and prevention (犯罪控制和预防的研究和评估).Washington DC: Author. Retrieved July 20, 2011 from http://www.ncjrs.gov

Newman, G. (2007). Sting operations (诱惑侦查). Washington, DC: Office of Community Oriented Policing Services.

Office of Community Oriented Policing Services. (2011a). Community policing defined. (社区警务的定义) Retrieved June 25, 2011, from http://www.cops.usdoj.gov/Default.asp?Item 36

Office of Community Oriented Policing Services. (2011b). Request for proposals: The enhancement of community policing (建议要求：社区警务的改进). Washington, DC: U.S. Department of Justice.

Office of Homeland Security. (2002). State and local actions for homeland security (针对国土安全的州和地方行为). Washington, DC: Author.

Omnibus Crime Control and Safe Streets Act of 1968 (1968 年综合犯罪控制和安全街道法案), Pub. L. No. 90-351, 82 Stat. 197 (codified as amended in scattered sections of 18 U.S.C.A.).

O'Shea, T. C., & Nicholls, K. (2003). Police crime analysis: A survey of U.S. police departments with 100 or more sworn personnel (警察犯罪分析：针对美国具有 100 名以上宣誓警察的警察部门的调查). Police Practice and Research, 4, 233–250.

Pace, E. (1972, July 22). 57 slain in week, a record for city. New York Times, p. 1.

Pattavina, A. (2005). Information technology and the criminal justice system (信息技术和刑事司法系统).Thousand Oaks, CA: Sage.

Paulsen, D. (2005). To map or not to map: Assessing the impact of crime maps on police officer perceptions of crime (犯罪地图对警察犯罪感知影响的评估). International Journal of Police Science and Management, 6, 234–246.

Paulsen, D. J., Bair, S., & Helms, D. (2009). Tactical crime analysis: Research and investigation (战术犯罪分析：研究和侦查). Boca Raton, FL: CRC Press.

Petersen, M. (1994). Applications in criminal analysis: A sourcebook (刑事分析应用：资料手册). Westport, CT: Greenwood.

Police Foundation. (2003a). Advanced problem analysis, crime analysis, and crime mapping training (高级问题分析、犯罪分析和犯罪制图培训). Washington, DC: Author.

Police Foundation. (2003b). Practitioner recommendations for the role of analysts in the advancement of problem analysis (有关分析师在问题分析过程中作用的从业者建议). Crime Mapping News, 5(4), 8–9.

Police Foundation. (2006). User's guide to crime mapping software (犯罪制图软件用户手册). Washington, DC: Author.

Pomrenke, N. E. (1969). Police selection, training and education action grant programs in 1969: State law enforcement plans submitted under Title I, Omnibus Crime Control and Safe Streets Act of 1968–1969 state plan analysis.Washington, DC: National Sheriffs' Association.

Ratcliffe, J. H. (2002). Aoristic signatures and the spatiotemporal analysis of high-volume crime patterns (犯罪模式的时空分析).Journal of Quantitative Criminology, 18, 23–43.

Ratcliffe, J. H. (2004a). Crime mapping and the training needs of law enforcement (犯罪制图和执法的培训需求). European Journal of Criminal Policy and Research, 10, 65–83.

Ratcliffe, J. H. (2004b). The hotspot matrix: A framework for the spatiotemporal targeting of crime reduction (热点矩阵：针对犯罪减少时空目标的框架). Police Practice and Research, 5(1), 5–23.

Ratcliffe, J. H. (2008) Intelligence-led policing (情报主导警务). Cullompton, UK: Willan.

Ratcliffe, J. H. (2011). Jerry's top ten PowerPoint tips (杰瑞10条演示文稿建议). Retrieved July 24, 2011 from http://jratcliffe.net

Ratcliffe, J. H., & McCullagh, M. (2001). Chasing ghosts?Police perception of high crime areas (追逐灵魂？警察对高犯罪区域的感知). The British Journal of Criminology, 41, 330–341.

Ratcliffe, J. H., Taniguchi, T., Groff, E. R., & Wood, J. D.(2011). The Philadelphia foot patrol experiment: A randomized controlled trial of police patrol effectiveness in violent crime hotspots (费城徒步巡逻实验：针对警务巡逻对暴力犯罪热点效率的随机对照实验). Criminology, 49(3), 795–831.

Reiner, G. H., Greenlee, M. R., & Gibbens, M. H. (1976). Crime analysis in support of patrol: National evaluation program, Phase I summary report (犯罪分析支持下的巡逻：全国性评估项目，第一阶段总结报告). Washington, DC: Law Enforcement Assistance Administration.

Rengert, G., & Wasilchick, J. (1985). Suburban burglary: A time and a place for everything

（郊区入室盗窃：时间和地点）. Springfield, IL: Charles C Thomas.

Riley, K. J., & Hoffman, B. (1995). Domestic terrorism: A national assessment of state and local law enforcement preparedness（国内恐怖主义：针对州和地方执法准备的全国性评估）. Santa Monica, CA: Rand.

Ronczkowski, R. (2004). Terrorism and organized hate crime: Intelligence gathering, analysis, and investigations（恐怖主义和有组织仇恨犯罪：情报汇聚、分析和侦查）.Boca Raton, FL: CRC Press.

Rossmo, D. K. (2000). Geographic profiling（地理画像）. Boca Raton, FL: CRC Press.

Sampson, R. (2003, October). Crime analysis in the United States: What it's accomplished, where it's going（美国犯罪分析现状和展望）. Paper presented at the annual training meeting of the International Association of Crime Analysts, Kansas City, MO.

Sampson, R. (2004). Theft of and from autos in parking facilities in Chula Vista: A final report on the field applications of the Problem-Oriented Guides for Police project（邱拉威斯塔停车场所盗窃车辆和盗窃车内物品案件：有关问题导向指导在警务项目中现场应用的最终报告）. Washington, DC: U.S. Department of Justice, Office of Community Oriented Policing Services.

Sampson, R., & Scott, M. (2000). Tackling crime and other public-safety problems: Case studies in problem-solving（解决犯罪和其他公共安全问题：问题解决案例研究）. Washington, DC: U.S. Department of Justice, Office of Community Oriented Policing Services.

Santos, R. (2011, February). Systematic pattern response strategy: Protecting the beehive（系统性模式响应战略：保护蜂窝）. FBI Law Enforcement Bulletin. Retrieved from http://www.fbi.gov/statsservices/publications/law-enforcement-bulletin/february2011/copy_of_notable-speech

Schmerler, K., & Velasco, M. (2002). Primary data collection: A problem-solving necessity（原始数据收集：问题解决需要）. Crime Mapping News, 4(2), 4–8.

Schmerler, K., Wartell, J., & Weisel, D. (2004). Applied research in crime analysis and problem solving（犯罪分析和问题解决的应用研究）. In C. Bruce, S. Hick, & J. Cooper (Eds.), Exploring crime analysis: Readings on essential skills (pp. 121–143).Charleston, SC: BookSurge.

Scott, M. (2000). Problem-oriented policing: Reflections on the first 20 years（问题导向警务：前 20 年的反思）. Washington, DC: U.S. Department of Justice, Office of Community Oriented Policing Services.

Scott, M. (2004). The benefits and consequences of police crackdowns（警察集中整治的收益和效果）. Washington, DC: Office of Community Oriented Policing Services.

Shaw, C. R., & McKay, H. D. (1969). Juvenile delinquency and urban areas（青少年违法

行为和城市区域) (Rev. ed.). Chicago, IL: University of Chicago Press.

Sherman, L. W., Gartin, P. R., & Buerger, M. E. (1989). Hot spots of predatory crime: Routine activities and the criminology of place (侵略性犯罪热点：日常行为和地点犯罪学). Criminology, 27, 27–55.

Sherman, L. W., Gottfredson, D., MacKenzie, D. L., Eck, J., Reuter, P., & Bushway, S. (1997). Preventing crime: What works, what doesn't, what's promising (预防犯罪：什么有效、什么无效、什么具有前景). A report to the attorney general of the United States.Washington, DC: U.S. Department of Justice, Office of Justice Programs.

Silverman, E. (2006). Compstat's innovation (Compstat 的创新). In D. L. Weisburd & A. Braga (Eds.), Police innovation: Contrasting perspectives (pp. 267–283). Cambridge, UK: Cambridge University Press.

Skogan, W. (1990). Disorder and decline: Crime and the spiral of decay in American neighborhoods (违法和下降：美国社区犯罪和螺旋式减少). New York, NY: Free Press.

Skogan, W. (1992). Impact of policing on social disorder: Summary of findings (警务对社会违法的影响：发现总结). Washington, DC: U.S. Department of Justice, Office of Justice Programs.

Skogan, W., & Frydl, K. (2004). Fairness and effectiveness in policing: The evidence (警务公平和效率：证据). Washington, DC: The National Academies Press.

Smith, M. J., Clarke, R. V., & Pease, K. (2002). Anticipatory benefit in crime prevention (犯罪预防事前收益). In N. Tilley (Ed.), Analysis for crime prevention: Crime prevention studies(Vol. 13, pp. 71–88). Monsey, NY: Criminal Justice Press.

Sousa, W., & Kelling, G. (2006). Of "broken windows," criminology, and criminal justice ("破窗"、犯罪学和刑事司法). In D. L. Weisburd & A. Braga (Eds.), Police innovation: Contrasting perspectives (pp. 77–97). Cambridge, UK: Cambridge University Press.

Taxman, F. S., & McEwen, T. (1997). Using geographical tools with interagency work groups to develop and implement crime control strategies (使用地理工具和跨部门工作组提出和实施犯罪控制战略). In D. Weisburd & T. McEwen (Eds.), Crime mapping and crime prevention(pp. 83–111). Monsey, NY: Criminal Justice Press.

Taylor, B., & Santos, R. G. (2011). The integration of crime analysis into patrol work: A guidebook (犯罪分析与巡逻的融合：指导手册). Washington DC: Office of Community Oriented Policing Services.

Taylor, B., Kowalyk, A., & Boba, R. (2007). The integration of crime analysis into law enforcement agencies: An exploratory study into the perceptions of crime analysts (犯罪分析与执法机构的融合：针对犯罪分析师感知的探索性研究). Police Quarterly, 10(2), 154–169.

Theodore, J. (2001). Crime mapping goes Hollywood: CBS's The District demonstrates crime mapping to millions of TV viewers. Crime Mapping News, 3(3), 7.

Tilley, N., & Bullock, K. (2003). Crime reduction and problem- oriented policing (犯罪减少和问题导向警务). Cullompton, UK: Willan.

Tompson, L., & Townsley, M. (2010). (Looking) Back to the future: Using space–time patterns to better predict the location of street crime (回到未来：使用时空模型更好地预测街面犯罪位置). International Journal of Police Science and Management, 12, 23–40.

Uchida, C. (2010). A national discussion on predictive policing: Defining our terms and mapping successful implementation strategies (全国性预测警务讨论：定义术语和对成功战略制图). Washington DC: National Institute of Justice.

U.S. Bureau of Justice Statistics. (1999). Law enforcement management and administrative statistics (执法管理和管理统计), 1997.Washington, DC: U.S. Department of Justice.

Velasco, M., & Boba, R. (2000). Tactical crime analysis and geographic information systems: Concepts and examples (战术犯罪分析和地理信息系统：概念和例子). Crime Mapping News, 2(2), 1–4.

Vellani, K. H., & Nahoun, J. (2001). Applied crime analysis (应用犯罪分析).Boston, MA: Butterworth-Heinemann.

Wartell, J., & McEwen, T. (2001). Privacy in the information age: A guide for sharing crime maps and spatial data (信息时代的隐私：犯罪地图和空间数据共享指导). Washington, DC: U.S. Department of Justice, National Institute of Justice.

Weisburd, D. L., Bernasco, W., & Bruinsma, J. (2009). Putting crime in its place: Units of analysis in geographic criminology (犯罪地点：地理犯罪学的分析单元). New York: Springer.

Weisburd, D. L., & Braga, A. (2006a). Police innovation: Contrasting perspectives (警务创新：观点比较). Cambridge, UK: Cambridge University Press.

Weisburd, D., & Braga, A. (2006b). Hot spots policing as a model for police innovation (热点警务：作为警务创新的一种模式). In D. L. Weisburd & A. Braga (Eds.), Police innovation: Contrasting perspectives (pp. 225–244). Cambridge, UK: Cambridge University Press.

Weisburd, D., & Eck, J. (2004). What can police do to reduce crime, disorder, and fear? (警察如何减少违法犯罪和恐惧？) The Annals of the American Academy of Political and Social Science, 593, 42–65.

Weisburd, D., & Lum, C. (2005). The diffusion of computerized crime mapping in policing: Linking research and practice(计算机化犯罪制图在警务中的传播：研究和实践的结合). Police Practice and Research, 6(5), 419–434.

Weisburd, D., Mastrofski, S. D., McNally, A. M., Greenspan, R., & Willis, J. J. (2003). Reforming to preserve: Compstat and strategic problem solving in American policing (改革：美

国警务的 Compstat 和战略问题解决).Criminology and Public Policy, 2, 421–456.

Weisburd, D., Mastrofski, S., Willis, J., & Greenspan, R.(2006). Changing everything so that everything can remain the same: Compstat and American policing (以改变求不变：Compstat 和美国警务). In D. L. Weisburd & A. Braga (Eds.), Police innovation: Contrasting perspectives (pp. 284–304). Cambridge,UK: Cambridge University Press.

Weisburd, D., & McEwen, T. (1997). Crime mapping and crime prevention (犯罪制图和犯罪预防). In D. Weisburd & T. McEwen (Eds.), Crime mapping and crime prevention (pp. 1–26).Monsey, NY: Criminal Justice Press.

Weisburd, D., Telep, C. W., Hinkle, J. C., & Eck, J. (2010). Is problem-oriented policing effective in reducing crime and disorder? Findings from a Campbell systematic review (问题导向警务是否有效减少违法犯罪？来自坎贝尔系统性综述的发现). Criminology & Public Policy, 9(1), 139–172.

Weisel, D. L. (2004). Street prostitution in Raleigh, North Carolina: A final report for the field applications of Problem-Oriented Guides for Police project (北卡罗莱纳州罗利街面卖淫：有关问题导向指导在警察项目中现场应用的最终报告). Washington, DC: Office of Community Oriented Policing Services.

Weisel, D. L. (2005). Analyzing repeat victimization (重复受害分析). Washington, DC: Office of Community Oriented Policing Services.

Willis, J. J., Mastrofski, S. D., & Weisburd, D. (2007). Making sense of COMPSTAT: A theory-based analysis of organizational change in three police departments (理解 COMPSTAT：针对 3 个警察部门组织变化的理论分析). Law & Society Review, 41(1), 147–188.

Wilson, J., & Kelling, G. (1982). Broken windows: The police and neighborhood safety (破窗：警察和社区安全). Atlantic Monthly, 24(9), 29–38.

Wilson, O. W. (1957). Police planning (警务规划) (2nd ed.). Springfield, IL: Charles C Thomas.

Wilson, O. W. (1963). Police administration (警察管理) (2nd ed.).New York: McGraw-Hill.

Wilson, O. W., & McLaren, R. C. (1977). Police administration (警察管理)(4th ed.). New York: McGraw-Hill.

Wright, R., & Decker, S. (1997). Armed robbers in action: Stickups and street culture (持械抢劫者：抢劫和街头文化). Boston, MA: Northeastern University Press.

索　引

Crime analysis with crime mapping/Rachel Boba Santos.—3rd ed.

SAGE Publications, Inc.

ISBN 978-1-4522-0271-6 (pbk.)

Copyright ©2013 by SAGE Publications, Inc.

版权登记号：01-2013-8687

责任编辑：张　立
责任校对：方雅丽
装帧设计：安宏川

图书在版编目（CIP）数据

犯罪分析与犯罪制图／（美）桑托斯（Santos, R. B.）著；金诚，郑滋椀译.
　－北京：人民出版社，2014.7
书名原文：Crime analysis with crime mapping
ISBN 978－7－01－013614－1

I. ①犯⋯　　II. ①桑⋯ ②金⋯ ③郑⋯　　III. ①犯罪学－研究　　IV. ① D917

中国版本图书馆 CIP 数据核字（2014）第 118690 号

犯罪分析与犯罪制图
FANZUI FENXI YU FANZUI ZHITU

［美］雷切尔·博巴·桑托斯　著

金　诚　郑滋椀　译

人民出版社 出版发行
（100706　北京市东城区隆福寺街 99 号）

北京新魏印刷厂印刷　新华书店经销

2014 年 7 月第 1 版　2014 年 7 月北京第 1 次印刷
开本：710 毫米 ×1000 毫米 1/16　印张：27.75
字数：437 千字　印数：0,001－5,000 册

ISBN 978－7－01－013614－1　定价：68.00 元

邮购地址 100706　北京市东城区隆福寺街 99 号
人民东方图书销售中心　电话（010）65250042　65289539